熊铁基文集

第八卷

中国古代史论集

熊铁基／著

華中師範大學出版社

新出图证(鄂)字 10 号
图书在版编目(CIP)数据

熊铁基文集. 第八卷 / 熊铁基著. — 武汉 ：华中师范大学出版社，2021.6
ISBN 978-7-5622-5111-8

Ⅰ.①熊… Ⅱ.①熊… Ⅲ.①文化史—中国—秦汉时代—文集 Ⅳ.①C53②K232.03-53

中国版本图书馆 CIP 数据核字(2020)第 098291 号

熊铁基文集 第八卷
Ⓒ熊铁基 著

责任编辑:梅 杰 **责任校对**:骆 宏 **封面设计**:罗明波
编辑室:学术出版中心 **电话**:027-67867792/3280
出版发行:华中师范大学出版社
社址:湖北省武汉市洪山区珞喻路 152 号 **邮编**:430079
销售电话:027-67863426
网址:http://press.ccnu.edu.cn **电子邮箱**:press@mail.ccnu.edu.cn
印刷:湖北新华印务有限公司 **督印**:刘 敏
开本:710mm×1000mm 1/16 **字数**:473 千字
版次:2021 年 12 月第 1 版 **印次**:2021 年 12 月第 1 次印刷
印张:29.75 **定价**:158.00 元
欢迎上网查询、购书

幼年与父母合影（中为作者）

初中留影

本科留影

研究生留影

与弟弟、妹妹合影
（右一为作者）

在华东师范大学

全家人合影（左一女儿、左二妻子、左四儿子）

与李雪松游长沙

与妻子李雪松游鸣沙山

与妻子李雪松手托老照片，记录时光

本科同班同学合影（二排右一为作者）

与研究生导师吴泽（中）、同学郭惠青（右）合影

研究生同学合影（前排左一为作者）

与何兹全（中）、李雪松（左）合影

与陈启云（右）合影

与安作璋（左）合影

与陈鼓应（右）合影

与李学勤（右）合影

与林甘泉（左一）、窦连荣（左二）、张美娣（左三）合影

与田昌五（右）合影

与裘锡圭（右）合影

与钟肇鹏（右）合影

与第一届研究生
赵国华（右）合影

第一届博士生论文答辩会合影
（含第二、三届的博士生，前排右三为作者）

八十华诞合影（前排右四为作者）

学/术/著/作

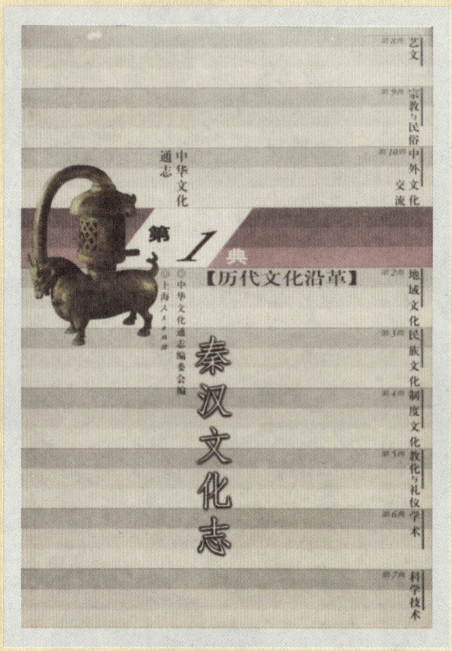

《秦汉文化志》

《秦汉文化史》

《汉唐文化史》

《秦汉新道家略论稿》

《秦汉军事制度史》

《熊铁基学术论著选》

《中国老学史》

《中国庄学史》

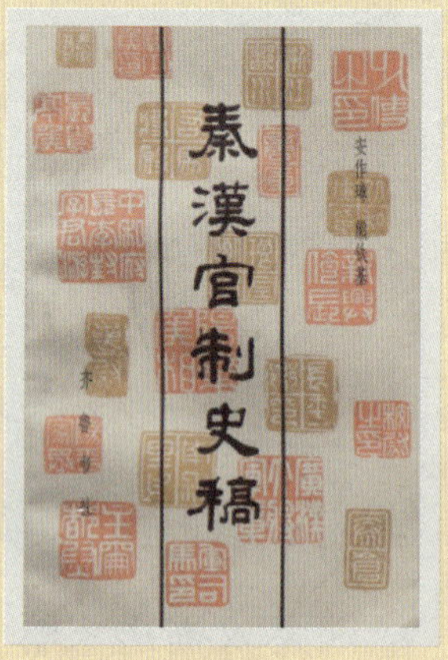

《秦汉官制史稿》

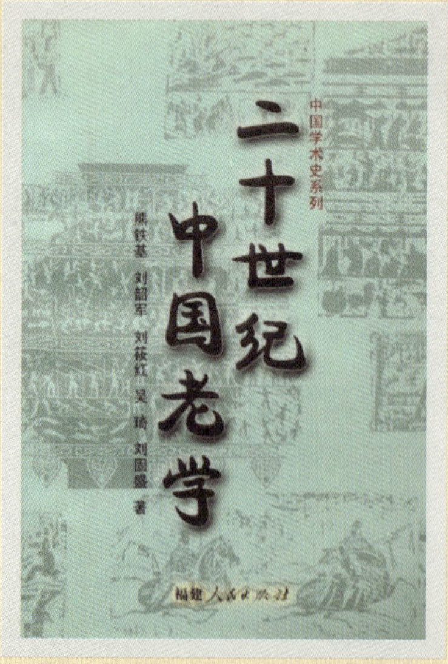

《二十世纪中国老学》

《汉代学术史论》

自　　序

有几位好学的朋友（学生）极力促成为我出一套文集，这对于一辈子读书、教书、写书的人也是一种总结，既有纪念意义，也有继续为社会做点贡献的作用。首先是它应有社会作用，这可以从内容谈起。

本文集共10卷，其中有9卷，主要是曾经出版过的专著（包括与人合作的由我撰写的部分）以及两部论文集。

我的第一本书是1984年出版的《秦汉新道家略论稿》，该书在当时是有一定影响的，引起哲学史领域的诸多学者的关注，这些我在2001年出版的《秦汉新道家》的前言中有所记述。1993年我参加大型丛书“中华文化通志”的编写，写了一本《秦汉文化志》，是有点新思考的（当时范军写了一篇有思想的书评），2007年上海东方出版中心组织一套断代文化史书系，把它以《秦汉文化史》的书名出版，除了做过一些文字校对之外，内容未做修改。没想到10年之后（2018年），北京新世界出版社又比较高调地出版了一次，书腰上写道：“一部诠释全球视野下秦汉时代文化发展脉络的重磅力作”，“一部了解秦汉时代历史文化沿革的入门经典读物”。两次重新出版，反映的是社会的某种需要。另一本书是我和安作璋先生合作的《秦汉官制史稿》，除开2007年因某些需要，齐鲁书社出了一个第2版之外，现在人民出版社又准备纳入“人民文库”出版，责任编辑翟金明告诉我：“‘人民文库’精选出一批在当时产生过重要历史作用，在当下仍具有深刻思想性、学术性以及珍贵史料价值的优秀作品。”看来该书有文化积累的意义，对当前社会文化的发展也是有意义的。前几天参加研究生的读书会，讨论制度史研究延伸和发展的问题。有学生说，即使延伸，原来的重要著作，如《秦汉官制史稿》之类的，也是基础，不可忽略（在读学生有此见解，也很难得）。以上是讲影响较大的两本书，其他如《汉唐文化史》（出版10年后，曾被纳入“学海一牛鸣”丛书再版）、《秦汉军事制度史》、《秦汉新道家》等，在小范围内也是有点影响的，读者各有所好地予以赞赏。既然如此，出版文集也不过是再多印刷一次罢了，或能满足需求者的需要。

主编和合作撰写的《中国老学史》与《中国庄学史》，我发起组织并自己动手撰写（《中国老学史》的秦汉以前部分、《中国庄学史》的隋唐以前部分）。这两本书在社会和学术上的影响都比较大，《中国老学史》出版以后，加印了四五次。《中国庄学史》先后在湖南人民出版社和福建人民出版社（增订本）两次出版。实际上可以说是开辟了老庄学史研究这样一个新的领域（紧接着我还组织出版了《二十世纪中国老学》和《二十世纪中国庄学》），后续的还有断代的和专题的老学史以及多卷本的中国老学通史出版。

另一大类是论文集，两卷。一卷是古代史，分秦汉史（秦汉史专攻了30多年）和其他关于古代史的论文两部分（包括几篇未刊稿，反映我学习和研究古代史的足迹）。另一卷是关于道家与道教研究的论文，道家研究是从读秦汉史书《吕氏春秋》开始的。开始是把它当作秦汉史的资料读，后来发现其思想研究的意义更大，写了《重评〈吕氏春秋〉》，接着是读《淮南子》，评《淮南子》，因而提出了一个“秦汉新道家”。道家与老子有关，从而研讨老学，进而研究庄学，这就有老庄学史的产生。20世纪90年代以后，道教界的学术研究风气日渐浓厚，时不时举行一些研讨会，我也常被邀请参加，因为老子是道祖，我写老子学史，那也就是道教文化的研究者。参加活动多了，自觉和不自觉地思考一些道教有关问题，陆陆续续也写了一些小文章，至今还在继续。现在我想解决的是道教何时产生的问题。

有些论文是产生过一定影响的，例如《秦始皇的最后十年》《重新认识古书辨疑》等曾为一些朋友津津乐道；有些论文如关于道教产生的问题，被作为一家之言看待；还有些虽被人称引（如李振宏的推介“汉人改造先秦典籍”并且有所发挥），我认为还未引起足够的重视，所以又写了“再论”和“三论”。“汉人改造先秦典籍”，这虽不是完全新的发现，但关系到如何依靠文献资料研究先秦史的问题，出土先秦文献越多，越说明这个问题重要，不应该把汉人的思想当作先秦人的思想。文集收集了一些散见的论文，更便于查考，这是最直接的意义。

文集收了几篇未刊稿，意在表明在某些问题上自己是思考过的，其实还有一些，就不必全收了。未公开发表的只是自己学习和研究的一个记录，从1956年当研究生开始，我可以说是笔耕不辍的，有些是作业，还有吴泽、束世澂等老师或长或短的评语；有些是自己学习过程中的心得体会，开始想学明清史，写过一些理论方面的东西，如资本主义萌芽问题之类。后来拜师唐长孺先生，认真读过《隋书》、新旧《唐书》、《资治通鉴》等相关史籍，写过几篇文章，还做过《隋书·食货志》译注（有原稿保存）。1979年转学秦汉史，开始写《秦统一六国》（也保存有原稿），汉武帝研究除已发表的之外，还有未刊的稿子。还有一些未刊稿没有产生过社会影响，也没有很特殊的见解，就不必收录了。

还有一卷，包括回忆录、序跋、杂文等，可以说这是从几个横断面看人生的足迹。我始终认为自己是一个普通人（本来也是），普通人和大众更接近，经历能得到更多人理解，有人或可从中获得点什么启发。记得何建明主持过我的一次讲座，一个较大的阶梯教室，室内走道、室外走廊满满都是人，屏声静气一个多小时。内容大概是结合个人经历讲未来。何建明说，不必太高远，可望而可即，也许这就是流行的接地气吧。我这一生，也就是读书、教书、写书，但不论什么时候，不论做什么事，都会与社会时事有关。这也是我长时间表示的一个看法，从古到今，完全脱离时势、政治的人和事是没有的（当然是就大的方面而言）。历史就是《资治通鉴》，一代一代的“资治”。人生也是如此，任何人都脱离不了时势和政治，只有自觉和不自觉、主动和被动的不同。写回忆录，我翻阅了一些旧日记、信件等材料。最近找到了两本高中一年级时的作文本（残缺不全），感慨甚多，老师逐字逐句地批改，文后还有批评或鼓励，篇头还盖有教务处的图章（教学管理如此之细），是1948年下半年和1949年上半年的（长沙解放前夕）。我当时就读于兑泽中学，学校在长沙东郊丝茅冲。我是一个很普通的学生，虽跟着参加过一些迎接解放的集会和游行，但并不认识任何地下党团或者是进步的学生。从题目看，作文与时事政治是有密切关系的。《币制改革后长沙面面观》《戡乱与救国》《徐州战争》《我所理想的学校》《暑假生活杂传》（老师改“传”为“缀”）……第二学期的题目有《寒假生活回忆》《国共和谈之我见》《更夫》《凄风苦雨话四七》（记当时南京的学生运动，老师评语：语多慷慨激昂）……好像都不是命题作文。结合回忆录的内容，可见形势、政治对一个普通学生的影响。我常说，回忆、口述是有很多不可靠的东西，包括记忆之不完整，个人的心态和主观思想等，读回忆和口述，要做一定的分析。

我写回忆录，开始于2018年暑期，当时全家人聚集在女儿嘉慧家里一个多月，我带了一本1948年下半年至1949年上半年的日记本（包括50年代前后也有一些不完整的记录）。开始写作，我发现，有许多我记得很清楚的人和事，日记上没有，日记上有些人和事我忘记了，甚至印象都没有。2019年以后，就以问题为中心陆陆续续写了。也是有日记的，不过只是一本本简单的流水账，能反映思想和具体生活的内容太少了。写出来我自己都不满意。

序、跋不多，有些事能反映我的工作态度，如1993年组织青年教师编写一本《传统文化与中国社会》，在前言中写道："总的设想是我提出的，经过大家讨论、充实，然后才分头去做。前后三四个年头了，每一篇从草拟提纲到写作完成，我都是提出了意见的（或多或少），每一篇从初稿到定稿，最少的看了两遍，有的看了三四遍，甚至更多。提出这一点是说明我对这本书的责任，如果有问题的话（缺点、错误、不足之处），我是不能辞其咎的，我等待着大家的批评。"主编《帝王宰相辞典》，协助张舜徽先生主编《中国史学名著题解》和《中国古代学者百人传》，我都是这样做的，如张先生所说，"在编写过程中，在奔走联系、组织人力方面，熊君之力尤多"，花了大量的时间和精力。

人们如何从过往的经历中认识和总结，这恐怕是值得探讨的一个问题，不是名人、大家的普通人，其人生足迹也有自己的特点，有的内容多少或可给他人一点启示。

人的一生，时间长了，有各种各样的经历，某些时候，认识错误、行为错误会有不少，但是，我没有故意为恶、害人过，善良、正直是主导面。好学勤奋是一生的努力，真正是死而后已。我经常想到：吾日三省吾身，为人谋而不忠乎？与朋友交而不信乎？传不习乎？时至今日，我还没有停息，恐怕既不是为名也不是为利了，名和利已经基本定型了。刚好翻到一篇1948年的作文《我们要过有意义的生活》，老师批语："现在社会上的人个个都是争名夺利，所以作者也只看到名利二字才是有意义的生活，可是我们想想、看看，争名夺利的结果怎样，归宿怎样，那就知道名利的害人，知道为名利是无意义的生活。（十二月四日）"感谢老师的早期教育！几十年来，名利思想恐怕是反复斗争、变化过的。写回忆录，恐怕反映不了这么多、这么复杂的发展变化。

因为我活得比较长，而写作生涯中有一个突出的现象，大多数研究成果是 60 岁前后特别是 60 岁以后出来的。我想人生不必要像坊间所说的那样：60 岁告老还乡，70 岁打打麻将，80 岁晒晒太阳，90 岁躺在床上。我的经历是 60 岁以后可以干事，可以干较多的事。但这又似乎没有普遍意义，60 岁以前成果不多，一方面有时代的客观原因，读书、做学问受到不少干扰；另一方面也是自己不行。过去和现在都有 50 岁前很有成就的人，我的经历唯一可以说的就是告诉人们，60 岁以后可以做一些事，可以做较多的事。愿与老朋友们共勉。现在我的很多学生都已经步入了老年。

我讲话、作报告有时候会有些幽默，能获得一点笑声和掌声，写文章却太缺乏文采，只能实话实说，这既是优点也是缺点。

目　录

石器时代的一般特征
——读《考古学通论》札记

苏联莫斯科大学历史系主任阿尔茨霍夫斯基的《考古学通论》，用丰富的资料，从考古学的角度阐释了人类社会发展的进程，充分论证了历史唯物主义的原理。虽然取材以苏联境内的考古发掘及研究成果为限，但对我国整理考古资料有很重要的意义，对我们理解历史唯物主义多有启发。

我们知道：在母系氏族制以前，人类社会发展的各阶段，在世界各地有着更大的共同点。由于没有文献史料，在原始历史分期中，考古学上的指标应尽可能起重要的作用。因而我把该书上石器时代的一般特征整理出来，作为学习中国古史的参考。这是一个学习笔记。

作者正确地指出："划分原始社会制度范围内的巨大历史时代，采用考古学的分期法。"而"制造劳动工具的材料是划分考古学时代最方便的根据"①，他把石器时代分为："旧石器时代、中石器时代、新石器时代。铜石并用时代是向青铜时代的过渡，但是和石器时代还有密切关系。"②

其所指出各石器时代的一般特征如下：

一、旧石器时代

首先，作者根据恩格斯的著名论断，即人与猿的质的区别在于劳动，而"劳动是从制造工具开始的"（恩格斯语），一方面说明"什么样的工具才算是最古老的工具，即是说所谓曙石器是否可算作工具，这个问题还在争论"。另一方面肯定"无论如何，人类最初的工具应该具有曙石器

---

① ［苏］A. B. 阿尔茨霍夫斯基：《考古学通论》，科学出版社1956年版，第17页。
② ［苏］A. B. 阿尔茨霍夫斯基：《考古学通论》，科学出版社1956年版，第17页。

形状。远古人类历史的数十万年可以称为曙石器时代”。又说：“发现的加工过的石头（尽管没有发现人骨，而人骨在旧石器时代的文化层中，通常是没有保存的），是人活动的最可靠的标志。”① 不过，现在还没有一个区别远古人类器物的精确标准。比如燧石碎片，天然的（由于急流的作用）也可能产生；或者说曙石器上有火的痕迹，这也未必可靠，因为石头有可能坠入自然发生的火中。这些都是困难，因此“要研究这个时代，目前还几乎不可能”②，然而，将来还是有可能的，如果能找到“人打碎的动物骨骼”（这是人生活的可靠标志）和“人类本身的骨骼与之并存的曙石器的发现”③，这样，科学家将发明直接研究曙石器的“十分精确的方法”。他认为中国北京猿人使用的是旧石器，其特点“是用不规则的打击法制成的（主要用石英制成）。北京猿人还没有任何一定的加工石头的技术”④。

公认的旧石器时代如下：

舍利期⑤（民德冰期与瑞斯冰期之间）：

1. 时间：大约属于四十万年前到十万年前。

2. 石器：“特征是手斧”，“用匀称的和顺序的两面打击法”（用石头互击）制成（比旧石器的自然石片的不规则修整向前迈进了一大步），多半是扁桃形（也有椭圆或矛形，皆极近似），大约 20 厘米，原料主要是燧石（如果没有就用石英岩、玉石、角闪石、玉髓及黑曜石代替）。燧石的特性：坚硬，能打出切割的边缘，有分成很薄的石片的性能，分布很广。这种手斧“几乎是一种万能工具”⑥。

3. 自然环境和人类生活：“气候是温暖的”，有亚热带森林动物（象和犀牛）的骨骼（这些动物不久就绝灭了——因为冰川期到来）。人生活在森林中（可以说树上）结成“原始群”（早期的人类集团，即“前氏族社会”），其生活源泉是狩猎和采集。人还不会取火，只会偶然地利用自然

---

① ［苏］A. B. 阿尔茨霍夫斯基：《考古学通论》，科学出版社 1956 年版，第 19 页。
② ［苏］A. B. 阿尔茨霍夫斯基：《考古学通论》，科学出版社 1956 年版，第 20 页。
③ ［苏］A. B. 阿尔茨霍夫斯基：《考古学通论》，科学出版社 1956 年版，第 20 页。
④ ［苏］A. B. 阿尔茨霍夫斯基：《考古学通论》，科学出版社 1956 年版，第 22 页。
⑤ 以下八个名称皆因法国发现的洞穴遗址而得名。
⑥ ［苏］A. B. 阿尔茨霍夫斯基：《考古学通论》，科学出版社 1956 年版，第 23～24 页。

火（这时候发现火的痕迹只是例外）。由于气候温暖，也“不一定要住所和衣服”①。

4. 前舍利期：那些仅发现制造手斧时所去掉的石片（也是用于工作的）遗址谓之前舍利期。

阿舍利期：紧接前一期的时代。由于自然环境不同（冰川期到来），早期和后期有很大区别（瑞斯冰期将要到来）。

早期：1. 手斧有了些进步（较小、锐利），石片多了些。2. 一般的自然环境和经济条件与前一期没区别。

后期：冰河期临近了。人们掌握了火（普遍有痕迹），以洞穴为住所，有了兽皮做成的衣服。冻土带狩猎（特别是多肉的巨兽）意义大，而这只有成群的生活才可能。

莫斯特期（相当于瑞斯冰期）：

1. 时间：“这个时代达数万年，大约结束于四万年前。”

2. 石器：“尖状器和刮削器”（男女分别用作狩猎和制衣——兽皮）。制法：打片法，先打成圆饼形石核和三角形石片，再由石片制成（仍为打片法，且修整不多）。原料：燧石。其他物：燧石刮刀，砂岩或石灰岩石球（投掷用，骨器少）。

3. 人：尼安德特人（有墓葬可知）。群居（猎获猛犸、犀牛等大兽）。

4. 取火：食篝火上烘烤过的肉。火又可以御寒、防御和围猎。刮木取火（自然火也有利用）。

奥瑞纳和索留特累期（两者有地方性区别，相当于瑞斯冰期与维母冰期之间）：

1. 时间：四万年至一万四千年前（包括下一期）。

2. 石器：制法改进了（打片法打出了长些的刀形石片，石核成棱柱形）。压制修整法广为流行（索留特累期的制造特点）。工具形式更多了。最重要的是雕刻器和刮削器。燧石矛是狩猎的基本工具。刮刀有改进（骨器较多，但仍为辅用）。

3. 人和社会组织：现代人出现（与族外婚有关）。母权制氏族社会发生（女雕像多，永久性窖穴住宅，遗址多在离悬崖不远的地方——和狩猎

① ［苏］A. B. 阿尔茨霍夫斯基：《考古学通论》，科学出版社 1956 年版，第 25 页。

有关等)。

4. 生活：定居。有捕鱼业迹象（遗址内有大河鱼骨）。围猎。

马格德林期（相当于维母冰期）：

1. 骨器占优势。石器本身有进步。

2. 生活：游牧（受氏族组织调度），以猎驯鹿为主（还有猛犸）。捕鱼（用骨渔叉）和狩猎有同样意义。用骨针缝兽皮。

二、中石器时代

1. 时间：一万二千年前到公元前五千年。

2. 标志：弓箭开始传播（还没有陶器）。

3. 石器：细石器占优势，但已有巨石器。

4. 自然环境和经济生活：冰期结束。动植物多少具有现代面貌。狩猎较易，开始驯养动物（狗是最明显的代表）。捕鱼业发展（苏联境内）。集体劳动。居住地不断扩大。

5. 分期：(欧洲大部分地区)

阿齐尔期：石、骨器与马格德林期同。细石器已出现，多柳叶形箭镞。有特殊的小石片。

塔登努阿兹期：细石器（二厘米以下）占优势，作嵌入物用（苏联相当于此期的马格列摩塞期，已有巨石器）。

附："为地质学特别是古植物学的研究所查明的气候的变化，对考古学的年代学具有重大的意义。"地质学可根据地质上泥炭、湖泊和河川界限的波动，求得温度的波动。对古植物花粉的分析，可确定干燥和湿润，凉爽和温暖时期的更替（这一段内容原书如此）。

三、新石器时代

这时代是从陶器出现开始的，大致分早晚两期，时间是公元前四千至三千年。

早期：

1. 石器：燧石制的巨石器（如石斧）是早期特征。

2. 畜牧业和农业：陶器使人有了调饪与储存食物的可能，它们是畜牧和农业的必备条件。它们的起源与狩猎和采集是联系着的，但在这时代（乃至它的晚期）不能断言这两种经济是否存在（虽有马鞍形磨谷器，但也可能是磨野生植物颗粒的）。

晚期：

1. 石器：磨制工具的出现。有磨制和钻孔的斧头。打制的燧石器仍占优势。压制法得到广泛运用（如燧石镞）。

“十九世纪考古学家称旧石器时代为打制石器时代，称新石器时代为磨制石器时代。这种对比早为许多发现推翻了，在新石器时代早期，石器几乎完全不磨制，只是在工具的刃部才偶尔实行磨制。磨制石器只是到新石器时代晚期才开始流行，大部分磨制石器是属于青铜时代的，它在物质文化上从来没有占过统治地位。”①

2. 经济水平与早期无多大区别。有捕鱼业的痕迹（陶器上的渔网印）。

3. 氏族制繁荣。

4. 苏联境内新石器时代遗址（包括早、晚期），分为沼泽、冲积、沙丘三类，它们共同的规律是：（1）位于水边（说明捕鱼和水上狩猎）。（2）而且是在小河河口附近（可见不善于在大河湖海内捕鱼，在小河中集体打桩拦网）。（3）遗址不大（不超过三千平方米）。（4）都有小窝篦纹陶（打篦纹的拍印器也有发现）。呈圜底形（此前呈尖底形，很粗糙）。

附：青铜时代不能完全排挤燧石器，且有很多燧石工具。

四、铜石并用时代

1. 时间：与新石器时代（除早期）基本上是同时期的（公元前四千至三千年）②，其区别是文化水平的高低，这种遗址居民经济以农业和畜牧业为基础。

---

① ［苏］A. B. 阿尔茨霍夫斯基：《考古学通论》，科学出版社 1956 年版，第 49 页。

② “在两河流域与埃及，此类居址的产生，比其他各地早。”更值得注意的是，“这两个地方（指两河流域和埃及）的原始古物……其年代是公元前第四千年。这些古物都具有上面所列举的特征（按：铜石并用时代的诸特征）”。又，“公元前第四千年至第三千年，在两河流域和埃及已经在奴隶占有制基础上发展起高度文明（但当地仍存在着铜石并用时代）”。（［苏］A. B. 阿尔茨霍夫斯基：《考古学通论》，科学出版社 1956 年版，第 59 页。）

2. 特征：出现了纯铜工具，这种新的物质是“后来伟大革新的预言者”，“加入到了木、石的世界中”（整个纯铜时代是稀有的），“但是工业上占绝对优势的还是石头”①。这种遗址共有五个共同的彼此结合的特征：

（1）锄耕农业比其他经济盛行；

（2）纯铜工具是在燧石器占绝对优势下出现的；

（3）有大的原始公社集体居住的庞大的通常是黏土的住宅；

（4）有可作为母权制氏族特征的女族长陶俑；

（5）有彩绘陶器，即满布毛刷画成的花纹陶器。

彩陶居址是最常见的，“社会经济情况的罕见的相似，引起了各地实用艺术形式的相似。但是陶器只能说是相似，而绝不能说是相同”。有的地方在铜石并用时代，彩陶是以带纹陶（带状螺旋花纹陶器）和“黑得发光的陶面”的陶器代替的（按：这仅是从苏联考古发掘总结的情况，或者有更多的变种！那必须联系五个特征作全面考察）。

“铜石并用时代的陶器与新石器时代陶器不同之点在于有了显著分化，这种分化是由于农业和畜牧业的发展所引起的。（铜石并用时代的）陶器有各种各样形制。”②

3. 苏联特里波列居址的研究：

（1）小泥台是住所的残存，且成群的在一起（数十间），显然是氏族居住的村落。住所发现有小麦、大麦麦粒和粟粒。与此同时代的安卢遗址无疑有了布制衣服（发现有纺锤整速轮）。

（2）红铜器不多。工具中最重要的是燧石镰刀和磨制石锄。陶器已完全是平底（说明有了平面桌和平面炉台流行）。

（3）母权制社会（原始锄耕农业和发现的数百个女塑像能证明）。

附：屈肢葬也可作许多国家铜石并用时代的特征之一。

五、阶级社会初期考古发掘物中的一些特征

1. 父权制是氏族社会末期，在古墓发掘物中的男人泥塑像可以证明。

---

① ［苏］A. B. 阿尔茨霍夫斯基：《考古学通论》，科学出版社1956年版，第58页。

② ［苏］A. B. 阿尔茨霍夫斯基：《考古学通论》，科学出版社1956年版，第63页。

2. 神殿和手工业生产是在阶级发生前不久出现的。

3. 古墓中主奴合葬和豪华宝藏多可说明财产私有和阶级分化。但要区别：父家长制时妻子的殉葬，氏族长老一些较多的财富积累。

4. 有内、外墙的双重堡垒出现，无疑是阶级社会已形成。

5. 轮制陶器是阶级社会才有的。

封建化过程中土地占有关系的变革

一、前言

在世界上几乎所有的国家都有过各有其特点的封建制度。马克思说："同一——就主要条件说同一——的经济基础，仍然可由无数不同的经验上的事情，自然条件、种族关系，各种由外部发生作用的历史影响等等，而在现象上显出无穷无尽的变异和等级差别。"①

虽然"封建社会形态的特殊规律在不同具体历史条件下有不同的表现"②，但是它有着共同的基本特征（借以和奴隶制及资产阶级所有制区别的特征）。这就是：封建土地所有制——"等级土地所有制"③，它表现在："为教阶关系互相联合起来的土地所有者，都依照他们在经济上和政治上的力量分成为高低不同的等级。"关于这，政治经济学教科书表述得好："小封建主向大封建主纳贡，帮助他们打仗，因而受到他保护。保护者叫封君，被保护者叫陪臣，而封君本身又是其他更强大的封建主的陪臣。"恩格斯说："在中世纪……国王是整个封建④制度的顶点，是最高首脑，诸侯没有他就不行，但他们也不断向他兴兵作乱。"⑤ 所以从实质上讲，"这种国家不过是若干半独立的领主国家间多少有些联系的联合体而已"。"封建国家的特点……是：大土地占有者掌握政权，在其领域内执行国法

---

① 马克思：《资本论》第三卷，生活·读书·新知三联书店1950年版，第1033页。

② 苏联《历史问题》编辑部：《论封建社会形态的基本经济规律（讨论总结）》。

③ 《德意志意识形态》，群益出版社1950年版，第150页，译作："土领主教权式的编制。"

④ 应指出，这个封建主金字塔的重担都压在农奴和依附农民肩上，后者是处在封建阶梯之外的，恩格斯说："所有的人，可以说，没有进入封建等级制的；在封建制中甚至没提到农民、人民群众。"

⑤ 恩格斯：《论封建制度的解体及资产阶级的兴起》，《封建社会历史论文集》，生活·读书·新知三联书店1955年版，第12页。

与管理。"① 这种特点在封建早期尤为明显，而这样土地占有者对于其领土上居民具有或多或少权力的情况，是与土地的实际占有情形分不开的②。

这就是封建制形态的基本特征。它如何形成，则是本文打算阐述的问题。

二、土地占有关系的变革

马列主义经典作家用以研究问题的方法之一是：以一种典型形态，并"从一切混杂的附属物中剥取出来"，以便探讨其精神实质，其"历史的现象形态"。

恩格斯的《法兰克时代》就是这种范例之一，他以日耳曼人在罗马奴隶制废墟上建立起来的法兰克王国作典型，研究了封建制形成过程中的一个基本问题：专制的保护关系的问题（即封建化过程中"土地占有关系的变革"），因为以后在法兰克王国基础上建立的"法国在中世纪是封建制度的中心，它的阶级斗争，以及与之相联的变易更替的政治形式，也是在那里造成得更为确定"③。这种典型的研究是具有很大程度的普遍意义的。

以恩格斯这篇文章为指导，我把法国封建化过程中土地占有关系的变化情况表述如下：

先是，"日耳曼野蛮人既使罗马人从他们自己国家中解放出来，便强夺了他们全部土地的三分之二来互相分配，以作为报偿，这一分配是依照氏族制度的方式进行的……但无论如何，这种办法在罗马诸属领不久便停止采用了，个别份地变成了可以出让的私有财产即 allod"④。"在法兰克，法兰克王的第一事件，便是把这人民的财产变为王室的财产，从人民方面

① 苏联科学院法学研究所编：《马列主义关于国家与法权理论教程》，中国人民大学 1953 年版，第 212 页。

② 马克思曾说："在封建时代，军事上诉讼上的裁决权，是土地所有权的属性。"（《资本论》第一卷，生活·读书·新知三联书店 1950 年版，第 308 页）。

③ 恩格斯为《路易·波拿巴政变记》德文三版作的序言，《马克思恩格斯文选》第一卷，外国文书籍出版局 1954 年版，第 222 页。

④ 恩格斯：《家庭、私有制和国家的起源》，《马克思恩格斯文选》第二卷，外国文书籍出版局 1955 年版，第 299～300 页。

把它盗窃来，以礼物方式或以恩赐方式分给他的侍卫队。”① 而且这种恩赐，“都是真正的赠与，都是在自由的、世袭的、可以出让的财产形式之下的真正转让”②。

所以首先是出现了这种“自由财产”、“自由地”。

恩格斯接着就指出：“当自由地一旦变成可以出让的土地财产，变成商品的土地财产，从那一瞬间的，大土地所有制产生，便仅仅是一个时间问题了。”③

他着重地研究了一下教会财产的情况④，并指出：“采用捐献，勒索欺骗，假造证据以及带有刑事犯罪性质的勾当而巧取豪夺的教会财产，在短短几世纪间达到极其庞大的数目……估计，在七世纪末叶，高卢教会底全部地产占地产面积的比例，只能多于1/3不会少于1/3。”⑤

世俗权贵的土地占有情况也是相同的。这里需要指出的是：“由于日益扩大的财产不均，在这里逐渐形成的统治阶级，只能是一个大土地占有者阶级，他们的政治形态也只能是一种贵族政体。因而，当我们看到，在这一阶级兴起与形成的过程中，政治手段暴力和欺诈，怎样往往发生很大的作用，甚至仿佛发生决定性的作用，那么，关于这，我们千万不要忘记，这种政治手段，只不过是用来促进和加速一个必然的经济过程而已。”⑥

此外，关于大土地占有情况，不能忘记：“就是在法兰克人自占高卢以后，那里仍留下很多罗马的大地主，他们把他们的大部分地产租给自由的或不自由的佃农，叫他们缴纳地租，替他们耕种。”⑦

以上说明了大土地所有制在法兰克王国广泛存在的事实及其渊源。现在我们进一步来看它产生了怎样的历史影响。

---

① 恩格斯：《家庭、私有制和国家的起源》，《马克思恩格斯文选》第二卷，外国文书籍出版局1955年版，第301页。

② 恩格斯：《法兰克时代》，《史学译丛》1956年第3期，第5页。

③ 恩格斯：《法兰克时代》，《史学译丛》1956年第3期，第3～4页。

④ “因为这是当时农业诸关系底本质因素，在这里，是不容许轻易放过的。”（恩格斯：《法兰克时代》，《史学译丛》1956年第3期，第6页。）

⑤ 恩格斯：《法兰克时代》，《史学译丛》1956年第3期，第8～9页。

⑥ 恩格斯：《法兰克时代》，《史学译丛》1956年第3期，第4页。

⑦ 恩格斯：《法兰克时代》，《史学译丛》1956年第3期，第4页。

> 在墨罗温王朝之下，牺牲王室而创造出来的权贵阶级，在任何方面都促进了王权底毁灭……全部高卢……都在这些“土皇帝们手里，他们到处擅作威福，篡夺主权”。除去世俗贵族以外，还有主教们，也和他们不相上下，他们在许多地方，窃取了周围伯爵领地及公爵领地的统治权，并利用豁免赋役的特权和教会的严密组织作他们的护符。①

并且和这种情况相连的是：“随着帝国的瓦解，外面的敌人纷纷入侵了。”② 这时候纽斯特里亚、勃艮第和亚奎丹实际上已取得独立，落克教人、佛里苏人、阿雷曼人和巴伐利亚人从莱茵河外威胁着。同时不久以前征服西班牙的阿拉伯人，得亚奎丹公与勃艮第贵族之助于公元 720 年入侵南高卢。

在这种情形下，重要的历史变革就到来了。

> 在这种情势之下，仅镇压内乱、驱逐外敌，不能达到长治久安的目的；必须找到一种方法，把已受贬抑的权贵或者由查理委派去接替他们的后任，跟王室紧密地联系起来。因为他们旧日的权力是以大土地占有制为依据的，故为达此目的，首要的条件就是要根本改变土地占有关系。这一变革是加罗林王朝的重要事业。③

公元 715～741 年执政于国内大乱之时的查理·马忒尔，在他统治期间（王权实际上已经全部崩溃了），实行了重要的采邑改革，这里我们不打算具体叙述这个改革，而只是阐明改革的实质及其社会影响。

查理·马忒尔究竟做了些什么重要的事情呢？

他建立了两种新制度：“第一，为了把帝国的贵族与王室密切联系起来，从此以后，王室土地一般说不再赠送给他们了，而是仅仅作为‘采邑’（采地）授与他们，终生使用，不过这是带有一定条件的，倘使违背了这些条件，便以收回采地相处罚。贵族本人，在这种情形之下也变成了国王的佃户了。其次，为了确保贵族的由自佃农应征入伍，遂将州郡之伯

① 恩格斯：《法兰克时代》，《史学译丛》1956 年第 3 期，第 5 页。
② 恩格斯：《法兰克时代》，《史学译丛》1956 年第 3 期，第 5 页。
③ 恩格斯：《法兰克时代》，《史学译丛》1956 年第 3 期，第 5～6 页。

爵的一部分行政权力让与他们，叫他们直接管辖移居于他们农庄上的自由农民，任命他们作这些自由农民的‘长老’。”①

这就是改革的基础或说实质。

关于第一种变革，恩格斯写道：“在征服了那些叛乱的小‘暴君们’以后，查理便按照旧日的惯例，没收他们的土地；但当他以后重新恢复了他们的职务和官爵的时候，便把地产全部或一部作为采地，重新授与他们，对于倔强的主教们的教会土地，他还不敢这样做；他撤换他们，将他们的职位赐与对他恭顺的人……他的儿子几乎做得更彻底得多……他把绝大部分的教会地产都合并于王室领地……这样集中得来的极其庞大的地产，使得已趋枯竭的王室地产重新站稳了脚步，并且大部用于更多的封赐，而这在事实上不久都采取了普遍的采邑形式。”②

同时“教会——关于大土地占有者们和采邑主们，我们必须假定也是同样情形——教会，在过去，是将他们的土地大部分作为自由租借地，在一定期间，租给他们的自由佃农耕种，现在却照着王室的榜样，模仿起来了。他们不但也开始采用采地制，而且这种授与土地的方式竟达到这样的优势，致使久经存在的定期租佃制变成终身租佃制，在不知不觉之间，带上了采地制的性质，到了第九世纪，定期租佃制差不多全部都已变成了采地制了”③。

“不过，在这一发展过程上面，还有第二种因素发生着作用。”④ 这里恩格斯就是指第二种变革。他指出：“采地授与制代替自由土地制之原因相同”，“多数旧日的自由大地产所以逐渐转变为采邑”。因为，为了“保证住在豪强庄田上的自由人民履行对于国家的义务……国王看到，他必须斗大土地占有者们，对于他们的自由佃农在出席法庭、应征兵役以及执行其他种种传统的公务上面负的责任，正如过去伯爵对其辖境内的一切自由居民所负担的责任一样，而且只有当国王把伯爵对于居民的一部分权力转让给土地贵族时，方才能够做到”⑤。和前一种变革所不同的只是大土地占

① 恩格斯：《法兰克时代》，《史学译丛》1956年第3期，第10～11页。
② 恩格斯：《法兰克时代》，《史学译丛》1956年第3期，第11～12页。
③ 恩格斯：《法兰克时代》，《史学译丛》1956年第3期，第14页。
④ 恩格斯：《法兰克时代》，《史学译丛》1956年第3期，第15页。
⑤ 恩格斯：《法兰克时代》，《史学译丛》1956年第3期，第46页。

有者的既有权力，正式“为国家所承认”。

最后，还有伯爵，“在九世纪后半期，领主制到处盛行到那样的地步，以致伯爵的职权竟有被压倒的危险，他如果想要继续保持他的权力地位，只有自己日渐接受领主制的性质，伯爵对其管辖区的居民，不论是在私人关系或公法关系上，都日益篡夺了领主的地位，他成功了”①。

恩格斯这样地总结：“如果说在王室的采邑主之群中，我们看到了其自贵族制的萌芽，那么，在这里，从治理州郡的伯爵所产生出来的诸侯，便是以后君主领土主权的胚胎了。”②

总之，采邑制“在第九世纪已经普遍通行了”③。

这样，“高卢在九世纪末叶，大部分的自由财产已经转入教堂、伯爵以及其他巨室豪族之手了……稍后，在若干省份，小自由民的自由地产，甚至根本消灭了”④。

这时候，我们也就看到了，“在这类自由地的基础上，一种社会政治制度是怎样产生的，并且这种社会政治制度，结局又怎样——这是通常的历史的恶作剧——瓦解了这种国家，而且在古典的形态之下，消灭了全部自由地”⑤。

9 世纪末是采地制普遍流行，而“采地制越发自由地发展开，它就愈益发展为领地制了”⑥。我们可以这样说：在这种“普遍通行”的时候，采邑制已经变成领地制了。从而，封建制也就因封建化的结果而确立了（虽然 9 至 11 世纪还是它进一步巩固和加强的时期）。

既然我们说领地制是封建制确定的标志，而且认为在采邑制普遍通行的 9 世纪末，它就是领地制，因此划清采邑制和领地制的界线是必要的。

恩格斯说，“纯粹的、典型的形态之下的采地制”“只不过是一种暂时的，甚至并非一度到处同时出现的形态”⑦。这就表明两者很严格的界限是

① 恩格斯：《法兰克时代》，《史学译丛》1956 年第 3 期，第 22 页。

② 恩格斯：《法兰克时代》，《史学译丛》1956 年第 3 期，第 23 页。

③ 自由租土地也不是不可能的，不过不久就停止了。（恩格斯：《法兰克时代》，《史学译丛》1956 年第 3 期，第 13 页。）

④ 恩格斯：《法兰克时代》，《史学译丛》1956 年第 3 期，第 23 页。

⑤ 恩格斯：《法兰克时代》，《史学译丛》1956 年第 3 期，第 3 页。

⑥ 恩格斯：《法兰克时代》，《史学译丛》1956 年第 3 期，第 15 页。

⑦ 恩格斯：《法兰克时代》，《史学译丛》1956 年第 3 期，第 15 页。

不好划分的，只是为了“要想了解此种经济关系的历史的现象形态”才在采邑制的纯粹形态下去了解它。至于它和领地制的区别，只是一般地指出：采邑制“还不就是以后的领地制，但已经是它的萌芽”①。恩格斯虽然也讲道：“如果说，以后的封建庄园在任何情形下都是一种职田，而且对于封建领主负有提供年役的义务；那么我们必须说，后一种情形在采地制上还未发生，前一种情形也是完全不必要的。”② 我以为这是为了解这种“纯粹形态”而设的，最后是如此，而后来它和领地制的这种区别也不明显了。所以在采邑制日益发展推广的后来，以上所设的情形是不好作为区别的标准的。他在紧接着上一段话的下面写道：“可是采地转为职田的倾向，都是已经不可否认地存在着的；并且在第九世纪，它在这方面所获得的活动余地愈来愈大了，采地制越发自由地展开，它也就愈益发展为领地制了。”③ 至于服兵役，也不过“在开头的时候，是完全不必要”④。事实也是如此，采邑制后来都有了兵役。查理大帝时，“首先，每个王室的采邑主都是毫无例外地应征”⑤，然而在另一方面却是，“采地制具有在发展起来的领地制方面可以重新看见的许多特征”⑥。采地制也创造了以后“封建等级制的基础”——“社会等级制度”⑦。这一切表明，区别采邑制和领地制存在困难。

那么究竟如何区别，又以什么作为划分两者的界标呢？

我们的看法是这样的：纯粹形态下的一般区别恩格斯已经指出，但特别是在采邑制愈来愈发展后的情况，就与领地制几乎完全相同了，这就只有找一个可以作为标志的历史现象。

如果说“等级土地所有制”⑧ 的表现是：“为教阶关系互相联合起来的土地所有制者，都依照他们在经济上和政治上的力量，分成为高低不同的

① 恩格斯：《法兰克时代》，《史学译丛》1956年第3期，第12页。
② 恩格斯：《法兰克时代》，《史学译丛》1956年第3期，第14页。
③ 恩格斯：《法兰克时代》，《史学译丛》1956年第3期，第14～15页。
④ 恩格斯：《法兰克时代》，《史学译丛》1956年第3期，第13页。
⑤ 恩格斯：《法兰克时代》，《史学译丛》1956年第3期，第24页。
⑥ 恩格斯：《法兰克时代》，《史学译丛》1956年第3期，第14页。
⑦ 恩格斯：《法兰克时代》，《史学译丛》1956年第3期，第14页。
⑧ “等级土地所有制”就是“领地制”。作为整个封建制度的特点（其与奴隶制和资产阶级所有制根本不同之点）来提是前者，而一般讲到封建主所占有的土地，就称之为“封建领地”。

等级。"[①] 那么我们可以在等级制度上来找这个界标。既然采邑制也创造了"社会等级制度"——它是封建等级制的基础，从什么时候起正式变成封建等级制呢？这可以从法律上来考虑[②]。我们知道，封建等级制度的金字塔是以广大农奴和依附农民为基础的，农民的农奴化和依附地位加强，与封建等级制的正式形成是统一体的两个方面，因为"后来逐渐成为整个封建制度基础的大土地所有制的发展是农奴化的基础"[③]，而这种依附地位在封建化过程中，先是因为各种原因被迫地或者"自愿"地在实际上投靠了大土地所有者[④]，随着国家不得不从法律上承认这个既成的事实[⑤]。关于这，我们可以看到如像公元847年秃头查理的墨林法令，法令写道："每个自由人任意在我们的人以及忠于我们的人中间替自己选择领主。"[⑥]

这样能够说明，在9世纪，早已开始的封建化过程至此可告一段落，封建制已经确立，往后则进一步巩固了。所以，在10世纪末（实际上9世纪下半期就开始了），法国就成了大批具有不同面积的封建领地的集聚体。

因此，恩格斯的《法兰克时代》就是分析9世纪以前这个封建化过程中土地占有关系的变革，而解决了封建化过程的一个基本问题。

---

① 中国人民大学：《国家与法权通史》（第一分册），中国人民大学1953年版，第220页。

② 这是斯大林关于基础与上层建筑关系的学说："基础之所以创立自己的上层建筑，也就是为了要使上层建筑替它服务，要使上层建筑积极帮助它形成起来和巩固起来，要使上层建筑为消灭已经过时的旧基础及其旧上层建筑而斗争。"（《马克思主义语言学问题》，人民出版社1950年版，第3页。）

③ 斯卡兹金：《马列主义经典作家论封建所有制与超经济强制》，《史学译丛》1955年第6期，第58页。

④ 关于这，恩格斯写道："他们因战争和掠夺而破产，不得不乞求新兴贵族或教会保护，因为国王权太微弱，已不能保护他们了……他们须将自己的土地所有权交给保护人，再以种种不同的条件——不过总不外是服役和纳贡——把这块土地向他租来；一经陷入这样的隶属境地，他们就逐渐地丧失了自己人格自由；经过数代之后，他们大都变成了农奴。"（《家庭、私有制和国家的起源》，《马克思恩格斯文选》第二卷，外国文书籍出版局1955年版，第302页）。

⑤ 马克思指出："在到处一样，社会的统治阶级的利害关系，总是要使现状当作法律成为神圣不可侵犯的，并且要把它由习惯和传统而固定化的各种限制，当作法律的限制固定下来。"（《资本论》第三卷，生活·读书·新知三联书店1950年版，第1035页）。

⑥ 转引自柯斯明斯基：《世界中世纪史》，东北师大1954年译本，第100页。谢缅诺夫《世界中世纪史》是这样记载的："'第一个法兰西王国'秃头查理就不得不经常对自己的贵族让步，847年，他颁布麦桑律例（即墨林法令——基）……877年的开西律例则用法律规定恩赐地的世袭制和伯爵职位的世袭制。从此恩赐地变为世袭领地——封土、封邑、伯爵、侯爵和公爵的称号变为诸侯的称号。拥有类似王权的地主君主一切权利的公爵王朝，开始在各地建立起来了。"（生活·读书·新知三联书店1956年版，第56页。）

从他对这一问题的分析，如上所述的，我们可以看出这个过程的实质是：大土地所有者占有土地日益扩大[①]，与之相联的是政治权力日益增长（得到王权“政治上的认可”）。

如上所述可以看出：先是由于自由地存在，出现一批“土皇帝”式的大土地所有者。王权受到严重影响，因而出现了8世纪中叶查理·马忒尔的采邑改革，而它的影响，一方面固然是促成了封建主阶级的形成，另一方面则大大促成法兰克王国政治的分裂。关于这一点，恩格斯这样说：这个改革是“为了统一帝国、加强帝国，将臣室跟王室永久联系起来，而为达此目的所选择的手段，结局反而导致王权之彻底破灭，豪强独立及帝国瓦解”[②]。

所以封建制早期呈现出四分五裂的封建割据情况。

三、自由民人身依附的一般情况

这里要叙述的是和上一过程同时进行的另一个重要方面。

如《政治经济学教科书》所说：“在不同国家中，封建化的过程各不相同，但其实到处都一样：原来自由的农民陷于人身依附地位，依附那些夺去他们土地的封建主。”恩格斯曾经指出：“在中世纪，封建剥削的根源……是由于他们被束缚在土地上。当时农民保有自己土地，但他们是作为农奴或奴仆束缚在土地上，而且必须给土地占有者服劳役或征纳产品。”[③] 列宁在阐述封建时代经济特点时也说：“农民在自己份地上的‘私人’经济，是地主经济的条件，其目的不是给农民‘保证’生活资料，而是给地主‘保证’劳动人手。”“必须使直接生产者束缚于土地。”“这种经济制度的条件是农民对地主的人格依附”[④]，等等。这种情况反映在上层建筑上面，即：“农奴法是封建制法的最重要部分，农奴法的规范把农民束

① 前引《马列主义经典作家论封建所有制与超经济强制》的作者写道：“大土地所有制形成是建立封建关系的基础，而土地私有制的社会里，这种大土地所有制形成又是十分自然的。”（斯卡兹金：《马列主义经典作家论封建所有制与超经济强制》，《史学译丛》1955年第6期，第58页。）

② 恩格斯：《法兰克时代》，《史学译丛》1956年第3期，第6页。

③ 恩格斯：《英国工人阶级状况》，人民出版社1956年版，第11页。

④ 列宁：《俄国资本主义的发展》，人民出版社1953年版，第161页。

缚在封建地主的土地上，规定农民对地主的人身依附，以及封建主对农奴的不完全占有……禁止农民脱离一个地主投奔另一个地主，规定封建主有权收取徭役和代役租，赋予统治阶级中的每一个人以世袭特权和统治农民的权力，规定农民毫无权利并必须为封建主从事繁重的不自由的劳动。"①

现在我们就来看，在封建化过程中，自由民人身依附的一般情况。

首先应该提到，在罗马帝国末期，为了缓和奴隶制的危机，出现了"隶农制"，"庄园相同分成各个小块地产……但这种小块地产主要是租给科洛尼佃农的"，"他们是中世纪农奴的先驱"②。

而四百年以后，主要是因为生产力水平的相同，"法兰克自由农民所陷入的境地，跟他们的先驱者即罗马科洛尼所陷入的境地相同"，"大多数人民似乎又恢复自己的原状了"。但重要的是："假如我们在这一时期末期遇见跟初期差不多同样的主要阶级，那么构成这些阶级的人却已经不同了。""第九世纪的诸社会阶级，不是在垂死文明的衰落环境中，而是在新文明诞生的阵痛中形成的。新的世代，无论是主人或是仆从，跟他的罗马的先驱者比较，已是成年人的世代了，有权势的土地占有者和隶属于他们的农民之间的关系，这种在罗马曾使古代世界非灭亡不可的关系，现在已经成了新发展的起点了。"③

那么作为"新发展的起点"的阶级（我以为就是封建主与农奴和依附农民）是如何形成的？

首先，由原有的奴隶——隶农发展而来的，这毫无疑问是存在的。

其次，需要说明的是自由民如何陷入依附地位。

首先，在法兰克国家内部有大量的自由农民存在。继而，随着地产的集中，一些教会的和世俗的"庞大地产一部分是交给不自由农民耕种的，可是也有一部分是由自由农民耕种的"④。关于后一种情况，恩格斯写道："在自由法兰克人能够变做任何他人的佃农之前，一定是他们在分配土地

---

① 玛·巴·卡列娃等：《国家和法的理论》（上册），中国人民大学出版社1956年版，第127页。

② 恩格斯：《家庭、私有制和国家的起源》，《马克思恩格斯文选》第二卷，外国文书籍出版局1955年版，第298页。

③ 恩格斯：《家庭、私有制和国家的起源》，《马克思恩格斯文选》第二卷，外国文书籍出版局1955年版，第302～303页。

④ 恩格斯：《法兰克时代》，《史学译丛》1956年第3期，第10页。

时所获得的自由土地，由于某种原因丧失了，一定是一个特殊的无地的自由法兰克人阶级已经形成了。这个阶级是由于地产开始集中而形成起来的，是由于引起地产集中的同样原因而产生的：一方面由于内战与没收财产；他方面，大部分由于时势所迫，为了求得安全而把土地转让于教会。”① “于是，自由平民逐渐消灭了，他们日益跟土地分离，早已驱使他们中间的一部分，陷入新兴大地主的臣属关系中，为了畏惧兵役给他们带来直接的破灭，更将其余部分逼进农奴境地了。”② 这样，“不自由人如此大量的增加，重又搅乱了法兰克社会的阶级关系……现在又一个日益并吞残余的自由平民的不自由人阶级出现了”③。

恩格斯还指出：“除从自由佃农中所产生出的这种臣仆以外，还有另外一种臣仆，这是自愿跟贵族发生家臣或侍从关系的贫穷的自由人民。”④这就是所谓“亲兵制”。

但这只是指明“自由人依附关系的双重起源”，不久“各个大土地占有者的亲兵，也慢慢与佃农合而为一了”，“在领主庄园内的无地家丁与居住在领主土地上的多数佃农中间的差别，也逐渐归于消灭了”⑤。他们后来都成了封建制下的依附农民。

这里还应该提出如下一点：“不过，这些不自由人，有一部分自己过去曾经是自由人，另一部分则是自由人的儿女……他们大多数都是土生土长的法兰克人与罗马人，对于这样的人，况且他们业已成为居民中的多数，是不会像世袭的或者外来的农奴那样容易对付的，他们还没习惯于奴役的地位。”⑥ 接着恩格斯列举了一些农民暴动，并且说：“不自由的大众的这种反抗态度的显著结果之一，是自八世纪末叶九世纪初叶以后，不自由人的负担，甚至连定位的奴隶们的负担也在内，都渐渐地规定出一定的，不许超过的限变。”⑦

虽然，“农民起义通常因为他们的自发性，无组织性和散漫性而遭受

① 恩格斯：《法兰克时代》，《史学译丛》1956年第3期，第10页。
② 恩格斯：《法兰克时代》，《史学译丛》1956年第3期，第25页。
③ 恩格斯：《法兰克时代》，《史学译丛》1956年第3期，第25页。
④ 恩格斯：《法兰克时代》，《史学译丛》1956年第3期，第17页。
⑤ 恩格斯：《法兰克时代》，《史学译丛》1956年第3期，第20页。
⑥ 恩格斯：《法兰克时代》，《史学译丛》1956年第3期，第26页。
⑦ 恩格斯：《法兰克时代》，《史学译丛》1956年第3期，第26页。

失败，但农民的反抗奴役迫使统治阶级恐惧暴动而把农奴的义务规定下来，在加罗林朝时代这些义务已按着惯例加以调整并载在特别的登记簿上。因此确定了能保证农奴最低生活资料的义务，在极大程度上是农民对永远企图增加封建地租压迫者进行经常不断的阶级斗争的结果”①。

那么，又是从什么时候起农民才变成了封建制下的农奴或者依附农民呢？这里首先有一点是很重要的，即：“不应该把所有的封建依附都归结为最粗暴的超经济论制形式——农奴状况，人身奴役。”②（“可是应当注意，在俄文版马列主义文献中，农奴制常被用作封建制的同义语”。——这是前引文同页上的“注”。）我引这一段是想说明，在考察封建化过程这一问题时，不要单纯在“农奴”这一点上去找，而应该从整个情况看，特别是和土地占有的情况联系起来看。恩格斯对这一点的分析是：正是因为土地所有制情形的变化，“因此，一种基本的变化也就出现在自由佃农的政治地位上面了。他们在过去，是和他们的地主在法律上站在平等地位的，不管他们在经济上是怎样为害地依附于他，可是现在，在法律上面也成为下属。经济上的屈服取得了政治上的认可”③。这就是封建制形成的时候。依附关系就进一步发展成了封建制下的农奴，或者依附农民。

封建化过程中自由人民人身依附的一般情况就是如此。

四、结语

封建社会形态的出现，是它以前的社会内部矛盾的必然结果，是适应一定的生产力水平产生的。它的形式必须要从这一根基上出发，把由基础到上层建筑的各个方面，作多面具体的考察，其主要估计外部因素的作用。单纯地从某一方面（即使经济性、基础性的现象也一样）来划分社会历史形态是不应该的。但是，在非常复杂的历史现象中，也必然有起基本的主导作用进而影响其他方面的东西。

根据我自己学习马列主义经典著作的初步体会，认为土地占有关系就

① ［苏］柯斯明斯基：《世界中世纪史》，东北师大1954年译本，第98页。

② 《论封建社会形态的基本经济规律（讨论总结）》，《苏联关于封建主义基本经济规律的讨论》，生活·读书·新知三联书店1956年版，第232页。

③ 恩格斯：《法兰克时代》，《史学译丛》1956年第3期，第17页。

是这样的基本问题。

那么，以上根据经典著作指示而列举的情形，是不是普遍性的规律呢？我初步的意见回答是肯定的（虽然具体情况是不会不同的）。

首先就是作为封建制根本特点的“等级土地所有制”。我们可以这样一般地说是土地私有制社会的一个特定的阶段。实质上是实际的大土地占有者掌握政权，在其领域内执行司法与管理（至少在封建社会衰落以前是如此）。这种情况是在各处都有的，东方也一样，马克思说：在东方“对于土地既有私人的也有共同的占有权和使用权”①。

其次是这种制度如何发生的问题。在罗马帝国废墟上建立起来的情况是：先自由地，而大土地占有，而采邑制，最后形成了领地制——等级土地所有制。这是典型的奴隶制基础上建立起来的典型封建国家封建化的情况。其他国家就不一定走和这完全相同的道路，需要对各个国家作具体分析。“对于这些只有由各种经验上给予的事情的分析来理解。”②

关于中国封建制形成的问题，同样应该以土地占有关系作为一个基本问题进行研究。

① 马克思：《资本论》第三卷，人民出版社1950年版，第1032页。

② 马克思：《资本论》第三卷，人民出版社1950年版，第1033页。

对马克思主义社会形态学说的再认识

社会形态学说是马克思主义理论宝库中的基础理论之一。它是马克思和恩格斯共同创造的，是他们在当时的革命实践中创造的，其目的是回答和解释人类社会发展规律问题。这个学说的丰富含义和理论意义需要多方面的论述，这里我想从中国近几十年的发展情况来谈一点自己的认识。

从历史的角度看，社会形态学说是一个最基础、最根本、最重要的理论。这个学说影响了中国大半个世纪的历史研究，和俄国一样在中国革命的进程中起到了重要的指导作用。中国早期的马克思主义学者，把这个学说应用到中国历史的研究，使得我们对中国历史的发展有了完全不同的认识，如同郭沫若在《中国古代社会研究》一书的序言中所说："中国人不是神，也不是猴子，中国人所组成的社会不应该有什么不同。"认为中国历史的发展与马克思主义社会形态学说是一致的，虽然在对于形态的特点的认识和具体的分期分段有许多不同的看法，但在基本规律上大多数人没有否认。

当然不能简单按赞成人数的多少来判断理论的是非。真理有时也会掌握在少数人手中，因此有些事也值得提出来说一说。20 世纪 30 年代的社会史论战，有过一些不同意见的争论，最后可以说是比较正确解释马克思主义社会形态学说的看法占了上风。20 世纪 50 年代也曾有人公开提出过不同看法，但由于政治因素干扰，学术和理论的讨论是展开得不够的。20 世纪 80 年代以后，又曾一度有过较小规模的研讨，但没有深入下去。其原因是什么，是一个可以探讨的问题。

在对待马克思主义社会形态学说方面，我认为有一个值得提出的问题是，人们对这个学说理解和研究得不够，拿 50 年代的情况来看，理论本身的研究不够，某些基本原理缺乏全面的理解，运用起来又多半是经解式的方法，甚至是简单的对号。例如讲社会发展，讲发展原因，就讲阶级斗争是社会发展动力。讲阶级斗争为纲，讲阶级斗争历史，一部历史就是阶级斗争史，其结果是某省的中学历史课本就只剩下三次农民起义——当然，这特别突出的现象是短暂的，但各种简单化的表现却是很普遍的。到底什么是阶级斗争理论？人们不甚了解，至于运用那就更是五花八门了，实用主义的运用，生出许多可笑可悲之事。

物极必反，笔者在跟着走向极端之后，也生出了疑问，当读到列宁的一段话之后似乎得到了一些启发，列宁在《民粹主义的经济内容》一文中说：

> 阶级斗争理论所以是社会科学取得的巨大成就，正是因为它十分确切而肯定地规定了把个人因素归结为社会根源的方法。第一，这个理论制定了社会经济形态的概念。它以人类任何共同生活中的基本事实即生活资料的谋得方式为出发点，把这种生活资料谋得方式和在它影响下形成的人与人间的关系联系起来，并指出这些关系（即马克思的用语“生产关系”）的体系是为政治法律形式和某些社会思潮包裹着的社会基础。按照马克思的理论，每一种生产关系体系都是特殊的社会机制，它有自己的产生、活动和向更高形式过渡即转化为另一种社会机体的特殊规律。这个理论已把客观的一般科学上的重复性应用于社会科学，而主观主义者认为把这种重复性应用于社会科学是不可能的。他们这样论断：由于社会现象错综复杂，形形色色，不把重要的和不重要的现象分开，就不能研究这些现象，而为了把两种现象分开，就需要“有批判头脑的”和“德性很高的”个人的观点，——于是他们就轻而易举地把社会科学变成一系列的小市民道德信条，这种道德的范例我们已从那位以哲学家的神情谈论历史的不适当性和“科学光芒”所指明的道路的米海洛夫斯基先生那里看到了。正是这些论断被马克思的理论根本打破了。重要和不重要之间的区别已为社会经济结构这一内容和政治、思想形式之间的区别所代替了：由于推翻了以往那些在仅仅有特殊的历史上一定的生产关系体系的规律的地方看出自然界规律的经济学家的观点已被推翻，经济结构这一概念本身也就得到了确切的理解。主观主义者关于一般“社会”的论断，这种毫无意义的不过是小市民的空想（因为连各种不同的社会制度有可能概

> 括为几种独特的社会机体这一点都未阐明）的论断，已被对一定的社会结构形式的研究代替了。第二，“个人”在每个社会经济形态范围内的活动，这些极为多样的似乎不能加以任何系统化的活动，已被综合起来，归结为在生产关系体系中所起的作用上、在生产条件上、因而在生活环境的条件上、在这种环境所决定的利益上彼此不同的个人的集团活动，一句话，归结为阶级的活动，而这些阶级的斗争决定着社会的发展。这就推翻了主观主义者的天真幼稚的纯粹机械的历史观，他们满足于历史是由个人创造的这种空洞的论点，而不愿分析这些个人活动是由什么社会环境决定的，是怎样决定的。主观主义被把社会过程看做自然历史过程的观点代替了，没有这种观点，当然也就无所谓社会科学。司徒卢威先生很正确地指出：“忽视社会学中的个人，或者确切些说，从社会学中把个人一笔勾销，实质上是追求科学认识的个别场合”，“个体”不仅在于精神世界中，而且存在于物质世界中。全部问题在于“个体”受某些一般规律支配，这就物质世界来说早已肯定，而就社会方面来说则只是由马克思的理论确定下来的。①

看来列宁所阐述的阶级斗争理论、社会经济形态概念以及“个人”活动等，不是一种简单的公式，而包含着许多深刻而又具体的内容，由此我们得到启发，我们确曾有过一段时间的简单化倾向，这种倾向不但把丰富多彩的社会历史简单化了，而在实际上也引导人们走入歧途。

到这里几乎是深入不下去了！有的人失去了兴趣，甚至视为畏途。

在经历了相当长时间的某种禁锢之后，在改革开放大气候的影响下，人们在学术研究领域可做的事相当多，很多人都转移了方向，不少人纷纷去学习和研究新问题，并且接受一些新的理论和方法（有些也不是新的，新的也不等于是最好、最正确的）。但是无论是新的或者原有的，都存在着一个理论研究不够深入的问题。今天举行这个“中国前近代史理论”学术讨论会，无疑是有重大意义的。这次讨论的中心，是“奴隶制与农奴制理论问题”，这是马克思主义社会经济形态学说的重要组成部分之一，也是关系中国古代史深入研究的基本理论问题之一。

---

① 《列宁全集》第一卷，人民出版社 1955 年版，第 388～389 页。

在中国古代历史研究中，讲社会经济形态，曾出现过一些偏差，但是很明显，完全不讲社会经济形态也是很难深入下去的，因此有时候人们可以采取回避态度，避而不谈，有时候则回避也回避不了，不得不采取一说。人类历史上社会形态是五种，还是六种或者四种？中国古代历史上到底有没有奴隶制阶段？中国是不是一个“独特的亚细亚社会”？这些问题是无法回避的。

再具体到实际研究中。打破了那种简单的阶级斗争史（在古代就是农民战争史）的一统天下之后，人们在政治经济制度、文化思想等领域开展了更广泛深入的研究，除了描述之外，人们还要探求规律、发展变化以及其原因等，这都需要理论（事实上描述也不可能不受理论影响），而且需要关于社会形态的理论。一个制度、一个思想、一个文化现象是怎样产生的，它们在社会发展中起过什么作用，又是怎样起作用的，等等，都会涉及许多理论问题，如生产力与生产关系，经济基础和上层建筑的关系，个人与群体或者阶级的关系，存在和意识的关系，等等，实际上是需要进行理论研究的。可喜的是，中国国内也还有学者关注这方面的研究，上海人民出版社 1993 年出版了吴泽教授的《东方社会经济形态史论》一书，可说是一个阶段性的总结著作，完全可以在这个基础上深入一步地进行探讨。日本中村哲教授的著作《奴隶制与农奴制的理论》也是如此，他的理论贡献确实是有利于我们“进行更深层次的探讨”（见该书中文版序言）。

后记：这是 1996 年参加在武汉大学举行的“中国前近代史理论国际学术研讨会”的发言稿，1997 年出论文集时征求我的意见，我觉得不成熟，未同意收入，事隔多年，也就放下来了，没有再修改。现在我们这里征集这方面的稿子，我想不妨拿出来给大家看看我们这一辈学人，学习、研究入门时，就是学习马克思主义，受过极左思潮和教条主义的严重干扰，走过一些弯路，虽也多少读过一些马克思主义原著，但水平不高，不敢在这方面多说些什么。不过，即使现在看来，马克思主义作为一种理论，也是不好轻易论其是非的，根本不读马克思主义的书，而妄加非难那就更不应该了。作为一个曾学习并接受过马克思主义理论影响的人，此文或为一种反思之作，有其真实性，也有值得再探讨之处。

对“让步政策”的看法

《史学》第三一五号发表的孙达人同志谈“让步政策”的文章，确是提出了一个值得讨论的问题。读了之后，我感到孙达人同志对那些对“让步政策”赞不绝口的意见的批评，以及对某些“让步政策”具体内容所作的阶级分析，都是很好的。但是，要想对“让步政策”作根本否定，孙达人同志的文章似还不能解决问题。

这个问题牵涉到农民起义的作用。我同意孙达人同志的阐述，农民起义对封建统治的打击表现在两个方面，即：第一，推翻和改造了封建王朝；第二，起义军在起义中镇压了许多地主分子，剥夺了他们的土地和财产，从而削弱了封建生产关系。但是，我认为，在这两方面都还包含有“让步政策”这么一个问题。

孙达人同志说：“农民战争爆发了，它以雷霆万钧之势摧毁了封建王朝。这就是制止了地主阶级对生产力的野蛮破坏，挽救了社会的毁灭。”对于这一论点，还需要作具体说明。

毛主席告诉我们，农民起义是历史发展的动力；同时又指出：“在每一次大规模的农民革命斗争停息以后，虽然社会多少有些进步，但是封建的经济关系和封建的政治制度，基本上依然继续下来。”（《毛泽东选集》第二卷，第619—620页）旧的王朝被摧毁了，新的王朝又建立起来，地主阶级依然存在，社会生产仍然要在这样一个生产关系下进行。当然，生产力进一步发展的条件，主要是劳动人民的辛勤劳动，可是在客观条件上就不能不估计到这个“让步改策”了。比如汉初和唐初的兵徭役与它们的前朝相比就是有所不同的，难道不可以说有一些“改善”或者“让步”吗？这种“让步”不是“被迫地”又是什么呢？

是的，整部封建社会的历史就是农民阶级和地主阶级斗争的历史，“革命的压力”确实是无时不有的，像汉唐“盛世”那样的时候也有武装形式的阶级斗争。但是我们是否可以说，这种“压力”有时候会大一些，有时候又会小一些呢？同时还可否说，统治者对这种“压力”的态度也会因人、因时而异呢？我认为，事实上是存在着这些不同情况的。正因为有这些不同，才有“让步政策”这个问题产生；也正因此，封建地主阶级没有始终采取这个“让步政策”（像孙同志所推论的那样）。

孙达人同志还谈到封建束缚的松弛。不错，在我国封建社会中期发生了一个农民对地主阶级的依附关系削弱的变化，这当然是农民群众长期斗争的结果。但是在统治阶级被迫“让步”之后，这种变化来得更快更彻底。拿唐朝和魏晋南北朝时期相对来说就是如此，尽管“唐律疏义”还照抄了一些旧的律文，然而终究还是取消了那些不适合当时实际情况的内容。

孙达人同志所说的另一方面，即由于起义群众在起义过程中杀死和赶跑了一些地主，因此起义经过之后，土地集中的现象有所改变，自耕农的数目有所增加，从而有利于生产的恢复和发展，这不能说是统治阶级让步的结果。孙达人同志的这个看法是正确的。不过，这种情况也和“让步政策”有些关系。例如统治者实行“均田制”，应该说主要就是在这种情况下提出的。我们不能说“均田制”毫无“让步”意义，这只要拿实行“均田制”的唐初和不实行“均田制”的东汉初作个比较，就很能说明问题。

历史上有那么一些可以称为“让步政策”的现象，现在的问题是我们如何估价它。近几年关于农民战争问题的讨论，是有助于我们在估价这个问题上提高认识的。对于这个问题，我的看法是：

第一，“让步改策”是被迫地“让步”，它是农民起义“打击了封建统治”的表现之一，也可以说是农民群众阶级斗争的结果。前两年，有些同志强调什么“直接作用”，只承认王小波、李顺、钟相、杨么和李自成等在起义过程中“均贫富”“陆耕水战”“均田”等的作用，其他的就不算。这是不能使人同意的。

第二，“让步政策”是统治阶级的政策，它是为了维护剥削阶级的利益而采取的。因此，我们必须认真揭露它的阶级实质，同时也不能把“惠而不给”的谎言甚至根本没有“让步”因素的政策，都说成是“让步政策”。过去在这方面是忽略了的，应该纠正过来，并且要大讲特讲。

第三，“让步政策”在客观上有利于社会生产的恢复和发展，这一点也不应否定。由于这样一些政策的实施，出现了一些有利于生产发展的条件，是客观存在的事实。这并不是赞扬统治阶级的什么“仁慈”和“美德”，而是对这种现象进行具体分析。

西汉初没有实行过“让步政策”

秦末农民起义后，新建立的西汉政权，作为代表封建地主阶级利益的一个政权，它在建立的过程中，首先当然是对农民起义实行反攻倒算。

《史记·高祖本纪》说，高祖元年，刘邦一入关，刚接受秦王子婴的投降，就召集“诸县父老豪杰”，与他们“约法三章”，即“杀人者死，伤人及盗抵罪”。过去一般是把这件事和所谓“除秦苛法”联系起来。其实是不应该这样联系的。此事《史记》和《汉书》都说得比较简略，从刘邦当时的那道宣言来看，至少包括两方面的内容：一说明他接受秦王的投降是与诸侯们一齐商量过的，而且要“待诸侯至而定约束耳”；二表白他之所以来，是要“为父老除害，非有所侵暴”。这两条，特别是后一条，和“除秦苛法”并没有什么关系，主要是表明他与农民起义军不一样，他背叛了农民起义军。当时，父老豪杰之“害”是什么呢？那就是农民起义军的“各报其怨，而攻其仇”①。所以，刘邦与“父老约法三章：杀人者死，伤人及盗抵罪”。这“约法三章”与“除秦苛法”毫不相干，而是公开宣布制止起义人民再去向地主阶级报仇，从法律上给地主阶级以权力，使他们可以用“杀人”、“伤人”及“盗”等罪名向起义人民反攻倒算。

高祖二年，据《史记》记载，“汉王之出关，至陕，抚关外父老”。《汉书》作“镇抚关外父老”，师古注云：“镇，安也；抚，慰也。”又，四年，“西入关，至栎阳，存问父老”。不论是镇抚安慰，还是存问，其办法当然是和上述对关中父老豪杰一样。看来，这种保护地主阶级生命财产的反攻倒算政策，是从汉政权建立过程中就开始推行的，而且走到哪里推行到哪里。

《汉书·高帝纪下》记载五年的一道诏书说：“民前或相聚保山泽，不书名数，今天下已定，令各归其县，复故爵田宅。”这里也主要是两条：

---

① 司马迁：《史记》卷八十九，《张耳陈余列传》，中华书局1959年版，第2573页。

一是要书“名数”，师古曰：“名数谓户籍也。”要把户籍制度重新整理一下；二是“复故爵田宅”，要那些“聚保山泽”之民“各归其县”，师古曰：“保，守也，安也。守而安之以避难也。”避什么难？和上述所谓“害”一样，自然是避农民起义之难。因为他们都是有“故爵田宅”的地主阶级，亦即前所谓“父老豪杰”。这道诏令显然是在政权建立和初步巩固之后，使整个地主阶级来一次全面的反攻倒算。

当然，从总的来说，汉政权的建立，本身就是对秦末农民起义的反攻倒算，它的许多政策和措施，包括建立各级政权以及优待新老地主阶级的各种办法，都可以说是农民起义后的反攻倒算。

汉政权对秦末农民起义的反攻倒算，表明了它的阶级实质。阶级观点是我们用历史唯物主义分析历史问题、评价历史人物和事件的根本观点。但是我还要进一步指出两点：第一，这种情况，即地主阶级重建政权，实行反攻倒算，有其历史必然性；第二，说农民起义之后，地主阶级实行了反攻倒算，是针对起义失败后有所谓“让步政策”而言的，并不是回答新政权对当时的经济发展起了什么作用的问题。

秦朝末年，人民受着极残酷的压迫剥削，无法生活，社会经济遭到极大的破坏。再加上六七年的战争，汉朝初年，社会经济急待恢复。汉初的各种政策和措施是否符合经济发展的方向呢？这要具体问题具体分析。

除了上述一些反攻倒算政策，主要是为了建立和巩固地主阶级统治之外，汉初人民很苦，没有什么东西可拿，统治者采取了所谓“轻徭薄赋”政策，这有很大的欺骗性。实际上对当时广大劳动人民来讲，徭既不轻，赋也不薄，而且“轻徭薄赋”也对地主阶级有利。我们不应该像历代统治者那样歌颂它。不过，徭役从总的来看，和秦比较起来是要轻一些，至少是没有骊山墓、阿房宫那样一些大规模的土木工程，这在客观上是有利于经济的恢复的。

汉初有不少政策和措施可以说是符合经济发展方向的。例如《史记·高祖本纪》记载说，二年，“诸故秦苑囿园地，皆令人得田之”，以及《文帝本纪》记载的“弛山泽”之类措施。不论是由谁去“田”，以及“田”后归谁所有，对于整个社会经济的恢复是不无好处的；又，高祖五年“五月，兵皆罢归家”，这“归家”之兵不论多少都是有利于农业生产的。文帝时也有类似的措施。

另外有一些措施，表面看来也是有利于经济的恢复和发展的，不过往往是口惠而实不至。例如高祖五年下令说：“民以饥饿自卖为人奴婢者，皆免为庶人。”① 这显然是行不通的，那些出钱买奴婢的主人，不会轻易地同意“免为庶人”。但是，文帝时“免官奴婢为庶人”②，多少是可能实行的。又如高祖七年宣布的“民产子复勿事二岁”③，以及多次下令复免徭役租税，那多半恐怕只能是徒具空文。所以，其有利于经济发展的因素是极其微小的，不过也不是完全没有，如像减免田租得到好处的主要是占有大量土地的地主阶级，但有小块土地的自耕农也可多少减轻一点负担。

总之，汉初国家权力对于经济的恢复和发展是沿着同一方向起作用的。但是，似乎没有必要说这是什么“让步政策”，因为它并不是在对谁“让步”。不过，是否可以认为以上这些即马克思所说的“封建主义的好的方面”呢?④ 但“好的方面”不能引起斗争，从而不能形成历史运动。推动历史前进的真正动力，只能是阶级斗争。

从以上分析看到，秦末农民起义之后是实行了反攻倒算的，在农民起义之后是不会实行什么“让步政策”的。“让步政策论”是错误的。我的体会主要是两条：第一，它在“文化大革命”前已经成为一种史学理论，正如当时有的同志已经指出的：“‘让步政策’似乎成为解释中国古代史上许多重大问题，特别是农民战争的历史问题的一张‘万灵膏’。”⑤ 第二，它在实际上与唯心主义的历史观搞在一起了，很容易变相地歌颂帝王将相，也很容易使人忽视农民起义作用的深入探讨，因为很省力气。这两条归结为一点，那就是妨碍着马列主义史学的进一步发展。

---

① 班固：《汉书》卷一下，《高帝纪》，中华书局 1962 年版，第 54 页。

② 班固：《汉书》卷四，《文帝纪》，中华书局 1962 年版，第 130 页。

③ 班固：《汉书》卷一下，《高帝纪》，中华书局 1962 年版，第 63 页。

④ 马克思：《哲学的贫困》，《马克思恩格斯全集》第四卷，人民出版社 1958 年版，第 154 页。

⑤ 孙达人：《应该怎样估价“让步政策”》，《光明日报·史学》1965 年 9 月。

“让步政策”的理论根据质疑

关于“让步政策”问题，文化革命前从理论和史实等各方面进行过探讨，近两年也在许多不同场合进行过讨论，明确了许多问题，有些问题的认识也逐渐趋向统一了。例如：不少主张有“让步政策”的同志，也认为“片面地夸大‘让步政策’的作用，甚至说‘唯有透过’‘让步政策’才能看到农民起义的作用，显然也是一偏之见”；有些不赞成“让步政策论”的同志也不是根本否认历史上有过“让步”这种现象。当然，这不是说认识上已经完全统一了。

现在的主要分歧是：农民起义之后是否有“让步政策”？从理论上又该如何看？这就牵连到对“让步政策”的“作用”以及许多历史现象的解释等。最近，胡如雷同志在《“让步政策”是客观存在的》① 一文中，把这个问题提得很明确了，这是有助于进一步讨论的。

看来，要解决这个问题，还是必须从理论上加以研究，因为它本身就是作为一个史学理论提出来的。当然也有同志认为不管理论怎么说，要看历史事实如何而定。然而，对历史事实的分析，乃至对资料的研究，不也是要有理论作指导吗？事实上，大家为了找到理论根据，在讨论时都引用了马列主义经典作家的论述。为了完整准确地理解马列主义理论，我最近对于文化革命前和近年来讨论“让步政策”时所引证的马列主义经典作家的论述，作了进一步地探讨，认为还不能构成“让步政策”的理论。

胡如雷同志为了证明“‘让步政策’主要实行于大规模的农民起义和农民战争之后”，他引证了恩格斯和列宁的有关论述。一条是恩格斯论述《工联》中的话：“它（按：指宪章运动）失败了，但是斗争给胜利了的资产阶级留下很深刻的印象，所以从那时起，它就甘愿以不断向工人让步为

---

① 胡如雷：《“让步政策”是客观存在的》，《光明日报》1979 年 1 月 16 日。

代价来换取比较长期的休战。”① 我认为这一条所指的“让步”和胡同志引证的另一条，即英国资产阶级“在自己大凯旋时期经常向工人做让步”② 一样，是讲的十九世纪中叶以后的一个很长时期的事，绝不是对失败了的“宪章运动”的直接“让步”。十九世纪中叶以后，英国工业垄断地位的形成和它的殖民掠夺，有“世界工场”之称，为了适应工业资产阶级的要求，实行了自由主义政策，实际上是一种经济侵略政策，靠掠夺其他国家来发展自己。同时，资产阶级又从所榨取的优厚利润中抽出一部分来收买工人阶级的上层分子，破坏日益壮大的工人运动，这就是这一时期的所谓“经常”或者“不断”的“让步”。至于“宪章运动”以后的具体情况，我们看一看《资本论》第一卷中的一段叙述就十分清楚：

宪章派失败了，“他们的领袖被关进监狱，他们的组织遭到破坏。宪章派的失败已经动摇了英国工人阶级的自信心。不久，巴黎的六月起义和对起义的血腥镇压，使欧洲大陆和英国的统治阶级的一切派别——土地所有者和资本家，交易所豺狼和小商人，保护关税论者和自由贸易论者，政府和反对派，教士和自由信仰者，年轻的娼妇和年老的修女——都在拯救财产、宗教、家庭和社会的共同口号下联合起来了！工人阶级到处被排除在法律保护之外，被革出教门，受到‘嫌疑犯处治法’的迫害。工厂主先生们可以为所欲为了。他们不仅公开起来反对十小时工作日法令，而且反对1833年以来企图对劳动力的‘自由’榨取稍加限制的一切立法。这是一次缩小型的‘维护奴隶制的叛乱’，这次叛乱蛮横无耻，疯狂已极，持续了两年多，而这样做是十分便宜的，因为叛乱的资本家只是用自己工人的生命进行冒险”③。

事实就是这样，宪章派以及巴黎的六月起义失败后，统治阶级对工人实行了疯狂的反攻倒算，哪里有什么“让步政策”呢？

至于胡同志所引列宁的话：“西欧的一些国家，而且是一些最老的国家，因获得胜利而能够利用胜利向本国被压迫阶级作一些不大的让步。”④ 这个“获得胜利”是指英、法等国在第一次世界大战中“获得胜利”，绝

---

① 《马克思恩格斯全集》第十九卷，人民出版社1963年版，第284页。
② 《马克思恩格斯全集》第二十一卷，人民出版社1965年版，第439页。
③ 马克思：《资本论》第一卷，生活·读书·新知三联书店1950年版，第316～317页。
④ 《列宁选集》第二卷，人民出版社1972年版，第873页。

不是对本国被压迫阶级的某一次反抗的胜利，“利用胜利”也就是利用从战败国那里得来的好处，对本国工人阶级搞一些小恩小惠，以图分裂瓦解本国的工人阶级，推延革命运动。因此，这一条更不能证明起义失败之后，统治阶级会对失败者搞什么“让步政策”。

那么，恩格斯所讲的英国资产阶级十九世纪的“不断向工人让步”，以及列宁所讲的英、法等国二十世纪初的“一些不大的让步”，究竟是在什么情况下作出的让步呢？我认为，这应该就是马克思在《资本论》中所说的，资本“在成年时期不得不忍痛做出的让步”①，他在《资本论》第1版序言中还说：“所以，现在的统治阶级，不管有没有较高尚的动机，也不得不为了自己的切身利益，把一切可以由法律控制的、妨害工人阶级发展的障碍除去。”②

从马克思的一些论述中可以看出，资产阶级对工人让步的这种历史现象，是出现在资本主义发展的成熟时期。列宁也是这样认为的，他说：“资产阶级在策略方面的动摇，从暴力方式转到仿佛是让步的方式，乃是一切欧洲国家最近五十年来历史的特点”，同时还特别指出：“例如英国在19世纪60年代和70年代是采用资产阶级‘自由主义’政策的典型国家。”③ 此即上述英国资产阶级的“大凯旋时期”。

为什么会出现这样的“历史特点”呢？这一方面是资本主义经济发展的必然结果，马克思在说到工厂法在英国的普遍实行时说：“在这里，再一次光辉地证实了自由贸易论者的信条：在一个存在着对抗利益的社会里，人人追逐私利，就会促进公共福利。”④ 另一方面，更重要的是工人阶级已经作为一个独立的政治力量走上了历史舞台。前引恩格斯所说英国资产阶级“甘愿以不断向工人让步为代价来换取比较长期的休战”就是如此，就是因为“工联组织的日益壮大”，“因为统治阶级对它们的力量比它们自己了解得更清楚，自愿地向它们作了更多的让步”⑤。列宁也是这样说的：“要同先进的社会阶级这样一个敌人作斗争，光靠暴力，甚至是最残

① 马克思：《资本论》第一卷，生活·读书·新知三联书店1950年版，第300页。
② 马克思：《资本论》第一卷，生活·读书·新知三联书店1950年版，第311页。
③ 《列宁全集》第十六卷，人民出版社1959年版，第349～350页。
④ 马克思：《资本论》第一卷，生活·读书·新知三联书店1950年版，第527页。
⑤ 《马克思恩格斯全集》第十九卷，人民出版社1963年版，第295页。

酷、最有组织和使用在一切方面的暴力，也还不够，这样的敌人使它不得不慎重对待，不得不做些让步。"[①]

列宁关于"让步""改良"是讲得比较多的，从我们查到的他所有的论述来看，统治阶级的所谓"让步"，都是在人民革命的高潮当中实行的，他在总结1905年的文章《革命的教训》中说："沙皇在革命进攻加强时就作些让步，进攻减弱时就把这些让步统统收回了。"[②] 这一条应该是普遍规律。他曾经针对资产阶级改良主义者提出的"要末放弃革命实行改良；要末任何改良都不能实行"，指出："世界历史的全部经验以及1905年俄国革命的经验所教导我们的正好与此相反：要末进行革命的阶级斗争（在革命没有取得完全胜利的情况下，改良始终是阶级斗争的副产品），要末任何改良都不能实行。"[③]

没有革命的进攻，统治阶级就不会让步或者改良（不要说有时候对革命进攻也不让步），而且往往是"口头上作了让步而立刻开始在实际上准备进攻"[④]。革命失败或者进攻减弱时，统治阶级就会收回任何的让步，可以说是实行反攻倒算。列宁叙述沙皇镇压1902年农民起义时说，农民被打死，妻女被强奸，"农民受尽了这一切以后，反而还要受官厅法庭的审判，还要逼农民向地主缴80万卢布，在法庭上，在这个可耻的、秘密的、刑房式的法庭上，甚至不准辩护人讲沙皇使者、省长奥波连斯基和别的沙皇走狗怎样拷打和虐待农民"[⑤]。如前所说，1905年革命也是如此，本来无产阶级"在1905年几个月内争得了工人数十年来徒然期待'首长'赐给的那些改良"，但是"十二月起义结果遭到失败，于是沙皇专制政府就随着工人阶级进攻的减弱，群众斗争的减弱，而把工人阶级所获得的成果相继夺了回去"[⑥]。

实践是检验真理的标准，马列主义著作不仅是在实践中产生的，是革命实践的总结，它的许多普遍性的原理也是经过实践反复检验过的。在革命高潮时统治阶级可能作些让步（但也不一定都是如此），例如十九世纪

① 《列宁全集》第六卷，人民出版社1959年版，第464页。
② 《列宁全集》第十六卷，人民出版社1959年版，第296页。
③ 《列宁全集》第二十三卷，人民出版社1956年版，第216页。
④ 《列宁全集》第九卷，人民出版社1959年版，第435页。
⑤ 《列宁全集》第一卷，人民出版社1984年版，第444页。
⑥ 《列宁全集》第十六卷，人民出版社1959年版，第295页。

末法国资产阶级对“每一次罢工它都一定是用步枪齐射来对付”[①]，革命失败后就会把让步夺回去，这难道不是一个普遍规律吗？古今中外的历史，不说全部至少绝大部分是能证明这一点的。

马列主义经典作家认为，“让步”或“改良”这种历史现象是发生在资本主义的成年时期，是工人阶级力量日益壮大，无产阶级革命处在高潮或者是高潮已经迫近的时候。那么，应该如何来看待统治阶级这时的“让步”或“改良”，工人阶级又怎样来对待这种策略呢？列宁的论述就从这两方面作了深刻的说明。

首先，让步或者改良是反革命的两手之一，是完全为镇压革命服务的。列宁认为，暴力和让步这两种方法，“各个不同的国家在一定时期内又总是主要采用某一种方法”。例如“德国在70年代和80年代则始终采取暴力方法”，但“在1890年转而采取了‘让步’政策（按：现在我们还只看到一处这种提法，其他多是单提‘让步’），这种转变照例是对工人运动更加有害的，即引起了工人运动中的机会主义”。这种由“暴力”转变来的“让步”政策，列宁又把它叫做“自由主义”政策，并且同意别人所指出的，是一种“更加狡猾”的政策[②]。又说：“自由资产阶级是一只手实行改良，一只手收回这些改良，使之化为乌有，利用这些改良来奴役工人，把工人分裂成单个团体，使劳动人民的雇佣劳动制永远固定下来。因此，改良主义，即使是完全真诚的改良主义，实际上都成了资产阶级腐蚀和削弱工人的工具。”[③] 这实质上是说资产阶级在用暴力镇压往往不能奏效的情况下，就转变为另一手用软刀子来加以镇压的政策，或者更确切地说是两手交替使用的策略。

为此，列宁特别注重揭露这种反革命策略的虚伪性和欺骗性。因为“改良是让压迫者自己能够接受的、并不消灭他们的政权的让步来压制被压迫者的反抗”[④]。所以列宁总是用“表面上的”、“不可靠的”、“虚伪的”、“更加狡猾的”、“极其微小的”等，来说明“这种让步始终是不真诚的、不彻底的，往往完全是假的、似是而非的，并且通常总在四周设下掩盖得

① 《马克思恩格斯全集》第二十一卷，人民出版社1965年版，第439页。
② 《列宁全集》第十六卷，人民出版社1959年版，第350页。
③ 《列宁全集》第十九卷，人民出版社1963年版，第372页。
④ 《列宁全集》第十二卷，人民出版社1959年版，第199页。

相当巧妙的罗网"①。

其次，让步或改良是革命的副产物，无产阶级必须通过斗争来加以利用。列宁认为，尽管资产阶级这种策略是反动的，"但是这总还算是让步，总还算是构成整整一个时代的改革"。他的用意是指革命在没有成功的情况下，"这样的改革总是革命的预兆和先声"。所以他教育工人阶级既要看清这种"改革的实质"，又不要拒绝加以巧妙的利用。这就好比不是在监狱上开窗户，"而是挖一个小小的窗洞，并且挖这个小窗洞对那些看守囚犯的宪兵和特务的好处倒比囚犯的好处大得多"。即使如此，"俄国工人阶级一定会利用这个小窗洞吸取新的斗争力量，它一定会把这万恶的全俄监狱的牢墙夷为平地，一定会争得资产阶级民主国家中的自由的阶级代表机构"②。

所以，列宁反复强调"局部的改善只能是革命的阶级斗争的副产物(这是历史上常有的情形)"③。那么，要使改良不成为空文，使它有利于人民，就要靠斗争，并指出"任何改良如果没有群众斗争的革命方法的支持，都不可能是巩固的、真正的、认真的改良"④。列宁在他的著作中反复论证了这个观点，他说："我们并不一般地否认局部让步的可能性和绝对拒绝利用这些让步……"⑤ 只有这样当"工人识破到改良主义这个骗局后，就利用改良来发展和扩大他们的阶级斗争"⑥。

综上所述，我们不难看出，列宁对于"让步"、"改良"，主要是揭露和批判它，以便同形形色色的资产阶级改良主义者进行斗争。列宁的论述只把它限制在一定的时代和范畴之内，认为"改良"、"让步"乃至"让步"政策是资本主义"成年时期"的产物，而且它是有一定的"范畴"的，而不是泛指资本主义国家统治阶级的一切政策。所以列宁说："'专制制度的让步'这个范畴在某种情况下可能也包括成立立宪民主党内阁在内。"⑦ 这是一方面，另一方面列宁和马克思、恩格斯一样，都不是从肯定

① 《列宁全集》第六卷，人民出版社 1959 年版，第 464 页。
② 《列宁全集》第六卷，人民出版社 1959 年版，第 470 页。
③ 《列宁全集》第十六卷，人民出版社 1959 年版，第 167 页。
④ 《列宁全集》第二十一卷，人民出版社 1965 年版，第 405 页。
⑤ 《列宁全集》第十二卷，人民出版社 1959 年版，第 204～205 页。
⑥ 《列宁全集》第十九卷，人民出版社 1963 年版，第 372 页。
⑦ 《列宁全集》第十二卷，人民出版社 1959 年版，第 205 页。

“改良”、“让步”而提出它们来加以论述的，主要是揭露和批判。这就和我们现在一些主张“让步政策”论的同志的意图与看法完全是相反的。因此，有什么必要把这些论述加以发挥变成一种史学理论来指导历史研究呢？又有什么必要把某些客观上有利于经济发展的政策叫作“让步政策”呢？

马列主义经典作家是肯定过统治阶级的某些有利于经济发展的政策的。列宁曾经说：“如果不是神经失常，难道可以否认俾斯麦的德国及其社会法律‘优于’1848年以前的德国吗？难道可以否认斯托雷平改革后的俄国‘优于’1905年前的俄国吗？”甚至还说：“1848年革命和1905年革命的扼杀者曾经在某种意义上充当了这两次革命的遗嘱执行人。”① 那么，如何来看待列宁的这些论述呢？是不是可以作为“让步政策”论的理论根据呢？

在列宁的著作中，有时候改革和改良、让步的意义是差不多的，但他所说的“俾斯麦的改革”、“斯托雷平的改革”乃至“遗嘱的执行人”，都不是指胜利了的统治阶级对失败了的被统治阶级的让步，而恰恰是说没有什么“让步”。我们知道，1905年革命是列宁亲自领导的，并且认真总结过它的教训，指出在革命失败以后沙皇把“让步”统统收回了；在斯托雷平反动时期，人民“要求专制政府让步”，“但是专制制度没有并且也不可能作这种让步。专制政府用刺刀回答了请求让步的行动”②。既然革命的扼杀者不会也没有对革命人民让步，那么从哪个“意义”上说他们“充当了”“革命遗嘱的执行人”？从哪个角度来肯定这两个“改革”呢？看来列宁的意思，是说俾斯麦的改革和斯托雷平的改革客观上在一定程度上符合了资产阶级政治和资本主义经济发展的要求，即包括德国的统一问题和俄国的进一步废除农奴制的问题。两次革命中的资产阶级民主革命要求通过“改革”在一定程度上实现了。

对于这个问题，列宁在分析俄国1861年农奴制改革时所说的一段话，也是一个有力地回答：“什么力量迫使他们搞改革呢？这就是把俄国拖上资本主义道路经济发展的力量。地主农奴主不能阻挠俄国同欧洲商品交易

① 《列宁全集》第二十三卷，人民出版社1956年版，第274～275页。

② 《列宁全集》第十六卷，人民出版社1959年版，第296～297页。

的增长，不能保持住旧的崩溃中的经济形态。克里木战争显示出农奴制俄国的腐败和无能。解放以前，农民的'叛乱'每十年都要高涨一次，这使头号大地主亚历山大二世不得不承认，从上面解放比等待从下面推翻要好些。"① 这里主要是说受经济发展规律的支配，同时也讲到了与经济发展有关的政治上的原因，即防止革命（不过，只能延缓"结局的到来"，不能消除"必然结局"）。这样的分析同样适用于斯托雷平的改革和俾斯麦的改革。

剥削阶级有时候采取一些有利于经济发展的政策，是经济发展规律所决定的，他们有的时候是能够在一定的条件下利用经济发展规律的。这一点，斯大林也曾指出过："在某种程度内利用经济过程、经济法则来为社会谋福利，这样的事情不仅在社会主义制度和共产主义制度下发生，而且在其他社会形态下也发生。"不过，"在阶级社会里利用经济法则无论何时何地都有阶级背景"，都要受狭隘阶级利益所限制②。

正因为受阶级利益的限制，剥削阶级利用经济法则，虽然有时候和当时人民的某些利益能够一致起来，但从根本上说则是不一致的。例如，斯托雷平于 1906 年 11 月 9 日所颁布的"土地法令"，"允许农民退出村社另立田庄"。但实质上是要富农代替地主来掠夺村社的土地，"把富农变成小地主，变成沙皇专制制度底忠实卫士"，"斯托雷平政策把少地农民与农村贫民状况弄得更加困苦不堪"③。显然，把这种政策叫做"让步政策"是不恰当的。

总之，不论从哪一方面看，作为一种史学理论，说农民起义之后有什么"让步政策"是不恰当的。至于上述马列主义经典作家的某些论述，也不宜作为"让步政策"论的依据。当然这不是否认我国历史上（特别是有争论的古代史上）有过马列主义经典作家所说的那种虚伪的让步和当时统治阶级自上而下实行的改良或改革。尽管从汉唐到明清的所谓"罪己诏"之类，以及王安石的变法、张居正的改革等，还可以进一步研讨，但是不能作为"让步政策"客观存在的那种所谓农民起义后的"让步政策"论。

---

① 《列宁全集》第十七卷，人民出版社 1959 年版，第 103 页。
② 斯大林：《苏联社会主义经济问题》，人民出版社 1952 年版，第 44～45 页。
③ 斯大林：《联共（布）党史简明教程》，外国文书籍出版局 1950 年版，第 126 页。

重新认识古书辨疑

有学者倡导“走出疑古时代”，也有学者持异议。本人想就此问题谈点看法。提出“走出疑古时代”的一个背景是，在20世纪后半期陆续出土的大量简帛文献，对传世古籍的研究具有非常重要的意义，它们不仅大大加深了古书、古史的可信度，而且在经过很多学者的努力之后，使它从不同的方面对古书、古史作了重要补充。然而，我们很难说在史学研究上出现过一个“疑古时代”，也没有一个从“疑古”走向“正古”的发展方向。众所周知，早在20世纪初，“疑古”似乎成“风”之时，同时甚至更早也有“二重证据法”的提出，王国维利用此法考信了古书和古史。当然，在当时的“疑古”之风中，《古史辨》是一个特别引人注目的事情，影响很大，应该如何看待，确实是一个值得深入研讨的问题。

重新认识“古史辨”

“古史辨派”曾受到指责、批判，特别是顾颉刚先生曾受到过严重的冲击。我在1956年就听人说，顾颉刚说大禹是条爬虫！此事直到20世纪70年代末，顾颉刚先生写了一篇《我是怎样编写〈古史辨〉的?》的文章，才将此误会澄清。他在文章中说，因引《说文》“禹”字的解释，“疑禹本是古代神话里的动物”，后来“陈立夫屡次在演讲里说：‘顾颉刚说，大禹王是一条虫呢’，博得听众一笑”。“（陈立夫）是故意在愚弄我，借此来败坏我研究古史的声誉”。时下的学术界对顾颉刚先生的“疑古”仍有不少误解，这实在有点冤枉了他。在此我想引用顾先生文章的最后一段话：

> 又有人说：“《古史辨》的时代已过去了！”这句话我也不以为然。因为《古史辨》本不曾占一个时代，以考证方式发现新事实，推倒伪史书，自宋到清不断地在工作，《古史辨》只是承其流而已。至于没

有考出结果来的，将来还得考，例如“今古文问题”。这一项工作既是上接千年，下推百世，又哪里说得上“过去”……即使我停笔不写了，到安定的社会里还是会有人继续写的。只有问题得到了合乎事实的令人信服的结论……才没有人会浪费精神去写，这是我敢作预言的。

由此可见，顾先生疑古只要是为了发现历史的真相，得到“合乎事实的令人信服的结论”。顾先生这个预言已经被事实证明了，现今就有王葆玹先生的《今古文经学新论》出版，并且还被继续证明着。一批批简帛的出土和研究，将使古史、古书的考辨继续深入，从而得到更科学的结论。

顾颉刚的《古史辨》在前人怀疑的基础上，怀疑上古史中的一些问题，怀疑古书的作者、时代、内容等，并非错误（具体内容可以商讨）。而且他还提出了一些好的观点，例如说一个时代有一个时代的共同思想、共同语言之类。

再往深一层看，《古史辨》产生的时代背景，可以说是与当时的反封建潮流相一致的。《古史辨》证明尧、舜、禹并非什么神圣，这不应该被说成是完全否定古史。即使到现在，我们也还无法证明神农、黄帝确有其人，而只能肯定确有先民发明创造的事实和时代。

《古史辨》的功过得失值得我们进行深入的总结，最近三联出版的《顾颉刚学记》可供参考。

关于古书辨疑的另一视角

对古书进行辨疑，简单地说，就是把成于哪个时代的书就当做哪个时代的历史资料。这不是什么新观点，但学术界未能予以足够的重视，而且实践起来也并不容易。

首先，后一时代记从前时代的事，多少能反映过去时代的情况，即所谓“先王之遗言”、“先王之陈迹”，否则那就真的无古史可言了。《诗》《书》之记载，都不可能是夏、商和西周初年的文字，但后世至今天讲三代史，又都把它当做重要的依据。《史记》也是根据那些记载写的，司马迁在当时作过考辨，后人也作过不少考辨，今天也仍有考辨之必要，无论有无新资料的发现，在方法论上（包括观点）是可以重新考辨的。当然有新资料就会考辨得更好一些，过去王国维作《殷先公先王考》，就是利用新出土资料考证古史、古书记载的范例。难的是，记载往事的当时，是否加进了什么内容，就是值得注意又很难讲清楚的问题。

出土的甲骨、金石、简帛，其真实性、可靠性当然很大，但也应作具体分析。例如出土陈侯因资镎的铭文说“皇帝”为陈氏的远亲，“绍缥高祖皇帝”，不过反映春秋战国时人们以古相高的思想，你抬出文王、周公，我就讲大禹、商汤，你歌颂尧、舜，我就称道黄帝、神农、伏羲，《淮南子·修务训》说得好：

> 世俗之人，多尊古而贱今，故为道者，必托之于神农、黄帝，而后能入说。乱世暗主，高远其所从来，因而贵之。为学者蔽于论，而尊其所闻，相与危坐而称之，正领而诵之。

当然上述铭文也不是毫无意义，比如用来说明古人很早就有认同黄帝为祖先的思想，不也是一条很好的材料吗?

因此，甲骨、金石、竹帛所说，也要具体分析。一是虽为当时之记载，甚至是记当时之事，也有一个对其事实性、典型性、全面性的分析问题。二是传本问题，特别是成篇的竹、帛古书，与传世本有不同的内容，那是毫不奇怪的。无论经书、子书，大都有不同传本，一部大书分篇流传的情况也很普遍。因此，有新的佚诗、佚书出现是可能的，子书的诸多不同，已为出土材料证明，但也不应简单以出土资料否定司马迁的记载。说他错，可他看到的材料比现在多，有人统计《史记》中提及先秦文献至少有近80种（或说百余种），包括《诗》《书》《春秋》《国语》等。因此，有些可能是他裁剪掉了的，裁剪得对不对是另一回事。

其次，作者或传播者的思想，是与时代的发展变化有密切关系的。司马迁的《史记》有一个《五帝本纪》，根据各种记载、传说（包括他在各地的调查）整理了一个从黄帝开始到尧、舜的历史系统，他在最后写道：“学者多称五帝，尚矣，然尚书独载尧以来。而百家言黄帝，其文不雅驯，荐绅先生难言之。”这说明在汉以前就有了许多不同的记载和传说，司马迁对于古文记载、诸子百家论次，“择其言尤雅者”，著成《五帝本纪》，是有一番选择的。我们现在很难看到比司马迁更多更新的材料，只不过后人对他别择选材也还是可以提出疑问的。

汉人整理的古书，汉人的著作，当然是反映汉人的思想，与汉代的发展变化自然有密切关系。但麻烦的是，汉人明知有不同记载，他们往往主观臆断，甚至故意造伪，谶纬图书大量制造，原有经典也被作伪，许多是反映汉人的思想。这是《古史辨》中讨论得很多的问题，它关系到阅读和研究古书的方法论，甚至一个或几个关键的字，也会影响到重要的思想。

在方法论上仍需有点辨疑精神。

其一，是如何充分、准确地利用新出土资料。流沙坠简、敦煌研究未完，吐鲁番文书又出土。日益增多的新竹简、帛书给我们提供了丰富的资料，有些是传世古书上没有的内容，但可与古书记载参证，有些干脆就是一篇篇的古书，有些内容给古书提供了新例证，有些又给传世古书的研究提供了新线索。如何对待和运用这些新资料，也有一个考辨问题。实际上现在的研究，也都是从考辨开始，以考辨为基础的。不考辨清楚，说明不了什么问题，甚至还会错误地说明问题。无论是历史问题，还是学术思想问题，都是如此。

最近台湾学者邢义田寄给我一篇大作，对伊湾汉简“春种树”别进一解，有一条记录是：“春种树六十五万六千七百九十四亩，多前四万六千三百亩。”前此，海内外学者几乎一致认为“春种树”的“树”是桑树，有的学者甚至从这里所记的种桑树的亩数，探讨当地的蚕桑纺织业。邢先生认为不能只是桑树，而是其他因地制宜的各种树，并且主要是解决柴薪问题，其考辨是精细的。

其二，最近我在思考、研究汉代学术的历史地位问题时，发现我们对有些问题特别是一些古书中所记的细节，重视得很不够。例如先秦古籍，无论六艺或者诸子，到了汉代大都不是原来的样子，这是比较明显的问题，但是未被充分注意。以《尚书》为例，世传本主要是伏生的传本，这个传本之外还有其他的传本，这里且不说它，就是伏生传本本身也有不少问题。《史记·晁错传》记有“太常遣错受尚书伏生所”之事，《史记正义》引卫宏《诏定古文尚书序》云：

> 征之，老不能行，遣太常掌故晁错往读之，年九十余，不能正

言，言不可晓，使其女传言教错。齐人语多与颍川异，错所不知者凡十二三，略以其意属读而已也。

有十分之二三晁错弄不清楚，是“以其意属读”的，晁错的理解就不可能与原文完全符合。其他经传诸子莫不如此，一是因为经过了秦的禁私藏书令和焚书，二是流传方式本身也带来问题，会在流传中走样，在书写条件比较困难的情况下，口耳相传者较多，即便著于竹帛的，也往往是单篇流传，这从刘向校书所说这里多少篇、那里多少篇的情况就可以证明。在雕版印刷普及之前，恐怕大多如此。《汉书·艺文志》说《诗经》“遭秦而全者，以其讽诵”，但在汉代就有齐、鲁、韩三家传本，还有毛诗，班固说“咸非其本义”，那么“本义”又是什么呢？这不也就是一个很大的问题？子书说情况，例如《老子》，郭店本到底是什么？是选本？摘抄本？还是别的什么本？这也是一个大问题。

此外，出土资料文献也有值得辨疑之处，因为记载本身也可能有误。例如，有位朋友曾经告诉我，他在四川看到一块汉画像石的年代写的是某朝某帝某年号的四年或五年，而实际上这位皇帝的这一年号只有三年。我没有条件去具体调查，但相信这种情况是有的，而且这种错记也并不奇怪。文字的问题也是如此，笔误、音误等，有一些影响很大。

总之，带着辨疑的态度和精神阅读古书，释读出土古书是很有必要的，是有利于学术研究深入发展的。

重新认识《古史辨》

这不是我的发明，我只是赞成重新认识《古史辨》，我也没有多少新的见解，只是觉得有必要澄清一些误解，因为1956年我曾受过“顾颉刚说大禹是条爬虫”的误导，因而对种种误解比较关注，下面就简单谈点看法。

首先，《古史辨》应该说是时代的产物，又是顾颉刚先生的独特贡献。二十世纪初，辛亥革命、五四运动相继发生，反封建是当时的时代特征，《古史辨》就是顺应这种时代潮流而出现的，从古史研究的角度，把封建社会长期奉若神明的尧、舜、禹拿出来评判，这不能不说有反封建的意义。当时，顾颉刚先生虽不是主将，但也可说是一员反封建的战士，他的古史辨疑工作，虽有宋、清以来的学术渊源，但绝对是在当时大的潮流影响下展开的。但是，首先编辑出版《古史辨》，提出一些关于古史的理论和方法的，不是张某、李某而是顾颉刚，这就是他的独特贡献。

其次，《古史辨》以及顾颉刚先生的古史理论和方法不能说没有不足之处，但是否有“副作用”也是一个值得讨论的问题，在我看来，应该说没有什么副作用，理论和方法都没有什么副作用。七大册《古史辨》至今乃至以后都是值得研究古史者所参考的。至于“层累地造成的中国古史”这样的理论，即便现在看来，也很难说是错的，因为“以古相高”这是春秋战国乃至秦汉时期的真实现象。抬出来的黄帝、尧、舜，也许并非是凭空捏造，但“愈放愈大”，确是不争的事实，这些方面，不论有多少新的考古发现，我们最好是接着说，而用不着对着说或反着说。

《古史辨》在当时收集了各种不同意见的文章，包括反对顾颉刚先生意见的一些文章，这是有目共睹的。关于顾颉刚先生的学术观点和论述，当时、现在乃至以后都可能有各种不同的看法，但即使不同意他的观点，也可以从他的论述中得到启发。举一个例子，我在撰写老学史时，综述关于老子成书年代，看到顾先生《从〈吕氏春秋〉推测〈老子〉之成书年代》一文，我虽然不同意他《老子》“晚出”的看法，但他的论述方法以及提出的一些问题，至今仍值得注意，例如他说：

> 我们看了上边的比较材料，不必说吕荀剿袭了《老子》，也不必说《老子》剿袭吕荀。他们吸着同样的空气，受着同样的刺戟，虽主张不必尽同，但其有一部分相同实为自然的趋势。

又说：

> 因为《老子》中的意识是战国时代的意识而必非春秋时代的意识，其所用的名词亦复如是，这是很显明的晚出的证据。

这些视角我们现在不仅能采用，而且随着日益增多的新出土资料，可以用得更好，分析得更深入、更准确。他对《老子》所作的“总估计”、结论，也仍有很大的参考价值。

前些年还可能用是否唯物辩证主义来讨论顾先生的学术观点，现在看来，把学术、学者分成不同的阵营，未必是合适的。真正的、正直的学者，总会是“与时俱进”的。

话不能越说越远了，还是回到我的本题上来，《古史辨》有很大的历史意义，但没有一个《古史辨》时代，这是顾先生自己说的，与历史事实相符。《古史辨》是否有一个派别，我觉得也是一个问题，是否在《古史辨》上发表文章的人，或者怀疑古史的人，就算“古史辨派”，恐怕很难说清，如果真有一个以顾先生为首的“古史辨派”，我倒很想参加这一派。我认为，重新认识《古史辨》也不是为了争一个什么是非，只是澄清对《古史辨》和顾先生的一些误解，更主要的是为了发扬《古史辨》那种认真研究和讨论古史的精神。这是学术界同仁共同的义务，不单是某人、某派子弟们的责任。

浅谈阴阳五行

阴阳五行对于现代的青年同志是比较陌生的，但在读我国古代的文史书籍时又常常会涉及它，它在我国文化史上有很大的影响，在现代生活中偶尔也会碰到。这里就个人的认识谈谈这个问题。

一、阴阳和五行

阴阳和五行是我国古代人们认识客观世界过程中，逐步形成的两个名词概念。

先说阴阳。按字义解释，阴的意思是暗，阳的意思是明。所以日称太阳，月称太阴。日出则暖，引申起来暖和之气为阳气。向日才能见阳光，又引申为正面、表面或者南方。背日之地就暗，故阴字引申之意为背里、里面或者北方。《说文》这部字书解释阴字说：“阴，暗也；水之南，山之北也。”我国的山脉、河流大多是东西走向，并且山水相间，故有此解释。我国盖房子自古以来多是坐北朝南，以便正面接受阳光。正背、表里、南北是相对的，所以阴阳二字连用，是古代人对自然现象的一种概括。《老子》一书中说：“万物负阴而抱阳。”但是，古人认识客观事物的现象并非仅用阴阳二字来概括，还使用了刚柔、动静、消息、屈伸、往来、进退、翕辟等许多互相对立的名称。就是在这样的认识过程中，人们形成了最早的哲学思想——阴阳说。这种哲学思想反映在《易经》一书中，所谓“易以道阴阳”①。这种哲学思想包含着对立统一、一分为二的辩证法，如《易经》所说：“易有太极，是生两仪，两仪生四象，四象生八卦。”因为《易经》是一种卜筮之书，朴素的辩证法思想和宗教迷信搅在一起。这里不详说它。《老子》这部书反映这种辩证法思想抽象一些，但简明一些，他说：

① 《庄子·天下》。

“道生一，一生二，二生三，三生万物。万物负阴而抱阳，冲气以为和。”

再说五行。五行也是古人对客观事物多样性的一种概括。《尚书·洪范》中说：“五行：一曰水，二曰火，三曰木，四曰金，五曰土。水曰润下，火曰炎上，木曰去曲直，金曰从革，土爰稼穑。润下作咸，炎上作苦，曲直作酸，从革作辛，稼穑作甘。”把物质区分为五类，并且讲了它们的性质和功用。五行又称五材，《左传·襄公二十七年》说：“天生五材，民并用之，废一不可。”五行、五材（有时还称五部）都是指金、木、水、火、土，这一点是确定无疑的。

把物质分为金、木、水、火、土五类，今天看来当然不恰当，但是在古代则是人们多年认识的积累，而且在古代也有一定的准确性，这是我们祖先的智慧结晶。

这里顺便谈谈古人为什么用五这个数字。当时不仅有五行，还有五味、五色、五声，乃至五帝、五霸等，有人粗略统计几部儒家经典用“五”之处不下六七十之多。古代人习惯用五来概括事物，很可能与人类计数知识的发展有关。首先能数的数是一和二，其次才是三和五，然后才有十、百、千、万以及其他计数，并且最早是以三、五为多数，后来才以十、万等整数为多。这方面过去有人在某些落后部落的语言中证明过。我想，今天我们在儿童中也可得到证明。可见古人用三、五等数字概括事物并不偶然。“一生二，二生三，三生万物”，不能不说是更古的人对老子的影响。同样，五行等也是受这种计数知识影响的。不过，五行还有唯物、科学认识事物的方面，金、木、水、火、土在古代确实是人类最初认识的五种基本的主要的物质，也确实是“废一不可”的。认识到自然界由这五种基本物质构成，是一种朴素的唯物主义自然观，比起阴阳说来更无神秘之处。

二、阴阳家和阴阳五行学说

上面说的阴阳和五行，虽不是最原始的，但也是很早的人们的认识，其前前后后自然有一个很长的发展过程，即便原始的阴阳说和五行说大体定型的时候，人的认识也不断发展。一开始，阴阳和五行并不是一回事，在春秋乃至战国中期以前，它们的发展都是各自进行的。人们对阴阳的认识不断扩大，首先人的自身有男女，其次类推自然界，有天地、日月、昼夜乃至人鬼等，都似乎可以拿一阴一阳来解释，愈到后来就愈加神化了。对五行的认识也是如此，人们进而探讨五行之间的关系，乃至金、木、水、火、土与其他事物的关系。关于五行本身的关系，一种相生说认为，木生火，火生土，土生金，金生水，水生木；另一种相克（或相胜）说认为，木克土，金克木，火克金，水克火，土克水。进而企图把一切事物都纳入这五行及其相生或相克的运转之中，产生了所谓“五德始终说”，原始五行说的朴素唯物主义思想就为唯心主义所代替，并逐渐变成荒诞不经的东西。

这样，到战国后期，就出现了以邹衍为代表的阴阳家。阴阳家曾风行一时，这从汉初司马谈《论六家要旨》可以看出，他把阴阳与儒、墨、名、法、道德五家并列，而且提在首位。但是后来儒家吸收了这个学派的思想学说，杂糅了阴阳五行的新儒家又在汉武帝以后居于“独尊”地位，阴阳家不传了，阴阳家的著作几乎全部散佚，现在只能看到一些间接的片断资料，所以要想真正了解这个学派还是很困难的。

关于代表人物邹衍的材料也不是很多。后出的材料不可靠，魏晋时的人已经给他涂上一些神话色彩了，比如说张湛注《列子·汤问篇》说：“北方有地，美而寒，不生五谷，邹子吹律暖之，而禾黍滋也。”这当然是难以令人置信的。根据《史记》等书的记载，也只能知其大概。

邹衍是战国后期齐国人，曾居当时学术中心稷下，后来到燕国，为燕昭王师。关于他的思想学说，《史记·孟荀列传》记载：“邹衍睹有国者益淫奢，不能尚德，若《大雅》整之于身，施及黎庶矣。乃深观阴阳消息而作怪迂之变，《终始》《大圣》之篇十余万言。其语闳大不经，必先验小物，推而大之，至于无垠。”首先，他和先秦诸子一样，他的学说是为了解决时弊。其次，他的学说以“深观阴阳消息”为出发点，大概也就因此而被称为阴阳家。所谓“深观阴阳消息”，就是他对早已产生的阴阳学说和理论作更深的探索和更多的发挥，由此出发，纵论天地古今，即“先验小物，推而大之，至于无垠”。

例如他对于儒者所谓中国作进一步的解释和推论，“中国名曰赤县神州……中国外如赤县神州者九，乃所谓九州也”①。根据传统的禹九州作为公式，推论出大九州，他猜想的世界是极其广阔的，中国仅仅是八十一分

① 司马迁：《史记》卷七十四，《孟子荀卿列传》，中华书局 1959 年版，第 2344 页。

之一。

又例如他论古今，“先序今以上至黄帝，学者所共术，大并世盛衰，因载其禨祥度制，推而远之，至天地未生，窈冥不可考而原也”①。他不仅讲时人所共识的历史，一直从他的当时推论到远古乃至天地未生之时。自然难免怪迂荒诞，但在当时并不认为是怪迂。而现在看来最荒诞的，还是他的“五德始终说”，他把五行相胜说作为一个固定的公式，解释自远古以来人类历史的一切发展变化，如刘歆《七略》所说：“邹子有终始五德，从所不胜，土德后木德继之，金德次之，火德次之，水德次之。”邹衍讲五德终始无疑，只不过具体如何讲我们无法知道。

五行说最早最荒诞的例子，我们可以从《吕氏春秋》等书的记载中看到（是否即为邹衍的学说暂可不定它），如：“孟春之月……其日甲乙。其帝太皞。其神句芒。其虫鳞。其音角。……其数八。其味酸。其臭羶。其祀户。祭先脾。……天子居青阳左角，乘鸾辂，驾苍龙，载青旗，衣青衣，服青玉，食麦与羊。”这样把一年四季分配五行，春木、夏火、秋金、冬水，结果土无法安排，只好把它放在夏秋之交。于是，五方之东南西北中，五色之青赤黄白黑，五声之宫商角徵羽，五味之酸苦咸辛甘，五虫之毛介鳞羽倮，五祀之井灶行户中霤，五谷之黍稷稻麦菽，五畜之马牛羊犬豕，五脏之心肝肺脾肾，五帝之太皞炎帝黄帝少皞颛顼，五神之句芒祝融后土蓐收玄冥，皆一一如法分配。乃至于把数目不是五的十天干（甲乙、丙丁……）、六律、六吕之类，也要把它们割裂硬分成五类。

当然，造说者弄得这样既玄且神，落脚点还是在政治上。《史记》中关于邹衍学说的一句结语说得好：“然其要归，必止乎仁义节俭，君臣上下六亲之施，始也滥耳。”五行说实际上也影响了政治，如《吕氏春秋》中记载，黄帝时土气胜，夏禹时木气胜，商汤时金气胜，周文王时火气胜，“代火者必将水，天且先见水气胜。水气胜，故其色尚黑，其事则水”。因而秦朝建立，“始皇推终始五德之传，以为周得火德，秦代周德，从所不胜，方今水德之始……衣服旄旌节旗皆尚黑，数以六为纪……”②。以后汉代也是如此，先有汉为水德或土德之争，后又有汉为火德之说，都

① 司马迁：《史记》卷七十四，《孟子荀卿列传》，中华书局 1959 年版，第 2344 页。

② 司马迁：《史记》卷六，《秦始皇本纪》，中华书局 1959 年版，第 237 页。

是受五德终始说的制约，不过有人在重新排五德终始的系统罢了。

以上这些绝不是阴阳五行学说的全部内容，仅是一个大要。阴阳八卦思想也是一个很重要的内容，《易经》作者创造奇偶的符号“⚋”“⚊”以代表阴和阳，由这两个符号重叠组成的八个符号☰、☷、☳、☴、☵、☲、☶、☱，即乾、坤、震、巽、坎、离、艮、兑八卦，代表了天、地、雷、风、水、火、山、泽八种物质现象，这是宇宙构成的根本。然后据此作出许许多多的解释和说明。八卦比五行所说的物质多，间架构造也复杂得多。这又是阴阳说和五行说各自独立发展的证明。但它们又有一些共同之处：都有着“天垂象，圣人则之”的基本思想，都是观天地之象（自然现象）比诸人事；都是以阴阳作为出发点，邹衍深观“阴阳消息”，《易传》的思想尤重“阴阳消息盈虚”。

限于篇幅，这里我们不好再深谈下去了。作一个小结可以这样说，阴阳家是战国后期的一个学派，它明显的代表人物是邹衍，显然他把原来各自独立的阴阳说和五行说搅在一起了（也不排斥它们自身还在发展和变化）。不过，他只是和当时的其他思想家一样，“案往旧造说”罢了。阴阳和五行，其他思想家也是讲的，在他之前和之后都有人讲，所以在汉初阴阳家是一个重要学派。《汉书·艺文志》中著录阴阳五行家的著作一千三百多卷，占总数的十分之一强（实不止此）。

三、阴阳五行说的发展及其影响

阴阳五行思想在中国历史上影响很大，过去有人说：“二千年蟠据全国人之心理且支配全国人之行事。”有人说：“是中国人的思想律，是中国人对宇宙系统的信仰；两千余年来，它有极强固的势力。”这些说法也许有点言过其实，但其影响深远是毋庸置疑的。我们可以从两方面说明。

首先，阴阳五行思想为汉代儒家所采纳，与儒家思想杂糅在一起，成为两千年封建社会居于统治地位的思想。汉以前的儒家思想中有多少阴阳和五行我们且不管它，汉儒大量吸收阴阳五行思想，并发展其神学唯心主义，董仲舒和刘向、刘歆父子等人起了相当大的作用。《汉书·五行志》写道：“汉兴，承秦灭学之后，景武之世，董仲舒治《公羊春秋》，始推阴阳，为儒者宗。宣、元之后，刘向治《榖梁春秋》，数其祸福，傅以《洪范》，与仲舒错。至向子歆……所陈行事……著于篇。”很明显，汉兴的阴阳五行之学开始于董仲舒，而完成于刘向、刘歆。

董仲舒把阴阳五行说纳入他的神学唯心主义体系中，经过他的加工改造形成了一个公式：万物统一于五行，五行统一于阴阳，阴阳统一于具有意志和目的的天。最高主宰是天，阴阳成为天的意志的两种属性，“阳为德，阴为刑，刑主杀而德主生”。董仲舒思想的核心是“天人感应”，说简单点，就是假借天意来维护封建统治，其他也都是这一思想指导下的具体说教（如符瑞说、谴告说等）。在“独尊儒术”之后，随着儒家思想的传播和发展，阴阳五行思想也就渗透在社会政治的各个方面，日益深入人心。

其次，阴阳五行思想后来又进一步与各种宗教迷信结合，这就更为广泛而深入地在广大民众中间流传。例如道家的理论基础之一就是神秘的阴阳五行学说，早期的道教经典《太平经》中就大讲阴阳灾异。中国古代很早就有的巫术和神仙方术，本来没有什么系统的理论，只有一些迷信活动。但在长期的发展过程中，也慢慢和阴阳五行结合起来了。宗教、巫仙等迷信和阴阳五行混杂一起，影响越来越大，危害越来越深。旧时的看相、算命、抽签、卜卦、画符、念咒以及看风水、择吉日等所有的封建迷信活动，都多少利用了一点阴阳五行。从这方面看，也可以说是“蟠据全国人之心理”。

以上是阴阳五行思想影响的主要方面。这里还简单提一下另一个方面，那就是历代也有不少思想家从阴阳五行学说（特别是原始的阴阳五行学说）中吸取了朴素的唯物主义和朴素的辩证法思想。传统的中医是和阴阳五行学说有密切关系的，其中就有很多科学的东西，主要是运用了它的辩证法思想。据说外国有的自然科学家也曾在我国古代阴阳八卦说中得到过启发。虽然我们现在不一定要从阴阳五行中去借鉴了，但作为一种常识了解它还是有必要的。

楚史二三题

众所周知，楚国是春秋战国时期一个地大物博、人口众多的强大国家，所谓“楚国之强，大地计众，中分天下”①。它存在的时间很长，从“殷之时尝为侯伯”② 开始，到战国末年结束，有一千多年的历史。作为一个活跃于当时历史舞台上的强大国家，前后也有七八百年的历史。楚国在中国历史上的地位是很重要的，对于中华民族的形成，对于中国文化的发展，作出了很大的贡献，有着深远的影响。洪亮吉作过一篇《春秋时楚国人文最盛论》，他在列举楚国出过许多政治人才（包括当时在他国的百里奚、伍子胥、范蠡等。《左传》上说是“楚有材”，“楚材实多”）之后指出，“文彩风流，楚亦较胜他国”，“其后诸子百家亦大半出于楚”，列举了《老子》、《老莱子》十六篇、《文子》九篇、《蜎子》十三篇、《鹖冠子》一篇、《楚子》三篇等楚人著作，“又孔子、墨子皆尝入楚矣”，《孔子弟子列传》中的公孙龙、任不齐“秦商皆楚人”，庄子也“踪迹多在楚”，还有尸子、长卢、许行、鬼谷子也是楚人，荀卿作过“楚兰陵令”，并且“七十子以后传经者，《易》则楚人馯臂子弓，《礼》则东海人孟卿，《春秋》楚太傅铎椒……《诗》则毛、鲁二家，《春秋》则左氏，皆出于兰陵令荀卿是矣。至词赋家则又始于楚屈原、唐勒、景差、宋玉诸人皆是。盖天地之气盛于东南，而楚之山川又奇杰伟丽，足以发抒人之性情，故异材辈出，又非仅和氏之璧，随侯之珠与金木、竹箭、皮革、角齿之饶所得专其美矣”③。这个简要的概述，可以说明楚国在文化上的贡献和影响，最后一句还涉及楚国在经济上的成就。《荀子·议兵篇》说“楚人鲛革兕以为甲，鞈如金石，宛巨铁釶，惨如蜂虿，轻利僄遬，卒如飘风”，“天下称强莫如楚”。仅此一例，我们不难看出楚国的经济发展水平。楚国的长期存在和

---

① 何宁：《新编诸子集成（第一辑）·淮南子集释》，中华书局 1998 年版，第 1060 页。
② 司马迁：《史记》卷四十，《楚世家》，中华书局 1959 年版，第 1690 页。
③ 洪亮吉：《更生斋文甲集》卷二，《春秋十论》。

强大是有深刻的原因的。

但是，对于楚国历史的研究是很不够的。许多重大问题都等待着我们去解决。例如：楚国对中华民族的形成究竟有过什么作用，楚国的文化究竟怎样，对后世有哪些影响，楚国本身的历史究竟是怎样发展的，等等。而着重点又必须首先弄清楚国本身历史的一些问题。我想在此略述几点，以作为引玉之砖。

首先，谈谈楚国的疆域问题。

（《淮南子·兵略训》）所谓“中分天下”究竟有多大个范围呢？它说：“昔者楚人地，南卷沅湘，北绕颍泗，西包巴蜀，东裹郯邳颍汝以为洫，江汉以为池，垣之以邓林，緜之以方城。”这是说得比较笼统的。东、西、北三面与其他诸侯犬牙相错，常有变化。谈到某一具体问题时，要具体分析当时的情况，这方面前人作过一些考证。

主要问题是南面值得进一步研究，“南卷沅湘”至少是包括了湖南全境，《战国策·楚一》所说“楚地”“南有洞庭、苍梧”。苍梧可以有两说，一是指广西的苍梧，一是指广东与湖南交界的九嶷山（又名苍梧）。因为与洞庭并称，显然是讲的一湖一山，《战国策》也是讲的包括湖南全境。但是，这应该是指直接管辖的范围，其势力所及绝不只限于此，《国语·楚语上》说：“赫赫楚国，而君临之，抚征南海，训及诸夏，其宠大矣。”《左传》文略异：“赫赫楚国，而君临之，抚有蛮夷，奄征南海，以属诸夏。”① 这是说的春秋中叶的情况，南海当然是泛指，不过它的征讨不会不超过湖南，庄跻入滇就是明显的一例。《史记·西南夷列传》说：“始楚威王时，使将军庄跻将兵循江上，略巴蜀、黔中以西……跻至滇池，地方三百里，旁平地肥沃数千里，以兵威定属楚。欲归报，会秦击夺楚巴、黔中郡，道塞不通，因还，以其众王滇。”如果不是秦的阻塞，云南广大地区也很可能从那时起就成为秦汉统一时的郡县。战国时，吴起“南平百越”②，应当是指楚国越过岭南的军事行动，《通考·舆地考》古南越：“自岭而南，当唐虞三代为蛮夷之国，是百越之地。”注云：“自交趾至会稽七八千里，百越杂处，各有种姓。”

---

① 《左传·襄公十三年》。

② 司马迁：《史记》卷六十五，《孙子吴起列传》，中华书局 1959 年版，第 2166 页。

据上所述我们可以说，楚国直接管辖的地区很大，它势力所及，影响的范围更大。“南平百越”为以后秦设置桂林、南海、象郡等奠定了基础。据《史记·秦始皇本纪》记载是秦始皇三十三年“为桂林、象郡、南海”。秦始皇三十三年是公元前214年，离楚的灭亡（公元前223年）只有八年时间。这八年当中秦对岭南并没有大的行动，突然设郡，没有楚国原来经营的基础是绝不可能的。再说，战国时人已知道交趾也算一证，《墨子·节用中》说：“古者尧治天下，南抚交趾，北降幽都，东西至日所出入，莫不宾服。”《韩非子·十过篇》作“南至交趾”，《尸子》作“南梲交趾”①，文字大同小异，说尧时地已至交趾，那显然是不可靠的，但我们从这种材料中可以认为，战国时人已有了交趾的明确地理概念，那当然是和楚国的经营分不开的。

其次，谈一谈地方行政制度。

“中分天下”的楚国，号称“地方五千里，带甲百万”②，对于这么辽阔的土地如何进行统治，它的政治制度特别是地方行政制度是怎样的，这些是必须回答的问题。

西周末年，“熊渠甚得江汉间民和，乃兴兵伐庸、杨粤，至于鄂。熊渠曰：我蛮夷也，不与中国之号谥。乃立其长子康为句亶王，中子红为鄂王，少子执疵为越章王，皆在江上楚蛮之地”③。他控制长江中游两岸，也就是江汉平原，实行的是西周的分封制。春秋时期，楚国是所谓五霸之一，实际上秦国仅仅称霸西戎，齐、晋对于楚仅能稍加抑制，宋根本不是对手。顾栋高在《春秋齐楚争霸表叙》中说：“五霸之中，仲尼独许齐桓，然论者谓自桓霸而天下遂不复知有王。吾谓春秋之世之趋于霸，非自桓始也，桓八年楚已合诸侯于沈鹿矣，十一年屈瑕盟弍、轸矣。”④ 根据他的统计，“楚在春秋吞并诸侯国四十有二”。

吞并了诸侯国之后怎么办呢？即用《史记·楚世家》所说“灭陈而县之”的办法。这个办法从春秋早期就已经开始了，《左传·宣公十二年》有“使改事君，夷于九县”的记载，杜预注曰：“楚灭九国以为县，愿得

① 《荀子·王霸篇》。
② 《战国策·楚策一》。
③ 司马迁：《史记》卷四十，《楚世家》，中华书局1959年版，第1692页。
④ 顾栋高：《春秋大事表》卷二十六。

比之。”这九县不论是具体有所指，还是极言其多的意思（有不同说法，姑且不论），都说明春秋时的楚国已有了不少的县，洪亮吉曾作《春秋时以大邑为县始于楚论》①，引证了《左传》《史记》等许多材料。灭诸侯国之后“即县之”这个办法是越来越普遍。

不过，当时县又叫邑，后来，或者为了边防，甚或不是边境的楚国内地，也越来越多地建立城邑了。因为置县的地方必定要修筑城、郭，所以《左传》上这类记载颇多，例如：昭公四年就有“箴尹宜咎城钟离，薳启疆城巢，然丹城州来。东国水，不可以城”，这是为了备吴而采取的措施。昭公二十五年，“楚子使薳射城州屈，复茄人焉；城丘皇，迁訾人焉；使熊相禖郭巢，季然郭卷”。这说明修城置邑还要迁移人口以充实之。再者，修筑城邑也不是一件很容易的事，宣公十一年记载说：“令尹蔿艾猎城沂，使封人虑事，以授司徒。量功命日，分财用，平板干，称备筑，程土物，议远迩，略基趾，具糇粮，度有司，事三旬而成。”由此可见，从春秋以来，楚国在南方广大地区修城郭，置县邑，这事实就是对祖国历史开化的贡献。

设置县邑之后就要派官吏去管理，这个主管官在楚国叫做尹或者叫做公，《左传·庄公十八年》载：“初，楚武王克权，使斗缗尹之。”杜注云：“权，国名。南郡当阳县东南有权城。”后来缗以权叛，“围而杀之，迁权于那处，使阎敖尹之”，杜注云：“那处，楚地，南郡编县东南有那口城。”昭公八年灭陈之后，“使穿封戌为陈公”，杜注云：“戌，楚大夫。灭陈为县，使戌为县公。”三年之后，“楚子城陈、蔡、不羹，使弃疾蔡公”。杜注云：“陈、蔡皆为楚县”，“楚诸县尹皆称公也”。为什么称公？高诱注《淮南子》时说：“楚僭号称王，其守县大夫皆称公。”② 杜预、林尧叟注《左传》均如此说。《左传》载宣公十一年，楚王杀了陈夏徽舒之后说，“诸侯、县公皆庆寡人”，意思是国内、外部庆贺他，杜注云：“楚县大夫皆僭称公。”尹，古代官名以某尹名之者很多，楚国尤甚，县令称尹，《左传》上边也有例证，襄公二十六年的记载就写道：“穿封戌，方城外之县尹也。”这个穿封戌前引文称公，此处称尹。宣公十二年林注“申公巫臣”

① 洪亮吉：《更生斋文甲集》卷二，《春秋十论》。
② 刘安：《淮南子·览冥训》。

时说："巫臣，楚县尹。"都说明县公、县尹是一回事。

由上可见，春秋时楚国的地方组织就是县，或者叫做邑。但是，应该进一步说明的还有两点：第一，县邑有大小之分，《史记·楚世家》中有"且入大县"的说法即是明证。根据各县邑的不同地位、作用，自然会分成大县小县，春秋时有些较大的县邑，他们的公或者尹地位较高，作用也大，如申公、叶公、白公、沈尹等即是，《左传·宣公十二年》记载著名的晋楚邲之战中，就曾以"沈尹将中军"。

第二，县邑的管理看来有两种情况：一种是分封性质的，即西周以来的那种分封制；一种是直属楚政权的，即后来的那种郡县制。前者是所谓爵邑，如《史记·楚世家》所说："国有王矣，先归，复爵邑田室，后者迁之。"《左传·昭公十三年》："楚子之为令尹也，杀大司马薳掩而取其室。及即位，夺薳居田……王夺斗韦龟中犨（杜注：邑名），又夺成然邑，而使为郊尹（杜注：郊尹，治郊竟大夫）。"这些所夺之田、邑无疑是爵邑。成公七年载："楚围宋之役，师还。子重请取于申、吕，以为赏田，王许之。申公巫臣曰不可，此申、吕所以邑也，是以为赋，以御北方。若取之，是无申、吕也，晋、郑必至于汉。王乃止。"这条材料明确而具体地说明，封爵邑与县邑不能同为一地，爵邑是分封性质的，县邑直属中央，所谓"无申、吕"就是国家不能"为赋"了，由此可见国家是靠县邑来"量入修赋，赋车籍马，赋车兵、徒兵、甲楯之数"的①。所以，《国语·楚语上》在"灵王城陈、蔡、不羹"之后说"令吾城三国，赋皆千乘"。

楚国在春秋时是否有了郡的设置，有待详考（前面提到的"东国水不可以城"一句之下林注曰："东国郡，赖之故国也。"此郡字不知是字误，还是林尧叟别所据），战国时则可以肯定在县之上有了郡这一级地方行政组织。《战国策·楚一》记载，城浑对新城县令说："宜阳之大也，楚以弱新城围之……今边邑之所恃者，非江南、泗上也，则楚王何不以新城为主郡也。"后来"楚王果以新城为主郡"。"主郡"当即郡所在地，它本身地位提高了，当有重兵把守，同时郡的长官也还可以调动其他所属县的兵力（按：这条材料还附带告诉我们，战国时楚国县的长官已叫做令了，参以荀卿为兰陵令，可以说名称上已趋向统一），新城由县升为郡，郡比县大。

① 《左传·襄公二十五年》。

郡下必然是有若干“编县”，《史记·楚世家》记载说，顷襄王二十三年“复西取秦所拔我江旁十五邑以为郡”，此类材料还有不少（见下）。

当时楚国有多少郡也是值得进一步考证的，全祖望《汉书地理志稽疑》说：南郡、黔中、南阳、长沙、楚郡、九江、泗水、薛郡、东海、会稽等“十郡皆楚境”，并且又说“汉中，故楚置”。秦统一之后，对于原楚境之郡有些连名字都直接承袭了，黔中郡即是，汉中郡全氏认为“楚置”，据《元和志》记载：“越王无疆为楚所灭，楚以其地并吴，立为会稽郡”，应该是有根据的，其他是否还有直接承袭的都有待详考。秦统一后有所并省是肯定的，全祖望说：“考《国策》及《史记》，其时楚尚有新城郡、巫郡，秦省新城，盖并入汉中，省巫，盖并入黔中。”① 有的当然是新的郡名，例如南郡即是，此地原为楚国都城。

战国时也是郡县制与分封制并行的，《史记·春申君列传》说：“考烈王元年，以黄歇为相，封为春申君，赐淮北地十二县。”后十五岁，黄歇言之楚王曰：“淮北地通齐，其事急，请以为郡便，因此献淮北十二县，请封于江东。考烈王许之，春申君因城故吴墟，以自为都邑。”这也是说封地就不置郡县，或者说封地则不由楚王派郡县长官。这种情况和春秋基本相同，如果说有不同，那就是封地根本不以郡名之。

再者，郡县渐多，封地渐少。这是一个可以肯定的发展趋势。县的数目很大，动辄十几县，自不待说，战国后期郡的数目多了则是封地减少的证明。《史记·屈原列传》有“兵挫地削，亡其六郡”的说法，楚国绝不只十来个郡，不过比起秦统一后的楚地十郡要小一些罢了。郡县渐多于封地应该与吴起变法有关，他变法所针对的主要问题之一就是“封君大众”。又《淮南子·人间训》说：“楚国之法，功臣二世而爵禄。”俞樾认为爵字是夺字之误，杨树达说：“爵者，尽也。”② 尽管有分歧，主要意思还是一样的。《韩非子·喻老篇》说是“楚邦之法，禄臣再世而收地”，说明战国时楚国已经取消了世卿世禄制度。

由此看来，推行郡县制、废除世卿世禄制等这些方面的政治改革不是秦所独有的，更不是秦新实行的。楚国在南方广大地区推行郡县制，为以

① 全祖望：《汉书地理志稽疑》。

② 杨树达：《淮南子证闻》卷六。

后的全国统一打下了相当好的基础，从这里也可看到楚国地位之重要。

最后，还简单谈一谈楚国的法制问题。

郡县制的推行，说明了楚国权力的集中。在一个幅员辽阔的国家内，行使集中权力，除了有效的地方行政制度之外，必须还有统一的法令。《左传·宣公十二年》有“蔿敖为宰，择楚国之令典”的记载，楚国是有一套法典的。《战国策·楚一》记载吴师入郢之后，“君王身出，大夫悉属，百姓离散，蒙穀……遂入大宫，负《鸡次之典》以浮于江，逃于云梦之中。昭王反郢，五官失法，百姓昏乱，蒙穀献典，五官得法，而百姓大治”。刘向《别录》云：“楚法书《鸡次之典》，或曰《离次之典》。离次者，失度之谓也。秦灭楚，书遂亡矣。”各种书上提到“楚法”和“楚制”的也有不少，如果搜集起来，将是很值得研究的。

从楚怀王“使屈原造为宪令”[①] 来看，楚国经常有专人起草法令。楚国上下是有法可循的，《国语·楚语上》说：“夫子承楚国之政，其法刑在民心，而藏在王府……夫子不以其私干国典。”《史记·楚世家》上有一处提到楚国执法，陈轸“见昭阳军中曰：愿闻楚国之法，破军杀将者，何以贵之？昭阳曰：其官为上柱国，封上爵执珪。陈轸曰：其有贵于此者乎？昭阳曰：令尹”。由此可见，论功行赏，或者说以军功行赏，在楚国也是实行的。

这里我要引证顾栋高的一段精彩论述：“以蛮夷之国，而自春秋迄战国四五百年，其势常强于诸侯，卒无上陵下替之渐者，其得立国之制之最善者乎。楚以令尹当国执政，而自子文以后……世相授受，绝不闻异姓为之，可以矫齐、晋之弊。然一有罪戾，随即诛死，子王、子反以丧师诛，子上以避敌诛，子辛以贪欲诛，子南以多宠人诛，绝不赦宥，可以矫鲁、卫之弊。以肺腑而膺国重，则根本盛强，以重臣而骈行显戮，则百僚震惧。且政权划一，则无牵制争竞之病，责任重大则无诿罪偷安之咎，楚之国法行而纲纪立，在于是乎。”[②] 我们不是同意这中间的所有论点，主要是看中了他指出在政权划一情况下“国法行而纲纪立”的特点，他列举的一些事实和提出的一些看法，也是值得我们进一步研究时参考的。

---

① 司马迁：《史记》卷八十四，《屈原贾生列传第二十四》，中华书局 1959 年版，第 2481 页。

② 顾栋高：《春秋大事表》卷二十三，《春秋楚令尹论》。

楚国不但有法可依，而且执法也是很严的，还可以再举一个例子，《说苑·至公篇》说："楚令尹子文之族有干法者，廷理拘之。闻其令尹之族也，而释之。子文召廷理而责之曰：凡立廷理者，将以司犯王命而察触国法也。"由此可见，楚国有专门的法官叫作廷理（或作廷尉，待考）。《韩诗外传》卷二说："楚昭王有士曰石奢者，其为人也，公而好直。王使为廷理。"刑不阿私这一点在楚国也是有传统的。

楚史的研究可以说还是一块生荒地，有待于大家共同努力开垦。从考古学角度研究楚文化，是攻楚史的另一个方面，从某种意义上说是更重要的一个方面。从文献资料的整理和研究与考古发掘和研究两个方面努力，将是楚文化研究大放光彩之时，我们期待着这一天早日到来！

试论中国传统学术的综合性

在上世纪80年代的文化热中，“学术”一词是常常涉及的，但没有像“文化”那样，讨论它的定义、特点、内容、意义等。90年代后，文化研究向多方面延伸和深入，一个学术史研究的新高潮也随之兴起，特别是近现代学术史的研究。一些出版社纷纷出版《民国学术经典文库》（东方出版社）、《近人学术述林》（浙江人民出版社）、《中国现代学术经典》（河北教育出版社），以及《中国传统学术史》（河南人民出版社）等著作，一部多卷本的《中国学术史》也将由江西教育出版社推出。但是，究竟什么是“学术”，中国学术有什么特点？中国古代与近现代的学术有无不同？这些问题并未深入讨论，反而有分歧意见，如李慎之先生与刘梦溪先生的讨论①，就涉及什么是“学术”？什么是中国现代学术等问题，看来有进一步研讨的意义。本文谈中国古代学术的综合性问题，或可从一个方面促进问题的讨论。

一、什么是中国传统学术

首先，当从什么是学术说起，显然这是一个很难下定义的问题，这个中国特色的名词，含义广而且深，或者我们只可以用《淮南子》的说法，“多为之词”、“博为之说”以明其义。和“文化”一词一样复杂，在西方文字中更难找到一个与中文“学术”对等的词，就好像中国古代原本没有“科学”、“哲学”这样的词一样，这是中西文化不同的一种表现，所以“学术”是中国文化实际情况中形成的名词，很有中国特色。而今“学术”一词在中文中使用得很广泛，学术研究、学术著作、学术水平、学术职

---

① 刘梦溪先生的见解见《中国现代学术经典》丛书总序，李慎之先生的意见见《天府新论》。

务、学术委员会等，不一而足，恐怕西方很难翻译。在上述语词中，西方翻译时绝不可能到处都出现 academic 这个与“学术”大体对应的词。因此，解释什么是中国的“学术”颇有一定难度，当今学者，对于什么是学术这个问题，或者巧妙绕过名词的释义，或者沿用20世纪初一些学人的解释。20世纪初许多学者在不同场合、从不同角度对学术有定义式的论述，比较早的有严复、梁启超等人的论述。严复在翻译《原富》中“计学”一词时，加按语说：

> 盖学与术异，学者考自然之理，立必然之例。术者据既知之理，求可成之功。学主知，术主行。

梁启超在几部学术史著作中都涉及对学术的解释，1911年还专门写过一篇《学与术》，其中说：

> ……学也者，观察事物而发明其真理者也，术也者，取所发明之真理而致诸用者也。例如以石投水则沉，役以木则浮，观察此事实，以证明水之浮力，此物理学也。应用此真理以驾驭船舶，则航海术也。研究人体之组织，辨别各器官之机能，此生理学也。应用此真理以治疗疾病，则医术也。学与术之区分及其相关系，凡百皆准此。

他还引用“倭儿格言”，“学者术之体，术者学之用”。严、梁二人以及其他一些人解释学术的文字，带有定义的性质。显然是既参考了西学，又结合了中国传统之学。拿中国原有的“学术”去总括西方的各种科学、技术，强调“学”与“术”之不同；同时以西方的各种分科之学来理解甚至分解中国的“学术”。严格说来，这类定义是20世纪的新定义，不能算作中国传统学术的定义。

在中国古代，特别是学术形成的春秋战国时期，“学”与“术”二字没有严格分开，更多的是互用、通用，都有学问、学说等意义，而且常常是单用一个“学”字或者一个“术”字，以“学”字表明学术，如《韩非子》之用“显学”，汉代“某学”和“某某学”的用法就更多了，似不必多说。而可以用为“技艺、技术”解的“术”字，也多用于代表学术，最明显的当然是《庄子·天下篇》，在这篇被认为是古代学术史的著作中，

“术”就是和“学”通用的，有“方术”、“道术”、“百家之学”等等表述。也有时把“术”摆在前面，如称“术艺”，《列子·周穆王》：“鲁主君子多术艺。”字、词的不分，反映了内容的混同，因此中国古代的“学术”（或者“学”，或者“术”）是一个笼统的词，范围很大，“无所不包”，似乎泛指一切学问、学说乃至各种技艺，就是说包括了今日所有自然科学和人文、社会科学。

这就涉及学术的内容。学术的内容首先是人类生活的知识和技术。人们要生活，要传衍，长期积累了所谓“日用伦常”的经验、知识和各种的技能，并且世代相传，这就产生了“学”的需要，“学”字最早的意义是与“教”相同的①，学什么或者教什么，就是学或者教的是有关如何生活的知识和技能，如《周礼·地官·保氏》说：

> 养国子以道。乃教之六艺：一曰五礼，二曰六乐，三曰五射，四曰五驭，五曰六书，六曰九数。

礼、乐、射、驭、书、数就是当时的主要知识和技能。学术是在这种基本情况下产生的，其内容当然也是在此基础上发展起来的。

其次，在中国古代，学术有时候又称为“道术”，甚至以一个“道”字来代表学术，《礼记·乡饮酒义》中有“古之学术道者”一句，因为“学”字作动词用了，“术道”即艺与道，与学术一词意义相同。还有“道艺”也是如此，《周礼·地官·乡大夫》云：“考其德行、察其道艺”，“道艺”就是包括学问和技艺的学术，与“德行”是分开而言的。古代“学术”一词与“道”字紧密联系，是因为它统一于道，或者说它的核心是道。

第三，在中国古代，与“学术”一词关系密切的还有“学问”。如现代词典所解释的那样，有系统而专门的学问称为学术。“学问”又是什么呢？《易·乾》说：“君子学以聚之，问以辨之。”《荀子·大略》篇写道：“《诗》曰：‘如切如磋，如琢如磨’，谓学问也。”由此可见，学问是人们的思想活动。上述梁启超所说“观察事物而发明其真理”，也是讲人的思想活动，近代以来一些学术大师，对学术的阐释，也是主要着眼于思想

① 参阅《说文》《广雅》等字书。

的，如梁漱溟就曾说：

> 学术出自于人类的智慧而育成于社会交流之上，所谓人类智慧非他，人心内蕴之自觉是也。凡用心在某一问题者运用感观探索之时，必留印象于衷怀之自学中，先后多次较量，乃悟得其相关规律，从而步步深入焉。①

这里主要讲人的思想活动，中国自古以来“心”字在很多时候就是指的思想，所谓“心之官则思”，心思即今之思想。古今的这些解释可以说明，思想是学术的核心。

在以上对学、术以及相关字词的理解之后，我们试对学术作一定义式的说明：学术是知识与技能（或者技术）的理论升华，学术是各种学问的系统化，学术属于上层文化、精英文化，处于指导地位。有学术就有学术思想，思想是学术的核心，在中国古代这个核心就是道。假如这个概括大体能够成立的话，那么中国古代的学术从产生之日起就有鲜明的特点，它与西方的，与中国近现代的学术是不同的。我们特加以“传统”二字以示区别。

20世纪初的学者，研究学术史，讨论学术问题，乃至对“学术”一词下定义，没有也不必要说什么“传统学术”，他们研究的学术就是中国自古以来的学术，或者说主要是中国古代的学术。但是，经过他们的研讨，“学术”一词的内涵和外延都不断发生变化，最主要一点就是与西方详明分科之学术“接轨”。这里我们可以20世纪初一位杰出的青年学者刘师培为例，这位继往开来的先行者，关于学术史的著作是应该大书一笔的，从他的《周末学术史序》中的论述，可以看出中国近代学术变化的消息，在《总序》的最后，他写道：

> 予束发受书，喜读周秦典籍，于学派源流反复论次、拟著一书，颜曰《周末学术史》，采集诸家之言，依类排列，较前儒学案之例稍有别矣。（学案之体以人为主，兹书之体拟以学为主。义主分析，故

① 梁漱溟：《东方学术概观》，中华书局1988年版，第1页。

稍变前人著作之体也）

括号内之文原为自注，实际最为重要，“以学为主”是最主要的意思，这显然是采用西方分科学术之概念，全书分心理学史、伦理学史、社会学史、宗教学史、政法学史、计学史、兵学史、教育学史、理科学史、哲理学史、术数学史、文字学史、工艺学史、法律学史、文章学史诸序。书中提到许多“欧西”、“泰西”、“西人”、“希腊”、“伊大利”等国外学说流派，进行了中西对照比较，例如其《心理学史序》写道：

> 吾尝观泰西学术史矣。泰西古国以十计，以希腊为最著。希腊古初有爱阿尼学派，立论皆基于物理。（以形而下为主。）及伊大利学派兴，立说始基于心理。（以形而上为主。）此学术变迁之秩序也。
>
> 吾观炎黄之时，学术渐备，然趋重实际，崇尚实行，殆与爱阿尼学派相近……夏商以还，学者始言心理。

刘师培的此类论述，我们可以有许多看法，这里只说一点，那就是“以学为主”的学术史是20世纪初前后的产物，这种开风气之先，刘师培虽不是第一人，也至少是第一批人之一。在此前后，实可说在此之后，中国哲学史、中国文学史等就纷纷出来了。据此我们可以说一句话，20世纪的学术与学术史，与中国古代传统的学术和学术史是有很大不同的。而本文想再讨论的主要是中国古代的学术问题，这里不用“古代”而用“传统”，有一层用意，因为古代的学术，特别是古代学术思想，是中国近代学术的渊源所自，并且在一定程度上延伸并影响到现在，对未来也不是毫无意义的，因此采用“传统学术”为题。

前面关于什么是学术的词义的说明和解释中，已经涉及中国学术——传统学术的特点问题。下面我们将进一步讨论中国传统学术的一个主要特点，那就是其综合性。

二、综合性的学术

中国古代的学术是综合性的学术，综合性是学术的主要特点。这在一定意义上说，是与西方分科学术相对而言的。钱穆先生晚年著《中国学术通义》①，“亦可简称国学通义”是对中国传统学术研究的集结，该书第三版时增补了《中国学术特性》一文，其特性应该也是讲特点，文中还使用过“特征”这样的词，该文着眼于与“西方相比”，“似乎西方传统偏重专业，而中国则尚通学”。全文十个部分，反复论述“中国学术尚通学为通人之传统”，其用心是弘扬中国传统，以救世道。但是，钱穆先生着重讲的是“尚通学，为通人”，这主要是从为学的目的来说的，关于“通学”的具体阐述，也围绕着“为通人”而展开。这样，关于中国传统学术特点本身的阐释，似可再加以讨论、明确。

在人类文化史上，在人类社会发展过程中，学术这种上层的起核心指导作用的精英文化，应该有一个逐渐形成的过程，如前引刘师培说“学术渐备”。但是学术之形成是有原因的，它产生于实际，与实际有密切关系，亦如刘师培所说“趋重实际，崇尚实行”。这是20世纪初人们的共识，罗振玉在《本朝学术源流概略》中解释“古人之所谓学”时说：

> 古人为学不出伦常日用，本易知易行。而上之施教，亦至简至易，盖因物则民彝之所固有而裁成之。孟子称三代之学，一言以蔽之曰：明人伦②。非三代为然，三代以上莫不皆然，其在尚书尧典所谓，五典五品者皆谓五常，即父子有亲……五达道是也。古之所谓学，盖如是而已。

虽然，这里主要讲为什么学和学什么的问题，与上述钱穆先生的论述精神一致。但涉及对什么是“学”的看法，不出“伦常日用”，只不过罗振玉没有讲“日用”，只强调了“伦常”。这反映的是中国古代文化学术的实际，实际是中国学术中有那么一个统领一切的东西，罗振玉归之于“人伦”，这是主要以儒家传统认识为说的，更确切的说法应该是道，清人章学诚在强调“辨章学术，考镜源流”时首先就是“原道”。

现在，我们可否作一个较为新的表述：中国古代学术源于道，归于

---

① 台湾学生书局从1975年到1984年先后出了四版。
② 《孟子·滕文公上》：“学则三代共之，皆所以明人伦也。”

道。至少在学术之成为学术之时，就被认为是如此。如前所述，《庄子·天下篇》认为诸子百家是原于道的。《汉书·艺文志》认为，诸子百家“合其要归，亦《六经》之支与流裔”。实际上，六经又何尝不是原于道呢?《艺文志》又说：

> 六艺之文，《乐》以和神，仁之表也。《诗》以正言，义之用也。《礼》以明体，明者著见，故无训也。《书》以广听，知之术也。《春秋》以断事，信之符也。五者，盖五常之道，相须而备，而《易》为之原。故曰：“易不可见，则乾坤或几乎息矣。”言与天地为终始。

这是“五常之道”的又一种概括。可以说六艺也是原于道，而且是归于道，如章学诚所说“折衷六艺，宣扬大道”，“原道”抓住了中国古代学术的根本。

学术之称为道术，是学术的一个实质性反映。“道”是中国特有之词，外国学者只能以 tao 来翻译。但是，在学术形成时期，对于“道”是有种种不同解释的，经过互相之吸收，经过人们的不断阐释，逐渐成为一个范围广、含义深的范畴，它包含一切自然和社会现象，人们把它分成有机联系的天道和人道两个方面，它是万物的本体和规律，它还是最高的政治原则，最高的道德规范。中国古代的学术源于和归于这样的道，就是学术综合性特点形成的根本原因。

那么，学术的综合性具体表现又是什么呢?

首先，中国古代学术有一系列不同于西方学术分科的范畴和术语，明显地反映学术的综合性。如六艺、群经、经学、诸子、九流、百家之学等，都是学术，但不同于现在（沿自西方）的任何一种分科之学。经学、子学这样的学术名称，原本属于图书的分类，不是现在的学术分类。图书分类是从汉代开始的，深受儒家思想的影响，刘向、刘歆父子在整理图书时，创造了“七略”，班固的《汉书·艺文志》基本上采纳了，后经王俭《七志》、阮孝绪《七录》，再经荀勖《中经新簿》之分甲、乙、丙、丁四部，最后形成《隋书·经籍志》的经、史、子、集四部，这些都是图书的分类，主要不是学科的分类，其中仅史部与今之史学大体一致。不过它是学术整体的有机部分，在独立成为史部之前它是属于“六艺略”之“春秋”类的。后世“六经皆史”[1] 的说法，多少反映经与史之间的有机联系，反映学术的综合性。不仅史部如此，经、子也只是图书分类（而且是按汉儒思想的分类），所以说，早就有人注意到经与子的区分不是绝对的，如江瑔《读子卮言》就说：

> 子中有经，经中亦有子，班氏艺文志之论诸子也，亦云合其要归，亦六经之支与流裔。盖六经既出于诸子，诸子亦可出于六经。

这些虽然讲经、史、子的地位，实际上讲的是学术性质问题，它们是一个统一整体。所以我们说，中国古代的学术是综合性的学术。

其次，无论六艺、经、史、子、集，其内容都是百科全书式的，这一点是比较明确的，只需略作一些说明。从“六艺”说起吧，司马迁对“六艺”有个概说：

> 《易》著天地、阴阳、四时、五行，故长于变；《礼》经纪人伦，故长于行；《书》记先王之事，故长于政；《诗》记山川、奚谷、禽兽、草木，牝牡雄雌，故长于风；《乐》所以立，故长于和；《春秋》辨是非，故长于治人[2]。

虽然他指明各经之所“长”，而且是着眼于教化，即为人、为政之教化（其下文“《礼》以节人”、“《春秋》以道义”等更为清楚），但也指出了这些经书包含着自然和社会的丰富知识，天文、地理、草木、鸟兽、人伦、政事方方面面都有。每一种经书都是学术著作，虽各有侧重，但它们是现代各学科的综合。这方面，一部《周礼》较为典型，不论此书是否周公所作，春秋时期已成书是没有大问题的，在这部以“经纪人伦”为主的礼经中，有“冬官考工记”这么一个不小的部分，《考工记》被今人视为当时“手工业技术规范的总汇”，则不仅是包含了自然科学，也可以说是包含了今日所谓“科技”[3]。

---

① 可参见仓修良《史家·史籍·史学》中之《论明清时期“六经皆史”说的社会意义》，山东教育出版社 2000 年出版。

② 司马迁：《史记》卷一百三十，《太史公自序》，中华书局 1959 年版，第 3297 页。

③ 有人对科技一词有不同看法，见前引李慎之先生之文。这里不作详细讨论。我想和学与术二字由合到分再由分到合，自有其符合实际的一面，科学、技术之合为科技或亦可乎！

经学是综合性的学术，子学也不例外。虽然大多数子书以讲“治术”为主，司马谈所谓“其务为治者也”。但每一种子书都包含有多方面的知识和学问，如东汉高诱研究《吕氏春秋》和《淮南子》时指出的，吕览“备天地万物古今之事”，淮南“其义也著，其文也富，物事之类，无所不载”。实际上任何一种子书都是可以这样说的。因此每一种子书都可以今日之学科去研究它。例如哲学、伦理学、政治学、心理学、社会学、教育学、军事学等，同样它们也包含不少自然科学或者科学技术的内容。除了普遍都有的天文、地理、草木、鸟兽之类的知识外，有些书还有比较突出的内容。例如《管子》《吕氏春秋》等书中的农学就非常突出；《墨子》中既有物理学（光学、力学），也有几何学，还有逻辑学，其书又称《墨辩》。以后各个朝代的很多学者，他们的著作，甚至文集、笔记，例如汉代应劭的《风俗通义》，唐代封演的《封氏闻见记》，宋代沈括的《梦溪笔谈》之类，都是内容广泛，无所不包的。著者的知识丰富，具有多方面的学问和知识，其著作自然有综合性的特点。

在中国古代图书分类中，最早从“六艺”中分出来的史部，是唯一与现代分科之学的历史学大体一致的，但其综合性也很明显，所以今人称《史记》一书为当时的百科全书。因为它除了以王朝世系、人物传记为主之外，还有一个包含广泛的“八书”：《礼》《乐》《律》《历》《天官》《封禅》《河渠》《平准》等。人物传记中还有“儒林”、“滑稽”、“日者”、“龟策”、“货殖”等类传。当时所有的知识和学问可说是都涉及了。此种基本史学著作体例一直沿袭两千多年，虽然因时间的推移有不少变化，仍都有百科全书式的性质。

再次，从中国古代学术研究的指导思想、原则和方法看，也能体现其综合性。前面所述道的核心意义，以及“源于道，归于道”等，已经讲到了中国学术的指导思想，不再申述了。这里再从司马迁的一句名言来谈谈，他在《报任安书》中说：

> 网罗天下放失旧闻，考之行事，稽其成败兴坏之理，百三十篇，亦欲以究天人之际，通古今之变，成一家之言。①

---

① 班固：《汉书》卷六十二，《司马迁传》，中华书局 1962 年版，第 2735 页。

"究天人之际，通古今之变，成一家之言"，是就"百三十篇"的《史记》而言，因而被认为是在历史学上的首创，实际上是不应限于历史学的，如上所说，《史记》是当时的一部百科全书，它几乎包含了当时全部的学术内容。这正如他自己在《太史公自序》中所说：

> 序略，以拾遗补艺（《汉书》作阙），成一家之言，厥协《六经》异传，整齐百家杂语，藏之名山，副在京师，俟后世圣人君子。

《六经》、"百家"皆网罗在内，绝不只是史学，而是整体的学术。从他自己关于百三十篇内容的叙述看也是无所不包的：

> 网罗天下放失旧闻：王迹所云，原始察终，见盛观衰，论考之行事，略推三代，录秦汉，上纪轩辕，下至于兹，著十二《本纪》；既科条之矣，并时异世，年差不明，作《十表》；礼乐损益，律历改易，兵权、山川、鬼神、天人之际，承弊通变，作《八书》；二十八宿环北辰，三十辐共一毂，运行无穷，辅拂股肱之臣配焉，忠信行道，以奉主上，作三十《世家》；扶义俶傥，不令已失时，立功名于天下，作七十《列传》。①

人文社会科学、自然科学无所不有，百科全书之说是可以成立的。

司马迁提出的这种原则和方法，长期为后世学者所效法，多半以此为理想和目标。例如东汉末年的大学者郑玄，也是以"念述先圣之元意，思整百家之不齐"② 为终生之志。他一生遍读群经，各种论著"凡百余万言"实际上也在一定程度上是"成一家之言"的。他治学尚博通，喜综合，虽然他的成就主要在经学方面，但如上所述，经学本身即为综合性的学术。又如隋代王通自言：

> 余小子获睹成训勤九载矣，服先人之义，稽仲尼之心，天人之

① 司马迁：《史记》卷一百三十，《太史公自序》，中华书局1959年版，第3297页。
② 范晔：《后汉书》卷三十五，《郑玄传》，中华书局1965年版，第1209页。

事，帝王之道，昭昭乎！①

他花九年时间研讨《六经》，并作《续六经》，也是明“天人之事，帝王之道”的。

总而言之，中国古代学者治学，原则和方法是博、通，其著作大多是综合性的，至于博通、综合性的程度，当然是因人而异了。司马迁所倡导的原则和方法，一直影响到清代学者，因而在西学东渐并为中国学者接受之前，中国的学术之综合性最为突出。

三、学术综合性的历史分析

说综合性是中国学术的一个重要特点，主要是相对西方学术的分科而言。但也并不是说西方就完全没有综合性的问题，因为学术和文化一样，它的起源几乎是相同的，如起源于神话传说等，那是人们对自然和社会认识不清的缘故，后来的发展则可说是“分道扬镳”。例如，由于对自然和人本身的不理解，人类最早时期都崇拜神灵，可称之为原始神化宗教式的世界观。然而中国古人“究天人之际”，究出了一个“天人合一”，更有甚者是“天人感应”。而西方古人，不满于神造一切的解释，致力于探索“自然的奥秘”，较早发展成宇宙论的自然哲学的世界观。其原因是什么，这里且不作讨论。中西学术之分野，也许由此而发生。综合性问题之中西不同也是如此。在希腊早期学者那里，也许和中国春秋战国时期一样，分科问题是不明显的，例如柏拉图（Plato，约公元前 428 年—公元前 348 年）的学术思想采用“对话”的形式，这和孔子的《论语》一样。当然，柏拉图是谈多方面的学问，孔子是从不同角度谈为人之道，二者也有区别。到了柏拉图的学生亚里士多德（Aristotle，公元前 384 年—公元前 332 年），他的著作就是分科性的，这位百科全书式的学者，著有哲学和逻辑学方面的著作，如《形而上学》《范畴篇》《论辩篇》《解释篇》《前分析篇》《后分析篇》等；也著有自然科学方面的著作，如《物理学》《论天》《论生灭》《气象学》《动物志》《动物结构》《动物的行进》《动物的生殖》

① 王通：《中说·王道第一》。

等；有伦理与政治学方面的著作《尼可马亥伦理学》和《政治学》，还有心理方面的著作《论灵魂》以及艺术和修词学的著作《诗学》《修词学》等。实际上，分科的学问，如哲学、几何学之类，更早的时候就有了，这在西方形成专业分科的传统。即便在中世纪神学一统的情况下，大学中，先学“七艺”(包括语法、修辞、逻辑三科和天文、算术、几何、音乐四科)，然后，分神学、法学、医学等，有明显的专业分科，这和孔门四科(德行、言语、政事、文学)之教为人之道显然不同。在神学统治的中世纪结束之后，西方至少从14世纪开始，分科就逐渐完善、日益发达，不必多说。

然而，中国古代学术的发展，却是在那里不断地综合。如前所述，从六艺、七略到七志，再到甲、乙、丙、丁四部，再到经、史、子、集四部等，这是目录的重新综合。但是任何一类，任何一种、任何一本著作，无不具有广泛的包容性，差不多都想要“备天地古今事物”，很少能看到西方那种“某某学”的分科著作。因此，从20世纪初开始，中国学者在写分科中国学术史时，无论哪一种都要引用《易经》《诗经》《老子》《论语》等。

其次，中国学术综合性的这个特点，还应该动态地发展地看。这也是多方面的，有形式和内容的不同综合，有分别的和总的综合。中国古人把学术看做一个整体，学术著作日益增多，人们需要“辨章学术，考镜源流”，就不得不“部次条别”，进行一定的分类。这种分类不同于西方的学科分类，而是一种条理性的综合，这又产生了中国特有的校雠学。关于这一专门学的主要内容和意义，我们可以引用章学诚《校雠通义》的叙，略作说明：

> 自刘向父子部次条别，将以辨章学术，考镜源流。非深明于道术精微，群言得失之故者，不足与此。后世部次甲乙，纪录经史者，代有其人，而求能推阐大意，条别学术异同，使人由委溯源，以想见于坟籍之初者，千百之中，不十一焉。郑樵生千载而后，慨然有会于向歆讨论之旨，因取历朝著录，略其鱼鲁豕亥之细，而特以部次条别，疏通伦类，考其得失之故，而为之校雠。

下面说刘氏之书失传，仅有班固《艺文志》存在，郑樵“讥班固”之不当及其本身之不足等。从中我们不难看到，校雠学不是文字校勘的小学问，也不应仅仅被视为图书分类的目录学。对于上文之叙述，章学诚在《信摭》中又谈道：

> 总天下之大学术，而条其纲目，名之字曰《略》，凡《二十略》。百代之宪章，学者之能事，尽于此矣，其《五略》，汉唐诸儒所得而闻；其十五《略》，汉唐诸儒所不得而闻也。

前五略，是指《礼》《职官》《选举》《刑法》《食货》，后十五略，是指《氏族》《六书》《七音》《天文》《地理》《都邑》《谥》《器服》《乐》《艺文》《校雠》《图谱》《金石》《灾祥》《昆虫》《草木》等内容。从这些名目来看，其综合性已经一目了然。这种新的综合，既是形式上分类（“条别”）的新发展，也是学术内容上的新概括。这种发展是个长期的过程，其中有若干具体环节，不会是章学诚所说的那样“绝学不传”、“千载而后”等，不过郑樵最突出罢了。这些无法在此一一研讨。

再次，为什么中国学术的综合性特别突出，为什么西方很早就分了，而且越分越明确？这也是应该回答而不好回答的问题，值得深入探讨。这一问题在中西文化、中西哲学等的比较研究中都曾涉及，论其终极原因，有地理环境的（内陆包括河流和海洋之别）、经济政治的（农业与商业、专制与民主的不同）等，也有思维的差别之类。许多论述，都可参考。从学术本身来说，我们在前面的论述中已经指出，中国学术中有一个西方没有的“道”字起了重要作用，这个“道”字，主要是讲为人处世之道，所以中国学术长期主要是做人之道，特别注意人与人的关系（包括伦理、政治），而对于人生日用密切相关的知识和技术，有意或无意地忽视了。知识、科学、技术日益精进的发展道路不同，中国学术是综合于道，综合于人的。因此，还有人文性、政治性诸相关之特点。综合于道，也许是中国学术综合性长期存在而且不断发展的最直接最重要的原因。这种综合性之学术发展了两三千年，一直延续到清代，所以章学诚在著《校雠通义》时，首篇即为《原道》，他写道：

> 由刘氏之首，以博求古今之载籍，则著录部次，辨章流别，将以折衷六艺，宣明大道，不徒为甲乙纪数之需，亦已明矣。

部次、条别等都是次要的，最主要的就是“宣明大道”，“六艺”之类的学术，中心是“道”。

回过头来还应该说明：中国的综合和西方的分科都不是绝对的。西方并不是没有一定的综合性，如前所指出的，古代柏拉图和孔子是一样的，在他们身上都能体现出学术的综合性，文艺复兴以后许多大学者，如伏尔泰（Voltaire，1694 年—1778 年）、休谟（Humie，David，1711 年—1776 年）等人，集文、史、哲、经的研究于一身，也有一定的综合性。中世纪神学之一统，几乎和中国的“道”一统一样，不过不同的是在神学一统之下，分科仍很精细，而且继续发展。古代中国，因为社会分工的发展，在学术上是需要有专门别类进行发展的，农业的发展需要人们不断地总结，同时还需要天文、历法乃至算学相配合。因此，中国古代天文、历算、农学等自然科学，都有不少的学术成果。而人文、社会科学方面，如法律、军事乃至文学、艺术（特别是绘画），都有一些专门性的著作出现。在学校教育方面，也曾有过分科的事实，例如唐代在大学之外，有律学、书学、算学之分，也有儒、玄、史、文四学之分，不过一是很不全面，二是不经常（时兴时废），三是很不受重视，尤其是自然科学、技术之学根本不受重视。中国古代技术之传授是所谓家业世世相传的畴人，有时甚至是命令不准设这方面的学校，例如北魏时期就有这样的记载：

> 其百工、伎巧、驺卒子息，当习其父兄所业，不听私立学校。违者师身死，主人门诛。[①]

这种畸形的发展，使得原本领先于世界的某些自然科学，到近代反而落后了。人文社会科学的发展也形成与西方不同的途径和特点。

总而言之，相对西方学术分科，中国学术的综合性是明显的，突出的。

---

① 《魏书·世祖纪》。

最后，和其他事项一样，综合与分科也是各有利弊的。从某种意义上说，学科之不分是学术不发达的一种表现，但过分地强调分科，互不相通，也是会阻碍学术发展的。从历史的实际情况看不分科，重综合，特别是以道为核心的综合，就使学问难以得到专精的发展，着重讲究为人为政之道，从学术本身来看，最大的问题就是忽视自然科学的发展、忽视技术的进步——当然也应该说是相对而言，相对人文社会科学而言，相对西方而言，这里不能详说。综合而不分科，结果是中国的“道”论水平发展很高，分科的理论创造很缺乏。中国传统的综合性学术，在今天看来是越来越不可能了，现今是知识爆炸的时代，恐怕再也难出现亚里士多德那样百科全书式的学者。但是，综合性所反映的学科相通精神，是有积极意义的，综合性中的“究天人之际，通古今之变”，也是一种“打通”精神。人类各种知识是确有相通之处的，不然为什么会有二进位制从《易经》中得到启发的事例呢？看来适当提倡“打通”学科之间的“畛域”是必要的，事实上，人们也没有忘记这一点，当今有人提倡“通识”教育，提倡文理兼学，道理或在其中。

评几篇讨论诸葛亮故居的文章

——兼谈史学研究的方法与任务

“三顾茅庐”发生在何处，过去曾有过争论，但发生在襄阳隆中早已成为定论，近两年忽然又有人“质疑”并引起了较大的争论，闹起了一点风波。我认为这是一个不大不小、亦大亦小的问题。说大，这关系到实事求是的态度，历史科学的严肃性，不仅间接而且直接关系到精神文明建设。说小，古人的话叫做“名高天下何必辨襄阳南阳”（其实这挂在南阳武侯祠的对联，言外之意还是明显的，说在南阳比较勉强，并不像今天有人指责是什么“既不负责又不实事求是的折衷主义态度”）。今人则说：“诸葛亮的聪明才智和鞠躬尽瘁、死而后已的精神一直受到人们的尊敬和推崇，哪个地方都可以建武侯祠纪念。”不过还有一句“但躬耕地是在襄阳隆中”①。

“三顾茅庐”于襄阳隆中，史学界已成定论，在国外也不成问题②，已经是历史常识了。此次南阳和襄阳风波，据了解是几位同志的几篇文章引起的，主要是署名水镜和水仲贤（也许是一位同志）以及其他几位同志的文章，文章发表在南阳市内群众性小报——南阳工人文化宫《活动月报》，以及《中州今古》《集邮》《河南日报》等（以下引文不一一注明），但又打着历史“考证”的旗号，一再声称“历史应该力求真实”、“恢复历史的固有面貌”以及“对集邮爱好者负责”等。这涉及史学研究的任务问题。几篇文章的内容又涉及史学研究的方法问题。

首先，几篇文章再三提到“正史”，说什么“《汉晋春秋》不是正史”，“正史中均无记载”，甚至说“只能骗那些信野史不信正史的人”等。如此重视和相信“正史”，不知作者对“正史”是如何理解的。我们知道，这

① 《中国史研究动态》1990年2期何兹全、朱绍侯的谈话。

② 参看《湖北社会科学动态》1990年2期。

“正史”二字最早见于南朝梁阮孝绪的《正史削繁》，把以帝王本纪为纲的纪传体史书，如《史记》《汉书》称为正史。以后虽有变化，但基本上有一个以封建帝王为中心的“正统”思想，或记一朝大典，或为官修（包括官方认可的）。所谓正史，即是这类史书的专称。清乾隆时，定《史记》至《明史》等二十四史为正史。时至今日，几位作者一再强调相信“正史”，且不说是什么封建正统观念，至少也是落后了一点吧！今天一般讲“史料学”，有时候也会使用“杂史”这样的词，但在史料分类中绝不会再有一个“正史”类了，比较传统的分法，也不过是“纪传类”、“编年类”、“典章制度类”以及“杂史类”等，但不会用“正史类”、“野史类”。比较新的史料分类，或者按形式分（文献、实物等），或者按性质分（原始史料、撰述史料、传抄史料、文艺史料等）。按性质分，《三国志》和《汉晋春秋》都是撰述史料，此类史料不仅有先后之分，其史料记事也有真伪需要辨别。辨别真伪要分析作者的立场和当时的社会历史情况，还要分析作者的撰述目的，以及他为什么并如何改造原始材料。具体全面分析，这是新旧考证的基本要求。简单说《汉晋春秋》“实际是一篇杂文”，属于野史，因而不可靠不可信，恐怕很难说明什么问题。史料的鉴别与考证有它一些基本原则是应该遵循的，不能信口开河。

其次，为了“证明”诸葛亮躬耕地不在襄阳，几篇文章都说习凿齿《汉晋春秋》的有关记载是假的。但从提出和讨论的问题看，并没有指出《汉晋春秋》与其他记载根本矛盾之处，只不过记载的详略、有无有所不同罢了。所争论的内容又主要是对史料的分析和“理解”问题（如水镜的《怎样理解“躬耕于南阳”的“南阳”》）。这方面几篇文章存在的问题是：

一、主观作推论。据水仲贤同志公布的信件，早在1987年就有南阳师专唐明礼老师向他指出，否定“诸葛亮隐居襄阳的最早记录”的“推论”是“很难成立的”。可是以后的几篇文章，推论却越来越多，如南阳市政协副主席张福增和水仲贤同志“答或人问”时说：“《蜀记》说刘弘镇襄阳时，发现诸葛旧宅，显然与诸葛亮自己说的‘躬耕于南阳’不符。”又如在“说明孔明家不在襄阳附近”时，是由曹操占荆州后“未闻追捕孔明家属”推论出来的。然而与此同时，说家属在南阳又因为“当时确实隐蔽得很好”。另外还有文章的推论，如：“《汉晋春秋》说襄阳有诸葛亮家，《水经注》说隆中有孔明旧宅，而《资治通鉴》却说是寓居隆中。司马光为什么不写成是‘家’或‘旧宅’，却写成个‘寓居’呢？可见他对习凿齿的文章是不完全相信的。”不知其他读者如何理解这一离奇的推论。诸如此类的主观推论不再一一列举了，这些推论不知符合什么逻辑?!

二、任意说有无。如：习凿齿“‘隆中属邓县’之说，目前尚未从汉晋史籍中找到根据”（《中州今古》《集邮》不同作者的两篇文章中均有此文）。好在还有“目前”二字，这些也许是就作者自己而言的。其实，《晋书·习凿齿传》中就记了他自己信中所说的：在襄阳“西望隆中，想卧龙之吟”。《晋书》甚至可以说是唐太宗御撰的，是道地的“正史”了，作者们“理应”相信的！又如：诸葛亮在襄阳时结交的名士师友，也因为“正史中均无记载”，似乎连有些人的有无也成问题了。说《三国志》中讲与诸葛亮友善的只有崔州平、徐庶，“只字没说到庞统、庞德公、黄承彦等”。还有，因为李白的《襄阳歌》里“对诸葛亮的事一字未提”，证明诸葛亮没有隐居襄阳。诸如此类的说“有”或“无”的例子还有好多，不再列举。这些作者似乎没注意一个简单的常识：历史上的人和事，说有容易说无难。作者们在说有或者无时有很大的主观随意性。实际上是符合自己看法的就说有，说可信，不符合自己看法的就不可信，甚至视而不见，硬说没有。这些同志开口闭口讲“考证”，事实上却违背了考证的一些基本原则，如：尽可能地搜集材料（陈垣先生曾喻之为“竭泽而渔”）；弄清材料的源和流（而不是什么“信野史不信正史”）；要十分小心谨慎，不要轻易下结论（朱熹说要像“老吏断狱”一样，不能草率从事）；等等。

以上所说，都是一些历史研究中的常识问题，“老生常谈”，没有多少新东西。但又值得一谈，因为这场争论向史学工作者提出了任务和要求：史学研究还有用，现实生活中还需要它。史学工作者要十分注意、也要经常注意历史常识的普及工作，同时还要不断培养一代又一代新的史学工作者，培养和训练他们的各种“基本功”，以便更好地为社会作贡献。长江后浪推前浪，世上新人继旧人，一代代的青年都要成长，和其他事一样，史学研究的任务和方法，“老生”也必须“常谈”。

1989年3月18日

谈谈魏晋南北朝时期的门阀世族

学习魏晋南北朝历史时，常碰到门阀地主、世族（或士族）地主的提法。弄清什么是门阀、世族，对于了解这一段历史有很大的帮助。

古代史书中常称显贵人家为高门、大姓，或者说门第高。因为门第等级高，为众所望，又有所谓门望。门阀也是这种高门大姓的意思，它来源于阀阅，阀与伐字通，有积累功劳、功德的意思；阅是经历，门阀就是有“光荣历史”之家。还有高门、旧门、著姓、右族、郡姓等名称都是这个意思。史书中又把门阀称为世族或士族，称世族是强调他们世世代代做官，称士族则是指他们掌握文化知识，为强调其门第高，也还有甲族的称法。这样的人家当然是地主，所以我们现就叫他们门阀地主或世族地主（士族地主）。在整个封建社会，作为统治阶级的地主阶级，任何时候都会有高门、大姓，但门阀世族却主要指魏晋南北朝时期掌握国家大权的大地主阶级。

那么，门阀世族有哪些特点呢？

首先，政治上，门阀地主是世世代代做官的地主，可说是世袭贵族。这种情况从西汉末年就开始了，东汉时弘农杨震一家，以习欧阳《尚书》四世为公。汝南袁安一家，以习孟氏《易》四世有五公。累世做大官的家族不少，太山羊家甚至是七世为二千石。地方上更为普遍。魏晋时期的九品中正制，主要以家世资历、门第高低选拔官吏，为门阀世族世代做官掌权提供了保证。如当时人所说：“今台阁选举，徒塞耳目，九品访人，唯问中正。故据上品者，非公侯子孙，则当涂之昆弟也。”① 并且“非其子孙，则其曾玄”②，总是从贵族出身的人中间挑选。结果形成了“上品无寒门，下品无势族”③ 的门阀政治。

---

① 房玄龄等：《晋书》卷四十八，《列传第十八·段灼》，中华书局1974年版，第1347页。

② 房玄龄等：《晋书》卷四十六，《列传第十六·刘颂》，中华书局1974年版，第1296页。

③ 房玄龄等：《晋书》卷四十五，《列传第十五·刘毅》，中华书局1974年版，第1274页。

其次，在经济上奴役佃客、部典，经营封建庄园。从西汉末年开始，出现了一种被称为佃客和部曲的劳动者，他们为地主耕作，地位不同于奴隶，但有较强的人身依附关系，可以称之为农奴。魏晋以后，实行了荫户制度，就是按官品的大小，分别占有多少不等的土地和劳动力，例如西晋的占田制规定：一品官有权占田五十顷，以下每品递减五顷，至九品占田十顷。从一品到九品可以荫佃客十五户到一户，荫衣食客三人到一人。此外，贵族官僚还可以荫亲属，多者九族，少者三族。实际上所谓同宗同族，其中有很多是佃户。这种制度，东晋南朝基本上沿用，条文上有小的修改。实际上则是佃客、部曲日益增多。北朝也有这种荫户制度，不过具体规定不同罢了。

佃客、部曲没有独立的户籍，所谓“客皆注家籍”，他们的户籍附注在门阀地主的户籍上。他们为门阀地主耕田种地，向门阀地主纳租、服役。佃客、部曲和门阀地主的这种关系还是世袭的，一两代人甚至几代人依附于同一家门阀地主，只有通过“自赎”或门阀地主的“放遣”，才能获得自由。由此可见，佃客、部曲完全是门阀地主所控制的人口，是世袭农奴。

门阀地主控制着大量的劳动力与其所占有的大量土地相结合，就成为极盛一时的封建庄园经济。这方面东晋南朝最为典型，称为墅，称为田园，如孔灵符在永兴立墅，“周回三十二里，水陆地二百六十五顷，含带二山，又有果园九处”①。这种从事多种经营的自给自足的田园遍布南方各地。实际上不仅南方，北方也到处是这种周围十余里或数十里的地主田庄。这种封建庄园就是门阀地主统治的经济基础。

第三，与庄园经济相应的，门阀世族还拥有武装力量。部曲作为劳动者的一种称呼还是比较晚些时候的事。部曲最早是军队编制的名称，门阀世族在自己的庄园里，把佃客、奴僮编成部曲，成为私人的武装力量，保护自己的田业。在西晋末年以后，北方“十六国割据”，同时形成了许多以门阀世族为核心的军事坞堡组织，一个坞堡就是一个自给自足的经济单位。后来，门阀世族往往带着部曲渡江南下，明东晋祖逖“将部曲百余家渡江”②。南门

① 李延寿：《南史》卷二十七，《列传第十七·孔靖》，中华书局1975年版，第726页。

② 房玄龄等：《晋书》卷六十二，《列传第三十二·祖逖》，中华书局1974年版，第1695页。

的世族也有这种武装，所谓“吴名宗大族，皆有部曲，阻兵仗势”①。这种世族武装，在魏晋南北朝时期各种政治变动中起着一定的作用。

第四，门阀世族以儒家思想作为自己的精神支柱，因而他们也多半研讨儒家经典。这也是两汉以来长期形成的。儒家是汉代做官的一条途径，从而也是保持和发展地主家产的一个重要保证。“汉时贤俊，皆以一经弘圣人之道，上明天时，下该人事，因此致卿相者多矣。”② 前面我们已经提到，四世三公的杨家是习欧阳《尚书》的，四世五公的袁氏则习孟氏《易》。许多人都是以“服膺儒家，恪守礼法”而累世做大官的。所以门阀地主是注重这方面教育的，“士大夫子弟，数岁已上，莫大被教，多者至《礼》《传》，少者不失《诗》《论》”③。世族之所以又称士族，就是因为他们掌握文化知识。

第五，门阀地主有特殊的社会地位，并且竭力巩固其社会地位。他们宣扬“士庶天隔”，同庶族寒门保持着严格的界限，不与寒门通婚共坐。为了保持他们的高贵血统，婚姻要门当户对。如果与庶族通婚，就会遭到士族的群起非难，甚至采取政治措施。如宋孝武帝就曾下令：“治士族杂婚者，皆补将吏。”④ 又如南齐士族王源，因与“姓族士庶莫辨”的富阳满氏联姻，不仅士族舆论大哗，沈约还上书弹劾，请求将王源免官、禁锢终身。

士族们自矜门第，鄙薄寒流。如宋武帝皇舅路庆之出身寒微，他的孙子路琼之去拜访士族王僧达，王僧达故意奚落他，问道：“昔日我家养马的仆役路庆之是你什么亲戚?”事后还叫人把路琼之坐过的胡床烧掉。路太后向皇帝哭诉，宋武帝也无可奈何，只怪路琼之不该去自取其辱。

为了严格士庶的区分，当时盛行着一种研究证明家世的谱牒之学。从曹魏开始，选用官吏的首要工作就是：“必稽谱牒，以考其真伪。”考察的内容主要是宦与婚。宦是谱牒上所记载的先世的官位，它决定着门阀地位的高低：婚则是记载与士族联姻人家的仕宦情况，实际上也是宦。士族就凭借着这种记载婚宦的谱牒，维护其特殊地位。魏晋南北朝时期的选举官

---

① 陈寿：《三国志》卷二十八，《魏书二十八·邓艾》，中华书局1959年版，第777页。

② 颜之推：《颜氏家训·勉学篇》。

③ 颜之推：《颜氏家训·勉学篇》。

④ 司马光：《资治通鉴》卷一百二十九，《大明五年》。

吏，首先就查考这种谱牒。在北朝，“在朝廷每选举人士，则校其一婚一宦，以为升降”①，南朝也是“其所进取以官婚胄籍为先”②。因此谱牒之学兴盛起来，专门研究这门学问的人也有，十分熟悉谱学的人也有，有的人可以做到“日对千客，不犯一人之讳”，对人家家世记得很清楚。

由于世族既世代当官，又掌握儒学，所以往往有很多旧的属吏和弟子，就是所谓门生故吏，有的世族“门生故吏，遍于天下”③。这些门生故吏，也是维护世族社会地位的一种社会力量。

从上述情况不难看出，门阀世族的产生绝不是一个短时间的事，它形成和兴盛于魏晋南北朝时期并非偶然。汉朝这个统一的封建王朝，地主阶级得到了充分发展。虽然经济和阶级关系的变化是有的，但世世代代的地主也很多，当官的一般也有可能世袭，只是具体官位不同罢了。加上当时的选官制度以及各种各样保护地主阶级利益的经济和政治制度，必然形成具有上述特点的门阀地主。《南齐书》卷23《传论》说：“金张世族，袁杨鼎贵……膏腴见重，事起子斯。”西汉金日磾、张安世及其后代，东汉袁安、杨震两家就是这样发展起来的。其他大大小小的世族地主大体上也都是如此。但是，作为门阀制度的正式形成，是在魏晋南北朝时期。曹魏时期的“九品中正制”是一个重要的标志。

“九品中正制”或称“九品官人法”，是一种选拔官吏的制度。曹丕时采纳吏部尚书陈群的建议，在各州郡设立中正官，负责察访本州本郡的士人，分别评定为上上、上中、上下、中上、中中、中下、下上、下中、下下九等级，称为“九品”。中正官评定之后向吏部推荐，吏部依品授官，品等高的就官职大。而中正官评品级时，要注明“品状”，品是家世，状是才德，实际上首先并且主要看的是家世，即祖先做过什么官，几代人做过官。显然，这种制度既反映了那些世世代代官僚地主的利益，又进一步巩固和加强了他们的政治和经济地位。

西晋以后，按官品荫户和占有土地，即所谓占田制，以及其他一些保护世族地主的法令和制度，都是沿着以上发展趋势而进一步发展的。

代表门阀世族利益的门阀制度，在魏晋南北朝时期是鼎盛时期。有一

① 魏收：《魏书》卷六十，《列传第四十八·韩麒麟》，中华书局1974年版，第1341页。
② 杜佑：《通典·选举典》。
③ 范晔：《后汉书》卷七十四上，《袁绍列表列传》，中华书局1965年版，第2375页。

点应该指出，魏晋南北朝时期的政局极不稳定，当官的不可能像汉代那样相对地平平安安，要保持政治地位和经济利益不是那么容易，政治上要伺机而行；军事上要努力充实自己，大则跨州连郡，小则结坞壁自保；文化思想上也要激励垄断并施展其影响，注重谱学、强调世家、严士庶之别等。这是门阀制度兴盛的一个重要原因。

但是，物极必反，盛极而衰。在魏晋南北朝后期，门阀世族的地位实际上已经开始衰落了。首先表现在政治上，高官虽仍被士族垄断着，但实权慢慢落于庶族手中，南朝出现了“寒人撑机要”的局面。这一方面是因为庶族地主势力的发展；另一方面也是士族腐朽所造成的，他们靠世家“平流进取，坐至公卿”，高官厚禄，又享受丰厚的祖先产业，娇惯得极其腐化、愚昧、脆弱，自必大权旁落。经济上也是如此，他们的田业“皆信僮仆为之，未尝目观起一拨土，耘一株苗，不知几月当下，几月当收”①。但是挥霍浪费又极严重，日食万钵者有之，坐吃山空，自然破产也是免不了的。比较起来，唯有社会地位维持得比较久，北方山东的崔、卢、李、郑，南方东吴的顾、陆、朱、张，北方南迁的王、谢、袁、肖等，各地均有大姓、著族，其社会地位始终是很高的。

以上所说门阀世族的衰落是一个自然发展的过程。也应该指出，各个时期的农民起义对于世族的打击就更为彻底一些，可以说是有“斩草除根”的意味，就像隋末农民起义那样，“得隋官及士族子弟皆杀之”。隋朝末年那次空前大规模的农民起义，打击门阀世族最为彻底，魏晋南北朝时期门阀世族的衰落，严格说来是在隋末农民大起义之后。唐初虽还有一段保留门阀世族社会地位的残余影响的时期，但已是尾声了，基本上是“旧时王谢堂前燕，飞入寻常百姓家”。唐朝的权贵有一些也是南北朝后期的门阀，但基本上是新贵了，不应与魏晋南北朝时期的门阀世族等同视之。

---

① 颜之推：《颜氏家训·涉务篇》。

隋代户数是怎样增长的

隋代户数增长得异常迅速，到底是怎么一回事？这是应该弄清楚的一个问题。1962年6月6日《光明日报》载有汪籛先生《隋代户数的增长》一文。拜读之后有些异议，现在提出来同汪先生商讨。

一、周授隋禅时户数究竟是多少

《通典》卷七说，周授隋禅时“有户三百五十九万九千六百四”。史学界有几位先生对这个数字表示过怀疑，汪先生就认为当时的户数不止三百五十九万多户，并作了新的解释。我感到各种新的解释中虽有新颖的地方，但毕竟都只是推论。当然，我们不能拘守于旧资料，有必要作出新的考订和合理的分析。不过，要根本否定《通典》的这个记载，至今还缺乏足够的证据和充分的理由。我认为现在还是应该相信这个数字；相信了这个数字，所谓周、齐户口数目矛盾的问题也是可以解决的。我说《通典》记载无误，理由如下：

首先，从几处记载的北周户口数字看。（一）《通典》记载：北周“大象中有户三百五十九万，口九百万九千六百四”；周授隋禅时“有户三百五十九万九千六百四”。《册府元龟》卷四八六《邦计部·户籍》中也有同样的记载：“宣帝大象中有户三百五十九万九千六百四”；“隋高祖开皇二年受周禅，有户三百六十万”。从北周宣帝大象中（公元580年）到周亡（公元581年），相距只有一年，境内户数不会有显著变化，实际上，反映在《通典》或《册府元龟》上的大象中和周末的户数也基本相同。假若大象中的三百五十九万多户的数字无误，那么周授隋禅的户数只有三百五十九万多户是应该肯定的。（二）《通典》所载周授隋禅时的户数与《册府元龟》所载大象中的户数完全一样，而《册府元龟》所载隋初的三百六十万户又显然系“三百五十九万九千六百四”的整数。以上三处都没有口的统计，只有《通典》说周“大象中有户三百五十九万，口九百万九千六百四”。把这个口的数字与其余三处户的数字比较，可以明显看到千位以下的尾数完全相同。这就很可疑了。对这一点，我们不能轻易地视为偶合。这很可能是《通典》原来并无口的记载，后来由于传抄、刻印有误，使流传至今的本子中误衍了“口九百万”四字。作这样的设想也不无根据，在魏晋南北朝的史书中，我们可以常见这种计户不计口的情况；当时的王朝政府也只注意户数的统计（详后）。假若这个推断是正确的话，那么《通典》记载周授隋禅时户数的可信就得到了进一步的证明。

其次，从周灭齐后的户数变化情况看。《通典》卷七说北齐“为周师所灭，有户三百三万二千五百二十八”。这一年，据《周书·武帝纪》的记载，周得北齐境“户三百三十万二千五百二十八”。两书记载有“三十万”与“三万”之别（但尾数相同）。对这两个记载虽还难以判断孰是孰非，但北齐末年政府统计的户数在三百万户以上是可肯定的。周灭齐到隋代周相距只有四年，汪先生认为“在此期间，北周境内并未经受很大的灾荒和战乱，北齐旧境的户口当不致有很大的损耗”，从而认为“大象三年，北周的户数决不止三百五十九万余”。这个看法是有商量的余地的。第一，齐末的户数三百三万（或三百三十万）只是周灭齐所得到的图籍上的数字，当时并没有实际“验收”。这一点，从有关史书记载的情况可看得出来。《隋书》说北齐“洎乎灭国……户三百三万”；《通典》说北齐“为周师所灭，有户三百三万”；《周书》说“关东平，合州五十五……户三百三十万”。这显然都是就图籍上的数目字而言，不是实有户数。第二，周灭齐后四年内不是没有大的变化的。一方面，这一期间并非完全没有战乱，北周和陈作过战，也与突厥作过战；另一方面，统治者加在人民身上的封建赋役是很沉重的，特别是兵役与工役，例如周宣帝时“发山东诸州兵增一月功为四十五日役；起洛阳宫，常役四万人”；“征山东诸州人修长城”①。这些都足以引起人民的逃亡隐避。北齐旧境内的户口逃亡隐避问题，在较长一个时期内一直是比较严重的。据《隋书·食货志》记载，东魏末在这里就曾一次括得“无籍之户”六十万，北齐时又一度“户口、租调十亡六七”。周灭齐后，这里又有大量的户口逃亡脱籍，所以隋代把这个地区作为搜括的重点。另据《北史·周本纪下》记载，宣政元年（公元

① 令狐德棻等：《周书》卷七，《宣帝纪》，中华书局1971年版，第118页。

578年）闰六月乙亥诏："山东流入新复业及突厥侵掠，家口破亡不能存济者，给复一年。"统治者这种假惺惺的抚恤，正好是人民逃亡隐避的说明。正因为人民的逃亡隐避，加上战乱耗损，到北周大象中北齐旧境的户数已没有三百多万，而北周全境也只有三百五十九万多户了。

二、隋在平陈以前采取了哪些括户的措施

隋初搜括户口的主要措施是"大索"、"貌阅"和"大功已下兼令析籍"[①]。在这里，没有把高颖的轻籍法算上，因为它主要是一个关于赋税的措施，而不是直接搜括户口的措施。它对于户口的增减，虽有可能起一种防止"奸伪"、"流冗"的作用，但我们不能轻信杜佑在《通典》中的夸大之辞："高颖设轻税之法，浮客悉自归于编户，隋代之盛实由于斯。"这只是杜佑的议论，并非当时的实际情形。在各种括户措施中，"大索"和"貌阅"似乎还有些区别，看来它们是针对不同情况而采取的不同措施。前者是东魏、北齐"括无籍之户"的继续，针对"山东尚承齐俗，机巧奸伪、避役惰游者"[②]而施行的；后者即后来唐代的"团貌"[③]，是因为有"四方疲人，或诈老诈小，规免租赋"[④]的情况而设的。在具体分析检括户口的措施时，不能把它们笼统地看成一回事。不过，这两种措施可能是同时进行的。至于"大功已下兼令析籍"，在隋初采取这一措施是有其特殊意义的，只要将魏晋南北朝时期每户平均口数与以前、以后各代的每户平均口数比较一下，就可以明白。汉代户口，大体上是平均一户五口：西汉平帝元始二年，户一千二百二十三万三千，口五千九百五十九万四千九百七十八；东汉光武帝中元二年，户四百二十七万六百三十四，口二千一百万七千八百二十；桓帝永寿三年，户一千六十七万七千九百六十，口五千六百四十八万六千八百五十六[⑤]。平均都是每户五口左右[⑥]。但是，若认

① 魏徵等：《隋书》卷二十四，《食货志》，中华书局1973年版，第681页。

② 魏徵等：《隋书》卷二十四，《食货志》，中华书局1973年版，第681页。

③ 王溥：《唐会要》卷八五，《团貌》。

④ 魏徵等：《隋书》卷二十四，《食货志》，中华书局1973年版，第681页。

⑤ 《通典》卷七，"历代盛衰户口"。

⑥ 从《汉书·地理志》中细看，其中仅交州交趾郡有户九万二千四百四十，口七十四万六千二百三十七，平均每户八口有余。此外，还有汝南、盆州等三五个郡平均每户六七口。而将近上百的郡，每户的平均数都在五口以下。

为我国历代户口都是一家五口，那就失于确切。魏晋南北朝时期的情况就有所不同：曹魏有户六十六万三千四百二十二，口四百四十三万二千八百八十一，平均每户六口多将近七口；晋武帝太康年间，“大抵编户二百四十五万九千八百四，口一千六百一十六万三千八百六十三”①，平均每户也将近七口；南北朝时，户口数缺载颇多，但《通典》卷七所记北齐户口数字，平均每户也是六口多。这种现象的产生，是和当时以户为单位征收赋税的制度（户调）分不开的。一方面，户数的调查成为统治者最关心的事，口数反而不太注意，所以人口数往往缺载或不甚准确；另一方面，人民为了减轻自己的赋税负担，尽量不分家、析户。所以每户平均口数就要多些。隋初的析籍就是针对魏晋南北朝时期人民逃避赋税而采取的搜括措施，这从隋的户数增加而平均每户口数减少可以得到证明。隋炀帝大业中，户八百九十万七千五百三十六，口四千六百一万九千九百五十六，平均每户只五点一七口，由此可见，析籍确实是为了降低过去每户的平均口数以增加户数，利于征收更多的赋役。

现在流行的几本隋唐断代史，几乎都持有这样的看法：魏晋南北朝时期每户口数增多，表明豪强隐占户口；而隋代每户平均口数减少，只能说明隋政权对豪强的打击。这种看法是值得商榷的。我们知道，豪强隐占户口在法律上是不被承认的，他们又往往不负担政府的赋役，因此，豪强非法地、过多地隐占户口的情况，不会反映到户籍册上来②；就是合法的占户也不一定表现在征收赋役的户籍册上，有时候也是分籍的。那么隋代每户平均口数减少是否说明政府夺取了豪强的隐占户口呢？不能，如果是合法占有或赐给，那就不会夺取（这种情况隋以前有，隋代也有），不会反映在户的平均口数的增减上面；如果是非法隐占，就根本不会表现在户籍册上，这是不言而喻的。

上述几种括户措施的成效如何呢？

《隋书·食货志》关于隋初的户口“计账”数字，只有开皇五年（据《通鉴》）的一次记载，这一年“进四十四万三千丁、新附一百六十四万一千五百口”。但《册府元龟》的记载与此不同，卷四八六《邦计部·户籍》

① 《通典》卷七，“历代盛衰户口”。

② 魏晋南北朝时期，各国图籍上的户数大大少于实际户数，这才表明豪强的隐占。

所记是“新附一百六十四万五百户”。两者数字稍异倒还在其次，而“户”、“口”二字不同则是一个值得注意的重大差别。《册府元龟》错字是不少的，需要校订，但“户”字或“口”字用在“新附”的上面都是可以的，不能断言《册府元龟》的就错了。在这里用“户”字好像更为恰当，因为《隋书·食货志》在“大功已下兼令析籍”之下还有“各为户头”一句，那么新增加的必然是以户为单位来计算的了。

如果前定《册府元龟》的记载没有错，那么这一年搜括到一百六十多万户是否有可能？我认为是可能的：第一，这一年的计账是在几个重要的括户措施同时实行后的计账（或者正因为其数目特大而史籍特书一笔!），而且可以和东魏末的情况比较而知。前面提到，东魏曾经一次括得六十余万户。隋朝的版图比东魏大了一倍，在实行了“大索”、“貌阅”、“析籍”等措施以后，有一百多万户“新附”并不为多。第二，从当时各地实际搜括情况看，这个总数目是可以达到的。《隋书》卷五十五载：“乞伏慧拜曹州刺史。曹土旧俗，民多奸隐，户口簿账，恒不以实（按：这里也可见旧齐境户口数目的变化），慧下车按察，得户数万。”这也许正是开皇五年的事。又同书卷五十六：令狐熙“拜沧州刺史。时，山东承齐之弊，户口簿籍类不以实。熙晓论之，令自归首，至者一万户”。这也该在开皇五年。隋代周时有州二百一十一[①]，曹、沧两州不过是中等偏上的州，单这两州就一次括得数万户，而且都是以户为单位统计的。由此看来，开皇五年这一年新附一百多万户是可能的。这是隋初括户最多的一年。以后还在继续搜括，政府控制的户数还在增加。

三、开皇九年平陈后的户数是怎样增长的

据《隋书·李德林传》，隋初有户六七百万户。我同意汪先生的看法，这是开皇九年（公元589年）平陈前的情况，并且还可以断定是开皇七年以后的情况。因为李德林是在和苏威辩论置乡正事时说出的这个数字，而苏威是开皇七年才由户部尚书转为吏部尚书，置乡正之议出自吏部尚书口似恰当。这六七百万户中肯定不包括灭陈后所得的户数。开皇九年到大业

① 魏徵等：《隋书》卷二十九，《志第二十四·地理上》，中华书局1973年版，第807页。

二年（公元606年），隋的户数由六七百万增加至八九百万。这是否如汪先生所说主要是人口的自然增殖呢？我以为不是这样，尤其不能说“主要是”。因为：第一，开皇九年平陈之后，得陈境户口五十万户。第二，旧陈境内的实际户数断不止五十万，这里隐匿户口很多，大有括头。据《北史·苏威传》记载，隋朝政府在江南确曾“依内州责户籍”，即与在北方一样，用“大索”、“貌阅”、“析籍”等办法在江南括户，汪先生也是这样看的。第三，开皇十年（公元590年）五月乙未诏曰：“凡是军人，可悉属州县，垦田籍账一与民同。”[①] 这个使得军人编入民籍的诏令一下，户籍册上总要增加好几十万人，如果是连同家属，那也就是几十万户（不过，究竟此令是对所有军人抑或专对府兵，还有争论，数目多少也还是问题）。第四，据《隋书·地理志》，大业五年（公元609年）隋代户口达到最高纪录，其中应该包括这一年“貌阅”的计账，那又是好几十万[②]。以上只是见于记载的几笔括户计账数字，而开皇不止一次搜括户口，平陈之后，不仅在南方，而且会在全国范围内继续进行户口搜括。从户口增加的结果来看，隋王朝在江南括户的成效不如北方，据《隋书·地理志》统计，到大业中江南的陈境只增加了二十万户左右。为什么会如此？那是因为隋文帝鉴于江南人民暴动，而有意识地放松了对江南的搜括。《北史·苏威传》：“上以江表初平，召户部尚书张婴（按：“婴”为“煛”之误），责以政急”（前面所说的“依内州责户籍”之“政急”），所以就行得缓了一些。

当然，要说户口全无自然增殖，那是太武断了。但是，从开皇九年到大业二年，十七年间增加户口约百分之二十九（杜佑说增加了一倍，是错误的），如果认为主要是自然增殖的，实难令人相信。我认为，自然增殖是有的，但不是主要的，主要是搜括的结果。这一点，王夫之说得很好。他在《读通鉴论》卷十九中说：“今隋之所谓户口岁增者，岂徒民之自增邪！盖上精察于其数，以敛赋役者之增之也。”应该说，开皇九年前后都是如此。

---

① 魏徵等：《隋书》卷二，《帝纪第二·高祖下》，中华书局1973年版，第35页。

② 《隋书·裴蕴传》载，大业五年“诸郡计账进丁二十四万三千，新附口六十四万一千二百”。

“不役者收庸”非自唐代始

向来都认为，“不役者收庸”之成为制度始于唐代，这是不对的。

《北史》卷十一《隋文帝本纪》开皇三年正月下记曰：“始命人以二十一成丁，岁役功不过二十日，不役者收庸。”《册府元龟》卷四百八十七邦计部赋税一也载：开皇“三年正月，减十二番，命岁役功不过三（按：疑为二之误）十日，不役者收庸。减调绢一匹为二丈”。由此可以得出结论说，唐朝“无事则收庸”的办法，是继承隋朝已有的制度的。

从现有材料来看，以庸代役之法的萌芽或在北周，《北周书》卷三十五《裴侠传》：“……又有丁三十人供郡守役使，侠亦不以入私，并收庸直为官市马，岁月既积，马遂成群。去职之日，一无所取。民歌之曰：肥鲜不食，丁庸不取。”可见当时已有不役使而收庸值的办法，其形成一种制度则可能是在隋朝。

若问：既然开皇三年就有此命颁布，何以开皇十年又来作一次“人年五十无役收庸”的规定呢？其实，细绎原文，便可释此疑问：开皇三年是“不役者收庸”，开皇十年则是“免役收庸”，前者的意思同于后来唐代的“无事则收其庸”，而有事时还是要去服役的，甚至还要加役；后者说“免役收庸”则只是明令优待五十岁以上的人。

唐代前期的阶级矛盾和各族人民的起义

唐代的历史和其他朝代一样，是在阶级矛盾和阶级斗争中发展的。在它的前期，阶级矛盾也表现为绵延不断的各族人民的武装起义。研究这些问题，对了解唐代历史和研究封建社会阶级斗争的规律是有好处的。

一

暴风骤雨般的隋末农民大起义，推翻了貌似强大的隋王朝，沉重地打击了当时的封建统治，从而推动了社会生产力的发展，使我国封建社会进入了一个新的阶段，使唐代成为一个强盛的朝代。但是，唐代并不像封建史家歌颂的就是什么“太平盛世”，当时政治、经济各方面，仍都是在阶级斗争中发展的。受压迫受剥削的农民群众，在唐代前期的生活状况也是不怎么“太平”的。只要回忆一下隋朝末年，由于统治者的滥用民力，对于社会经济的摧残，使人民群众所受的创伤，再看一看“自伊洛以东，至于海岱（主要指中原地区），烟火尚希，灌莽极目”① 的唐初情景，就可以想见，元气是一时难以恢复的。然而，农民群众却仍然要担负起封建剥削的重担。在一般情况下，租庸调的负担就很不轻了，如果统治者还要轻举妄动，就会使人民难得生活下去。从号称“贞观之治”的时候的“多营不急之务”而引起的“百姓怨咨”②，就能说明这一点。高宗、武后以后，户口逃亡问题的严重（见下），就更能说明问题了。所以中宗时韩琬上疏就说：“……顷年，人多失业，流离道路……不可胜数。然流离之人，岂爱羁旅而忘桑梓，顾不得已也。然以军机屡兴，赋敛重数，上下逼促，因为游

---

① 司马光：《资治通鉴》卷一百九十四，《唐纪十》。

② 司马光：《资治通鉴》卷一百九十五，《唐纪十一》。

民。游惰既多……犯禁相仍，又以严法束之，法严而犯者愈众。”①

当时，农民阶级和地主阶级的矛盾，更突出地表现在以下几个具体问题上：

首先是军事问题。在唐代前期，先是北有突厥强盛，西有吐谷浑复兴，他们连年率兵进攻西北边境，使当地人民受害深重，统治者也感到很不安宁。稍晚一些，西南吐蕃崛起，又给统治者增加了一个威胁。所以在唐代前期，单是“镇守防戍”就经常需要很大一批兵力。这种情况，从唐初就开始，沿边的六个都护府，五个为太宗和高宗时所设，一个是武后时设的。又据《通典·州郡二》的记载，四十个边州军镇，开元以前置的占十分之五，开元时的占十分之四，仅有两处为天宝时所置。而这些地方的驻兵，多者数万，少者也是以千计的。

但是，事实上又并不只限于“镇守防戍”，唐前期边境的战争也不算少，几万乃至几十万的用兵也还有几次。

以上这些情况，就使得唐前期人民有相当重的兵役负担。如：为了西北方面的备边，使得“关中、河外置军团，疆夫富室悉为兵”，结果是“一人就役，举室捐业。籍军者督戎仗，课役者责粮赍，竭赀轻纪，犹不能济”②。在唐代前期，人民服兵役还“资装自须营办”③，以致农民被搞得倾家荡产，“夫妻不得相保，父子不得相养”④。再加上徭役负担，所谓“十万兵在境，则百万家不得安业”⑤。因此像“河西供役之年，飞刍挽粟，十室九空，数郡萧然，五年不复！”⑥ 由此可见，在唐朝武功强盛的背后，就是人民群众的深重灾难，同时也就加深了阶级矛盾。

其次是“国用”问题。在国家开支上，唐代前期日益明显地依靠着东南的漕运。《新唐书·食货志》写道：“唐都长安，而关中号称沃野。然其土地狭，所出不足以给京师，备水旱，故常转漕东南之粟。高祖、太宗之时，用物有节而易赡，水陆漕运，岁不过二十万石，故漕事简。自高宗以后，岁益增多而功利繁兴，以亦罹其弊矣。”

---

① 王溥：《唐会要》卷八十五，《逃户》。

② 欧阳修、宋祁：《新唐书》卷九十九，《戴胄传》，中华书局 1975 年版，第 3916 页。

③ 刘昫等：《旧唐书》卷八十，《褚遂良传》，中华书局 1975 年版，第 3736 页。

④ 陈子昂：《陈子昂集》卷八。

⑤ 陈子昂：《陈子昂集》卷八。

⑥ 刘昫等：《旧唐书》卷八十，《褚遂良传》，中华书局 1975 年版，第 3736 页。

虽然“江南户口多，而无征防之役（其实也不尽然!）”①，但运送租庸调物的漕运，却是江南人民的一项大负担。当时，每年二月从扬州出发，八九月才得“上河入洛”，所谓“漕路多梗，船樯阻隘”。又“江南之人，不习河事，转雇河师水手，重为劳费”。再加上“输送所出水陆之值，增以函脚营窖之名”，于是“民间传言，用斗钱运斗米，其糜耗如此”。这样，随着江南的经济发展，江南人民的负担也愈来愈重。太宗时，水陆漕运岁不过二十万石，到了玄宗开元年间，就增长到约二百万石，犹不能支国用。“每当关东饥馑，蜀汉逃亡”，则必然“江淮以南，征求不息”②。

至于漕运之有关徭役和运夫之苦，《新唐书·食货志》还有另一段叙述：“显庆元年（公元656年），苑西诸监褚朗，议凿三门山为梁，可通陆运。乃发卒六千凿之，功不成。其后将作大匠杨务廉又凿为栈，以挽漕舟。挽夫系二鉱于胸，而绳多绝，挽夫辄坠死，则以逃亡报，因系其父母妻子，人以为苦。”陈子昂《上军国机要事》还提到：“江南、淮南诸州租船数千艘，已至巩、洛，计有百余万斛，所司便勒往幽州，纳充军粮。”③则是还载令运输租调的人员直接运到边境。所以，江南地区的人民，是深为漕运所苦的。

再次是少数民族问题。唐朝是在南北朝民族大融合的基础上出现的，各族之间的关系有了进一步的发展。正因如此，才可以理解唐太宗为什么可以那样自夸：“自古皆贵中华，贱夷狄，朕独爱之如一，故其种落皆依朕如父母。”④ 他也确曾被北方各族尊为“天可汗”。但是，唐朝统治者对各族人民并不能真正“爱之如一”。民族融合的过程是曲折的，它受着阶级矛盾的制约。

贞观初年曾有过“怀柔”措施，例如“自突厥颉利破后，诸部落首领来降者，皆拜将军、中郎将，布列朝廷，五品以上百余人，始与朝士相半”⑤，出现了一个历史上少有的局面。然而，贞观十三年突厥可汗弟中郎将阿史那结社等人夜犯唐太宗时，唐太宗也这样说过：“中国百姓实天下之根本，四夷之人乃同枝叶。”⑥ 这种说法，毕竟还是封建统治者最基本的

① 《新唐书·食货志》，以下不注出处者同。
② 刘昫等：《旧唐书》卷八十九，《狄仁杰传》，中华书局1975年版，第2890页。
③ 陈子昂：《陈子昂集》卷八。
④ 司马光：《资治通鉴》卷一百九十八，《唐纪十四》。
⑤ 吴兢：《贞观政要》卷九，《安边》。
⑥ 吴兢：《贞观政要》卷九，《安边》。

观点。因此，从总的情况看，对少数民族的统治政策，是不同于对汉族的。如果说，唐朝政府对内地汉族人民的统治，还有一套封建“秩序”的话，对边远之所少数民族聚居地区的统治，则谈不上什么“程序”，甚至还是无法纪可循的。剥削既滥且重，压迫也异常凶狠。

拿剑南地区的情况来说就是如此。陈子昂《上蜀川安危事》曾说：“蜀中诸州百姓所以逃亡者，实缘官人贪暴，不奉国法，典吏游客，因此侵渔，剥夺既深，人不堪命，百姓失业，因即逃亡。”① 史籍上有关“蜀中官多贪暴”的记载屡见不鲜。

又如岭南，“岭南俚户，旧输半课，及（刘）延祐到，遂载全输，由是其下皆怨，谋欲将叛。延祐乃诛其首恶李嗣仙。垂拱三年（公元687年），嗣仙党与丁建、李思慎等，逐率众围安南府”②。

广州地区少数民族所受压迫剥削的情况，新、旧《唐书》提供了从太宗到玄宗的一系列材料：《旧唐书·冯立传》所载太宗时的情况是：“前后作牧者，多以赎货③，如蛮夷所患，由是数怨叛。”《新唐书·刑法志》上还有一个具体的官吏贪黩之例：“广州都督党仁弘……交通豪酋，纳金宝，没降獠为奴婢，又擅赋夷人。既还，有舟七十。”武后时，广州都督“管内诸州，首领旧多贪纵，百姓有诣府称冤者，府官以先受首领参饷，未尝鞫问”④。类似的记载还有不少。唐朝官吏和“夷人”、“首领”就是这样上下其手地压迫和剥削少数民族。

由此可见，少数民族聚居地区的矛盾的异常尖锐，主要是唐政府任意征调的结果，是官吏和“夷人”、“首领”尽情剥削的结果。民族矛盾的实质是阶级矛盾，在这里又一次得到有力的证明。

二

阶级矛盾极尖锐的时候，就必定爆发农民起义，这里我们就进一步来

---

① 陈子昂：《陈子昂集》卷三。

② 刘昫等：《旧唐书》卷一百九十，《刘胤之传》，中华书局1975年版，第4995页。

③ 唐长孺先生提示说：“唐代有所谓南口，即俘虏少数族（或掠卖）为生口。唐代宦官多南方少数族人即由于此。武后时郭元振为通泉尉，掠卖居人，盖亦是少数族。”

④ 刘昫等：《旧唐书》卷八十九，《王方庆传》，中华书局1975年版，第2897页。

看看农民起义的情况。

唐前期各朝的农民起义，是比较集中地发生在关中、江南和一些少数民族聚居的地区。

关中是当时的统治中心所在地，兵、徭等役都比较多，所谓“关中、河外置军团”①，所谓“今京师及益州诸处，营造供奉器物，并诸王之服饰”②，样样都有关中人民的份。所以，从贞观时候开始，就有“关中群盗，往往聚结”③ 的情况，京城附近也常有“盗贼”④，不过，由于统治力量比较强大，零星的暴动虽然发生得很频繁，但是都很快就被镇压了。

江南地区由于前述漕运之害民，故亦为起义较集中的地区之一。贞观时问题还不太严重，但在“江中”也有“盗贼劫掠，为商旅之弊”⑤。高宗以后，漕运增多，人民受害日深，所以就开始爆发了较大规模的起义。永徽四年（公元 653 年）十月，有女子陈硕真领导的一次起义，参加者数以万计，活动于江南道的数州之地，占领过睦州（浙江建德）州城和于潜（浙江杭州）县城，还攻打过好几个州城，有的几乎攻入。这支起义军在这位女英雄的领导下，有组织、宣传，也有战略部署⑥，是唐前期一次重要的起义。这次起义虽遭到了统治者的镇压，但江南人民并没有停止反抗，由于“江淮以南赋敛不息”，人不复本，则仍然是“相率为盗”⑦。

至于少数民族聚居的地区，或者是少数民族人民单独起义，或者是他们与汉族人民联合起义，都在蓬蓬勃勃地发展，成为唐前期农民起义的重要组成部分。民族矛盾实质上是阶级矛盾，在这些起义中表现得十分明显。

西北地区战事较频繁，戍守任务也较重，所以常使“百姓怨苦”⑧，也常常发生兵变，如贞观十一年（公元 637 年），岷州就发生过兵变⑨，高宗时岐州也有过“亡卒数百，剽行人，道不通”⑩ 的情况。当地各族人民所

① 欧阳修、宋祁：《新唐书》卷九十九，《戴胄传》，中华书局 1975 年版，第 3916 页。
② 王溥：《唐会要》卷八十三，《租税上》。
③ 王钦若等：《册府元龟》卷六百五十六，《招抚》。
④ 欧阳修、宋祁：《新唐书》卷八十八，《李安远传》，中华书局 1975 年版，第 3747 页。
⑤ 王钦若等：《册府元龟》卷六百九十五，《屏盗》。
⑥ 新、旧《唐书》和《资治通鉴》均有记载，以后者为详。
⑦ 欧阳修、宋祁：《新唐书》卷一百一十五，《狄仁杰传》，中华书局 1975 年版，第 4211 页。
⑧ 欧阳修、宋祁：《新唐书》卷一百一十五，《狄仁杰传》，中华书局 1975 年版，第 4210 页。
⑨ 王钦若等：《册府元龟》卷六百一十二，《定律令第四》。
⑩ 欧阳修、宋祁：《新唐书》卷一百一十五，《狄仁杰传》，中华书局 1975 年版，第 4208 页。

受的苦难更重，所以这个地区发生过两次较大规模的起义，一次发生在高宗永淳二年（公元683年），“绥州（陕西绥德）城平县（陕西清涧）人白铁余，率部落稽之党，据县城反，伪称尊号，署百官”①，后来遭到程务挺的镇压。另一次发生在开元九年（公元721年）二月，胡人康待宾“反”于六胡州（今内蒙古鄂尔多斯市南部），有众七万②。其“反叛”的原因，据《旧唐书·王晙传》说就是“苦于赋役”。

西南地区是当时统治者重点刮剥的地区之一。他们认为：“隋末剑南独无寇盗。属者辽东之役，剑南复不预及，其百姓富庶”③，因此对剑南各族人民的役使也就增多了。再加上“蜀中官吏多贪暴”④，常常弄得民不堪命。所以剑南各地，在唐前期也频繁地爆发了各族人民的起义。贞观十二年（公元638年）的一年当中，此地少数民族人民的“反”、“叛”此起彼伏：二月“巫州（湖南黔阳）獠反”；八月“霸州（四川四土东北）山獠反”，并且“烧杀刺史向邵陵及吏民百余家”；十月“巴州（四川巴中）獠反”；又有“钧（均?）州獠反”；十二月壁州（四川边江）的人民反抗很激烈，朝廷派大将上官怀仁带兵镇压，“虏男女万余口”，然而这却激起了次年少数民族人民更大的反抗，有“巴、洋（陕西洋县）、壁、集（四川南江）四州山獠反”，使得统治者调兵遣将忙个不停⑤。特别值得提出的是贞观二十二年（公元648年）“雅（四川雅安）、邛（四川邛崃）、眉（四川眉山）三州獠反”的事。起义之所以爆发是为了反抗侵略高丽的“造船之役”，并且还取得了“船庸皆从官给”⑥ 的胜利。不过，统治者并未吸取教训，以后这一地区仍是一个矛盾的焦点，武后时阶级矛盾也很尖锐。陈子昂《上蜀川安危事》说：“今诸州逃走户，有三万余在蓬（四川仪陇）、渠（四川渠县）、果（《全唐文》作“梁”）、合（四川合川）、遂（四川遂宁）等州山林之中，不属州县。……若以甲兵捕之，则鸟散山谷；如州县怠慢，则劫杀公行。……攻城劫县，徒众日多。”⑦ 西南地区各族人民的起义

① 刘昫等：《旧唐书》卷八十三，《程务挺传》，中华书局1975年版，第2785页。
② 司马光：《资治通鉴》卷二百一十二，《唐纪二十八》。
③ 司马光：《资治通鉴》卷一百九十九，《唐纪十五》。
④ 王钦若等：《册府元龟》卷六百七十三，《褒宠第二》。
⑤ 以上材料据《新唐书》卷二和《资治通鉴》。
⑥ 司马光：《资治通鉴》卷一百九十九，《唐纪十五》。
⑦ 陈子昂：《陈子昂集》卷八。

是没有停止过的。

由以上所述我们看到，农民起义所集中爆发的地区，就是前述几个问题严重的地区。“地主阶级对于农民的残酷的经济剥削和政治压迫，迫使农民多次地举行起义，以反抗地主阶级的统治”①，这个规律就是这样在不同的历史条件下具体表现出来。

同时我们也看到，唐前期的农民起义是分散的，一般来说，时间不长，规模较小，和一个王朝末年所爆发的农民起义毕竟有所不同。这是因为，在隋末农民大起义之后，统治者多少被迫地施行了一些让步政策，并且这时候的统治力量也比较强大。

但是另一方面，就唐前期本身的发展来看，有一个趋向是：阶级矛盾日益紧张，阶级斗争日益剧烈，农民起义也随之步步高涨。

太宗时候，农民群众的反抗毕竟还都是一些零零星星的暴动。到了他的晚年和高宗时，才有较大规模的起义出现。武则天时候，阶级矛盾是比较尖锐的，单从户口逃亡问题严重这一点就可以看出。《旧唐书·韦嗣立传》说：“今天下户口，逃亡过半。”逃亡本身就是一种斗争形式，而当时又不止于此，农民群众还“亡命山泽，挟藏军器”②，用武装斗争来自卫。前述那些起义，有的就正是滥觞于此的。再到玄宗时候（天宝以前），阶级斗争的剧烈就更明显了。开元年间的起义情况和以前颇不一样：一方面边境和少数民族聚居地区的起义形势很猛烈，动辄数万人，除前揭西北的情况外，西南和南方也有不少事实。如开元十二年（公元724年）溪州（湖南沅陵西）就有“首领”覃行璋“作乱”，众至数万人③，开元十四年（公元726年）邕州（广西南宁）“獠首领梁大海、周光等”的“反叛”也有几万人，坚持了一年，攻占过好几州的地方④；另一方面关中和京城也更加不安定，如开元十年（公元722年）有“京兆人权梁山反”，《旧唐书·玄宗本纪》记此事：“乙卯夜，京兆人权梁山……与其党权屯营，兵数百人自景风、长乐等门斩关入宫城构道，至晓兵败。”又如开元二十四

① 《毛泽东选集》第二卷，人民出版社1964年版，第619页。

② 宋敏求：《唐大诏令集》卷三，《改元光宅诏》。

③ 刘昫等：《旧唐书》卷一百八十四，《杨思勗传》，中华书局1975年版，第4756页。

④ 司马光：《资治通鉴》卷二百一十三，《唐纪二十九》。

年（公元736年）有“醴泉人刘志城反”，《资治通鉴》写道：“醴泉妖人刘志城作乱，驱掠路人，将趣咸阳，村民走告县官，焚桥断路以拒之，其众遂溃。”这是一次准备攻打咸阳的武装暴动。

最后值得指出的是：唐前期的各族人民，在反抗斗争中表现了革命的勇气和智慧。在不能忍受压迫的时候，就坚决挺身而起，如“役者过期不遣，众怨，夜烧营去”①，亡命山泽的，则往往据险自卫。同时，也还知道利用一切可能利用的机会，如垂拱三年（公元687年）九月“虢州（河南灵宝）人杨初成诈称郎将，矫制于都市募人迎庐陵王于房州（湖北房县）”②，以恢复李氏王朝作为发动起义的借口；又如上述权梁山的“造反”，《新唐书·宋璟传》记载，“初，梁山诡称婚集，多假贷”，就是一种准备活动。

唐代前期各族人民起义的大致情况，就是如此。

农民起义是统治阶级压迫和剥削农民的结果，农民所进行的阶级斗争是正义的斗争。唐前期，各地所爆发的一系列的各族人民起义，都在不同程度上打击了封建统治者，迫使统治者不得不作出让步。在前述某些稍大规模的起义之后，统治阶级的让步可以说是立竿见影地起了作用。如太宗末年之剑南造船，原是要蜀人“输直雇潭州人”的，经过一次各族人民的联合反抗之后，“乃敕潭州船庸皆从官给”。又如高宗麟德二年（公元665年），“以蛮獠平，曲赦桂、广、黔三府管内”③。这都是统治者慑于各族人民的起义，企图缓和矛盾而被迫采取的一些措施。在许多次起义之后的所谓“抚慰”、“安辑”，或著之于诏令、敕文，或部分地付诸实施，也都是统治者被迫的让步。

在唐前期，出现了几个“圣君”、“贤相”，他们比较清醒地接受了隋末农民起义的教训，他们有一些政策措施在客观上有利于当时的人民和社会生产，从而阶级矛盾也相对地缓和些。但是，统治阶级与人民的矛盾又是基本的和主要的，所以阶级斗争也总是不会停止。统治阶级的政策措施在一定程度上影响农民起义的规模和特点，人民群众的反抗斗争在更大的

① 欧阳修、宋祁：《新唐书》卷一百，《韦弘机传》，中华书局1975年版，第3944页。
② 司马光：《资治通鉴》卷二百零四，《唐纪二十》。
③ 王钦若等：《册府元龟》卷八十四，《赦宥第三》。

程度上决定着统治阶级的政策和措施。这样，我们才可以理解：为什么唐代前期的政治和经济能表现为一个向上发展的形势。没有不断的起义给予统治者经常的打击，再“开明”的统治者也是难以约束住自己的贪残本性的。

1964 年 10 月

以敦煌资料证传统家庭

中国家庭有什么特点？传统家庭究竟是怎样的？这些问题人们已经作过一些研讨。敦煌文献中有不少资料，如籍账、手实、契约、文书等，是与家庭有关的。以敦煌资料证传统家庭，有它特定的意义。

社会学家往往把家庭分成几种类型，但要说中国传统家庭属于哪一种类型，似有困难。或者可以叫作直系家庭吧，因为在成员结构上的特点是：一个家庭内上有父母、下有妻子、兄弟（主要是未成年的兄弟），所以孟子说“数口之家”时，是“仰足以事父母，俯足以畜妻子”，家庭就要保证不至于“父母冻饿，兄弟妻子离散”①。这样的家庭一般人数是多少呢？孟子说是“八口之家”，大体同时代的李悝则说是“五口之家”②。这八口或五口之家的成员结构一般是这样：

八口之家：夫妇 2 人，父母 2 人，未成年的兄弟姊妹 1～3 人，子女1～3 人。

五口之家：夫妇 2 人，父母或全或不全，兄弟姊妹或多、或少、或无，子女或有、或无。

就是说，大多是祖孙三代或父母子女兄弟姊妹两代，不容易有四代同堂，这与人们的婚龄和寿命长短有关，假如平均 20 岁成婚的话（古代一般平民，因经济条件限制不可能早婚，只会更晚），到第 4 代出生时，第 1 代至少是 60 岁以上，而在古代平均年龄是达不到的③。

这种五口或八口的直系家庭，在历代的实际生活中是千差万别的，但从历代户口统计的情况看④，家庭的平均人口数又恰恰与五口、八口之说

---

① 《孟子·梁惠王上》。

② 《汉书·食货志》记李悝“作尽地力之教”云：“今一夫挟五口，治田百亩”，衣、食均以五人计算。

③ 以上问题都属专门研究的问题。

④ 这方面的研究也有不少，如杜正胜的《传统家庭试论》（见台湾《大陆杂志》第 65 卷第 2、3 期）等。

相吻合。敦煌文献的籍账表明，也大体上是这个平均数并且大体上是以上成员结构。例如西凉时敦煌县西宕乡高昌里户籍残卷中可见的10户人家①，分别为：

2口的3户，4口的1户，5口的2户，6口的1户，7口的1户。另外2户残缺不清。

2口之家是单丁寡母，4、5、6口之家均为夫妇二人，分别有2、3、4个子女。其中一个5口之家是50岁的户主，夫妇2人，有儿有媳，尚无孙子，但有一个老姐姐“附籍”。只有年66岁的岳裴保是7口之家，有祖孙三代，而且两对成年儿媳未分家。从总的情况看，家庭人口在8口、5口之下，成员结构不出祖孙三代，绝大多数没有三代。

唐代的户籍资料多一些，每户平均口数与一般的5口、8口平均数大体相符。例如，我们取玄宗和代宗时期人口登记比较完整的56户计算分析，总口数355，平均每户6.3口。当然户籍上记录的情况并非如此，56户的具体情况是：

口数	户数	口数	户数
1	5	9	4
2	6	10	1
3	6	11	1
4	7	12	2
5	3	13	1
6	6	15	3
7	4	16	1
8	5	18	1

9口以上的14户，占2 5%，6、7、8口15户，约占27%，5口以下占48%以上，后二者相加是总数的75%，与5口、8口之家的平均数接近。这些数字可以说明，家庭人口数不是很大，一般还是在5口、8口这

① 本文引用敦煌资料，均采自新出唐耕耦、陆宏基编《敦煌社会经济文献真迹释录》（先后由书目文献出版社及全国图书馆文献缩微复制中心出版）。

个平均数上下浮动。

当然，更重要的是看家庭成员的结构。从以上统计的各户具体情况看，少数人口多的户，多半是有一定身份地位的，或者家里有 2 个或 3 个妻子及一群儿女，或者有奴婢，有少数成年或老年兄弟姊妹合户的情况。如：

> 10 口户户主索思礼，“昭武校尉，前行右金吾卫灵州武略府别将，上柱国”，儿子游鸾也是“丹州通化府折冲、上柱国”。10 口中就有 3 奴 1 婢。
>
> 15 口户户主程什住，“老男翊卫”，有二妻一妾，二男四女。弟大信（上柱国子，取故父行宽上柱国荫）及妻侄共 5 人合户。
>
> 16 口户户主程智意，“卫士飞骑卫”，2 个妻子，1 儿 10 女，外加 2 个四五十岁的老姐妹。
>
> 18 口户户主程思楚，“卫士武骑卫”，老母之外，有 3 个妻子，但儿女不多（1 儿 2 女）。2 个弟弟合户，一个是“卫士”，一个是“白丁”，但都有 2 个妻子，一有子女，一无。还有 2 个三四十岁的妹妹。可算是一个联合家庭。

以上官、勋地位在唐代中、后期虽大大贬值，但毕竟是一种身份地位，与“白丁”，与一般平民百姓相比，还是有所区别的。虽不一定说是剥削阶级家庭，然而，有一定社会地位，就会有一定的经济条件，这从“合应受田”的数字可以见到，有官、勋地位的户比白丁户的应受田数字和实际田亩数都要多，有的数字相差很大。

8 口以下的家庭，成员结构就不一样，主要是父母子女及兄弟姐妹关系，少数的有祖父母。2 口、3 口之家，或父女、或母子、或祖孙相依为命。4 口以上也主要是父母子女，许多 8 口、7 口、6 口之户，都是多子女。有祖孙 3 代的，祖辈多不全。这都是传统家庭的模式。

但另一种突出的情况值得一说，那就是兄弟姊妹合户（其中又以姐妹为多，姑也是父辈的姐妹），还包括亡兄或亡叔之妻、子，以及老、残叔伯之共户，这种现象在敦煌资料中不少见，例如：曹思礼户中有亡弟妻、亡兄男，杜怀奉户中有亡兄之妻、子、女及姑，安大忠户中有两个亡叔之妻，安游砺户中有77岁的老叔和34岁“废疾”的叔父，等等。如前所述，更有少数成年兄弟甚至娶妻生子之后也未分家的。这种合户或共户的情况又有一定特殊原因，后面我们再分析。

还有一种情况，那就是乡里中的亲属关系在敦煌资料中也有反映，例如唐天宝的载籍，敦煌龙勒乡都乡里的20户中（有5户姓氏不明），程姓就有6户，这6户中明显的有两组兄弟关系：78岁的程什住和77岁的程仁贞，都是“曾智，祖安，父宽”；55岁的陈大忠和47岁的程大庆，都是“曾通，祖子，父义”；另有49岁的程智意，“曾延，祖子，父住”，“延”字实际不清，或为“通”字之误，他又与程大忠、程大庆是共祖的叔伯兄弟。这6户程姓，很可能是一个老祖宗分出来的几支。另外，这一里中同姓的还有曹、刘、阴、卑等。曹姓的2户似共曾祖：56岁的曹思礼，“曾高，祖廓，父琼”，66岁的曹怀瑀，“曾高，祖忠，父记”。曹思礼户中还有已故叔伯兄弟之子女，“亡兄男①琼璋二十三岁，上柱国子”，其下注云：“取故父德建上柱国荫”，“曾高，祖廓、父建”，“亡兄”的名字没有，但此“亡兄”的父亲与曹思礼的父亲为兄弟，则“亡兄”乃是叔伯兄弟。

又如唐大历四年敦煌悬泉乡宜禾里手实，22户中姓令狐和姓索的各有4户，其中38岁的索仁亮，“曾守，祖济，父楚”，44岁的索玉如，“曾守，祖济，父业”，2人共曾、祖，当为叔伯兄弟。

从以上归纳的人各种情况看，可以说明如下问题：

首先，敦煌户籍资料中反映的家庭情况，与中国长时期大多数的传统家庭一样，是由夫妇、父母、子女组成的，成年兄弟姊妹，或出嫁，或分家。这样的家庭是以男子为中心的父系家庭，一是户籍上一般以男子为户主，即便是未成年的“小男”或者残疾也在名义上为户主，如17岁的徐庭芝有22岁的姐姐当家，他“代姊承户”成为户主。户籍中虽有女子为户主的，但都是户内根本没有男子，有的女户主下面还注有“代夫承户”，或“代兄承户”、“代翁承户”，事实上夫、子、兄、弟均已死亡。此外，户籍中有些人名下记有曾祖父、祖父和父亲的名字，也可看到父系的继承关系。

其次关于分家。前面指出有共曾祖或共祖、共父的两个以上的家庭，

---

① 释文漏一“男”字。

这证明成年男子分家的事实。如何分家呢？文书中的记载也有反映。有的是父亲生前写就的分家“遗嘱”，有的则是父亲死后兄弟之间以“六亲”为证人（亦有以邻人为见证人的）所立“分家契”。如斯6417号背有《孔员信三子为遗产纠纷上司徒状（稿）》：

> 右三子父孔员信在日，三子幼少，不识东西，其父临终，遗嘱阿姨二娘子，缘三子少失父母，后恐成人，忽若成人之时，又恐无处活命，嘱二娘子比三子长时节，所有些些资产，并一仰二娘子收掌。若边长子，好与安置。其阿姨二娘子日往月直，到今日，其三子只日全不分配，其三子不是不孝阿姨，只恐姨老难活，全没衣食养命，其父在日，与留银钗子一双，牙梳壹，碧绫裙壹，白绫壹丈五尺，立机一匹，十二综细褐六十尺，十综昌褐六十尺，番褐壹段，被一张，安西牒二丈……青铀镜子一……

这是生前有遗嘱，情况有点特殊，三子幼少，由阿姨二娘子“收掌”“资产”，又怕三子长大不孝，明确分给阿姨一份遗物。

文书中析产和处分遗产的文书还有一些，有的是分家人自己签字画押，有的还有见证人签字画押，见证人有亲戚，有邻里，也有“耆寿”或者一定身份的人，如《天复九年董加盈兄弟三人分家契》（斯2174号）：

> 天复九年……神沙乡百姓……董加盈、弟怀子、怀盈兄弟三人，优缘小失父母，无主作活，家受贫寒，诸道客作，兄弟三人，久久不溢。今对亲姻行巷，所有些些贫资，田水家业，各自别居，分割如后。……右件家业，苦无什物，今对诸亲，一一具实分割，更不得争论。如若无大没下，决杖十五下，罚黄金壹两，充官入用，便要后检（验）。润八月十二日，立分书。

最后兄弟三人画押，另有“见人阿舅石神神”、“见人耆寿康常清”画押，还有“见人兵马使石福顺”。田地、园舍乃至树木都分得清清楚楚，有些牲口共用也写得明明白白。其他分家文书与此大同小异。

由于分家现象的普遍，所以文书中又有不少遗书和“分书”的样式，如斯5647号的“分书”样式：

盖闻人之情义，山岳为期。兄弟之恩，劫石不替。况二人等，忝为叔侄，智意一般；箱柜无私，蓄积不异。结义之有（友）尚□（怀）让金之心。骨肉之厚，不可有分飞之愿。叔唱侄和，万事周圆。妯、娌谨恭，长守尊卑之礼。城隍叹念，每传孔怀之能。邻里每嗟，庭荆有重滋（熏）之瑞。已经三代，不乏儒风。盖为代薄时漓，人心浅促。佛教有氛氲之部，儒宗有异见之僭。兄弟之流，犹从一智。今则更过一代，情义同前。恐怕后代之子孙，改心易意，谤说是非。今闻家中殷实，孝行七传，分为部分根源，免后子侄疑误。盖为侄某乙三人，少失父母，叔便为亲尊。训诲成人，未申乳哺之恩，今生房分，先报其恩，别无所堪，不忏分数，与叔某物色目。……已上物色献上阿叔……右件分割家汃活具十物，叔侄对坐，以诸亲近，一一对直，再三准折均亭，抛钩为定。更无曲受人情，偏藏活业。世代两房断疑，莫生怨涩，然则异门，前以结义，如同往日一般。上者更须临恩，陪（倍）加忧恤；小者更须去（趋）义，转益功（恭）勤。不令有唱荡五逆之子，一则令人尽笑，二乃污辱门风。一依分书为……恐后子孙不省，故勒分书，用为后凭。

似为叔侄分家，实为兄弟之分的发展。

分家主要是兄弟分家，假如女儿未嫁，也在分财产之列的，在斯6537号的“慈父遗书一道”就有“长男厶甲次男厶甲某女”的提法，女作为“分配”家产的成员之一。也许女儿分的要少一些，这在唐、宋律令中有记载，如《唐律·户婚》中的“同居应分”，《疏义》云：

同居应分，谓准令分别，而财物不均平者，准户令。应分田宅及财物者，兄弟均分；妻家所得之财，不在分限；兄弟亡者，子承父分。违此令文者，是谓不均平。谓兄弟二人均分百匹之绢，一取六十匹。计所侵十匹，合杖八十之类。

这里仍主要讲兄弟之分，上引“分书（样式）”中之叔侄分，即符合此处所说“兄弟亡者，子承父分”的解释。“应分”中没有明确提到姊妹，但“妻家所得之财”，当即女子从娘家带来的财产，则女子可以从父母家中得到少量的嫁资，因而“遗文（样式）”中的“某女”可以分财产作为嫁资，这在《宋刑统》中所引《唐户令》写得更明白：

> （在兄弟均分时）其未娶者别与聘财，姑、姊妹在室者减男财之半。

这说明男女不平等，女子所分的财产要少一些，但也参加分配。

再次，虽然兄弟分家——特别是成年兄弟分家，是一个普遍的现象，但籍账文献中又有不少兄弟合为一户（实际也就是一家）。特别是一些亡兄弟的妻、子，或老弱病残的叔伯、兄弟等，另外就是老年或大龄的姑、姊妹等，这些人同居一处，共吃一锅饭，组成一个家庭，与典型的“仰事父母，俯养妻子”的家庭又有所不同，这是特殊情况形成的：一是成员本身的特殊情况，或为投靠兄弟子侄的老弱病残，或为大龄甚至老年而未嫁的姑、姊妹，或嫁后夫家死亡返回娘家，或收养亡兄弟遗孀遗子，这种种情况，不外是血缘和姻缘两种关系，一份亲情，彼此照顾，因而家庭成员比较复杂。更重要的是边远地区的特殊情况，促成了彼此照顾的亲情的发展，我认为，河西敦煌这一带当时是边远地区，有许多人口是内地迁移去的①，别处迁来的，更容易聚族而居②。时间长了，子孙多了，在相对安宁的环境下，可能分家，但大多会住在同一乡里之中（如前引材料所表明的）。时间不太长，在不安居的情况下，往往会合为较大的家庭，以便共患难。

当然，大家庭的观念也慢慢地发展起来了，这从几份遗书和“分书”中的一些语言可以看得出来，如前引“分书”（斯 5647 号）所云：“骨肉之原，不可有分飞之愿”、“已经三代，不乏儒风”。又如斯 6537 号 3V 的“分书”样式一开头就说：

---

① 这个问题当另作专门的探讨。

② 如同今福建、广东等地的客家人一样。

> 夫以同胎共气，昆季情深。玉叶金枝，相美兄弟。将为同居一世……

虽为“分家”之书，却首先摆出的是儒家的理想，文书中还有“妯娌谦恭，长守尊卑之礼”以及“妯娌孤孀，无违女范”等，更是儒家男尊女卑的一套。这些儒家理想，都是与大家庭的观念有关的，所谓“（累叶）忠孝，千代同居”（斯 4374 号），“门风”也好，“礼”也好，“女范”也好，都是如此，这些观念在一定程度上对大家庭起维护作用。

不过，“分家”仍然是普遍的，人们得给予各种各样的解释。“累叶忠孝，千代同居”是最理想的，但很难实现，解释是：

> 今时浅狭，难立始终。□□子孙乖角，不守父条，或有兄弟参商，不□大体。既欲分荆截树，难制颓波，□领分原，任从来意。（斯 4374 号）

或者如前所引，是“代薄时漓，人心浅促”，似乎因为“世风日下”、“五逆之子”、“不守父条”等，其实分家的原因是多方面的，大多数情况是非分不可，所以斯 6537 号 3V 的“分书”（样式）中又说：

> 鸟将两成，飞分四海。堂烟习习，冬夏推移。庭前荆树，犹自枯觜。分离四海，中归一别。

前引所谓“佛教有氛氲之部，儒宗有异见之僁”都是因为有大量客观存在的事实。“孝行七传，分为部分根原，免后子孙疑误”。来一个公平的合理的瓜分，“恐后或有不停争论”，甚至“骨肉相毁”（斯 0343 号 11V）。

最后，中国传统家庭的突出特点是同居共财，共财当不只是指财产的所有，也应该包括财物的生产和消费。这些在敦煌文献中也可以得到证明，兹略述一二。

第一，家庭共有财物，包括所有的财物，大如田地、舍宅、奴婢、牲口，小如生产、生活用具，以至于刀剪之类，所谓“城外庄田、城内屋舍，家资什物及牛羊畜牧等”均为财物。如伯 2685 号《沙州善护、遂恩兄弟分家契》中，除了分园地、房院之外，其他物有：

> 大郎分：釜壹受玖斗，壹斗五胜锅壹，胜半龙头铛子壹，铧一孔，镰两张，鞍两具，橙壹具，被头壹，剪刀壹，灯壹，锹壹张，马钧壹，碧绢壹文柒尺，黑自牛壹半对草马与大郎，鑺壹具。
>
> 遂恩：铛壹口并主鏊子壹面，铜钵壹，龙头铛子壹，种金壹付，镰壹张，安壹具，大釿壹，铜灌子壹，鑺□壹具，绢壹丈柒尺，黑自牸牛壹半。
>
> ……大郎分故车盘，新车盘遂恩，贯数壹仰取新盘者出。率脚二，各取壹。
>
> 大郎全毂，遂恩破毂。

由此可见分得很细，如斯 4374 号“分书（样式）”中连举：

> 某物　某物　某物　某物　某物　车　牛　羊　驼　马　驼畜　奴　婢　庄园　舍宅　田地乡□　渠道四至

可见是无所不包，所谓“一物已上”均要“分割”，力求做到“均分”、“平量”，“再三准折均亭”，“更无偏党丝发差殊”。前引孔员信分遗物，其中留给二娘子的东西有银钗子、梳子，梳子是否在当时为难得之物，故作财产计算，裙、被显然是个人用品，也作财物计算，均可见财产包括一切物资。

第二，共同生产。所有的户籍资料，都详细记载了该户的田地情况。当然，那些土地就是那一家共同生产的基地，作为一家人，有劳力者是必须参加生产的。如果家中“欠少人力”，则往往雇工劳作，所以文书中又有一些“雇工契”和“典身契”。从这些契文中又可看到，当时的生产劳作是相当辛苦的，一般都是“从正月至九月末”，这期间“兢心造作”，一天也不间断：

> 若忙时抛工一日，勒物贰斗。若闲时抛工一日，勒（物壹斗）。

好几份“雇工契”均有此语，斯 1897 号“雇工契（样式）”更写道：

> 忙时，不就田畔蹭蹬闲行，左南直北。

不许人家稍稍休息，还有许多对雇工的限制，这里就不用说它了，仅仅说明劳动生产之紧张程度，一般平民家庭自己劳动的辛苦，由此也可见一斑了。此外，在生产上当然是男耕女织的分工，如斯 5578 号的“放妻书（样式）”所云：“男饥耕种”“女寒绩麻”（其他文书中亦有此语）。由此可见文书中反映的家庭，是传统的小农生产的家庭。

综上所述，敦煌文献中所反映的家庭，虽也有某些特殊情况，但基本上与中国古代传统家庭的特点是一致的。

关于李纲的"得民心"和对农民起义的态度

在最近几期《江汉学报》上开展的怎样评价李纲的讨论，对于我们运用马克思列宁主义理论评价历史人物有很大帮助。学会用马克思列宁主义观点分析历史事件，评价历史人物，总是需要一个过程的，只有通过一些具体问题的探讨，我们的认识才能逐步提高。

我们讨论要如何评价李纲，是为了给他一个恰如其分的估价，也就是要用历史主义和阶级观点看待这个历史人物。在学习过程中，我体会到：历史主义和阶级观点确实是统一的。下面我们想就讨论中的两个具体问题谈谈自己的这种体会。

一

大家曾经讨论了李纲所说的"以宗社为心，以生灵为意"这两句话，不同意王瑞明先生把李纲的"以生灵为意"说成是"为人民解脱灾难"，这一点我是同意的。尽管李纲主张抗金，并且曾组织当时的人民抗金，在抗金这个问题上客观上和当时的人民一致；但要说李纲有"为人民"的自觉，是不对的，李纲没有也根本不可能有这样的主观动机。许多同志在这方面进行了分析，我不再重复了。这里想谈谈与此有关的另外一个问题。

由于不恰当地强调了李纲"以生灵为意"的思想，王瑞明先生曾经提出李纲"继承了古代'得民心'的思想，并……逐步加以'修订'、'提高'"。这就牵涉李纲的对内政策的主张问题。"得民心"这几个字，是从下面的话中征引出来的："善养民者，临之以宽厚简易之政。审能行此，则足以得民心，得民心斯得天心矣。"① 在这里，我们有必要对这些话分析

① 李纲：《梁溪全集》卷六十三，《乞减上供数留州县养兵禁加耗以宽民力札子》。

一下。

这些话是他做宰相期间说的。对人民“临之以宽厚简易之政”，可以说是李纲对内政策的主张。在别的期间，他也说过与此意思相同的话。同时，他也曾部分地实践过这种政治主张。例如在湖南和江西等地任地方官时，他就曾经惩治贪污，打击巨奸豪猾，安抚流亡，实行部分的蠲免、赊贷；在湖南曾经“罢科须”①，在江西一面赈济，一面请朝廷“宽假”②。这都是在实行他的“宽民力”的主张。

我们应该如何看待这种主张？李纲是为人民着想，还是为统治阶级着想呢？我认为，这只不过是李纲站在统治阶级的立场，在统治和剥削人民的手段上，反对“竭泽而渔”，主张“养鸡生蛋”。我这样说，并非仅凭主观分析，李纲自己也正是这样表白的。就是在同一个“宽民力”的札子里，他说：“夫民犹鱼也，财犹水也，鱼恃水以生，民恃财以养。水日汲而至于涸，则鱼亡。财日取而至于匮，则民散。故善养鱼者，蓄之于陂池深渺之间。善养民者，临之以宽厚简易之政。”③ 他还在一篇《论营田札子》中说：“初年租课，尽畀佃户。方耕种时，仍以钱粮给之。秋成之后，官为籴买。次年始收其三分之一。二年之后乃取其半，罢给钱粮，则所谓知予之为取，政之宝也。”④ 这里把手段的目的也提出来了。

目的是什么呢？目的是为了封建统治阶段的利益。在上述“宽民力”札子中，李纲开宗明义地写道：“臣伏以祖宗取于民者有常制，供于国者有常数，州县宽裕，民力丰饶，而国用足。”这就是说，为了保证能够经常“取于民”，而且使“国用足”，主张行“宽厚简易之政”。他在这种思想指导下的各种具体主张，都是为了封建统治阶级的“长久之计”⑤，无一例外，这是可以断言的。

以历史主义的眼光看，李纲所主张的这种统治和剥削手段，如果真能实行，那在客观上对当时人民还是有好处的。不过我们也应该进一步了解，李纲为什么会有这种主张呢？我认为，这是他慑于人民起义的威力而

① 李纲：《梁溪全集》卷七十一，《乞下本路及诸路转运司科敷钱于田亩上均借奏状》。
② 李纲：《梁溪全集》卷八十八，《论赈济札子》。
③ 李纲：《梁溪全集》卷六十三，《乞减上供数留州县养兵禁加耗以宽民力札子》。
④ 李纲：《梁溪全集》卷八十一。
⑤ 李纲：《梁溪全集》卷八十九，《府诏条陈七事奏状》。

提出的。也是在上述“宽以民”的札子里，他说：“自非无名之敛一切罢去，与民更始，则失业不聊生之民，皆将聚而为盗贼，天下之势离矣!”此外，他在江西时的《条具利害奏状》中说，繁重的赋税剥削，“若不别行措置，小民渐至失业，必至驱而为盗。遣兵讨捕，卒无已时”①。他在《论治盗贼》一文中，更说得明白，盗贼“至其盛，则能亡人亡国”②。在这些材料里，同样能说明他的政治主张的阶级实质，是为了统治阶级的利益，是害怕他们的统治被农民起义推翻，不是同情人民，不是为人民着想。

这是我对李纲内政主张的基本看法。

讨论当中，王先生在谈到李纲在湖南的政绩时说：“这些是李纲‘……以生灵为意’的又一实践。”我觉得，在对内政策上无法证明他是想“为人民解脱灾难”。在这方面要强调他“以生灵为意”，只会模糊他的阶级立场。同时，李纲毕竟是统治阶级的一员，他是没有什么言行“表现了对这个统治的抗争”的，相反，在他的一生中，是处处表现了为这个统治效劳。在抗金斗争上是如此，在内政上更是如此。

如果说我们也肯定历史上封建统治阶级的“宽厚简易之政”的话，那是因为它在客观上对当时人民和生产多少有些好处，而且因为它是农民阶级斗争包括武装起义的产物，并不是要肯定某些人物的“德政”。由于李纲的阶级局限性，同时也由于他当时所处客观条件的限制（李纲受投降派的排挤，而且又还得听他们的指挥），李纲在客观上对人民有些好处的主张，也不可能彻底地实行。这样，他的“宽厚简易之政”的主张，在我们看来，值得肯定的意义就更小了。

然而王先生却说：“这是封建社会的黑暗里透露出的可爱的光明。在李纲身上，我们所应继承的历史遗产就在这里。”这是不对的。我们继承他统治和剥削人民的手段有什么用呢?!

我这样想：王先生之所以会这样说，以及对于李纲作出不恰当的评价，正是把“以生灵为意”看作李纲政治思想核心的结果。其实这个所谓“核心”是值得考虑的。

---

① 李纲:《梁溪全集》卷九十八。

② 李纲:《梁溪全集》卷一百五十二。

二

关于如何看待李纲对农民起义的态度，大家意见也有分歧。我觉得，李纲对农民起义的态度的具体情况是比较容易弄清楚的；但是这关系如何分析封建统治阶级不同人物对农民起义的不同态度，是一个复杂问题，需要仔细探讨。这里提出一些不成熟的看法，供进一步讨论参考。

不可能想象任何一个封建统治阶级的人物会同情农民起义（除非他背叛了自己的阶级），他从根本上是敌视农民起义的，是把起义的农民看成“盗贼”而认为非消灭不可的。不过，在古代历史上，封建统治阶级不同的人对农民起义的具体态度也有些不同之处：一方面，一些最反动的人物，不管他们自己有没有力量，他们总是丧心病狂地主张坚决武装镇压、大肆屠杀的。另一些最反动的人物则在自己力量不够时，往往要阴谋手段，一面和农民起义军搞“谈判”，一面积极准备武装镇压，假意接受起义军的一些条件，在达到分裂起义军的目的之后，当其反动力量准备成熟时，仍然对农民进行武装镇压（这种情况在世界中世纪史上见得比较多）。而另一方面，封建统治阶级中一些比较“开明”的人物，除了同样主张武装镇压之外，有时候还能够在农民激烈反抗的面前，被迫地接受一些教训，为了长久统治下去，能够冷静地考虑一下“盗贼”产生的原因，主张对起义军采取比较缓和的对策，主张“招纳”，并想想所谓“善后长久之策”。这种“招纳”，从实质上看仍是为了消灭农民起义，但是和那些耍阴谋手段搞假“谈判”的情况，似又有些区别，它往往在客观上使起义群众少遭一些屠杀。

以上这些不同，是客观存在的历史实际。问题是我们应如何看待这些不同。是否应对它们加以区别？我认为是应该区别的，其理由是：一则封建统治阶级的后一种态度客观上多少对农民有些好处，再则他们所以能持这种态度，往往是由于接受了农民起义的教训，是由于慑于起义的力量。这也就是农民起义打击了封建统治的结果。应当指出，我们这样说并不是为了要表扬某个人物的“善良愿望”。

再来具体谈谈李纲对农民起义的态度。

李纲在所谓《迂论》的《论治盗贼》一文中，曾经比较冷静地分析过农民起义爆发的原因："……至于散而为盗贼，则必失于拊循，而外为奸民之所胁，内为饥寒之所迫而致然也。"① 他提出了"良吏之治盗贼，以术解之，使复归乎农桑"的主张，认为只有这样才能使"其国宁"，而"不善治者，一切以兵力胜之，必有凋耗之弊"。我认为，上述这些是李纲在该文中的主要意思。后来他在江西镇压农民起义时，仍然提到："要当使之服业田亩，而无科需之扰，乃为上策耳。"②

但是，李纲自己在"治盗贼"的过程中是否这样做呢？情况和发"迂论"时就不一样了。他面对着阶级斗争的实际情形，站在封建统治阶级的立场，为了封建统治阶级的利益，他仍然重视武力。他虽然主张"且招且捕"，却感到特别需要依靠武力，认为"非压以重兵不可"。他说："招安巨寇，必得重兵先张形势，示以国威，使之畏伏。"③ 不过也应该承认，李纲对实行"招纳"的态度还是比较"积极"的，而且可以说是有始有终的。例如在湖南，对于曹成领导的一支武装，他就一再主张"招抚"。在此我想顺便说一说，讨论当中李涵先生曾说，李纲认为：假如对方不接受招纳，那就要"痛行掩杀，期于净尽，庶几凶徒知有畏惮"。这一点李先生似有疏忽。据我的理解，这句话不是李纲说的，是李纲节引枢密院五月二日札子中的内容④。据我粗略地调查，李纲没有说过像"掩杀净尽"这样的话，他始终说的是"且招且捕"。

为了达到消灭农民起义的目的，李纲在"招纳"上还很动了一些脑筋。他除了主张用重兵和招纳配合外，由于当时现实情况的复杂，他又曾企图区别对待"招降"和"胁降"⑤。最后（在江西），他像是作总结一样地说："自军兴以来，啸聚为盗，招捕殆将十捻，终未殄灭。臣深求其故，乃知招安之后田野荒芜，耕种不具。州县就目前之急，不暇存恤，又督逋负……殊不知官其首领，余众何归。朝廷若不严行措置，导时邻境悉应，相率从贼，患益滋矣。"⑥ 他还是主张除了用武力之外，仍应"专意抚存失

---

① 李纲：《梁溪全集》卷一百五十二。

② 李纲：《梁溪全集》卷一百零四，《与李尚书措置画一札子》。

③ 李纲：《梁溪全集》卷六十七，《再乞差使臣齐旗榜招抚曹成及论讨捕盗贼奏状》。

④ 参见《梁溪全集》卷六十七《乞差拨兵将前去广东招捕曹成奏状》及有关奏状。这些都是先引枢密院札子的节文或全文，再上奏他自己的意见。

⑤ 李纲：《梁溪全集》卷一百零六，《申省措置酌情处断招降盗贼状》。

⑥ 李纲：《梁溪全集》卷一百零七，《申督府密院相度措置虔州盗贼状》。

业之人”。

总起来说，一方面李纲是从来没有放弃过武力镇压这一手，另一方面他也是积极主张和实行招纳的[①]，和当时要对农民起义“剿除净尽”的枢密院还是有所不同。

根据以上所说，我认为李纲对农民起义的态度，基本上属于封建统治阶级中的“开明派”。

当然更重要的是，我们对这些要实事求是地进行具体分析，但这中间绝不应忽视阶级观点。区别封建统治阶级的不同的态度，不是为了颂扬某个封建统治阶级的人物。同时，区别了他们的不同的态度，也还要联系当时的效果来看，联系当时的阶级斗争形势来看。就李纲来说，由于他必须接受高宗的意旨和枢密院的“指挥”，他的“开明”主张倒是确确实实成了“迂论”，诚如他自己所说：“盖亦阔疏，而不足以取合于世。”[②] 实际上，他的主张客观上的积极作用也很小。这是当时的阶级斗争形势和李纲的阶级属性所决定的。

在对李纲的评价问题的讨论中，没有人反对用阶级分析法；但是在要具体运用这个方法时，有时候是被忽视了的。大家着重在这方面进行了一些讨论，希望克服非阶级观点的倾向，这对于我们搞古代史的人原是重要的。毛主席教导我们，应该给历史以一定的科学的地位，尊重历史的辩证法的发展，但是不要颂古非今，不要赞扬任何封建毒素。我们应该牢牢记住毛主席的指示，区别古代的东西中的精华和糟粕，“剔除其封建性的糟粕，吸取其民主性的精华”。

---

① 以上所说的李纲的态度，都是指他后期的，特别在实际行动中的态度。前此也确实有一段时间他是只知用武力这一手的，如对方腊就是如此（参见《梁溪全集》卷一百零八，《上王太宰论方寇书》）。

② 李纲：《梁溪全集》卷一百三十七，《迂论序》。

评朱熹的政治思想

和评价其他某些历史人物一样，评价朱熹是一个比较难的问题。宋元以后七百年，可以说朱熹是被抬得很高的。新中国成立前，侯外庐的《中国思想通史》曾综述当时的评论情况说："在考察朱熹思想的时候，浮在我们眼前的，不仅是十二世纪的朱熹本身，而且是现代一些人所塑造的亚历士多德化的朱熹，黑格尔化的朱熹，甚至修正马克思主义的朱熹。由此可见，历史主义地分析和批判朱熹的思想是十分必要的。"这是就新中国成立前一般论述而讲的，可见当时有的评价过高。新中国成立以后，对朱熹虽然作过一些分析和批判，扭转了过去几百年当偶像崇拜的倾向，但真正历史主义地恰如其分地分析和批判还是不够的，还有深入探讨的必要。因为朱熹的情况，在某些方面和孔子一样，是被后人塑造过的，他和他的著作也曾被人利用来当作敲门砖使用过。尽管如此，然而对他宏富的著述，却还远远没有做到全面地、深入地研究。十年浩劫中搞所谓"评法批儒"，批得朱熹一无是处，结果，不但解决不了这个人物的评价问题，反而更增加了混乱。所以，重新评价朱熹，对于肃清形而上学的流毒，对于学术研究的深入开展，都是很有必要的。

朱熹是一个思想家。过去，对朱熹的哲学思想讨论比较多，但是对于他到底是二元论还是唯心主义一元论，是客观唯心主义还是主观唯心主义，迄今无定论；至于他的哲学思想有无可取之处，也是值得进一步研讨的问题。本文想就他的政治思想，来探讨一下对他的评价问题。

按照马克思列宁主义的观点，人的政治思想和政治理论是社会生活方式的反映，即其产生和发展，归根到底是由阶级社会和社会的制度所决定的。所以，对于一个人的世界观来说，社会政治的影响是有决定意义的，故政治思想在一个人的思想中占着很重要的地位。中国古代的思想家大多也如此，像朱熹这样的重要历史人物当不例外。"天下一致而百虑，同归而殊途”，“务为治者也”①，正是此谓也。这是春秋战国以来的历史得到了验证的，所以它是中国思想发展史的传统和特点。

朱熹生于公元1130年，可以说是和南宋朝廷一道诞生的（公元1127年为高宗建炎元年，公元1138年正式建都于杭州）。南宋初年正值战火纷飞，金军已深入内地，并且不断南进，广大人民奋起抗金，最高统治集团则一意求和苟安。但统治阶级中也有不少人在民族矛盾尖锐的情况下，是主张抗战的。因此，和与战的问题，以及如何抗战的问题，是当时的头等大事，会影响社会中的各个方面和上层统治者中的每一个人。主战派和广大人民群众是一致的，如北宋末、南宋初的抗金将领李纲、宗泽、岳飞等人，得到了人民的广泛支持，他们是中华民族的优秀代表。当时年轻的知识分子，和朱熹差不多同时的陆游、辛弃疾等人（陆游比朱熹大五岁，辛弃疾比朱熹小十岁），被称为爱国诗人和词人，他们的爱国思想，都是在当时的政治形势下产生的。如陆游，童年时就被父母带着到处流亡②，他后来还回忆说：“儿时万死避胡兵。”当时，和陆游父亲来往的爱国志士，每论形势，“未尝不相与流泪哀恸”③；“相与言及国事”，“或流泪痛哭”④，这些影响，无疑对陆游爱国思想的形成起着重要的作用。又如辛弃疾也是受到祖父的教训，志切国仇。宋室南迁时，他祖父累于族众未能脱身，虽被金人留住做官，但是正如辛弃疾所说：“大父臣赞……每退食，辄引臣辈登高望远，指画山河，思投衅而起，以纾君父所不共戴天之愤。尝令臣两随计吏抵燕山，谛观形势。谋未及遂，大父臣赞下世。”⑤ 所以后来辛弃疾乘机举义，率众南归亦非偶然。

朱熹也正是在相同的形势下受着爱国思想影响的，他父亲朱松也是一个主战派，当时“秦桧决策议和，松与同列上章，极言其不可。桧怒，风御史论松坏异自贤，出知饶州，未上，卒”⑥。熹少时深受父教影响：“韦斋先生（按：朱松之号）《书昆阳赋后》云：‘为儿甥读光武纪，至昆阳之

---

① 司马迁：《史记》卷一百三十，《太史公自序》，中华书局1959年版，第3288页。

② 陆游：《渭南文集》卷二十，《诸暨县主簿厅记》。

③ 陆游：《渭南文集》卷三十，《跋周侍郎奏稿》。

④ 陆游：《渭南文集》卷三十一，《跋传给事帖》。

⑤ 辛弃疾：《进美芹十论札子》，《辛稼轩年谱·世系》。

⑥ 脱脱等：《宋史》卷四百二十九，《列传第一百八十八·朱熹》，中华书局1977年版，第12751页。

战，熹问何以能若是？为道梗概，欣然领解，故苏子瞻昆阳赋畀之。’先生跋云：‘绍兴庚申，熹年十一岁，先君罢官行朝，寓建阳，登高邱氏之居，暇日手书此赋以授熹，如说古今成败兴亡大致，慨然久之。’”① 昆阳之战是一次以少胜多，以弱胜强的著名战例，在刘秀恢复汉朝，建立东汉的过程中，是一次重大的转机，因此朱熹父子学习和讨论历史经验——古今成败兴亡，分析昆阳之战“何以能若是”，显然在他们的思想中，不仅仅是一个抗战的问题，还进一步深入如何战胜、如何复兴、如何成功等问题。朱熹从小就受这样的教育，所以他青少年时代就表现出非常关心时事政治，十八岁“举建州乡贡”，“三篇策皆欲为朝廷措置大事”。因而，当时的主考官说他“他日必非常人”②。

首先，主张改革弊政，整肃纲纪。

朱熹曾被人指责为复古主义，理由是他赞扬上古三代，歌颂尧、舜、禹、汤、文、武、周公。这未免太简单化了，我认为不能这样看，应该具体分析。朱熹和历史上许多思想家一样，把上古三代当作理想的社会，这当然是其思想局限性的表现。但是在这个问题上也还有两种态度，一种是主张恢复到三代去，那是真正的复古主义，另一种则仅仅是把三代当作一种最高理想，或者是借以批评时政，或者是从实际出发，努力改革时弊。朱熹虽然有不少赞扬三代的话，但是他的现实主张不是复古的，而是为革除时弊。他曾经明确说过：“居今之时，若欲尽除今法，行古之政，则未见其利而徒有烦扰之弊。”③ 又说：“世人徒知秦废古法，三代自此不复。不知后世果生圣人，必须有规模，不用前人硬本子。”④ 并且，在朱熹心目中，先王之政也不是高不可及的。他说：“诸葛武侯尝言，治世以大德，不以小惠。而其治蜀也，官府次舍，桥梁道路，莫不善理，而民不告劳，是亦庶乎先王之政矣！”⑤ 可见他以诸葛为“圣人”，把武侯之政与先王之政相提并论。

朱熹之所以不是复古主义者，他不像当时另一些“理学家”那样主张

---

① 王懋竑：《朱子年谱》卷一。

② 王懋竑：《朱子年谱》卷一。

③ 黎靖德：《朱子语类》卷一百零八、卷一百零二、卷一百零三。

④ 黎靖德：《朱子语类》卷一百零八、卷一百零二、卷一百零三。

⑤ 郑端：《朱子学归》卷七、卷十五。

复行封建井田等古法以救时弊，而是主张彻底改革。他说："譬如犹补，谓之小补也。若要做，须一番重铸。今上自朝廷，下至百司庶府，外而州县，其法无一不弊。"① 又说："欲整顿一时之弊，譬如常洗浣，不济事，须是善洗者一一拆洗，乃不枉了，庶几有益。"② 正是他主张改革，所以对北宋王安石的变法他也是同情的："熙宁更法亦是势当如此。凡荆公所变者，初时东坡亦欲为之，及见荆公做得纷扰狼狈，遂不复言，却去攻他，其论固非持平。"并且叹道："自荆公以改致天下之乱，人遂因循为当然，天下之弊所以不知所终也！"③

那么，如何实行改革呢？在朱熹看来，首要的是分清是非，区别邪正："大率天下只有一是一非，是者须还他是，非者须还他非，而但欲其平，决无可平之理，此元祐之调停，元符之建中，所以败也。"④ 以是非论朝政，可见其抓住了主要问题。这里所说的是非是王安石变法以后的事，哲宗元祐年间，以司马光为首的守旧派上台，一面芟除所有的新法，一面排斥所有的办新法的官僚，可以说是不分青红皂白的，结果也是失败，司马光等人也搞不下去了。到建中年间，哲宗去世后，又一度复司马光等人之职，罢章惇、蔡京等人之官。再以后又是蔡京等人得势，翻来覆去，闹得是非不分，邪正难辨。如有人认为："特怪，左右之人有指元祐之臣为奸党者，必邪人也？夫毁誉者朝臣之公议，故责授朱崖军司户司马光，左右以为奸，而天下皆为曰忠，今宰相章惇，左右以为忠，而天下皆为曰奸，此何理也"⑤。对忠奸邪正的看法如此不同，真是特大的怪事。朱熹举出这一段历史也说明分清是非的必要，虽是就历史问题而言，实际上也是讲当时的现实。因为南宋也是一帮人上台，排斥另一帮人，另一帮人上台也是如此。当时有一个借口就是所谓对"道学"的态度问题，《宋史纪事本末》中《道学崇黜》概括地叙述了此事，朱熹等人在其中深受其害。"时，台谏皆韩侂胄所引，汹汹争欲以熹为其货，然无敢先发者。胡纮未达时，尝谒熹于建安，熹待学子惟脱粟饭，遇纮不能异也。纮不悦，语人

---

① 黎靖德：《朱子语类》卷一百零八、卷一百零二、卷一百零三。
② 黎靖德：《朱子语类》卷一百零八、卷一百零二、卷一百零三。
③ 黎靖德：《朱子语类》卷一百零八、卷一百零二、卷一百零三。
④ 郑端：《朱子学归》卷七、卷十五。
⑤ 毕沅：《续资治通鉴》卷八十六，《宋纪八十六》。

曰：此非人情，只鸡斗酒，山中未为乏也。及是，为监察御史，乃锐然以击熹自任。物色所得，经年酝酿，章疏乃成。会致太常少卿，不果。有沈继祖者，为小官时，尝采摭熹《语》《孟》之语以自售，至是以追论程颐，得为御史。纮以疏草授之，继祖谓可主致富贵，遂论：熹剽窃张载、程颐之绪余，寓以吃菜事魔之妖术，簧鼓后进，张浮驾诞，私立品题，收召四方无义之徒以益其党伍，潜形匿迹，如鬼如魅。其徒蔡元定，佐熹为妖，乞编管别州。诏熹落职，罢祠，窜元定于道州。已而选人余嚞上书，乞斩熹以绝伪学。谢深甫抵其书于地，获免。"① 这确实可以说是人妖颠倒，是非混淆。自己剽窃了别人的，贼喊捉贼，反问说别人剽窃！是非都分不清楚，那就根本无法谈什么改革。

所谓区别邪正，实际上是一个"得人"的问题。当弟子们在讨论郡县和封建的利弊时，朱熹便分析说："大抵立法必有弊，未有无弊之法。其要只在得人，若是个人，则法虽不善，亦占分数多了；若非其人，则有善法，亦何益于事"，"范太史《唐鉴》议论，大率皆归于得人。其初嫌他恁地说，后来思之，只得如此说"②。这就深刻地指出了弊病之所在。朱熹不剽窃别人的见解，他同意的，就公开承认是谁说的，然后表明自己的态度，上述见解和看法，现今看来也仍然很有道理。改革也好，整顿也好，人是关键，具体来说那就是在官吏身上。对于当时的主要问题，朱熹还进一步分析说："今世士大夫惟以苟且逐挨去为事，挨得过且过，上下相咻以勿生事，不要十分分明理会，事且恁鹘突。才理会得分明，便做官不得。有人少负能声，及少经挫抑，却悔其大惺惺了了，一切刓方为圆，且恁随俗苟且，自道是年高，见识长进。当官者，大小上下，以不见吏民、不治事为得策，曲直在前，只不理会。庶几民自不来，以此为止讼之道。民有冤抑，无处申诉，只得忍遏，便有讼者，半年周岁，不见消息，不得了决，民亦止得休和。居官者遂以无讼可听，风俗如此，可畏！可畏！"③如此时弊，无论何时，无论怎么说，都是应该整顿的。

朱熹提出要在分清是非、区别邪正的基础上整顿吏治，就必须严明赏罚，他甚至认为"为政"应"当以严为本以宽济之"④，对于上述那种得过

① 陈邦瞻：《宋史纪事本末》卷八十。
② 黎靖德：《朱子语类》卷一百零八、卷一百三十四、卷一百零二、卷一百三十。
③ 黎靖德：《朱子语类》卷一百零八、卷一百三十四、卷一百零二、卷一百三十。
④ 黎靖德：《朱子语类》卷一百零八、卷一百三十四、卷一百零二、卷一百三十。

且过、敷衍塞责的情况，严一些，也是完全必要的。既然为政在人，搞整顿更重要的在于慎选贤才："任贤相，杜私门，则立政之要也；择良吏，轻赋税，则养民之要也；公选将帅，不由近习，则治军之要也。"① 在当时情况下，能提出这种政见是很可贵的。

与改革整顿的关键在"得人"的思想有关的，朱熹还有两项具体的主张，即改革科举制的内容和积极兴办学校。

关于改革科举制的内容，朱熹认为当时以经义诗赋课士取人，是毁人才于无用。他曾说："商鞅论人不可多学为士人废了耕战，此无道之言。然以今观之，士人千人万人，不知理会甚事，真所谓游手。只是恁的人，一旦得高官厚禄，只是危害朝廷，何望其济事，真是可忧！"② 显然他是反对读书人死读书而"不知理会甚事"的，认为这样的人多了危害国家，是一个值得忧虑的问题，因而他提出了改革的办法。他说："今科举之弊极矣。乡举民选之法是第一义，今不能行。只是就科举法中，与之区处，且变着如今经义格之，一使天下士子，各通五经大义，一举试《春秋》，一举试三《礼》，一举试《易》《诗》《书》，禁怀挟，出题目便写出注疏与诸家之说，而断以己意。笔试则试以时务，如礼乐兵刑之属。如此亦不为无益。"③ 这里没有必要去仔细分析当时科举之弊端，而是要看出朱熹的改革思想是主张经世致用的。

关于兴办学校，朱熹认为"制治之原莫急于讲学"④，所以在他一生中，为官时还"职兼学事"，在百忙中也关心学校建设。在他二十多岁任同安主簿时就开始"职兼学事，选邑之秀民充弟子员，访求名士以为表率，日与讲说圣贤修己治人之道"⑤。至五十岁知南康军时，"到任，首下教三条"，其中之一即"俾乡党父老，各推择其子弟之有志于学者，遣诣学宫"⑥，休假日也到学宫去讲学。一些著名的书院，如白鹿洞书院、岳麓书院等都与他有关。不做官时，更是"一日不讲学，则惕然常以为忧"⑦，

---

① 朱熹：《晦庵先生朱文公文集》卷二十五，《答张敬夫书》。
② 黎靖德：《朱子语类》卷一百零九。
③ 黎靖德：《朱子语类》卷一百零九。
④ 王懋竑：《朱子年谱》卷一。
⑤ 黄榦：《勉斋集》卷三十六，《朱子行状》。
⑥ 王懋竑：《朱子年谱》卷二。
⑦ 黎靖德：《朱子语类》卷四十。

一直到寿终正寝时，都在从事讲学工作。朱熹可以誉称为热心于教育事业。他主张兴办学校，积极从事教育工作，意图是为复兴国家、整肃纲纪、培养人才，尽管在当时的历史条件下，这是一条走不通的教育救国的道路，但是可以说明他在教育史上是占有重要地位的。

上述朱熹的政治思想和政治主张，他始终没有放弃过，直到六十六岁时，“熹家居，自以蒙累朝知遇之恩，且尚带从臣职名，义不容默，乃草封事数万言，陈奸邪蔽主之祸”①。此次虽经子弟诸生再三劝阻而未上封事，但是仍可以看出他没有改变自己的思想和主张。当然，随着时间的推移和形势的发展以及遭遇坎坷的经历，他变得越来越软弱无力，那是另一方面的问题，是不应苛求于他的。

其次，应该谈谈的是他主张罢和议。

前面我们已经提到，朱熹之主张整顿纲纪，正是为了复兴国家，争取抗金斗争的胜利。而抗金斗争这种影响社会政治各方面的大事，是想忘也忘不了，想避也避不掉的。

尽管最高统治者及一帮官僚仍然过着腐朽的生活：“山外青山楼外楼，西湖歌舞几时休！暖风吹得游人醉，直把杭州作汴州。”② 但是处于水深火热之中的人民不能忘记金人的蹂躏，朝廷政事中也抹不掉这件常常迫在眉睫的大事，不是和就是战。凡是有爱国心、有正义感的仁人志士，都不能不反对屈辱投降与和议。朱熹认为，“所谓讲和者有百害无一利”，“今日之计，不过乎修政事，攘夷狄而已矣”③。这是两件密切相关的大事，只有认真革弊整修政事，才能有力量保证国富兵强争取恢复中原故地。故他积极建议：“闭关绝约，任贤使能，立经纲，励风俗”，使将相军民“更相激励，以图事功，数年之外，志定气饱，国富兵强，于是视吾力之强弱，观彼衅之浅深，徐起而图之，中原故地不为吾有而将焉往！”④ 此时他刚三十出头，充满着胜利的信心！以后他多次反复呈述过这种主张。至年老，虽然他被迫离政事越来越远，但仍然以“中原不复，仇敌不灭”为念，可以说，朱熹始终是反对和议的。

---

① 陈邦瞻：《宋史纪事本末》卷八十。
② 万鹗：《宋诗纪事》卷五十六。
③ 朱熹：《朱文公文集》卷十一，《壬午应诏封事》。
④ 朱熹：《朱文公文集》卷十一，《壬午应诏封事》。

再次，还值得谈一谈的是他主张防止土地兼并，以均平赋税，济农民之所急。

南宋时期土地兼并也十分严重，当时王迈曾说："权贵之夺民田，有至数千万亩或绵亘数百里者"①，所以造成"百姓膏腴皆归贵势之家"②。这是概述，具体的如江苏溧水县永丰圩有田九万五千亩，赵构先把它赐给韩世忠，后转赐给秦桧，以奖励他为订立屈辱和约立了"功"。秦桧除这份产业外，还有永宁庄、荆山庄等田庄，田产遍布各地，由此可见一斑。这样，广大农民只能当贵族、官僚、地主们的佃户。"有田者不自垦，而能垦者非其田"③，这是真实的记载。

另一严重的问题，就是繁重的赋税剥削。南宋统治的区域比北宋要小得多，但它屈辱求和，对金"岁贡"大量银绢，加上养活大批军队和官僚机构以及供统治集团的奢侈享受等，开支远比北宋大，必然要加重对人民的经济剥削。正税本来就很重，可是还要巧立名目，不断增加各种附加税，严重地造成了"民力重困，饿死者众"④ 的惨相。

这无疑是属于弊政，要改革整顿，当然无法回避。所以朱熹主张防止土地兼并，显然有利于减轻人民的负担。他在《井田类说》中说："土地者天下之大本也，春秋之大义，诸侯不得专封，大夫不得专地。今豪民占田或至数百千顷，富过王侯，是自专封也，买卖由己，是自专其地也。"井田虽不可行，"宜以口数占田，为立科限，民得耕种，不得买卖，以赡贫弱，以防兼并"。这应该说他是力主反对土地兼并的，但是实际上当时无法行得通。他在《条陈经界状》中还主张丈量田亩以定经界，这样可以实现就田计税以均负担⑤。这也是无法行得通的。他还在《延和奏札》中主张废除经总制钱，减轻租税负担，他说："臣窃见诸路提刑司所管拘摧州县经总制钱，盖前代之所无。而祖宗盛时，亦未之有，特起子宣和末年。……所谓经总制钱者，版总所犹不肯与之蠲除，上下相临转相逼迫，下

---

① 王迈：《曜轩集》卷一。

② 脱脱等：《宋史》卷一百七十三，《志第一百二十六·食货上一》，中华书局 1977 年版，第 4180 页。

③ 叶适：《水心集》卷二，《民事》。

④ 李心传：《建炎以来系年要录》卷一百六十九，"绍兴二十五年丙申"，中华书局 2013 年版，第 3218 页。

⑤ 参阅《答张敬夫书》。

更无所措其手足，则其势必至于巧为名色，取之于民，以求幸免。……臣窃敢冒昧以闻，伏望圣慈照本特诏有司先将灾伤年分检放倚阁苗税数内所收经总制额，尽依分数豁除，然别诏大臣深图所以节用裕民之计。”其所言当是事实，其愿望亦当可贵，尽管在当时统治阶级入不敷出的情况下，是一纸无法实现的空文，但总不能给朱熹的政治思想得出相反的结论。

至于他主张设立社仓一事，在当时还实行过，更有一定的积极作用。他在《建宁府崇安县社仓记》中讲得比较详细："山谷细民，无盖藏之积。新陈未接，虽乐岁不免。出倍称之息，贷食豪右。而官粟积于无用之地，后将红腐不一可复食。愿自今岁以来，岁一敛散。既以纾民之急，又得易新一以藏。俾愿贷者出息什二，又可以抑侥悻，广储蓄，即不欲者勿强。岁或不幸，以饥则弛半息，大祲则尽蠲之。于是惠活鳏寡，塞祸乱源，甚大惠也。”这用意与王安石的青苗法是相同的。

以上关于朱熹经济政策方面的主张，虽然大多没有（也不可能）付诸实行，但从不同的角度反映了他的重农思想。他说："窃惟民生之本在食，足食之本在农，此自然之理也。”

综上所述，看来似乎没有什么了不起的内容，但是我们却清楚地看到，他的一些主张都是针对“时弊”的，在当时也都是进步的。朱熹的政治思想有进步性。同时，我们通过朱熹的政治思想和主张，看到了当时的社会政治问题，知人论事，了解当时社会是具体的活生生的，从而也是比较深刻的。

如果说朱熹的政治思想有进步性这一点是可贵的，那么他的政治实践更加难能可贵，这里我们也作一个大概的叙述：

朱熹进入仕途是比较早的，十八岁“举建州乡贡”，十九岁“赐同进士出身”，二十一岁为泉州同安县主簿，然而“历事四朝，仕于外者仅九考，立于朝四十日而已”，并未得到重用，这主要原因有两条：其一，比较进步的主张皇帝不接受，孝宗即位垂拱殿奏事之后，他写信给朋友说："熹六日登对，初读第一奏，论格物致知之道，天颜温粹，酬酢（答）如响。次谈第二奏，论复仇之义，第三奏论言路壅塞、佞幸鸱张，则不复闻圣语矣。”[①] 讲抽象的道理皇帝还听得进去，讲抗战、讲广开言路等具体问

① 朱熹：《朱子文集》卷二十四，《与魏元履书》。

题就听不下去了。话不投机半句多，哪里还会重用他。其二，当朝那些因循苟且甚至为非作歹的官吏，竭力反对、排斥他，所谓“不容于邪枉”。前面所引胡纮、沈继祖等人就非常典型。而那些邪佞之人，经常在皇帝左右，瞒上骗下，得罪他们，弄得不好就惹来杀身之祸。朱熹也深知这一点，就是做官也做不长久，所以对于皇帝封他做官，总是一再辞让，如四十岁时他在《与陈丞相书》中说：“鄙性蠢愚，触事妄发，窃观近事，深恐一旦不能自抑，以取罪戾，不肖之身，非敢自爱，诚惧仰负相公手书招徕之意，重玷听言待士之美，则其为罪大矣。”朱夫子也是个有话就要说的人，但说了不解决问题。《朱子行状》说：“先生尝两进绝和议，抑佞幸之戒，言既不行，虽擢用狎至不敢就，出处之义，凛然有不可易者。”

据史载，朱熹不仅表明了自己的政治主张和理想，而且在其任职内，还积极去实行其主张和理想。

他在同安主簿任内，“莅职勤敏，纤悉必亲，郡县长吏事倚以决，苟利于民，虽劳无惮”。同时还“职兼学事”。因此，开始颇有名声，“年方逾冠，闻其风者已知学之有师而尊慕之”①。后来名声越来越大，但最高统治者并没有重用他，也不敢重用他。直到他四十九岁时，“宰相史浩必欲起之，或言宜处以外郡。于是差权发遣南康军事，兼管内劝农事”②。这个“或言”即有人对他的阻碍。他也在一再辞免之后拖了半年才去上任。上任之后，他就积极实行自己的政治主张，一方面积极提倡学事，注意为国培养人才，另一方面在自己职任上，一会儿“乞减免星子县税钱”，一会儿又“申减属县木炭钱”，大修荒政、开场济粜、申请修筑沿江石堤等，确在当时为人民办了点好事。所谓“至郡，恳恻爱民，如之隐忧，兴利除害，惟恐不及”，其革弊整顿雷厉风行之形象跃然纸上。而且他“条奏”起来，“或至三四，不得请，不已”，不达目的誓不罢休。“先生视民如伤，至奸豪强扰细民，扰法害政者，惩之不少贷。由是豪强敛戢，闾里安静。”③ 政绩也是比较显著的。他这样做，豪强当然不满，代表豪强利益的官僚们也当然不能容忍。《朱子年谱》写道：“初到南康，有任满奏事之旨，将满，庙堂议遣使蜀。”在朝的权奸就想把他搞到边远地方去，只因

---

① 黄榦：《勉斋集》卷三十六，《朱子行状》。

② 王懋竑：《朱子年谱》卷二。

③ 黄榦：《勉斋集》卷三十六，《朱子行状》。

“上意不欲其远去”，所以“除提举江南西路常平茶盐公事”，“然犹待次”，需要等待着去做那个官，并没有上任，又“除直秘阁”，朱熹再三拜辞，其理由为“皆以前所奏纳粟人未推赏，难以先被恩命”①。后来，“改除提举两浙东路常平茶盐公事”，这是因为“时浙东荐饥，宰相王淮荐……先生以上轸宸虑，遂拜命不敢辞，即日单车就道，复以南康纳粟人未推赏，辞职名，仍乞奏事，十月，堂帖报南康纳粟赏行，遂受职名”。说明他有一股顽强劲！这时他“奏事延和殿”，一连上了七个“奏札”。上任之后，巡历各地，虽年过半百，又大干起来了：“奏劾密克勤偷盗官米”、“奏劾上户朱熙绩不优赈粜”、“奏劾衢州守李峄”、“申知江山县王执中不职”、“奏劾知宁海县王辟纲不职”、“奏劾前知台州唐仲友不法”等，甚至公然移文毁故相秦桧祠，而且又是“条奏诸州利病”、“奏蝗虫伤稼”，还要“措置赈济”等。《宋史·朱熹传》说：“熹始拜命，即移书他郡，募米商，蠲其征，及至，则客舟之米已辐凑。熹日钩访民隐，按行境内，单车屏徒从，所至人不及知。郡县官吏惮其风采，至自引去，所部肃然。凡丁钱、和买、役法、榷酤之政，有不便于民者，悉厘而革之。于救荒之余，随事处画，必为经久之计。有短熹者，谓其疏于为政，上谓王淮曰一：朱熹政事都有可观！”他如此革弊整顿修政事，自然免不了所谓“臣以职事横被中伤”，如劾唐仲友一事就“反被论诉”，因为唐仲友与宰相王淮同里，且为姻家，朱熹因此事触犯了王淮，王淮就使人论诉，对他“摈弃勿用”。另一方面，皇帝虽说他“政事都有可观”，但见他免税、救荒赈济，减少收入，心里并不乐意，所以又调他的职，改除江南西路提点刑狱公事，想让他主要去管刑狱监察方面的事。此时，他在《辞免江西提刑奏状》中说：“臣自早岁即甘退藏，妄意讨遗经，以待后之学者。今蒙恩许改旧职，正愚臣得遂夙心之时，而所除官又系唐仲友阙，蹊田夺牛之诮，虽三尺童子亦知其不可，臣愚何敢自安，愿得归故垄，毕志旧闻。”事实上，从此以后朱熹也就退出了政治舞台，朝廷不让他再参与政事，还美其名曰“今当处卿清要，不复以州县为烦也”②。不是让他主管这个“观”，那个“宫”，就是当什么“说书”、“修撰”。《朱子行状》写道：“先生守南康，

① 黄榦：《勉斋集》卷三十六，《朱子行状》。

② 脱脱等：《宋史》卷四百二十九，《列传第一百八十八·朱熹》，中华书局1977年版，第12756页。

使浙东，始得行其所学，已试之效卓然。而卒不果用，退而奉崇道、云台、鸿庆之祠者五年。”行其所学，即实现其政治思想，推行其政治主张，如上所述确实是政绩“卓然”，但是还落得一个不被任用的结果。《朱子年谱》也说：“先生守南康，使浙东，始有以身殉国之意，及是，知道之难行，退而奉祠，杜门不出。海内学者，尊信益众，然忧世意未尝忘也。”这是讲他的政治抱负及其难以实现，所以他写下了《感春斌》，颇有《离骚》的味道。

朱熹也“不得申于当年”，但是仍始终关心着国家的恢复，“忧世意未尝忘也”。其弟子郭友仁记录他去世前两年的言论说：“先生喟然叹曰：某要见复中原，今老矣，不及见矣！”① 《朱子行状》写道：“先生平居惓惓，无一念不在于国，闻时政之阙失，则戚然有不豫之色。语及国势之未振，则感慨以至泣下。然谨难进之礼，则一官之拜，必抗章而力辞，厉易退之节，则一语不合，必奉身而亟去。其事君也，不能贬道以求售；其爱民也，不徇俗以苟安。故其于世，动辄龃龉！”夫子不满当时现状，牢骚是发了不少的。去世前一年写成《楚辞集注》《后语》《辩证》，以寄托他的思想感情，他同情屈原的遭遇，实际上是感叹自己的抑郁不得伸，他在序中写道：“原之为人，其志行虽或过于中庸而不可以为法，然皆出于忠君爱国之诚心；原之为书，其辞虽或流于跌宕怪神。怨怼激发而不可以为训，然皆生于缱绻恻怛不能自已之至意”，对屈原“抑郁而不得伸于当年，又晦昧而见白于后世”产生了极大的共鸣！凡是具有爱国思想而又壮志难酬的人，都容易有这样的共鸣。

朱熹一生政治上未得到重用，为政的时间很短，一生大部分的精力用到做学问和搞教育上去了，以至于“绍往圣之统”，成了继承“道统”的人物，这是客观存在的事实。应该如何看待？他努力搞教育，其目的是为了培养人才，这在前面已提到了，不再重复。他努力做学问，留下了宏富的著作，有些著作，如《四书集注》，在中国封建社会后期的六七百年中影响是很大的，所谓“绍往圣之统”即指此而言，是否天意如此，当然不值得一驳，不过本来是一个政治上有抱负的人何以最终成了一个大学问家，倒是一个值得进一步研讨的问题。那么，对于他做学问应该如何看？

① 黎靖德：《朱子语类》卷一百三十三。

人们对《四书集注》进行了批判，这个批判是必要的，因为此书确实有不少的糟粕，特别是在后世起麻醉和束缚人们思想的作用，当时统治者都已认识到，他的《四书集注》“发挥圣贤蕴奥，有补于治道”①，因而下令“以其大学、语、孟、中庸训说立于学官”②，以后还更有甚者，所以是应该清算和批判的。不过，对于后世的影响和当时的情况也应该加以区别，他本来的目的和动机，是把四书当作初学者必读之书看待的：“欲简而易知，约而易守，则莫若大学、论语、中庸、孟子也”，“读此四书，然后看诗书礼乐”，并且“若理会得此四书，何书不可读，何理不可究，何事不可处”③。正如《大学章句》序所说：“于国家化民成俗之意，学者修己治人之方，则未必无小补云。”当然，他所说的“国家”、“化民”、“修己”自然有其阶级实质，但在当时怕也不好说是什么“反动”的，所以这要用历史和阶级的局限性来作实事求是的具体分析，才是恰当的。

不过应该明确指出，朱熹忧世之意终身未忘，无一念不在于国，这是一方面。另一方面他确实把大部分精力用在做学问上去了，事实上脱离了现实。公元1183年，陆游《寄题朱元晦武夷精舍》一诗说：“身闲剩觉溪山好，心静尤知日月长。天下苍生未苏息，忧公遂与世相忘。”当时朱熹在福建崇安武夷山筑学舍（精舍）讲学，陆游批评他只在山中讲学，不顾人民痛苦，忘了现实。这可以说是一针见血的批评。他的思想和实践的矛盾也是相当大的。

从政治思想角度看，也还有一些具体问题，值得进一步商榷。例如，关于“存天理，去人欲”，研究哲学史的人大都说这是麻痹人民，压制人民的反动哲学，要求人民禁欲，等等。但其实，这话不是他的发明，不过是他继承和发挥了二程思想，其目的最早也是对皇帝讲的。孝宗即位时他上封事、应召对，首先讲大学之道，格物致知，正心、诚意，修身、齐家、治国、平天下，他认为孝宗就是因为“未尝随事以观理”，“即理以应事”，“平治之效所以未著”，以后一些奏札都谈“存天理”，只是不便明叫皇帝“去人欲”罢了。再者，所谓“人欲”，也绝不仅仅是指物质享受。

---

① 脱脱等：《宋史》卷四十一，《本纪第四十一·理宗》，中华书局1977年版，第789页。

② 脱脱等：《宋史》卷四百二十九，《列传第一百八十八·朱熹》，中华书局1977年版，第12769页。

③ 黎靖德：《朱子语类》卷十四。

二十年后他在《延和奏札》中就明确提出："臣闻人主所以制天下事者，本乎一心，而心之所主又有天理、人欲之异，二者一分，而公私、邪正之涂判矣。"这不就是要皇帝"存天理，去人欲"吗！因此，把"存天理，去人欲"主要地解释成一种对人民的反动说教，未免过于简单化了。当然后来的大部分讲学生活中，确也成为一种说教，特别是以后统治者也确实利用它欺骗人民，这应该另当别论。

又例如，关于和陈亮的论争，研究哲学史的人是大讲这一论争的，说这是唯物主义和唯心主义两条路线的斗争。但事实又是怎样的呢？他两人的关系，《朱子年谱》中写道："同父以文雄浙中，自负王霸之略，任侠豪举。先生与书，箴其义利双行，王霸并用，且谓汉唐行事，非三纲五常之正，以风切之。同父有书辨难，先生累与书，极力开谕，同父虽不能改，未尝不心服焉。每逢先生之辰，虽居千里外，必遣人问遗，岁以为常。"由此看来，所谓论战，不过是一种切磋商讨，在这种商讨中坚持自己认为正确的东西，这是任何一个认真做学问的人所可贵的。争论时互不相让，争过后互相爱护，陈亮对朱熹实际以师礼相对，这当然不值得奇怪。重要的是争的什么？争的内容才能说明一个人的思想。他们争论的主要是义和利，除了义利是否双行外，实际上是对义和利的理解各不相同，在朱熹心目中，当时一切弊政（包括和议）都是强调功利的结果，所以他极力反对。那么，是否由此就可以说朱熹是面临政治、军事严重危机而拱手高谈心性修养的道学家呢？这样说是与前述历史实际不符的。陈亮也不是这样来看朱熹的，他非常尊敬朱熹。当时著名的主战派也都不这样看，朱熹去世时，"伪学禁方严，门生故旧无送葬者"，可是坚定的主战派辛弃疾却"为文，往哭之，曰：所不朽者，垂万世名，孰谓公死，凛凛犹生"。"垂万世名"，这绝不是辛弃疾从道统的角度而言，而是辛弃疾以他的为人，就他的思想、品格等来讲的。陆游在祭文中也说："某有捐百身起九原之心，有倾长河注东海之泪，路修齿耄，神往形留，公殁不亡，尚且来飨！"尽管陆游曾批评过朱熹脱离现实，那正说明陆对朱有深刻的了解，否则，在朱熹死后哪能有如此深厚的感情呢？

以上仅从政治思想上谈了一下对朱熹的评价问题，由此而感到那种全盘否定的看法是值得商榷的，但此说也无意又要来一个全面肯定。因为这都不是对历史人物的正确态度。他几乎和孔子一样，在活着的时候并不得意，死后倒是地位越来越高，影响越来越大。这原因是什么？似乎也可以从政治角度来看。因为他的政治思想和主张的根本目的是为了维护和巩固封建地主阶级国家的统治，他出谋献策提了不少治国的方案，或称之为改良主义也可以，虽有进步意义，却终归是为了有利于封建统治的（这是古代任何一个进步的政治家也避免不了的）。这就从根本上决定了统治阶级需要利用他的思想和主张，利用他的著述以利于巩固自己的统治，使之成为束缚人们思想的精神枷锁。

总之，对朱熹的思想和言论需要具体分析，似应首先还它本来面目，其次分清其精华和糟粕，然后加以批判继承。

秦汉历史在世界和中国历史上的地位

一

与当今世界像一个村落不同，古代世界各地的联系并不是十分紧密的，时代越早联系越少。例如公元前1000年以前、中国的周朝以前，世界各地的文明是各自孤立发展的，几乎没有什么接触，但是公元1000年以后，随着各地区文明的发展和传播的扩大，逐渐形成了一个欧亚古典文化高度发展的核心区。秦汉时期，正是这个核心区的发展和繁荣时期。

公元前后的四五个世纪，即中国的秦汉时期，世界各地的情况怎样呢？古代文明史上赫赫有名的希腊古国逐渐衰落，代替它的是罗马的兴起和强大。汉王朝强大在前，罗马的崛起稍后，既是同时，也是先后对世界发生影响。另一个世界文明古国印度，在秦代和汉初还是比较强大的，但是从公元前2世纪开始，随着孔雀王朝的溃灭，印度进入了长达500年的混乱和黑暗。不过，印度与外部世界的政治、经济和文化的联系还是很多的，特别是佛教的影响很大。公元元年以后，欧洲的主角罗马（它横跨欧亚非），与亚洲的中心汉朝并没有直接的接触，因而在中亚地区也还出现过一些其他国家，其中比较大的有中国史书上称为安息和大月支（贵霜帝国）这两个国家。

这样，当时的世界可说是汉王朝与罗马帝国的并立，如果说古代已形成欧亚文化核心区，那么这两个国家就是核心的核心了①。这两个核心没有直接的接触，因而当时各自的史书上虽有关于对方的记载，但对于对方

① 关于"最初的欧亚文化高度发达的核心区"，参阅斯塔夫里阿诺斯：《全球通史——1500年以前的世界》，上海社会科学院出版社1988年版。

的了解都是模糊的甚至是很不确切的，例如公元1世纪老普林尼（Gaius-Plinius Secundus，约公元23—79年）在《自然法》中写道：

> 赛里斯国（丝国，即中国）林中产丝，驰名宇内，丝生于树上，取出，湿之以水，理之成丝。后织成锦绣文绮，贩运罗马。……由地球东端运至西端，故极辛苦。赛里斯人举止温厚，然少与人接触，贸易皆待他人来，而绝不求售也。①

显然这不是直接接触的史料。中国史书关于罗马（大秦）的记载，例如《后汉书·西域传》，比老普林尼关于中国的记载要准确得多，但也不是直接接触的材料。

虽然如此，但并不能否认两个核心之间存在着广泛的物质和文化交流。中外文献记载和考古资料可以证明整个欧亚文化核心区物质文化交流的一般情况：中国外销的物品主要是丝绸、漆器和铁器，也有软玉、釉陶、麻织品以及各种装饰品等。而罗马可说是中国丝绸“外贸”的最大主顾，当然主要不是两国之间的直接交易。当时输入中国的主要是农牧土特产，如毛皮、马匹、瓜果、香料等，在汉代月支、安息和大秦的毛织物如“氍毹、毾㲪、罽帐之属”② 极受珍重。西汉长安所集中的“殊方异物”，不仅有印度、西域等地的东西，也有罗马甚至埃及的物品。至于文化方面的交流和联结，在西域文化和汉代的艺术风格、音乐、舞蹈、杂技等方面有比较明显的反映，汉代长安、洛阳已有了大秦的幻人（魔术师）是确定无疑的，这些在任何一本中外文化交流史著作中都有记述，只不过汉朝文化方面西传的记载相对少一些，如果从技术上讲，冶铁、穿井等技术的西传也是无可置疑的事实。

古代高度发达的欧亚文化核心区是存在的，其普遍性、文化上的联结发展到了什么程度？这仍是一个值得进一步研究的问题。希腊历史学家波里比阿在论述从公元前220至145年诸重大事件的历史时说：“在今天这个时代，历史可说已成为一个有机整体。意大利和利比亚发生的一切与亚洲

---

① 转引自张星烺：《中西交通史料汇编》第一册，第33页。

② 《三国志·乌桓鲜卑传》注引《魏略》。

和希腊发生的一切密切相关，所有各种事件，最终只归于一个结局。”① 这可以说是一种“超前”认识和说法了，但是，深入的研究和不断新出的考古资料将进一步证实这“有机整体”说法的重要意义。这个“有机整体”各地区之间的物质文化联结，主要是通过商业，商人的活动显然起了很大作用。身怀各种技艺的工匠、文化人，往往也是随着商队而行的，当然有记载表明，在各地区战争的军队中也有这样一些人，而著名的“丝绸之路”就是这个核心区各地之间联结和交流的桥梁。丝绸之路及其相关问题的研究，无疑是研究这一时期世界历史的重要内容。

东西并立两大帝国在整个核心区各自发生着影响，以至于后来形成东西两种不同的文化传统。在当时，罗马的影响，跨及欧、亚、非三大洲，主要是欧洲，非洲仅埃及那一部分，亚洲则主要是西亚部分，而汉王朝的影响主要在东亚、中亚以及东南亚。

汉王朝对亚洲各国的影响，罗马对当时世界的影响，这里就不具体讲了。但从纵向发展看，罗马帝国比汉王朝似要逊色。例如讲文化传统，罗马文化没有一脉相承的悠久历史，在它之前是赫赫有名的希腊文化，在罗马帝国灭亡之后，罗马文化也就中断了，尽管罗马文化在西方文化传统中有承前启后的作用，尽管后来的文艺复兴也是以罗马古典为良师益友的，但它毕竟有过一波三折。

秦汉文化传统则大不相同，从来源上讲它是一脉相承的。虽然在秦汉以前已经有好几次大的改朝换代，但“中国”的天子都是同一个“老祖宗”传下来的兄弟之间的易姓受命，司马迁写《史记》时就是这样的指导思想，在记尧舜禅位之时，就说舜因为受到诸侯的拥护，“夫而后之中国践天子位焉”，这里的“中国”也许是指“帝王所都为中故曰中国”②，但《史记》中事实上已有了大范围的“中国”概念，如《天官书》的“中国”就是如此③。做中国主宰的人都是黄帝后裔，故《五帝本纪》中写道：“自黄帝至舜禹，皆同姓而异其国号，以章明德。”这样，以后任何一个统治

① 斯塔夫里阿诺斯：《全球通史——1500年以前的世界》，上海社会科学院出版社1988年版，第175页。

② 裴骃：《史记集解·五帝本纪》。

③ “及秦并吞三晋、燕、代，自河山以南者中国。中国于四海内则……”，“故中国山川东北流”，“其后秦遂灭六王，并中国”，等等。

者都是黄帝子孙，乃至于曾一度称“霸王”的项羽，他都要寻找其祖宗关系：“吾闻之周生曰：‘舜目重瞳子’，又闻项羽重瞳子，羽岂其苗裔邪？”不仅如此，司马迁还说：“匈奴，其先祖夏后氏之苗裔也，曰淳维。”① 这真正是“四海之内皆兄弟”！司马迁的思想是有代表性的，也可以说是对中国国情的一种卓越见识。它在一定意义上反映了中国古代文化一脉相承的关系，也可反映各地之间统一性的关系，秦汉文化及其发展的特点，其悠久性、连续性、统一性等，是当时世界独一无二的。世界上几个古老的文明，除中国之外都已经成为过去或者中断衰落了，唯独中国的文化在秦汉时期更为发扬光大，中国的文字称为汉字，中国的语言称为汉语，时至今日，汉学成为中国文化的代称，这一切都说明秦汉历史在世界历史上的地位。

秦汉历史在世界历史上的地位，对世界历史的贡献和影响，是一个值得重视并且有待于进一步研究的课题，这里就不再多谈了。

二

秦汉时期包含着秦和汉两个王朝，秦朝虽然很短，但地位重要，影响很大，一般可以说周秦是一大变，汉朝分前后两段历史，并且其中还有一个王莽的新朝，实际上是有好几个阶段的。但是，秦汉相连的称呼以及某些事实上相连的看待也是可以并且应该的，它完全可以作为一个完整的历史时期，在整个中国历史的长河中，秦汉时期是一个相对独立的比较完整的历史时期，长达近五个世纪，其地位自然是很重要的。

讲秦汉史在中国历史上的地位重要，主要应看它在历史发展过程中如何承前启后，看它有哪些创造和成就，看它对以后历史发展的影响等。一般来说，这一时期政治方面的发展变化比较明显，影响也很大。其实经济、文化乃至社会的各个方面，也都是有很大变化的，只是有些内容需要经过分析才能揭示出来。下面就作一粗略概述：

首先，政治方面，长期以来形成的一个说法就是，影响中国两千年的专制主义中央集权制度是秦汉时期形成的，这个说法有一定道理，是符合

---

① 司马迁：《史记》卷一百一十，《匈奴列传》，中华书局1959年版，第2879页。

中国历史实际的。虽然秦以前的王朝也可以算是统一王朝，也是统一的国家，但秦以后不论是统一的范围，还是统一的内容和性质，都有所不同。概括地说就是专制主义中央集权。虽然许多具体的制度并不是突然出现的，有一个变化发展的过程，例如与中央集权有关的郡县制、官僚制以及军事制度等，自然都是渊源有自，在春秋战国乃至更早的历史时期，可以找到其产生和发展的具体事实。但是，十分明显的是：郡县制之正式代替分封制，“海内为郡县”，从秦汉以后可说是有质的变化，尽管汉初也还有分封，尽管以后很长时间还有“分封”问题的讨论，但汉以后分封制的内容和性质已经大不相同了。作为国家机器重要组成部分的官吏，是夏商周以来早就有了的。但世卿世禄制度之基本废除，影响中国历史两千年的新官僚制度的建立和完备是以秦汉为明显阶段的。军事制度以及其他一些较为重要的政治制度，都有某些根本性的变化，而所有的变化可以集中到一点，就是高度的中央集权，所谓“海内为郡县，法令由一统”。同时，这高度的中央集权也确实有专制主义的特点。所谓专制主义，主要是君主专制，法国路易十四“朕即国家”的名言，是最形象的解释，而秦始皇的确定皇帝称号，制定联、诏、制等皇帝专用词语等，又是最具体的表现。郡县制、官僚制等都是有利于中央集权的，制度的本身及其运作都表现出中央集权的加强，特别是君主权力的加强。

其次，主要讲经济制度方面。因为生产力的水平、生产工具、技术等，是很难划分阶段的，至少在秦汉时期的前后，是没有很大变化的，而土地所有制、分配方式、赋税制度等，秦汉时期的变化则是有明显阶段性的。中心问题就是土地私有，包括地主和农民的私有，得到确认和保护。虽然从所谓“井田制”到土地私有的变化，早在战国乃至春秋时期就开始出现了，但在一个统一国家大范围内，从法律上明确宣布和肯定土地私有，都是在秦王朝统一中国之后，那就是秦始皇三十一年（公元前216年）的“使黔首自实田”，汉代完全继承这种“民得买卖”的土地私有制，汉政权建立之初，“复故爵、田宅”① 之类的法令就是重申土地私有。当然，秦汉政府的赋税、徭役制度等，也正是建立在这种确认土地私有制的基础之上。

① 班固：《汉书》卷一下，《高帝纪》，中华书局1962年版，第54页。

除经济政策之外，也有一些其他的经济措施，例如统一度量衡、统一货币、铁器、牛耕等技术的推广、治理黄河等大规模的水利建设等，都是有划时代意义的。

再次，思想文化方面。这方面的前后连续性更为广泛，也更为复杂，但复杂问题简单说，也可以明显看到秦汉文化思想的特殊地位。例如称战国为“子学时代”，称两汉为“经学时代”①，就是这种特殊地位的表述之一。可事实是，汉代对前此的诸子学术思想乃至儒家所有的经典（所谓“六艺”）进行了总结和整理，形成了新的汉代的学术思想文化：表面上似乎是儒家独尊，实际上是新的儒家和新的道家相互斗争，相互影响，相互补充；表面上用儒术而不容法家，实际上是“霸王道杂之”。汉代学术思想文化的形成，可说是一个更为广泛的“汉文化”的形成。

从历史发展分期来看秦汉史也处于一个突出的地位。按照马克思主义学说划分中国历史阶段，有的主张中国封建社会从西周开始，战国到秦汉是封建领主制到封建地主制转变的阶段，转变开始于战国，完成于秦汉；有的主张秦汉仍是奴隶社会，但战国到秦汉是由早期奴隶制到发达奴隶制的转变，战国开始秦汉完成；当然也还有秦开始封建社会，或者西汉、或者东汉开始封建社会的少数主张。20世纪早期采用西方新史学的分期观念，当时新编中国历史，把中国历史分为上古、中古、近代几个大的阶段，有的人把秦汉放在上古的最后，有的人把秦汉放在中古开头，各自也都言之成理，持之有故。美国加州大学陈启云教授在对以上这些分期“研究反思”之后，给汉代历史作了一个“定位”的论述：

> 中国历史发展的四个时代都和汉代历史文化以及汉文化传统有密切关系。在上古时代，构成中华文明之各文化因子之诞生，包括秦统一帝国政权之出现，均在汉代以前；但此各文化因子之凝聚为整体之中华文明，则在两汉四百多年之间。此整体中华文明所显露出在政治方面之缺失和弱点，及在文化上的优点和韧力，不在于汉以前的各个个别文化因子之本身，而在此等因子在汉代凝聚为整体之中华文明所

① 冯友兰《中国哲学史》中有此分法，不过他是整个汉以后都是“经学时代”，这里只是借用。

> 经历的发展历程。这些缺点和优点决定了中古时代中国历史发展的趋向——政治结构的错失和弱点引起了中古政治上的大分裂，文化传统和韧力则维持汉族与汉文化延绵于汉帝国覆亡之后数百年，中古文明的发展亦以胡人之“汉化”及“汉文化”在南方扩展的高潮为结局。至于宋、元、明、清时代的开始和结束，以及此时代到底是“近代初期”、“中古后期”，抑或“新传统时代”之属性问题，更与汉代历史及汉文化传统的特性息息相关。①

陈先生是明确反对中国历史某些内容，如专制主义是中央集权两千年不变的，同时又是主张东汉为一大变化时期的。但以上给汉代历史的“定位”，也很清楚地证明了秦汉历史在整个中国历史上的地位。

三

至此，有两个问题还值得进一步说明：

第一，专制主义中央集权在秦汉确立，并且影响深远，但绝不是一成不变，其间大大小小的变化多得很。举例来说，官僚制度从汉代开始历朝历代的变化，多少卷书也难以讲清楚，作为皇帝主要辅佐的宰相，秦和西汉时称为相国和丞相，后来名称、地位、职掌、作用等都不断地发生变化，这是有目共睹的，这里无法具体说明。不过，我们从另一方面看，它又有万变不离其宗的一方面。宰相又称宰辅，他即是主宰、主管一切的人；又是辅助君主的，是辅助皇帝主管一切的人，专制君主仍是主角。所以历来就有一个君权与相权矛盾的问题，宰相地位、职掌乃至名称的变化与此有关。这可以说是“专制主义”长期不变的一个方面。

郡县制也是如此，名称乃至两级、三级或者四级，历代的变化是很多的，然而万变不离其宗的是加强中央集权。地方长官，特别是郡这一级长官，实际是一方诸侯，是一方主宰，是一方君长，在汉代也被称为“府君”，其权力相当大，可以自辟幕僚属吏，乃至自置令长，可以因地制宜

① 陈启云：《从历史发展分期宏观看汉代文明和汉文化传统》，《汉晋六朝文化·社会·制度》，台北新文丰出版公司 1997 年版，第 12 页。

设立各种条例，在郡内，政治、经济、军事各方面的权力都很大。因此，往往在中央失去控制能力时，他们就成为军阀割据，东汉末年的历史就是明显的证明。但在制度上，他们是绝对服从中央的，要接受丞相、御史大夫的监督，并定期向丞相汇报工作（“条上郡内众事”，谓之“上计”），西汉武帝以后，还要接受部刺史的直接监督。两汉皇帝还经常差遣官员分别循行天下，名曰“举贤观风”或“班宣风化”，实际上是“察吏治得失”、“举实减否”，对地方官实行监督，有时候是雷厉风行，例如东汉顺帝汉安元年选遣八使分行天下，“其刺史、二千石有臧罪显明者，驿马上之，墨绥以下，便辄收举。其有清忠惠利，为百姓所安，宜表异者，皆以状上”[①]。顺帝时又有一次，雷义“为守灌谒者。使持节督郡国行风俗，太守令长坐者凡七十人”[②]。由此可见中央集权对郡县的有效控制。秦汉以后，地方割据势力的膨胀，往往形成外重内轻的局面，而中央政府也就不断地与这种情况进行斗争。郡县制是中央集权制的一个不可分割部分，即使是在割据势力发展时期，强大的割据势力也不以割据为安，而是力图“挟天子以令诸侯”，或者自己称王称帝以求统一天下，汉末的历史，董卓、曹操等人都是这样做的。

第二，秦汉时期可以作为一个整体在中国历史上存在并发生影响。但不等于说四百年的历史没有变化，有的变化还相当大。虽然，20 世纪前期的新体中国史大都把秦汉作为一个整体看待，但 1947 年出版的吕思勉的《秦汉史》开头就说：“自来治史学者，莫不以周、秦之间为史事之一大界，此特就政治言之耳。若就社会组织言，实当以新、汉之间为大界。”此后，在国内中国古代史分期问题讨论中也有人主张是从东汉开始为“中古”之开端的（周谷城《中国通史》就是如此）。这个问题与魏晋封建说紧密相连，着眼点也可说是在社会组织方面。近几年来，陈启云先生又从思想文化研究的角度“将‘中古时期’的开始，从魏晋推前到两汉之际”，因为他“发觉魏晋时代许多学术思想文化潮流是在东汉开始衍生发展的”[③]。这些深入具体的研究，对于我们进一步划分秦汉史的具体阶段，无

① 范晔：《后汉书》卷六十一，《周举传》，中华书局 1965 年版，第 2029 页。

② 范晔：《后汉书》卷八十一，《独行列传·雷义传》，中华书局 1965 年版，第 2688 页。

③ 陈启云：《从历史发展分期宏观看汉代文明和汉文化传统》，《汉晋六朝文化·社会·制度》，台北新文丰出版公司 1997 年版，第 12 页。

疑有很大的参考价值。不过，似乎也并不因此就可以否定秦汉史是一个整体。吕思勉《秦汉史》的政治、经济、文化各专题，均冠以“秦汉”之名就是如此。上引陈启云先生那一大段议论也是如此，着眼点只是一个整体的“汉文化”。

秦汉时期的历史特点

一、社会政治的主要特点

秦汉四百年是中国历史上的一个重要时期，这一时期中国的社会政治发生了重大的转变，也奠定了以后一千多年中国社会政治发展的基础。我们曾经用“国家的大统一”、“政策的大一统”、“思想的大融合”几个主要方面概括当时的时代特点，这是大家都可以接受的，是大家的共识。当然有时候也需要作些具体的分析，国家的大统一，包括内地的和周边的统一，相对以前而言，与殷商和西周的诸侯分封相比，与春秋战国的分裂割据相比，是一个重大的乃至根本性的变化。虽然并不等于说中国的整个疆域在当时就已经大统一了，但是当时的中央政府与周边地区联系比过去有所加强是可以肯定的。政策的大一统也是如此，我们在写《中国老学史》时就已强调指出，虽有统一的国策，但不一定就能全部统一执行，也还有视具体情况而变动的。这些就不再多说了。

国家的统一，带来的社会相对安定，比起割据形势下连年此起彼伏的战争来说，那是安定的。社会安定，加上相对好的政策，譬如汉初的休养生息政策，会带来社会经济的恢复和发展，使人民群众能够相对地安居乐业。当时的情况，人们常引《汉书·食货志》中一段概述，实际是全文照抄《史记·平准书》的，其文曰：

> 然娄（师古曰：古屡字）敕有司以农为务，民遂乐业。至武帝之初七十年间（《史记》作“汉兴七十余年之间”，以下也有个别字的差异），国家亡事，非遇水旱，则民人给家足，都鄙廪庾尽满，而府库余财。京师之钱累百巨万，贯朽而不可校。太仓之粟陈陈相因，充溢露积于外，腐败不可食。众庶街巷有马，阡陌之间成群，乘牸牝者摈

而不得会聚。守闾阎者食粱肉，为吏者长子孙，居官者以为姓号。人人自爱而重犯法，先行谊而黜媿辱焉。

这些话应该用分析的眼光看待，其中有溢美之词，但绝非向壁虚造。司马迁作为当时人，作为一个严肃的史学家，在其他地方也有类似的记述。例如在《史记·律书》中记载的文帝时君臣的一些对话：

高祖时，天下新定，人民小安，未可复兴兵。

百姓无内外之徭，得息肩于田亩。天下殷富，粟至十余钱。鸣鸡吠狗，烟火万里，可谓和乐者乎？

然后他自己写道：

太史公曰：文帝时，会天下新去汤火，人民乐业，因其欲然，能不扰乱，故百姓遂安，自年六七十翁，亦未尝至市井，游敖嬉戏，如小儿状。孔子所称有德君子者邪！

司马迁的记述有两个对比，一个是汉初“接秦之弊”的社会经济残破，一个是汉武帝时的外兴内作，弄得“海内之士力耕不足粮饟，女子纺绩不足衣服”。因而特地称扬了后人所说的“文景之治”，但西汉前期确有一段可称之为“天下晏然”，国家、社会安定，人民相对安居乐业的几十年时间。正如他在《吕后本纪》最后所写的那样：

太史公曰：孝惠皇帝高后之时，黎民得离战国之苦，君臣俱欲休息乎无为。故惠帝垂拱，高后女主称制，政不出房户，天下晏然。刑罚罕用，罪人是希，民务稼穑，衣食滋殖。

“天下晏然”是汉初七十余年的主要特点之一。

相对安定了七八十年，人民“安居乐业”，对社会经济的恢复和发展是有很大作用的。不过在当时条件下，也不可再长久了，司马迁反复用了一句“物盛而衰，固其变也”。由于阶级压迫剥削的恶性发展，所谓：

> 役财骄溢，或至兼并，豪党之徒以武断于乡曲，宗室有土，公卿大夫以下争于奢侈。①

以及皇帝和国家的“外攘夷狄，内兴功业”等。社会的安定被破坏了，人民无法安居，被迫离乡背井，开始大规模的流亡。这是中国古代封建社会周期性的危机。昭宣中兴，一定程度上缓和了这种危机，西汉得以再延续几十年。东汉也是如此，皇帝虽然姓刘，实际上也是改朝换代，建立之初，巩固统一之后，也采取一定的“休养生息”政策，这个时间也有六七十年，不过比西汉要更短一些，东汉的明帝、章帝时期，大体可以与西汉文帝、景帝相比。其后的变化更大，西汉有所谓“豪党之徒武断乡曲”，东汉的世家大族，那更是地方的土皇帝。这股势力，虽有时候也起过保一方平安的作用，但从总体上看，它成为破坏国家统一、安定的基础，东汉末年开始的割据势力终至于形成中国历史上三百年的南北大分裂。但秦汉四百年，基本上是统一的。

政治上的主要特点，那就是中央集权制的形成。尽管商、周时期也可说是统一的王朝，但无论是它们统一的范围，或者说政治统治的力度，或者政策，都是不能与秦汉的中央集权相比的。例如政策方面，分封制虽是统一王朝搞的分封，它实际上却造成了分裂割据。秦汉的中央集权制就从制度本身上解决了割据的非法问题，减少了分裂的可能性。汉代也有类似分封的王国、侯国，但中央政权对它们加强了限制，这方面汉武帝更采取措施进一步削弱诸侯王国的权力。

秦汉时期的中央集权制，从制度、组织、政策、法令等各方面，有一套完整的基本相适应的体系。例如组织的完备，中央的三公九卿制，以及各个官吏和机构的职、权、责以及相应的法令、法规等。而且地方的郡县制，可说是中央集权的另一重要部分，中央集权的许多根本方面是通过郡县制实现的，例如军队的组成、赋税的征收，以及全国性的政令的实行等。总而言之，中央集权制对于巩固国家的统一、保证统一国家社会政治生活的正常运行，是起了重大作用的。

另一个问题是专制主义，秦始皇自以为功高五帝，德侔三皇，创立了

① 司马迁：《史记》卷三十，《平准书》，中华书局1959年版，第1420页。

中国历史上的皇帝制度，他不仅自称皇帝，同时还创立了一些相关的名物制度，以表示皇帝至高无上的独尊地位。“命为制，令为诏，天子自称为朕”①，还有只有皇帝的印才能称玺等，把一些普通人都能用的名词变成皇帝的专用。秦始皇大权独揽，如当时侯生、卢生相与谋曰：

始皇为人，天性刚戾自用，起诸侯，并天下，意得欲从，以为自古莫及己。专任狱吏，狱吏得亲幸，博士虽七十人，特备员弗用。丞相诸大臣，皆受成事，倚办于上。上乐以刑杀为威，天下畏罪持禄，莫敢尽忠。上不闻过而日骄，下慑伏谩欺以取容。秦法不得兼方，不验辄死……天下之事无大小皆决于上，上至以衡石量书，日夜有呈不得休息，贪于权势如此。②

在这里除了他能够亲政这一点可取之外，专制主义及其所有的弊病也都反映出来了。所以说秦始皇建立的是专制主义中央集权。但是我们要指出，汉代皇帝和秦始皇相比，和后来特别是明清以后的皇帝相比，似乎还不那么“专制”，制度上和事实上都没有那么“专制”。这有许多记载可以证明，例如位高权重的三公，丞相大臣，在汉代受到皇帝的各种礼遇，《后汉书·陈忠传》有云：

三公称曰冢宰，王者待以殊敬。在舆为下，御坐而起。入则参对而议政事，出则监察而董是非。汉典旧事，丞相所请，靡有不听。

陈忠说汉典旧事是有根据的，且举《汉旧仪》两条为证：

皇帝在道，丞相迎谒，谒者称赞曰：“皇帝为丞相下舆。”立乃升车。皇帝见丞相起，谒者赞称曰：“皇帝为丞相起。”立乃坐。丞相有病，皇帝法驾亲至问病，从西门入。即薨，移居第中，车驾往吊，赐棺、敛具、赠钱、葬地。葬日，公卿以下会送。③

① 司马迁：《史记》卷六，《秦始皇本纪》，中华书局 1959 年版，第 236 页。
② 司马迁：《史记》卷六，《秦始皇本纪》，中华书局 1959 年版，第 258 页。
③ 引文见周天游点校：《汉官六种》，中华书局 1990 年版。

又例如臣下犯颜直谏，面折廷争，汉代皇帝往往很愿意接受，很少有人受到重罚，典型事例颇多，亦如东汉陈忠所言：

> 高祖舍周昌桀纣之譬，孝文嘉袁盎人豕之讥，武帝纳东方朔宣室之正，元帝容薛广德自刎之切。①

汉武帝要为馆陶公主私人董偃置酒室为东方朔谏阻，还是维护礼制。而汲黯"数犯主之颜色"，甚至批评武帝"内多欲外施仁义"，气得武帝"变色而罢朝"，"公卿皆为黯惧。上退，谓左右曰：甚矣！汲黯之戆也！"② 不过发发牢骚而已，要知道此时非汉初高祖之时了，皇权已大大加强，武帝能如此表现，这与他本人的修养、气度有关，也与当时"专制主义"尚未恶性发展有关。

再例如，汉代还有经常的比较完善的"集议"制度，如《后汉书·百官志》所说：

> 凡国有大造大疑，（太尉）则与司徒、司空通而论之。

当时"集议"之事甚多，包括当时朝廷的头等大事，如"立君"、"储嗣"、"宗庙"、"郊祀"、"典礼"之类，也包括关系国计民生的"民政"、"法制"、"边事"、"食货"等。参与"集议"的人员，除了"三公"之外，还有许多大臣和有关主管，有时还有博士，有些"大议"、"大政"，朝廷还派人去"家居"大臣之家"问之"，有些事情甚至反复讨论，事例颇多，不一一举例。不难看出，"集议"制度一方面可以反映当时皇帝的专制尚未恶性发展，另一方面它起着集思广益的作用。

总之，中央集权制度有利于国家统一的巩固，有利于社会的相对安定，从而也有利于经济和文化的发展。

二、民心向背问题

这个看似抽象，实际作用和影响很大的问题，《吕氏春秋》有难能可

---

① 范晔：《后汉书》卷四十六，《陈忠传》，中华书局1965年版，第1556页。
② 司马迁：《史记》卷一百二十，《汲郑列传》，中华书局1959年版，第3106页。

贵的认识，其关于君民关系的论述颇多，有两处议论我想在这里引用，其《功名》篇中明确地说：

> 欲为天子，民之所走，不可不察。

其《顺民》篇更有较详细的论述：

> 先王先顺民心，故功名成。夫以德得民心以立大功名者，上世多有之矣。失民心而立功名者，未之曾有也。得民必（心）必有道，万乘之国，百户之邑，民无有不说。

在列举商汤、周文王等的一些事例论证之后，最后还作一个结语：

> 故凡举事，必先审民心然后可举。

吕不韦及其智囊团有如此明确的认识，当然是得之于对历史现实的总结。有关的历史事实，他们在书中已列举了一些。实际上当时的现实也是很清楚的，民心向背决定成败，秦统一之所以能成功，就在一定程度上取决于民心所向。

首先，人民渴望统一。这方面当时的许多思想家，孟子、荀子、韩非子直到《吕氏春秋》的作者们都有从实际出发的论述，主要的就是春秋战国长期的战乱，所谓“争地以战，杀人盈野，争城以战，杀人盈城”①。往往一场大战之后，如苏秦所说：“民之所费也，十年之田而不偿也”②，人民的灾难生活可说是“如水亦深，如火亦热”，人民之渴望统一，如孟子所说，“若大旱之望云霓也”。只要“民以为将拯己于水火之中也”，就会“箪食壶浆以迎王师”③。

其次，各诸侯国中，秦国具备了多方面统一的条件，其中重要的一条也是民心安定。《荀子·强国篇》记有孙卿子在秦国实地考察后的观感：

---

① 《孟子·离娄上》。
② 《战国策·齐策五》。
③ 引文均见《孟子·梁惠王下》。

入境观其风俗：其百姓朴，其声乐不流汙，其服不挑，甚畏有司而顺，古之民也。及都邑官府，其百吏肃然，莫不恭俭敦敬，忠信而不楛，古之吏也。入其国观其士大夫：出于其门，入于公门，出于公门，归于其家，无有私事也。不比周，不朋党，倜然莫不明通而公也，古之士大夫也。观其朝廷，其闲听决百事不留，恬然如无治者，古之朝也。故四世有胜，非幸也，数也。是所见也。故曰：佚而治，约而详，不烦而功，治之至也，类之矣。

这段话也有点“美化”，但荀子不是轻易说好的人，对秦的批评也不少，但面对“四世有胜”的现实，他分析认为“非幸也，数也”，除开秦的地理条件、法制传统等之外，就“在乎一民”，“士民不亲附，则汤武不能以必胜也”①。而以上那一段描述，可以说他看到的是秦国内部的“安定团结”。这是“秦四有胜，兵强海内，威行诸侯”的根本条件，他在《议兵篇》最后总结说：

兼并易能也，唯坚凝之难也……故凝士以礼，凝民以政。礼修而士服，政平而民安，夫是之为人凝。以守则固，以征则强，令行禁止，王者之事毕矣。

借助各诸侯国民心思安，借助秦国内部的士民亲附，秦终于完成了统一大业。

秦统一后没有满足人民安居乐业的要求，所以二世而亡，很快就被人民推翻。这一点当时的政治家从不同的角度，反反复复地作过许多论述。汉武帝时严安的说法比较典型：

（秦统一之后）元元黎民得免于战国，逢明天子，人人自以为更生，乡使秦刑罚薄赋敛，省徭役，贵仁义，贱权利，上笃厚，下佞巧，变风易俗，化于海内，则世世必安矣。②

① 《荀子·议兵》。

② 班固：《汉书》卷六十四下，《严安传》，中华书局1962年版，第2811页。

而秦王朝没有满足“元元黎民”的“更生”要求，反而举措暴敛，再一次使人民群众“苦不聊生”。可说是人民起而反抗推翻了秦王朝的统治。

汉朝初年的巩固、发展乃至繁荣，得力于“休养生息”政策，这是确定无疑、众所周知的。这里要指出的是，“休养生息”的核心是“安民”而“不扰民”，以秦亡为戒，主张和实行“与民休息”，是当时朝野上下、有识之士的共识。《汉书·循吏传》有一段很好的概述：

> 汉兴之初，反秦之敝，与民休息，凡事简易，禁罔疏阔，而相国萧、曹以宽厚清静为天下帅，民作“画一”之歌。孝惠垂拱，高后女主，不出房闼，而天下晏然，民务稼穑，衣食滋殖。至于文、景，遂移风易俗。

“牧民之本，务在安之”①，人民最起码的要求是“安定”，是能够“安居乐业”。

但是，封建社会本身具有各种矛盾，人民群众不可能真正地长时间“安居乐业”，因而社会危机总是周期性地发生，即便汉初是一个相对稳定、发展的时期，也不是没有矛盾的，如文帝时贾谊所说：“汉之为汉几四十年矣，公私之积犹可哀痛”②，贾谊、晁错等人一再提醒皇帝“思安百姓”。汉初六七十年之后，稍有积蓄，汉武帝大规模“外事夷狄，内兴功利”，再一次弄得“天下虚耗，人复相食”。好在汉武帝没有继续硬干下去，到了晚年“悔征伐之事”，“乃下诏，深陈既往之悔”。此诏记在《汉书·西域传》中，认为继续用兵，“是扰劳天下，非所以优民也”，不仅“不复出军”，而且“封丞相车千秋为富民侯，以明休息，思富养民也”。

接下来有所谓“昭宣中兴”。“至昭帝时，流民稍还，田野益辟，颇有畜积。”③ 昭帝初年霍光辅政，“光知时务之要，轻徭薄赋，与民休息”④。宣帝时“吏称其职，民安其业也”⑤。昭宣之时的确可以称为“与民休息”

---

① 贾谊：《过秦论》。

② 班固：《汉书》卷二十四，《食货志》，中华书局 1962 年版，第 1128 页。

③ 班固：《汉书》卷二十四，《食货志》，中华书局 1962 年版，第 1141 页。

④ 班固：《汉书》卷七，《昭帝纪》，中华书局 1962 年版，第 233 页。

⑤ 班固：《汉书》卷八，《宣帝纪》，中华书局 1962 年版，第 275 页。

政策再度登场。这也是安民之策，是与关注民情、民心有关系的。正因为如此，西汉王朝也得以再延续六七十年！

民心之向背问题实际上是一个根本性的政治问题，对于政权来说是存亡的关键，任何一个当权者都十分注意这个问题。再以东汉的政治为例，《后汉书·循吏列传》开头写道：

> 初，光武长于民间，颇达情伪，见稼穑艰难，百姓病害，至天下已定，务用安静，解王莽之繁密，还汉世之轻法……故能内外匪懈，百姓宽息。

这是客观的描述。光武帝刘秀深知人之情伪，从而指导他自己的行为，可说是自觉的、明确的。《后汉书·光武帝纪》又写道：

> 初，帝在兵间久，厌武事，且知天下疲耗，思乐息肩。自陇、蜀平后，非儆急，未尝复言军旅。

所以他曾在诸母面前脱口而出：“吾理天下，亦欲以柔道行之。”直至其临死之前，遗诏曰：

> 朕无益百姓，皆如孝文皇帝制度，务从约省，刺史、二千石长吏皆无离城郭，无遣吏及因邮奏。

如此以百姓为念，力求不扰民，是深知牧民之本，务在安之！

东汉一朝矛盾错综复杂，有识之士始终以民为念，统治剥削阶级特别是一些最腐朽的势力（外戚、宦官之类）不顾人民的死活，人民所受灾难日益加重，被迫频频起而反抗，因而从东汉中期开始，就一再掀起农民起义的高潮，终于在“苍天已死，黄天当立”的口号声中，结束了东汉王朝的统治，因为它完全丧失了民心。

三、士人的社会角色

至少从秦汉开始，士人主要指知识分子。如果说现在可以把知识分子列为工人阶级的一部分，古代似应把士人列入人民的范围。以上说民心所向，也应包括士人之心。士人之向背是更为重要的一个内容。东汉王充讲知识分子的作用曾有一个很形象的概括：

六国之时，贤才之臣，入楚楚重，出齐齐轻，为赵赵完，畔魏魏伤。①

现在着重说明如下几点：

首先，士人是平民的一部分。

《说文解字》所说“士，事也”，那就是做事的人。做什么事？文事、武事都是事，所以很早就有武士和文士之分，顾颉刚先生曾作《武士与文士之蜕化》②，认为“吾国古代之士皆武士也”，并且说“士为低级之贵族”。或者认为事主要讲耕作之事，那么士就是农夫，至少不脱离农业生产③。这些都是比较原始的意义和情况。应该指出，士人入仕、做官也是事，和农夫种田一样，这一点孟子有一个明确的说法：

士之仕也，犹农夫之耕也。

并且引公明仪曰：“古之人三月无君，则吊。”又说：“士之失位也，犹诸侯之失国家也。”士人没有君主任用，就是没有事做！这样看来，士人与官吏有很密切的联系。所以把士人看作是官与民之间的一个社会阶层也是可以的。因而既有“士大夫”这样的名称，也往往“士庶”相连，秦汉以前似乎后者更有普遍意义，它属于民的范围。例如在《管子》书中就很明确，其《大臣篇》有云：

君有过，大夫不谏；士庶人有善，而大夫不进；可罚也。士庶人

---

① 《论衡·效力篇》王充推崇的“贤才之臣”，是指那些“怀先王之道，含百家之言”，博古通今，下策万言的“文儒”。

② 参阅顾颉刚：《史林杂志初稿》，中华书局 1963 年版。

③ 参阅杨向奎：《中国古代社会与古代思想研究》上册，上海人民出版社 1962 年版，第 68 页。

闻之吏贤孝悌，可赏也。

而《小匡篇》更明确地说：

士农工商四民者，国之石民也。

有的解释就直接说是“士民”：

古者有四民，有士民，有商民，有农民，有工民。①

有时候士民则包括士与民，如《荀子·致士篇》中所说：

国家者，士民之居也。
国家失政，则士民去之。

很明显士——知识分子更贴近于民。

战国时期出现了“布衣”一词来指称士庶之人。《战国策·赵策》记苏秦说赵王曰：

天下之卿相人臣，乃至布衣之士，莫不高贤大王之行义。

这里一方面说明“布衣”作为平民的代称，另一方面它又与“士”紧密相连。关于“布衣”为平民之代称，《盐铁论·散不足篇》有一个解释：

古者，庶人董老而后衣丝，其余则麻枲而已一，故命曰布衣。

《史记·李斯列传》记载李斯曾说：

夫斯乃上蔡布衣，闾巷之黔首……

① 《春秋穀梁传·成公元年》。

布衣、黔首、平民百姓，这含义是十分明确的，但李斯在准备“西说秦王”，辞别他的老师荀卿时曾说：

今秦王欲吞天下，称帝而治，此布衣驰骛之时，而游说者之秋也……久处卑贱之位……自托于无为，此非士之情也。①

他这里所谓布衣，并非一般黔首，而明确地是指尚无一官半职的士——知识分子而言。

我们认为，一般士人——知识分子应该属于平民中的一个社会群体。

至于士大夫，当然是指居官有职位之人，不过非高官的称呼，所谓：“坐而论道谓之王公，作而行之谓之士大夫。”② 相对而言，秦汉以前士庶、士民的连称用得较多，士大夫用得较少。有学者指出，“士大夫模式的形成”，所谓士人—官僚—地主三位一体成为普遍现象，是在汉代③。这一点似可确定。

其次，简要谈谈士人社会角色及其思想的变化。

知识分子凭着自己的知识做事，最好最理想的就是“仕”，找一个任用自己的主人。如上引孟子讲这个问题时，还引用了“传曰”：

孔子三月无君，则皇皇如也，出疆必载质。④

三个月没有任用就惶惶不安，而且急急忙忙带着礼物去找另一个国君。孟子也是“后车数十乘，从者数百人，以传食于诸侯”⑤。我们看到春秋战国时期，许多布衣之士“驰骛”、“游说”于诸侯之间，为各诸侯国国君出谋献策，甚至他们的计谋是可以随时改变的，你需要什么他就给你什么，一旦被采纳，就可以得到高官厚禄。这方面事例颇多，不胜列举。

知识分子与当权者是一种买卖关系，所谓“待价而沽”，《论语·子罕

① 司马迁：《史记》卷八十七，《李斯列传》，中华书局1959年版，第2539页。
② 《周礼·考工记》。
③ 参阅刘泽华主编：《士人与社会》（秦汉、魏晋、南北朝卷），天津人民出版社1992年版。
④ 《孟子·滕文公下》。
⑤ 《孟子·滕文公下》。

篇》记载：

子贡曰："有美玉于斯；而韫椟藏诸？求善贾而沽诸?"子曰："沽之哉！沽之哉！我待贾者也。"

说得不好听，孔子是等待一个好价钱卖掉自己，说得好听一点，他是等待识货的人。当然，知识分子"卖"自己，也有一个"志于道"的问题，孟子"后车数十乘，从者数百人，以传食于诸侯"，彭更问他，你这不太过分了吗？（"不以泰乎？"）孟子曰：

非其道，则一箪食不可受于人；如其道，则舜受尧之天下，不以为泰。①

不过，实际并非都是如此，所以孟子又说：

仕非为贫也，而有时乎为贫……为贫者，辞尊居卑，辞富而居贫。②

为生活万不得已要去"仕"，那就不要接受高官厚禄。知识分子如何入仕，是一个比较复杂的问题，这里无法评述。我们从另一个角度看到的是士的流动性，这里不是讲那种贵族下降为士或平民上升为士的流动性，而是讲士在诸侯之间流动，所谓"朝秦暮楚"。更重要的是，我们可以看到一种双向选择，合则留，不合则去。战国时此类事例甚多，非此处要说的问题，但这种情况延续到秦汉。

秦的强大和统一乃至政策初制定，与"客卿"③ 身份的知识分子都有密切的关系，这在前引《史记·李斯列传》中有较集中的反映，秦始皇不仅以外来的知识分子为相，而且设立七十人的博士参与朝廷大事的讨论，

① 《孟子·滕文公下》。

② 《孟子·万章下》。

③ 胡三省注《通鉴·周显王三十六年》时说："秦有客卿之官，以待自诸侯来者，其位为卿，而以客礼待遇之也。"

可以说是与天下士人携手。只是好景不长。秦始皇与知识分子的矛盾日益加深，乃至有“焚书坑儒”的举措，虽书未尽焚，博士也照旧，但由于政治、社会更多更大的矛盾，引起人民的反抗，思想上和出路上都有矛盾的知识分子，有的就投奔了起义军，《史记·儒林列传》写道：

> 鲁诸儒持孔氏之礼器，往归陈王，于是孔甲为陈涉博士，卒与涉俱死。陈涉起匹夫……其事至微浅。然而缙绅先生之徒，负孔子礼器，往委质为臣者何也？以秦焚共业，积怨而发愤于陈王也。

当然，不合则去，有更多的知识分子隐居教授去了。一旦时机成熟，他们又投奔新的主子，汉初有叔孙通等人的明显例子，这里就不一一举例了。战国时期的养士之风，秦汉时期也继续存在，秦代吕不韦招养大量宾客，就是很明显的例子：

> 当是时，魏有信陵君，楚有春申君，赵有平原君，齐有孟尝君，皆下士、喜宾客以相倾。吕不韦以秦之强，羞不如，亦招致士，厚遇之，至食客三千人。是时诸侯多辩士。如荀卿之徒，著书布天下。吕不韦乃使其客人人著所闻，集论……号曰《吕氏春秋》。①

吕不韦免相之后，仍然是“诸侯宾客相望于道请文信侯”。

汉代的突出例子就是淮南王刘安，“招致宾客方术之士数千人”② 作了著名的《淮南子》。实际上其他诸侯王也养士（或者称宾客），大臣也养士，例如田蚡、窦婴都养有大量“游士宾客”，为九卿之官的许多人也“收接天下名士大夫”③。以清廉著称的汲黯、郑当时都养有宾客，“两人中废，宾客益落”④。这些宾客也是时来时去，《汉书·张冯汲郑传》记载了一个例子：

---

① 司马迁：《史记》卷八十五，《吕不韦列传》，中华书局 1959 年版，第 2510 页。
② 班固：《汉书》卷四十四，《淮南衡山济北王》，中华书局 1962 年版，第 2145 页。
③ 班固：《汉书》卷五十九，《张汤传》，中华书局 1962 年版，第 2638 页。
④ 班固：《汉书》卷五十，《张冯汲郑传》，中华书局 1962 年版，第 2325 页。

先是下邽翟公为廷尉，宾客亦填门，及废，门外可设爵罗。后复为廷尉，客欲往。翟公大署其门曰："一死一生，乃知交情；一贫一富，乃知交态；一贵一贱，交情乃见。"

什么交情不交情，主要是相互为用。当权者要养一批人，是当作工具；包括出谋献策，士人则是讨碗饭吃，也包括实现自己的理想，当然"士为知己者死"也是有的。淮南王的宾客左吴等人，明知他谋反，也参与其事，也有如伍被这样的人，曾多次劝谏，但又勉强"为王画反计"，直至"后事发觉"，才去"诣吏自告"①。

王公大臣之养士弄得不好就会威胁中央王朝，汉武帝是非常反对的，班固在写《卫青传》之后，赞曰：

苏建尝说责："大将军至尊重，而天下之贤士大夫无称焉，愿将军观古名将所招选者，勉之哉！"青谢曰："自魏其、武安之厚宾客，天子常切齿。彼亲待士大夫，招贤黜不肖者，人主之柄也。人臣奉法遵职而已，何与招士！"②

这里透露出一个极为重要的信息，汉武帝是反对王公大臣养士的，"切齿"痛恨，这也许有历史的原因，诸侯之反叛明显有士人相助。卫青看到了这一点，所以不愿"招士"，并且认为此乃"人主之权柄"。汉武帝充分利用了自己的权柄，有广招人才之誉。例如班固在《公孙弘卜式儿宽传》篇末就大吹一番：

是时，汉兴六十余载，海内艾安，府库充实，而四夷未宾，制度多阙。上方欲用文武，求之如弗及，群士慕向，异人并出。汉之得人，于兹为盛……不可胜纪。是以兴造功业，制度遗文，后世莫及。

此话中反映了一些基本事实，但需要进行分析，武帝时由于不拘一格选拔

① 班固：《汉书》卷四十四，《淮南衡山济北王》，中华书局1962年版，第2149～2152页。
② 班固：《汉书》卷五十五，《卫青传》，中华书局1962年版，第2493页。

人才，拔于贾竖、奴仆、降虏等，予以重用，人才济济是事实。但武帝寻人才的态度，也有我们必须指出之处。《资治通鉴》有一段记述说：

上招引士大夫，常如不足，然性严峻，群臣虽素所爱信者，或小有犯法，或欺罔辄按诛之，无所宽假。汲黯谏曰："陛下求贤甚劳，未尽其用，辄已杀之。以有限之士恣无已之诛，臣恐天下贤才将尽，陛下谁与共为治乎？"黯言之甚怒，上笑而谕之曰："何世无才，患人不能识之耳。苟能识之，何患无人？夫所谓才者，犹有用之器也。有才而不肯尽用，与无才同，不杀何施？"①

下面汲黯表示不理解，武帝借他自己所说是愚蠢，就不必详引了。由此可见，汉武帝一方面招延"士大夫"，另一方面视才士为工具（器），而且可任意杀戮，暴露出一副十足专制皇帝的面孔。从汉武帝以后，知识分子的角色和地位有很大的变化，那种相对自由选择主子，特别是相对自由的双向选择，已不复存在了。一般王公大臣的养士之风好像突然停止了，现在我们能看到的例子，大多是汉武帝及其以前时期的。虽然后来有东汉盛行的门生故吏，但与此前的养士之风是不同的。这里就不详细讨论了。

似乎可以这样认为，汉武帝注意人才搜罗，设立学校，设立五经博士及博士弟子员，实行察举、辟除、任子、试博士弟子等仕进制度，给知识分子尽量提供一些出路。但是他加强了导向，那就是所谓"独尊儒术"，其察除的科目，如孝廉、茂才、贤良、方正、贤良文学、明经、有道、至孝、敦厚等，都是以儒家思想为核心的。这样就引导大量的知识分子去学习儒家经典，如班固为《汉书·儒林传》所写之赞云：

自武帝立《五经》博士，开弟子员，设科射策，劝以官禄，讫于元始，百有余年，传业者寖盛，支叶蕃滋，一经说至百余万言，大师众至千余人，盖利禄之路然也。

士人为了求得一官半职，不得不去苦读经书，以至于汉代经学特别发达，

① 《资治通鉴》卷一九，元狩三年。《史记》《汉书》中的《武帝纪》和《汲黯传》均未见。

这是一个副产品，却在学术史上成为一件有深远意义的大事。至于其他诸子之学，即使没有明确具体的“罢黜百家”措施，也自然会处于一种沉寂的状况，成为冷门。

以上所言士人，部分包括将入仕的和已入仕的内容，但已做官的士大夫这里不再作论述。

四、思想学术的特点

以上讨论知识分子的问题，已涉及当时的思想和学术，这里再就其主要特点作一简略的概述。

过去有的学者曾用“学术思想的混合与儒家的独尊”[①] 来概括这一时期的学术思想。近年来，我们也曾使用“思想的大融合”、“综合性的学术”[②] 等词来形容秦汉思想、学术的特点。关于“融合”我也曾考虑，是否使用“整合”更为合适，因为它既不简单地“混合”，也没有完全融为一体，而是在由分到合的过程中，形成了各具特色的新的思想和学术。如果沿用儒家、道家、法家等说法的话，秦汉时期是新儒家、新道家、新法家[③]，各家都既坚持自己的主要思想，又广泛地有选择地吸取其他派别的思想，形成自己的新思想、新学说。

究其原因，实有内、外两个方面。首先是内因，诸子百家虽然“各引一端，崇其所善，以此驰说，取合诸侯”。但是：

> 其言虽殊，辟犹水火，相灭亦相生也。仁之与义，敬之与和，相反而皆相成也。易曰：“天下同归而殊途，一致而百虑。”[④]

我们也曾经概括说“百家争鸣”是“殊途同归”、“相生相灭”、“同源异流”、“求同存异与齐万不同”[⑤]。因此，由分到合，已是战国末期的发展

① 杨东莼：《中国学术史讲话》，上海科学技术出版社 2015 年版，第 105 页。
② 熊铁基：《秦汉文化志》，上海人民出版社 1998 年版。
③ 参阅拙作《秦汉新道家略论稿》萧萐父先生序，上海人民出版社 1984 年版。
④ 班固：《汉书》卷三十，《艺文志》，中华书局 1962 年版，第 1746 页。
⑤ 熊铁基等：《中国老学史》，福建人民出版社 1995 年版，第 83～90 页。

趋势。庄子、荀子、韩非子都颇有这样的倾向。

其次，那就是政治上大一统的形成和发展，这外部条件对学术的影响是很明显的。班固在《汉书·艺文志·诸子略》的最后写道：

> 使其人（按：指诸子）遭明王圣主，得其所折中，皆股肱之材已。仲尼有言："礼失而求诸野。"方今去圣久远，道术缺废，无所更索，彼九家者，不犹愈于野乎？若能修六艺之术，而观此九家之言，舍短取长，则可以通万方之略矣。

这可以说是对现实的总结。大一统的政治和大一统局面的巩固，需要士人出谋献策，需要思想理论，《吕氏春秋》是吕不韦等人为统一天下设计的政治蓝图，《淮南子》实际也是一部政论书，董仲舒向汉武帝献策、作《春秋繁露》，乃至以《春秋》决狱等，都是在政治上大统一的情况下应运而生的。

我们读董仲舒的对策特别有意义，董仲舒实际上是在汉武帝一再"垂问"，一再启发下阐述出思想理论的，汉武帝从问"大道之要，至论之极"开始，"求天命与情性"，问"垂拱无为"之道，"垂问乎天人之应"，等等，一再要求他"悉之究之，孰之复之"。董仲舒小心翼翼，一边揣摩，一边回答。一方面阐述了"天者群物之祖也"、"天人相与之极甚可畏也"等理论问题；另一方面紧密地联系政治问题，例如说：

> 道者所由适于治之路也，仁义礼乐皆其具也。
> 故治乱废兴在于己，非天降命不可得反。
> 王者承天意以从事，故任德教而不任刑。

甚至明确地说：

> 故汉得天下以来，常欲善治，而至今不可善者，失之于当更化而不更化也。

最后的回答是：

春秋大一统者，天地之常经，古今之通谊也。今师异道，人异论，百家殊方，指意不同。是以上亡以持一统，法制数变下不知所守。臣愚以为，诸不在六艺之科、孔子之术者，皆绝其道，勿使并进，邪辟之说灭息，然后统纪可一，而法度可明，民知所从矣。①

应该说对于如何巩固大一统是说得相当全面的，在思想文化领域，就是人们所常说的“推明孔氏”或者“独尊儒术”和“罢黜百家”。他的思想和主张，后在汉代实际上是在一定程度上实施了的。当然并不是一开始就实施的，有一个比较复杂的过程，只要看当时“对既毕，天子以仲舒为江都相”，并未马上予以更大的重用，就可知是后来慢慢实施的。而且其中有比较复杂的政治、思想原因，这里不作讨论。

思想理论的指导，深入发展影响到学术，那就是汉代以“经学”为代表的学术系统的形成，我们把它称为“综合性的学术”，这种与政治紧密相关的学术，其综合性表现就是它可以说“包罗万象”，经学几乎包含了当时的所有学问，不仅人文社会科学的各种学问，自然科学的一些内容也在其中。因而从“五经博士”的设立，到郡学校和乡里庠序的教育，再到私人讲学传授，都进一步促进经学的发展，与大一统的政治相互作用，一致发展，这有许多具体事例，包括博士弟子员的制度、各种形式的讲经论学，如著名的西汉石渠阁会议、东汉白虎观会议等，也不一一详述了。

秦代“以法为教”是主要的，汉初一度曾以黄老新道家为主，西汉中期以后儒家思想逐渐占支配地位。但是，一方面，任何时候，用王充的话说“诸子文篇俱在”；另一方面，有些时候（不仅汉初黄老），诸子思想还会产生较大的影响。当然，秦汉时期特别是经学形成以后，诸子主要指道家诸子，特别是老子和庄子。

① 班固：《汉书》卷五十六，《董仲舒传》，中华书局1962年版，第2523页。

秦汉历史的纵与横

纵是指秦汉历史的发展阶段，横是指当时社会政治、经济、文化等各方面的发展及其互动关系。纵、横之间有着密切的联系，本文将概述这两方面的情况。

四百多年的秦汉历史，秦、西汉（或称前汉）、东汉（或称后汉）是随着几个王朝兴衰的自然分段。秦朝的历史不长，从公元前 221 年统一六国正式建立秦王朝，到公元前 206 年子婴向刘邦投降，只有 15 年。但是它各方面的特点十分突出（前已略述），这一阶段一般是独立记述的。两汉时间都比较长，西汉从公元前 206 年至公元 8 年，东汉从公元 25 年至公元 220 年（公元 8 年至公元 24 年是王莽政权），都有 200 年的历史。阶段划分可以多一些，有的著作把西汉和东汉都分成前后期，西汉前期一段划分到宣帝（公元前 73 年至公元前 49 年）时，东汉后期，是从安帝（公元 107 年至公元 125 年）开始。有的则分别把西汉和东汉分成初期、中期和晚期，西汉的中期即武帝、昭帝、宣帝时期，从公元前 140 年到公元前 49 年，也是西汉王朝的鼎盛时期，东汉的中期不十分明显，大体上以时间划分，可以包括章帝、和帝、安帝、顺帝几朝，从公元 76 年到公元 143 年。所有这些划分，主要着眼于王朝的治乱兴衰，政治上的强大与衰落，社会上的安定与混乱。

整个社会、经济、文化等各方面的发展，与政治的发展是密切相关的，相互之间影响很大。但社会、经济、文化的发展变化更为复杂，它们的发展阶段有时与政治一致，有时又并不一致。其发展变化的过程更细、更复杂，没有政治的变化明显，但影响却是不小的。

根据治乱兴衰的发展情况，有些通史又以一个个帝王在位的时间为发展阶段，所以就有如下记述法：西汉的“高祖初政”、“文景之治”、“武帝内外之功”、“昭宣中兴”、“元成哀平”以及“新室始末”等，东汉则有“光武中兴”、“明章之治”，然后和帝、安帝时期开始衰乱，灵帝以后成为乱亡之世。这些发展，是大的最明显也是最表面的历史现象。但是，秦汉史上各个阶段的历史地位是很不相同的，从政治、经济、文化等制度的创立来看，秦和西汉最为重要，其中如秦始皇、汉武帝时期又尤为突出。从社会组织、文化思想的演变来看，东汉又有自己的特点。其发展大势是：汉朝初年，所谓“接秦之敝”，主要是“与民休息”，因而有“轻徭薄赋”、提倡节约，信奉黄老清静无为思想等。这一阶段的休养生息，成绩是显著的：“至武帝之初七十年间，国家亡事，非遇水旱，则民人给家足，都鄙廪庾尽满，而府库余财。京师之钱累百巨万，贯朽而不可校……众庶街巷有马，阡陌之间成群……”① 正是凭着这样的物质基础，汉武帝才能大有作为。

汉武帝从公元前140年起到公元前87年在位整整半个世纪，如果把汉初的七十年算这一时期的准备和基础的话（史书上也是说“武帝因文景之富”），那就是一百多年，是整个西汉的一大半，所以西汉历史以这一阶段特别丰富，内功外事众多。一些历史遗留问题，在这一时期得到了彻底解决，如中央与王国斗争的问题、匈奴边患问题、儒道之争问题等。一些新的制度在这一时期开始建立，如盐铁专卖、“均输”、“平准”的实行等。内事兴作，外事夷狄，功过是非都有，封禅、修宫室、迷信方士等，是劳民伤财的；铸五铢钱、修水利、推行“代田法”等，是有利于经济发展的；凿通西域、开疆拓土，其功是不可没的。这一段历史是汉代历史最光辉的一页。武帝以后“昭宣中兴”，不过是再一次实行轻徭薄赋等措施，以缓和日益尖锐的社会矛盾，各种政策基本上是武帝时期的延续，社会矛盾愈益加深，其中土地、奴婢问题最为严重，元、成、哀、平各朝一直到王莽新室，都致力于解决这两大问题，但都未能解决，终于导致了西汉末年或者新莽时期的绿林、赤眉起义。西汉以后建立的东汉，虽曾一度“中兴”，但基本上是西汉政治社会的继续，特别是在西汉末年社会结构的基础上发展的，其保护豪强地主利益的根本国策，决定了东汉发展的局限性，所以东汉一代，长时期处于各种社会政治矛盾之中，因而东汉历史上突出的是宦官、外戚专权，党锢之祸，豪强地主的发展，直到武装割据等。而社会组织、文化思想的演变正是在这种种矛盾之中发生，为下一个

① 班固：《汉书》卷二十四，《食货志》，中华书局1962年版，第1135页。

历史时期提供了一些新的变化因子（如田庄经济所反映的社会组织、老庄思想的重新兴起之类）。这里我们要强调指出，东汉历史与西汉历史的发展显然不同。西汉经过汉初七十余年的恢复发展，到汉武帝达到鼎盛，又有半个世纪。以后还有所谓“昭宣中兴”，长达一二百年繁荣发展时期。而东汉安定繁荣的时间短，政治社会危机来得快，光武帝三十年有将近二十年在平定“群雄”的战争中，其黄金时期仅有“明章之治”略可称道，前后不过三十年，从和帝开始，就是外戚、宦官之祸接踵而至了，并且伴随着不断的“外患”、“内乱”，东汉时北方匈奴之患虽然小了些，西方羌人之乱大大加强，几乎与东汉王朝相始终，其他少数民族以及内地各地的反抗斗争，从中叶以后连绵不断。东汉实际上没有什么中期可言。

以上可以说是秦汉史的发展大势。但政治方面的发展变化，也远非以上所列举的这些，还有许许多多的具体内容。仅以政治制度为例，再作一些说明。例如一般以“三公九卿”来概括秦汉的中央官制，这是不太确切的。所谓“九卿”不过沿袭一种旧的说法，实际上相当于这个级别的官吏不止九个，而是十一二个，有时还更多，东汉人刘熙就有“汉置十二卿”的说法①。不过，“九卿”的变化还相对小一点，“三公”则几乎从未起过作用，西汉初年基本上是丞相制，丞相“掌佐天子，助理万机”，有时把汉初的太尉、丞相、御史大夫称为“三公”，如枚乘《上书重谏吴王》云：“今汉亲诛其三公以谢前过”，注：“谓诛晁错也，错为御史大夫，故曰三公。”但汉初御史大夫与丞相是不能比的，丞相金印紫绶，秩万石，他只是银印青绶，秩中二千石。到西汉末成帝更名为大司空之后，才“金印紫绶，禄比丞相”②。但自从武帝以后，形成以“侍中”、“常侍”等加官的“中朝”，取代了丞相的权力，再以后又以“中书”、“尚书”等皇帝近侍取代丞相的权力。所以，虽然形式上成帝以司徒、司马、司空三公官分掌中央的权力，东汉也确认这种制度，但“虽置三公，事归台阁（台阁谓尚书也)”③，实际上是“众务悉归尚书，三公但受成事而已”④。在秦汉历史上，“三公”始终是名义上的，实际起的作用比较少。这具体的发展变化，

① 李昉等：《太平御览》卷二百二十八引。
② 班固：《汉书》卷十九，《百官公卿表》，中华书局1962年版，第725页。
③ 范晔：《后汉书》卷四十九，《仲长统传》，中华书局1965年版，第1657页。
④ 杜佑：《通典》卷二十二。

与君权和相权的矛盾相关，与政治上的治乱兴衰密切相关，相互之间影响很大。

地方行政制度也是如此，虽然总的说来秦汉实行的是郡县制，但是也曾有过封国与郡县并存的时期，和实际上的州、郡、县三级制时期。东汉时的州牧，成为独霸一方的割据势力，与治乱兴衰大有关系，如刘昭注《后汉书·百官志》时所说：东汉末年，“大建尊州之规，竟无一日之治。故焉牧益土，造帝服于岷、峨；袁绍取冀，下制书于燕、朔；刘表荆南，郊天祀地；魏祖据兖，遂构皇业。汉之殄灭，祸源乎此”。州牧有时称为刺史，名称改过几次。而汉武帝最初所设刺史，官卑权重，主要是用来监督地方官的，发展的结果，走向了反面。诸如此类的发展变化，就是本书“国家控制篇”的内容。

从经济方面说，土地所有制是一个根本性的问题。秦汉时期的土地制度，是封建土地所有制，它包括封建国家土地所有制、封建地主土地所有制和自耕农土地所有制这三种基本形式。秦汉王朝在这种土地所有制的基础上，征收田租、赋税，征发兵、徭役，维持着政治的统一和稳定。例如，西汉初年，“至武帝之初七十年间，国家亡事，非遇水旱，则民人给家足……人人自爱而重犯法，先行谊而黜愧辱焉”①。社会相对安定，阶级矛盾比较缓和，较大规模的反抗斗争比较少，政治经济发展是协调一致的。武帝以后，这种协调发展逐渐被打破了。突出的表现就是政府的财政出现困难。“天下虚耗”使原有的积累耗散殆尽，所谓“臧钱经用赋税既竭，不足以奉战士”，可以说已经是入不敷出了，其原因当然是汉武帝的“外事四夷，内兴功利”，消耗了大量的财力、物力、人力。但是人们往往忽略了收入相对减少这一原因。汉武帝为了增加财政收入，实行币制改革、盐铁官营、均输平准，采取算缗、告缗等措施，增加了人民群众的赋税负担。但是汉武帝却无法阻止土地所有制的变化，那就是自耕农民的破产，豪强地主的土地兼并。这种变化自然影响政府的财政收入。这种变化从汉武帝时就已经开始，所谓“并兼豪党之徒以武断于乡曲。宗室有土，公卿大夫以下争于奢侈”②。西汉后期，土地兼并的问题日益严重，董仲舒

① 班固：《汉书》卷二十四，《食货志》，中华书局1962年版，第1135～1136页。
② 班固：《汉书》卷二十四，《食货志》，中华书局1962年版，第1136页。

等人的“限田”解决不了问题，王莽的“王田制”也没有办法。除了农民大起义一度解决了部分土地问题之外，东汉政权事实上是承认和保护大土地所有者利益的。两汉时期，土地兼并日盛，大土地所有者势力越来越大，反过来又影响政治的发展，加深了地方割据势力的发展，形成统一国家的分裂因素，影响着政治上相应的许多改变。

土地所有制的变化，王公贵族大官僚及豪强地主大土地所有制的发展，直接威胁中央集权。如“济南瞷氏，宗人三百余家，豪猾，二千石莫能制”①。这是景帝时就已经有了的事，各地豪猾有的数以千百计，他们不仅“武断于乡曲”，而且与朝廷官府较量，逃避赋税就是一大害：“大抵逋赋，皆在大家，吏已畏惮，不敢笃责。”② 因此朝廷不得不采取相应的措施，任用“酷吏”打击豪猾就是一重大举措，据《史记》《汉书》的《酷吏列传》记载，所谓“酷吏”“皆以酷烈为声”。但其突出事迹之一即打击豪强，以“诛锄豪强”（田延年）为务，“其治务在摧折豪强，扶助贫弱”（严延年），在哪里为官，就在哪里打击豪强，“所居郡，必夷其豪”（周阳由），王温舒为河内太守，“部吏如居广平时方略，捕郡中豪猾，相连坐千余家。上书请，大者至族，小者乃死，家尽没入偿臧，奏行不过二日，得可，事论报，至流血数十里”，成效很大。司马迁说：“虽惨酷，斯称其位矣。”可见打击豪强是十分有力的。汉武帝在制度上也采取措施，元封五年（公元前106年）设立部刺史，“以六条问事”，第一条就是：“强宗豪右田宅逾制，以强凌弱，以众暴寡。”（《汉书·百官公卿表》师古注引《汉官典职仪》）此外，汉中央政府对待诸侯王的各种措施，如元朔二年（公元前127年）颁行“推恩令”之类，使得“藩国自折”③，实际也是解决“有土”宗室的土地问题。土地兼并，大土地所有制的发展，影响是很广泛的，表面上看起来关系不大的兵役制度，由征兵制向募兵制的转变，在很大程度上也是因为大土地所有制的发展，影响了征兵制的兵源。如此等等，这里不再详举。

大土地所有制的发展，与政治发展的阶段性不是同步的，而是成反比例进行的。中央集权强大、政治相对稳定时，能在一定程度上遏制大土地

---

① 司马迁：《史记》卷一百二十二，《酷吏传》，中华书局1959年版，第3133页。

② 桓宽：《盐铁论·未通篇》。

③ 班固：《汉书》卷十四，《诸侯王表》，中华书局1962年版，第395页。

所有制的发展。但是，大土地所有制按照自身的规律发展，无论是西汉末年的“限田”、“王田制”，还是东汉初年的“度田”，哪一种措施，都改变不了它的发展规律（应该说农民起义倒在一定时间和范围内起一定的遏制作用，但封建政权保护地主阶级的利益又冲淡了其影响），以至于在东汉时期逐渐形成一种新的组织形式——豪强地主控制下的田庄。这种田庄经济在当时农业生产中起着愈来愈大的作用。

如果从土地制度发展的角度看，东汉地主田庄应该是有阶段性意义的，无论经营方式、内部结构、阶级关系等哪一方面，都有较为突出的特点。而这种田庄的发展本身又有几个阶段，西汉中晚期可以作为一个初步形成的阶段，东汉时期是一个主要的典型的阶段。东汉末年，田庄逐渐发展成兵农合一的坞堡，开启了下一个历史时期的经济和政治模式。新的所谓“田庄”是指豪强地主的田庄，从西汉中晚期开始，田庄经济就明显地发展起来了，到东汉时逐渐普遍，逐渐完善。其特点表现在生产关系上是，一个个豪强地主占有大片相连的土地，方圆几十里，或者几万亩的土地，如樊重“开广田土三百余顷”①、郑太“有田四百余顷”②，同时还占有众多的奴婢和佃客，所谓“奴婢千群，徒附万计”③。这样，大量的劳动者脱离了政府控制，不再是国家的编户齐民，豪强地主奴役和剥削这些奴婢以及各种各样的依附农民，即所谓“上家累巨亿之资，斥地侔封君之土……下户踦跂，无所跱足，乃父子低首，奴事富人，躬率妻孥，为之服役”④。此外，汉代田庄还有一个突出的特点，它是聚族收宗，对立的阶级关系上笼罩着一层宗族、亲戚关系的纱幕，如《四民月令》记述田庄情况时说：当“冬谷或尽，椹麦未熟”的青黄不接时，田庄主要“振（赈）赡穷乏，务施九族，自亲者始”。秋收之后，田庄主又“存问九族孤寡老病不能自存者，分厚彻重，以救其寒”。并且，“乃顺时令，救丧纪，同宗有贫宴久丧不堪葬者，则纠舍宗人，共与举之，以亲疏贫富为差，正心平敛，无相逾越，先自竭以率不随”，“十二月，请召宗族，婚姻、宾旅、讲好和礼，以笃恩纪……惠必下浃”。“贫富”与“亲疏”搞在一起很容易模

① 范晔：《后汉书》卷三十二，《樊宏阴识列传》，中华书局 1965 年版，第 1119 页。
② 范晔：《后汉书》卷七十，《郑孔荀列传》，中华书局 1965 年版，第 2257 页。
③ 范晔：《后汉书》卷四十九，《仲长统传》，中华书局 1965 年版，第 1648 页。
④ 崔寔：《政论》。

糊不清。剥削和压迫是客观存在的，“父子低首，奴事富人”，是其关系的本质。但是，另一方面，田庄主或者有一定的组织生产的作用，这一点特别是在战乱期间表现得尤为突出，田庄主组织族人起来自卫。所以田庄主又拥有私人武装，即所谓家兵、部曲，这种武装力量在东汉末年和以后的三国时期，在社会、政治生活中，发挥着很大的作用。豪强大族拥有田庄，控制宗族，不仅有经济实力，而且有武装力量，当然在整合政治生活中能发生影响。他们甚至还能操纵选举，把持仕途，垄断学术文化。所以说，东汉虽是西汉的继续，但在田庄经济发展的基础上，整个社会政治又发生着新的变化。

再从思想文化方面说，比经济方面的发展变化更为复杂，它既与政治的发展有密切关系，又有很大的独立性和复杂性。

秦朝“以法为教”，汉初崇尚黄老，汉武帝独尊儒术，这是几个大的明显的变化，这些变化是由政治变化而引起的。这中间有统治者如何选择统治思想的问题，也有各种思想流派如何适应统治需要的问题，但任何时候都不是简单的对号入座。例如从统治思想来说，虽然有时对某一流派的主张比较器重，但从来没有真正完全排挤过其他各派，因而所谓“焚书坑儒”、“罢黜百家”等都是值得重新分析和评价的。从我们研究秦代的社会思潮来看，除开法家主张明显地被采纳和运用外，儒家、道家的思想和主张都有较大的影响，无论在统治阶级内部还是在整个社会都是如此。汉代统治思想的真实情况，正如汉宣帝所说，“汉家自有制度，本以霸王道杂之”，并且明显是针对“宜用儒生”的建议而言的，他接着说：“奈何纯任德教，用周政乎！且俗儒不达时宜，好是古非今，使人眩于名实，不知所守，何足委任!”① 人们概括汉代是德刑并用的两手政策，自有一定的道理。因为在大的政治原则上虽是采用儒家的理论，但实际上阴阳家的学说也起很大的调节作用，具体的处理政事则多半用的是法家主张，道家的思想、权谋也经常得到运用。对知识分子，借儒学“劝以官禄”，以章句、词赋消磨其精力，对下层人民则宽猛相济，尽量使之安分守己。

另一方面，从各思想流派本身的发展看，为了达到“其务为治”的目的，为了适应政治统治的需要，谁也不能固守自己原有的思想主张，必须

① 班固：《汉书》卷九，《元帝纪》，中华书局 1962 年版，第 277 页。

吸收其他流派的东西。所以汉代的诸子，虽同春秋战国一样有儒、墨、道、法之分，但却是大不相同的，实可以称之为新儒家、新道家、新法家。如果从思想文化的发展来划分历史阶段，笼而统之地有时称两汉为经学时代，这是从儒学的发展来说的，表面上看儒学的“一统”天下，实际上汉代的儒学明显有一个形成和发展、变化的过程，在“独尊”之前有一个斗争和准备的阶段。例如众所周知的汉初儒道之争，我们看到儒家的代表人物是辕固生、申公及其弟子王臧、赵绾等一批人，这些人可说是先秦儒家的“遗老遗少”，他们思想僵化甚至顽固，但势力不小，公孙弘曾不得不“仄目而事固”，师古曰“言深惮之”①，可见一斑。因而也很难能做到“黜老子”——虽这与汉初形势也有关系。而后来能“推明孔氏”的人，却以杂糅了阴阳、道、法思想的董仲舒为代表。由此可见这一阶段思想文化发展的一个特点，儒家的再分化与改造，应该是汉代新儒家形成阶段的情况，然而这方面却缺少深入具体的阐发。即使“定于一尊”以后，汉代儒学发展变化也从未停止过，统治者再三组织讨论“五经异同”，如西汉宣帝时的石渠阁会议、东汉章帝时的白虎观会议等，在一定程度上就反映其发展变化，这中间可以细分为若干阶段，也是一个值得深入研究的问题。一直到东汉末年，儒学发展的总趋势是：不断重新整合，正如郑玄说他自己毕生努力的事：“述先圣之玄意”、“整百家之不齐”②。实际上这是许多学者都在做的事，大家都在那里体会、解说“先圣”的“元意”，也都是在那里努力做“整齐”“百家”的工作，这“百家”既包括经学的各家，也包括诸子百家，许多“大儒”、“通儒”都在那里融会贯通，往往都是兼通数经，兼善《论语》《春秋》，乃至通“百家语”，不过成绩的大小有所不同罢了。写一部两汉经学史，应该细分阶段，就可以把这种发展变化充分地展现出来。

再从道家思想学说的发展来说，其发展阶段又有所不同，汉代也被称为是一个儒道互补的时代，道家思想在汉代是有一定的地位的，后来有些时候有些方面也是有较大影响的。东汉初年，刘秀也曾和西汉初年一样，采用道家学说作为统治的指导思想，《后汉书·循吏传》记载说：“光武长

---

① 班固：《汉书》卷八十八，《儒林传》，中华书局1962年版，第3612页。

② 范晔：《后汉书》卷三十五，《张曹郑列传》，中华书局1965年版，第1209页。

于民间，颇达情伪。见稼穑艰难，百姓病害，至天下已定，务用安静，解王莽之繁密，还汉世之轻法。”他自己也说：“吾理天下，亦欲以柔道行之。”他用“柔道”，“务用安静”，“量时度力”，“苟非其时，不如息人”①。他“身衣大练，色无重采，耳不听郑卫之音，手不持珠玉之玩，宫房无私爱，左右无偏恩”，并且采取了“损上林池籞之官，废骋望弋猎之事”，“广求民瘼，观纳风谣”等许多节俭、勤政的措施，其结果是：“勤约之风，行于上下”，“内外匪懈，百姓宽息”②。抛开其中溢美之词，亦可见与文景之治“与民休息”的西汉初情况大体相似。这可说是道家休养生息主张的再次登场。再以后，有楚王英之喜好黄老，有宫中之祠老子，等等，直至诸葛亮“淡泊以明志，宁静以致远”，在一定程度上也是实践着黄老道家思想③。整个东汉时期，黄老道家思想的传播和地位，有不少材料可供叙述，不少上层人物都学黄老，如外戚樊瑞“好黄老言”④，开国功臣耿弇的父亲曾“学《老子》于安丘先生”，“弇少好学，习父业”（以下数人未注出处者均见《后汉书》本传），大司空张纯“务于无为”，章帝时司空任隗“少好黄老，清静寡欲”，等等。黄老学者受到尊重和礼遇，如“少好黄老书”的郑均受到章帝敬重和礼遇。“修黄老”的杨厚受李固的推荐，梁冀也给以礼遇，马融、苏章等著名学者“皆推先于”“少好黄老”的矫慎，等等。东汉时孔老并提，老子是颇受尊崇的，孔融对李膺说：“先君孔子与君先人李老君同德比义，而相师友，则融与君累世通家。”另一方面，许多异端思想家从道家思想中寻找理论武器，高举黄老的旗号，如王充就自称是“虽违儒家之说，合黄老之义也”⑤。道家在汉代自有自己的发展阶段。

从以上举例式的记述看，政治、经济、思想文化等各方面的发展变化，既有相互之间密切的关系，又各自有很大的独立性。实际情形是复杂多样的，具体深入的分阶段进行研究，可以给人以更丰富、更深刻的启示，避免许多简单化的理解。在记述历史的某一方面、某一现象时，很难

---

① 范晔：《后汉书》卷一，《光武帝纪》，中华书局1965年版，第68～69页。
② 范晔：《后汉书》卷七十六，《循吏传》，中华书局1965年版，第2457页。
③ 参看熊铁基：《诸葛亮是秦汉新道家的殿军》，《道家文化研究》第一辑。
④ 范晔：《后汉书》卷三十二，《樊宏传》，中华书局1965年版，第1125页。
⑤ 王充：《论衡·自然篇》。

面面俱到，在学习和理解时则应该考虑到尽可能多的方面。

这里我们要进一步提出理论思考问题。我们看到秦汉时期的辉煌历史成就，常常会引以为骄傲，但如果不作进一步的理性思考，那么学习历史的意义就会大大降低。如果不作理论的思考，面对很明显而需要回答的问题只会瞠目结舌，诸如：秦汉这样一个统一大国究竟是怎样形成的？它与夏、商、周王朝有无区别？绝对的君主专制为什么会出现？为什么皇帝能将一切权力集中于自身而且统治所有的人民？等等。学习和研究历史是应该回答的。我们所写的历史，往往对于“是什么”、“是怎样的”描述得很多。而对于“为什么”、“如何如何”分析得就少。这就是一个理论思考问题。马克思主义理论在我国有半个多世纪的传统，过去用马克思主义理论研究历史，取得了一定的成绩，也存在一些问题，例如运用阶级斗争理论和阶级分析方法，曾经很好地解释了一些历史现象，但也出现过片面、形而上学的问题，后者应该说是违背马克思主义精神的。如果我们因噎废食，抛弃这一新的传统，似乎也是不应该的。这方面我们想说一下日本学者的研究，日本研究中国古代史的学者很多，他们一方面深入发掘材料进行具体历史事实的研究，另一方面在深入具体研究的基础上展开理论性的讨论。以秦汉史为例，他们的许多具体研究是围绕“秦汉帝国论”展开的，老一辈的史学家西嶋定生，从1949年就开始以“家长式家内奴隶制”的理论分析“秦汉帝国”，几十年如一日地探讨，1983年他又发表《中国古代帝国形成史论》①，虽然他的观点前后有变化，但其理论分析的精神是值得称道和学习的。他始终想探讨的问题是：“秦汉帝国里的皇帝与人民的关系如何？这种关系又如何成立？”为此他从一些具体问题说起，如“从封建到郡县”、“君权强化与官僚制的成立”、“社会变动与士族制的解体”、“德治主义与专制主义”、“结合皇帝与人民者”、“赐爵与礼的秩序的形成”、“爵制秩序的实态”、“再论郡县制的成立”、“秦汉帝国形式”等，逐一进行具体分析。和对整个中国史的研究一样，对秦汉史，日本学者前后相继，没有中断过理论讨论②。我们原有的理论探讨，似亦应在新的时期、新的条件下作新的认识，诸如经济基础与上层建筑的关系、制度与意识形态的关系、

① 《日本学者研究中国史论著选译》二，中华书局1993年版。

② 可参考东晋次的《秦汉帝国论》，《日本学者研究中国史论著选译》二，中华书局1993年版。

政治对经济的作用、意识形态的能动作用等。在原有的基础上批判继承，我们的秦汉史研究或有可能出现新的局面，取得新的进展。

改变我们历史著作的面貌。欧美学者对中国历史的研究也值得一提，以《剑桥中国秦汉史》为例，它不但结构、体系与我们不同，在内容上也有突出的特点，一方面广泛引用文献资料，并且很注意文献的考订，另一方面同时着重规律性的探讨，处处充满着理论性的分析。国外学者的一些方法是值得我们借鉴参考的。

最后要说的是，总结秦汉史纵、横的发展，应注意两个特点和两个方面的关系：一是纵向发展中的连续性和阶段性的关系，二是横向发展的统一性与不平衡发展的关系。这两点在前面的内容中均已分别涉及，此处再综合地说几句。

连续性的特点也是整个中国历史、文化的特点，秦汉史在这方面不但很明显，而且在整个中国历史上也占有突出的地位，如夏曾佑在其《中国古代史》中所说："中国之教，得孔子而后立，中国之政，得秦皇而后行，中国之境，得汉武而后定，三者皆中国之所以为中国也。自秦以垂二千年，虽百王代兴，时有改革，然观其大义，不甚悬殊。"① 还可以补充说，不但"微此两皇，中国非今之中国也"。"得孔子而后立"的"中国之教"，即现在有人所说的"儒教"，可以说是在汉代完成的。秦皇所行之政，为汉所继承（"汉承秦制"）；开疆拓土方面，汉武帝继承和发展了秦皇之功等，我们在前面都已指出。值得一说的是人们思想上的连续性观念，无论是秦统一，汉灭秦或东汉之代西汉，上上下下都注意历史的连续性，秦汉均以"五德终始"说来论证自己统治的合法性，并且这种学说在汉代得到进一步的解释和发挥。所以政治、经济、文化各方面虽有许多具体变化，也可以划分成若干小的阶段，但是"观其大义，不甚悬殊"，也有"万变不离其宗"的一方面。

秦汉是大统一的王朝，因此有前述的大一统和大统一的特点。但由于地域辽阔，所谓"天地之间，九州八极，土有九山，山有九塞，泽有九薮，风有八等同，水有六品"②。东西南北各地的自然条件、人文状况都有

---

① 夏曾佑：《中国古代史》，三联书店1995年重印本，第225页。
② 刘安：《淮南子·地形训》。

所不同，从而形成相对独立的许多区域，这些不同的区域，经济、文化乃至社会各方面的发展都是不平衡的，既有发展程度的差异，也有各自的特点。因此，虽有大一统国家的存在，虽有大统一政策的推行，区域经济、区域文化等丰富具体的表现形式始终存在。国家可以规定“车同轨”，但山区、平原、水泽的道路和交通工具不可能完全相同，《史记·河渠书》说：“陆行载车，水行载舟，泥行蹈毳，山行即桥。”《淮南子·修务训》说：“水之用舟，沙之用鸠，泥之用盾，山之用樏”等（《说文》《汉书·沟洫志》《文子·自然篇》《吕氏春秋·慎势篇》均有类似的记载），是所谓“舟、车、樏、肆、穷庐，故有所宜也”①。国家可以规定“文字一形”，但各地的方言很难统一，各地的音调有所不同，这或者的确与自然条件有关，所谓“清水音小，浊水音大，湍水人轻，迟水人重，中土多圣人”②。因为各地自然条件的不同，甚至人的形体、相貌乃至性格等都有不同：“坚上人刚，弱土人肥，垆土人大，沙土人细，息土人美，耗土人丑。”《淮南子·地形训》中，还有对东南西北中各地方人的形体、面目和性格的具体描绘：“东方川谷之所注，日月之所出，其人兑形小头，隆鼻大口，鸢肩企行，窍通于目，筋气属焉，苍色主肝，长大早知而不寿……南方阳气之所积，暑湿居之，其人修形兑上，大口决眦，窍通于耳，血脉属焉，赤色主心，早壮而夭……中央四达，风气之所通，雨露之所会也，其人大面短颐，美须恶肥，窍通于口，肤肉属焉，黄色主胃，慧圣而好治……”这样的描绘，显然有某些附会和偏见，但也有与实际相符的某些因素，反映了各地方人的一些特点。至于因自然条件、人文历史的不同，而风俗之类的不同，内容是十分丰富的，可以作许多具体研究，也有人在这方面展开了研究。对于各方面的不平衡发展，秦汉王朝发挥政权的作用，运用行政的手段，采取过各种“整齐风俗”的办法（以后各王朝也继承了），这对汉民族、汉文化的形成是起了很大作用的。在统一性的影响下，不平衡发展，能够互相补充，也必然互相影响，这样使得我们的历史、文化更加丰富多彩，异彩纷呈。这是我们在秦汉史中可以并且已经看到的。

① 刘安：《淮南子·齐俗训》。
② 刘安：《淮南子·地形训》。

秦汉史上的几个问题

自从有了《史记》《汉书》《后汉书》以及《汉纪》《后汉纪》等关于秦汉历史的著作之后，就有了对秦汉史的研究。这些著作，既有史事的记述，主要记政治（特别是政治人物）的历史；也有明显的观点——也就是史论，主要是总结秦亡汉兴的历史教训。以后的研究则主要是对上述史事的注释，也有少量的阐发，到了清代进一步发展为校勘、考订，包括对史书和史实的考订、辨伪等，还有辑佚等工作，都可说是史料的整理工作，史论不是没有，但极少，极粗略。20 世纪以后，特别是五四新文化运动以后，秦汉史的研究发生了根本的变化，史论性质明显加强了，提出了许多的课题，这里要讲的几个问题，也就是 20 世纪以来讨论的几个新课题。

一、社会性质问题

在过去的研究中，社会性质曾是一个重要问题，一是客观存在，二是它所涉及的许多具体问题，却是一些新的课题，对历史的研究和阐释还是很有意义的，所以我们要作一简略的介绍。

从 20 世纪 30 年代以来，特别是 50 年代，关于秦汉社会性质，所集中讨论的问题是汉代是不是奴隶社会（当然具体的还有秦为奴隶制或东汉前为奴隶制等主张）。主张汉代是奴隶社会的学者认为：两汉时代官私婢的数量很大，奴隶劳动不仅在工商业中占统治地位，而且在农业中也起主导作用，这样就引发了关于两汉官私奴婢的数量、来源、任务、待遇等方面的深入研究。

秦汉时期的奴婢有许多不同名称："奴"、"婢"、"僮"、"隶"、"苍头"、"姬"、"妾"、"臣"、"媵"、"客"等，一般多数时候，以"奴婢"称法为主。秦代的具体材料较少，汉代关于奴婢问题的记载较多，汉代的官私奴婢数量不少是不可否认的，以至于从西汉中期开始，奴婢问题和土地兼并一样，是当时突出的社会问题，许多政治家（如董仲舒、师丹、何武等人）都主张限田限奴婢，王莽甚至试图用王田私属制来解决问题。东汉一开始，对此问题就很重视，下了几次被称为“解放奴隶”的诏令（这是东汉开始封建社会论者的主要论据之一），具体记载如汉武帝治缗钱，没入“奴婢以千万数”①，如元帝时有“官奴婢十万余”②，再如许多拥有数百、数千乃至上万奴婢的官僚、豪强人数也很有一些，更有一些具体记载（包括汉简、汉碑）表明，一些中等家庭往往有几个奴婢。总之，汉代的官私奴婢不少，至于具体有多少，史学界曾有过一些具体的讨论，估计多的说西汉“总数可达一千几百万人，约占总人口百分之二十五”③，甚至还有的认为：“最低限度恐要在一千万以上，乃至二千万。……奴隶人数至少要占全国人口的二分之一以上”④。估计低的说，“奴婢不过占人口总数的百分之一，或者说五百分之一”，“两汉官私奴婢和当时的人口总数相比是微乎其微的”。这方面的具体讨论颇多，可参阅林甘泉等编的《中国古史分期讨论五十年》⑤。以奴隶数量的多少来判断是否奴隶社会，很难定论，说奴隶在社会人口中比例很大，证据是不足的，但不论是古希腊或者古罗马奴隶社会，奴隶数目在整个人口中也都居少数。这样，人们又从奴隶的来源、任务和待遇等问题上展开具体的讨论。

关于汉代奴婢的来源，可以肯定主要是自耕农破产沦为奴婢，通过战争掠夺当时外族为奴婢的数量不大，不是经常的，因而也不是主要的，还有就是罪犯及其家属没为官奴婢。

关于任务，集中在讨论汉代的奴婢是否从事生产，特别是否从事农业生产。在煮盐、铸钱、冶铁等官营手工业中，集中使用“卒徒”的劳动，如《汉书·贡禹传》说“今汉家铸钱及诸铁官，皆置吏卒徒，攻山取铜铁，一岁功十万人已上”。这大量的刑徒即为官奴，有的记载就直称官奴婢，如《汉书·景帝纪》注引“如淳曰：《汉仪注》太仆牧师诸苑三十六所，分布北边、西边。以郎为苑监，官奴婢三万人，养马三十万匹”。私

① 班固：《汉书》卷二十四，《食货志》，中华书局1962年版，第1170页。
② 班固：《汉书》卷七十二，《贡禹传》，中华书局1962年版，第3076页。
③ 童书业：《中国古史分期问题的讨论》，《文史哲》1955年第1期。
④ 武伯纶：《西汉奴隶考》，《食货》1935年第7期。
⑤ 林甘泉等：《中国古史分期讨论五十年》，上海人民出版社1982年版。

家手工业中使用奴僮的记载更为具体，如西汉张安世“家僮七百人，皆有手技作事，内治产业，累积纤微，是以能殖其货”①。东汉光武帝皇后之弟郭况，“家僮四百人，黄金为器，工冶之声，震于都鄙”②。奴僮是否从事农业生产，史书材料的回答也是肯定的，记载中奴婢与土地往往并提，当然都是作为一种财产理解也可以，但奴与田事的关系也是比较明显的，《史记·平准书》记武帝时禁止贾人“名田”时说：“敢犯令，没入田僮。”《索引》曰：“若贾人更占田，则没其田及僮仆，皆入之于官也。”不没收其他对产，只没收土地及在土地上从事劳作的僮仆。并且当然，“入之于官”之后，那些僮仆就是官奴婢了，照样在那没收的土地上劳动。《汉书·哀帝纪》中“诸一名田畜奴婢过品，皆没入县官”亦当作这样的理解。关于奴、隶等从事田作的直接文字也有，例如出土云梦秦简中就有“隶臣田者”以及“骄悍”之奴“不田作”之类的记载。又如《史记·季布列传》：“买而置之田，诫其子曰：田事听此奴。”《东观汉纪·第五伦传》：“躬与奴共发棘田。”《后汉书·樊宏传》：“世善农稼好货殖……课役僮隶各得其宜，故能上下戮力，财利岁倍，至乃广开田土三百余顷。”等等。

奴婢参加生产劳动是客观存在的，但是否在整个社会生产中起主导作用呢？这个问题是与奴隶数量问题相关联的。如果要说农业生产中奴婢的劳动是主流，那是很困难的，大量自耕农、佃耕者和依附农民在农业生产中是主流十分明显。秦汉时期国家赖以生存的租税赋役等制度，都是以自耕农的存在为基础的。像陈涉那样的佣耕者自始至终都存在，随着自耕农的破产，流亡还时有增加，如《汉书·昭帝纪》记载：“比岁不登，民匮于食，流庸未尽还。”师古曰：“流庸，谓去其本乡而行为人庸作。”破了产的农民，只有租种豪民的土地，依附农民的数量也是很大的，《史记·宁成传》：“买陂田千余顷，假贫民，役使数千家。”仲长统说豪强地主占有劳动力，是“奴婢千群，徒附万计”③。这“千”与“万”对比的形容，也说明依附农民比奴婢的比例大。

至于工商业中的奴婢劳动，特别是官营手工业、畜牧业中使用奴婢的数量的确是比较大的，因为十万、八千之类的明确记载不少。不过，

① 班固：《汉书》卷五十九，《张安世传》，中华书局1962年版，第2652页。
② 李昉、李穆、徐铉等：《太平御览》卷八百三十三，《资产部十三·冶》，第4页。
③ 范晔：《后汉书》卷四十九，《仲长统传》，中华书局1965年版，第1648页。

这确实是汉代一种比较特殊的情况，并且具体分析起来，还有些“卒徒”与奴婢也是不同的，再说，在当时整个社会生产中，工商业也不可能是主流。

另一个重要问题是，奴婢的待遇问题。突出的又是可否“当作牲畜来买卖屠杀”。买卖是客观存在的，农民破产后有时会自卖或卖家人为奴婢，甚至奴婢买卖市场也有，《汉书·王莽传》说：“又置奴婢之市，与牛马同栏。”王褒《僮约》和居延汉简中还有奴婢具体价格的记载，如“奴一人为万五千”，“小奴二，值三万”，“大婢一，二万”等。值得注意的是被称为游戏文章的《僮约》与出土汉简的记载基本一致。至于屠杀，汉代法律规定，杀奴婢是有罪的。例如《后汉书·光武帝纪》记载，建武十一年二月诏曰：“天地之性人为贵，其杀奴婢，不得减罪。”八月诏曰：“敢炙（灼）奴婢，论如律，免所炙灼者为庶人。”“不得减罪”、“论如律”都是原有的律令重申，并非新的措施。不过以此来判断是否奴隶社会也很难。在古代巴比伦，《汉穆拉比法典》规定，奴隶主虐杀奴隶，也要受到各种处分；在整个中国古代地主非法杀死农奴的事实，又是累见不鲜的，情况相当复杂。

有一点我们要明确指出，中国历史上的奴婢，还有隶、臣、妾等，与马克思主义社会形态学说中的奴隶是有所不同的。秦汉时代乃至其后中国古代史上的奴婢等，很难说是一个奴隶阶级，从事生产劳动的奴、僮、臣、隶，许多都有自己的生产资料、私有财产，有自己的妻儿老小，绝不只是一种“会说话的工具”，而是活生生的人，不过地位极为低下罢了。也还有数量相当多的奴婢过着不劳而食的寄生生活，所以才有《汉书·王贡两龚鲍传》中的记载：“诸官奴婢十余万人，戏游无事，税良民以给之，岁费五六巨万。”这材料虽应具体分析，但“戏游”的官奴确实是有的，更不消说“妖僮美妾”之类。甚至还有少数家奴，应该是属于统治阶层的，有一件《汉代徐胜买地券》的资料表明，“大奴”徐胜自己购买了土地。《汉书·霍光金日磾传》记载说：“……两家奴争道，霍氏奴入御史府，欲闼大夫门，御史为叩头谢，乃去。”所以中国古代史有一种奇特的现象，被称为“奴才”的人，有时权势很大。话又说回来，毫无疑问，奴婢、僮隶、臣妾等大多数是被剥削、被压迫的，但是他们与所谓奴隶社会的奴隶确有不同，所以又有奴婢、僮隶、臣妾是否奴隶之讨论。

从汉代奴婢在社会生产中作用的讨论看，我们看到了多种经济成分的并存，并且主流作用也很不容易判断，本书把秦汉时期作为“农耕文明”阶段“专制个体型家国同构农耕社会”的形成期，是一种新的概括。“专制”、“个体”、“农耕”，还有“家国同构”，是可以概括这一时期政治、经济、社会结构的特点的，其中自耕农、佣耕者、徒附和奴婢的劳动都属于个体性的。

二、经济发展问题

与社会性质问题的讨论有关，涉及汉代生产力水平问题，虽然无论在理论上或史事上都很难定论，但讨论中所涉及的一些具体问题却是很有意义的。例如汉代农业中的亩产量问题，史书记载很不一致，从亩产一石到十石，乃至百石的记载都有，据考证，汉代一亩相当于现在 0.6915 亩。汉代一石相当于今之 57.2 市斤。汉代还有大亩、小亩（约为大亩的三分之一），大石、小石（约为大石的五分之一）之分，当时的大亩产一大石，大约相当于现在亩产八十多斤，如果亩产一石，不论按大亩或小亩计算，都是偏低了的。但这个说法的根据是《汉书·食货志》中引晁错的话“百亩之收，不过百石”。人们认为，这是晁错为了强调农民的困苦生活，把产量压低而言的，绝不是整个汉代的情况。而亩产一钟（六石四斗）或者十石之类的记载，则多半是比较好的水利或者精耕细作的结果，如《史记·河渠书》记载引郑国渠之利，关中地区“收皆亩一钟”。又如有人主张修龙首渠时曾预言：“诚得水，可令亩十石。”再如《汉书·食货志》记载“代田法”时说：“一岁之收常过缦田一斛以上，善者倍之。”至于五十石、百石之类记载，那是《氾胜之书》中讲“区田”时的一种说法，疑点颇多，有待详考。无论按大亩或小亩、大石或小石计算，都是不太可能的，讨论意见也不一致。比较可靠的亩产量，一般应该是三至五石（大体相当于现在的亩产三百斤左右），同样是《史记·河渠书》引河东守番系之言时，有一个大略估计稼穑之入：五千顷田，“度可得谷二百万石以上”，就是每亩四石。《淮南子·主术训》更明确地说：“中田之获，卒岁之收，不过亩四石。”东汉大体如此，仲长统《昌言·损益》说：“今通肥饶之率，计稼穑之入，令亩收三斛。”这一亩产三至五石的水平，也许持续到汉以后很长的时间，这个水平是不低的。

这个生产水平，养活当时人口大大有余。无论怎么计算都可以说明这一点，例如有人计算汉代三个农业生产数字说："每个农业劳动力年产量两千斤，每个农业人口每年口粮四百八十六斤，全国每人每年占有粮食六百四十斤。"① 正是这种农业生产的基础，才能保证大量从事盐、铁等手工业生产乃至"戏游无事"的官奴婢的粮食来源，才能养活大批的官吏和军队，当然也包括养活一批从事文化、教育、科技的人员。因此，农业是工商业、文教科技事业发展的基础。

再说开来，汉代的经济在人类历史上有较突出的地位，至今为世人所瞩目。1971 年 5 月联合国人类环境会议秘书长莫里斯·夫·斯特朗委托全世界 58 个国家的 152 位科学家写的《只有一个地球》的报告中指出："约在二千一百年之前，当中国在汉朝统治时期及罗马帝国开始统治地中海时期，那时的文明社会已出现各种组织机构并能运用很多技术工具。这样的情况使人类经历了另一个千年。他们有了文字和数学计算方法。他们能使用火力、水力、风力、潮力和补充兽力。他们学会了使用各种金属。他们对于新石器时代已掌握的小手工艺和农艺，都进行了改革。他们有了城市和管理制度。他们有了钱币和贸易。人类社会在后来的另一个一千多年时期中所主要动用的，就是这些技术遗产。"这种情况到了 17 世纪"人类发展的速度"才"又一次开始加快"②。以上所提到的"技术遗产"，在汉代足以称道者很多，手工业、农艺方面的成就，铁器的广泛使用、炼铜技术的发展等不必多说，在本书经济篇各章将有详细论列。我国现存的最早数学著作——《周髀算经》《九章算术》可以集中反映秦汉时期数学研究的杰出成就，对古代数学发展影响很大，在世界上可以与古希腊欧几里得的《几何原本》相提并论。天文、历法在当时世界上居于最先进地位，世界天文学界公认，最早的黑子记录，是《汉书·五行志》中"河平元年……三月己未，日出黄，有黑气大如钱，居日中央"，比欧洲公元 807 年记录早九百多年（实际还早一些）。张衡发明地动仪，蔡伦改进造纸术等都是赫赫有名的。我国医学具有独特的体系，至今仍指导中医实践的《黄帝内

① 宁可：《汉代农业生产漫谈》，《光明日报》1979 年 4 月 10 日。

② ［美］巴巴拉·沃德、［美］雷内·杜博斯主编：《只有一个地球——对一个小小行星的关怀和维护》，石油化学工业出版社 1976 年版，第 7 页。

经》也是在汉代成书的，汉代道教的炼丹术，是古代化学实验的摇篮，受到世界科学史家的重视。汉代的“技术遗产”是丰富的，在中国和人类文化史上始终放射出瑰丽的异彩。

至于“管理制度”，我们要回过头来再说说农业生产管理问题，因为农业是社会经济的基础，这里我们要谈谈当时国家的“宏观”管理，这就是历史上的所谓重农思想和“重本抑末”政策。

首先，秦汉统治者认为：“农，天下之大本也。”① 政治家则说，农业是“政之本务”②。因而每个皇帝几乎都下过诏令，提倡“务民农桑”，或“岁劝民种、树”，或“令郡国务劝农桑，益种、树”（引文见《汉书》之《食货志》《文帝纪》《景帝纪》）。从西汉初的贾谊、晁错到东汉后期的王符、仲长统等政治家们对于为什么要重视农业以及农业为本均有不少论述，经常提醒着统治者们注意。例如《汉书·货食志》用不小的篇幅记载了贾谊、晁错关于重农的上奏以及汉文帝的采纳情况。

其次，实际上统治者们也制定一些政策和采取一些措施以发展农业，包括采用强制手段。“上农除末”是秦王朝的根本方针，西汉贾谊主张“殴民而归之农”，汉代经常说的“督课”农桑，有时是真正强制性的，如仲长统说：“稼穑不修，桑果不茂，畜产不肥，鞭之可也；拖落不完，垣墙不牢，扫除不净，笞之可也。”③ 同时也采取奖励的方法，如奖励“孝弟（悌）力田”、“赐民爵”等办法。以“劝民务农桑”的成绩作为考核地方官吏政绩的标准之一，是一个更实际的政策和措施，这使得不少地方官自觉地或者被迫地在各个地方注意农业生产的发展。此外，注意兴修水利，重视农业生产技术的改进和推广，当然是非常有力地发展农业生产的措施。

值得一提的还有两个方面的政策和措施：一个是反对过分的土地兼并，另一个是重农抑商。前者在前文中已有所论述，这里只是指出，这一措施，对于保障农民小块土地、发展个体农业都有利的，至于重农抑商，这是一个大的原则和方针，可以说，整个古代都是如此，秦汉以后各个王朝，皆以农业为“本”，手工业和商业为末，也许这是符合古代社会经济的基本情况的，生产力水平不是太高，农业生产的人口太少了是不行的。

---

① 班固：《汉书》卷五，《景帝纪》，中华书局1962年版，第152页。
② 班固：《汉书》卷二十四，《食货志》，中华书局1962年版，第1134页。
③ 贾思勰：《齐民要术·序》引仲长子语。

但是随着社会的发展，工商业的地位也日益重要，重农抑商政策也会不断发生变化。重农抑商不是从秦汉开始的，但是表现得很突出，特别是秦和西汉前期推行得十分严格，秦代是“上农除末”，用了一个“除”字，和商鞅的“事末利及怠而贫者，举以为收孥”① 一样非常严格，西汉时期对商人经济上实行打击，包括重税、均输平准与盐、铁、酒的专卖，乃至禁止商人拥有土地等；政治上实行歧视，禁止商人做官，乃至另立“市籍”。有人认为，这些严格的措施有特殊的社会和历史背景，主要是对工商业中奴隶主的打击，有进步意义②。这种观点不无一定的道理。后来是发生了变化的，一方面如晁错所说“今法律贱商人，商人已富贵矣”③，有一个客观的经济规律存在着：“夫用贫求富，农不如工，工不如商，刺绣文不如倚门市，此言末业，贫者之资也。”而且农工商在当时社会经济中也不可或缺：“《周书》曰：农不出则乏其食，工不出则乏其事，商不出则三宝绝，虞不出则财匮少。财匮少则山林不辟矣。此四者，民所衣食之原也。”④ 随着经济的发展，工商的比重和作用自然越来越大，乃至成为社会进步的某种标志。另一方面，随着整个社会生产的发展，随着工商业的发展，人们在认识上也必然引起变化，例如，到了东汉中期王符再论“务本”问题就有了新的解释：“夫富民者，以农桑为本，以游业为末；百工者，以致用为本，以巧饰为末，商贾者，以通货为本，以鬻奇为末；三者守本则民富，离本守末则民贫……故为政者，明督工商，勿使淫伪，困辱游业，勿使擅利……则民富而固本矣。”⑤ 虽然其“务本”已推而广之，有“为国者以富民为本”、“教训者以道义为本”、“人臣者以忠正为本”等，凡事皆有本，而农、工、商皆有自己的本业和末业，这不能不说是认识上的一种进步，有利于工商业的发展，也是与当时的经济发展相适应的。

三、地域、民族、国际关系

秦汉时期我国已是一个统一的大国，大体上已奠定了今日疆域的基

① 司马迁：《史记》卷六十八，《商君列传》，中华书局1959年版，第2230页。
② 参阅高敏：《试论汉代抑商政策的实质》，《郑州大学学报》1963年第3期。
③ 班固：《汉书》卷二十四，《食货志》，中华书局1962年版，第1133页。
④ 司马迁：《史记》卷一百二十九，《货殖列传》，中华书局1959年版，第3255页。
⑤ 王符：《潜夫论·务本》。

础。这个幅员辽阔的大国，东西相距五千公里，占经度62度，东海之滨日出时，帕米尔高原还是深夜。南北相隔五千五百公里，跨纬度50度左右，南北气候差异有寒温带、暖温带、亚热带、热带等五六个温度带，北国进入千里冰封季节时，南方海岛上仍是盛夏景象。自然地理环境、地貌、气候、河流、水文以及生物资源状况等，东西南北各地区有很大差异，相应在文化上也形成明显的地域性不同，虽然自古以来就是如此，秦汉时期由于政治上的大一统，在统一局面下相比较，各地之间各方面的差别表现得尤为突出。在《史记·货殖列传》中，司马迁比较详细地反映了地区的不同及其物产、文化的差异，不仅有山西、山东、江南、龙门、碣石北等大的划分，更有关中、三晋（三河）、巴蜀、燕、齐、楚、越以及江南、岭南、江淮以南，还有沙北和种、代石北等区域的划分。由于地域的不同，各地经济文化的特点不同，发展水平也不同。

从自然的划分看，黄河、长江或者江淮，还有沙漠和五岭等自然之隔十分明显，不必多说。自然再加上政治的因素划分，汉代的山东与山西之分是比较突出的。当时所称的山东、山西，与后来以及现在的概念不同，指华山和函谷关东西之地，又称关东、关西。山东主要包括今河北、河南、山东、山西、江苏、安徽以及湖南、湖北等省，山西主要包括今陕西、甘肃、四川。这两个地区自古以来在文化上是有较大区别的，但这种东西地域观念却是在战国后期形成的，秦汉时期人们对其文化上的区别颇为注意。一般来说，山东文化水平高于山西。很早以前山东或者关东代表诸夏文化，经济文化（包括城郭宫室、政治制度等）比较发达。山西或者关西代表戎狄文化，经济文化都相对落后一些，陆续吸取关东诸夏文化而不断改进和提高也是明显的事实，周、秦都是如此。战国后期开始，山东与山西政治文化明显地对立，山东诸夏视秦为戎狄，瞧不起它，“合纵”起来联合对付秦国，这种对立一直延续到汉代，乃至于形成所谓“秦汉以来，山东出相，山西出将”的局面，这也是当时事实的概括，班固在《汉书·赵充国辛武贤传》的赞中得此结论时，列举说：“秦将军白起，郿人；王翦，频阳人。汉兴，郁郅王围、甘延寿，义渠公孙贺、付介子，成纪李广、李蔡，杜陵苏建、苏武，上邽上官桀、赵充国，襄武廉褒，狄道辛武贤、庆忌，皆以勇武显闻。苏、辛父子著节，此其可称列者也，其余不可胜数。”无论西汉或东汉，朝廷的文武重臣多是山东人士，山西人获取功名的主要出路是良家子弟从军，凭着超凡的勇力和军事才干取得自己的地位，《汉书·地理志》说："汉兴，六郡（注曰：六郡谓陇西、天水、安定、北地、上郡、西河）良家子选给羽林、期门，材力为官，名将多出焉。"这也是有根据的说法，卫青伐匈奴时，麾下将军15人，山西占10人，李广、张骞、公孙贺等人个个勇敢善战，声威卓著。"山东出相，山西出将"的原因，有政治原因也有文化传统的不同，大体上说，山东习文历史悠久，山西有一定的尚武传统，这或者又与环境有关，山西著名武将"不可胜数。何则？山西天水、陇西、安定、北地，地势迫羌胡，民俗修习战备，高尚勇力，鞍马骑射。……其风声气俗，自古而然，今之歌谣慷慨，风流犹存耳"①。政治原因则因刘邦、刘秀皆为山东人，从龙之士也多为山东人，这些人形成功臣集团，高踞政治要津，自是顺理成章的事。因而两个地区的朝臣引起冲突乃至对立，直至汉王朝灭亡。

各地区经济文化不同是客观存在的，但在一个统一国家中，地区之间经济、文化有交流和相互影响也是客观存在的，《史记·货殖列传》写道："汉兴，海内为一，开关梁，弛山泽之禁，是以富商大贾周流天下，交易之物莫不通，得其所欲，而徙豪杰诸侯强族于京师。"实际上这种情况是从秦统一就开始了的，秦始皇就曾"徙天下豪富于咸阳十二万户"②。当然主要是山东人的迁徙，对文化习俗的交流是有很大意义的，以至于如《汉书·地理志》所说：秦地"是故五方杂厝，风俗不纯"。同时，"秦每破诸侯，写放其宫室，作之咸阳北阪上"，"所得诸侯美人、钟鼓以充入之"③，这些可说是把各地文化直接引入咸阳。

其二，与"殊方异俗"，与地域性差异相关联的一个问题，是民族关系的问题。民族问题比较复杂，在中国古代究竟用"民族"好，还是用"种族"或者"部族"都值得讨论，现在一般还是用"民族"这个名称。秦汉以前有蛮夷华夏之分，所谓"内诸夏而外夷狄"（《春秋公羊传·成公十五年》），文化高的中原地区称为夏，"文化高的人或族称为华，华夏合起来称为中国。对文化低或不遵守周礼的人或族称为蛮、夷、戎、狄"④。

① 班固：《汉书》卷六十九，《赵充国辛武贤传》，中华书局1962年版，第2999页。
② 司马迁：《史记》卷六，《秦始皇本纪》，中华书局1959年版，第239页。
③ 司马迁：《史记》卷六，《秦始皇本纪》，中华书局1959年版，第239页。
④ 范文澜：《中国通史简编》修订本第一编，人民出版社1964年版，第180页。

不过，华夏本身也是诸族混合而成的，夏、商、周三朝的建立者，原来也是源流不同的族，先后统治中原地区，他们相互同化，并且与其势力所及范围的土族同化，长期糅合成一个华夏族，即使如此，到春秋时，“夷蛮戎狄，犹错处内地”①。也正是春秋时期，蛮夷华夏之分在人们的思想观念中特别突出。政治上的分裂状况，对各族的同化和融合是不利的，秦汉大一统的政治局面，无疑是加速华夏族这个混合民族的发展，形成了一个更有特色的整体的“历史个体”——汉族。不过，四周始终存在着一些其他的少数民族，把中原地区包围着。翦伯赞的《秦汉史》写道：“在秦代，中原种族（按：指当时的华夏和后来的汉族），也曾经用尽平生之力，冲破了东南方面的蛮族包围。在当时，我们若是站在万里长城的高处，向西北一望，一定可以看到，在广漠的蒙古高原之旷野，到处都是‘褐巾而裘’的匈奴人之帐幕。在南山（即昆仑山、阿尔金山、祁连山）北麓、洮河之谷，青海草原、四川西部及康藏高原一带，到处都是‘被发野祭’的诸羌之部落。又若海滨之东，则为夷秽之乡：巴蜀以南，皆系蛮濮之地。这些地方，都是‘四方之无君者’的自由生聚之地。”② 实际上整个秦汉时期都可作如此概括，不过许多蛮族不再是“无君者”罢了，他们有自己的首领乃至国家组织。

秦汉时期四周各族的情况及其与汉族的关系，本卷中将有所记述，这里仅提出如下几点认识：

第一，当时的许多少数民族如匈奴、西羌、蛮夷等，虽族类不同，但与华夏——汉族出于相同的祖先，皆为炎黄子孙后代，这至少是汉代人的共识。《史记》《汉书》都记载说，“匈奴，其先祖夏后氏之功苗裔也，曰淳维”，“闽王无诸及东越王摇者，其先皆越王勾践之后也”，“越王勾践，其先禹之苗裔，而夏后帝少康之庶子也”。《后汉书·西羌传》说：“西羌之本，出自三苗，姜姓之别也。”既然是出自共同的祖先，那当然也就是兄弟关系。《尔雅·释地》中说：“九夷八狄七戎六蛮谓之四海。”我们知道，“四海为一家”，“四海之内皆兄弟”，这是战国时期人们就已有的认识，《荀子》的《王制》《议兵》《儒效》等篇均有“四海之内若一家”说

---

① 顾栋高：《春秋大事表》。

② 翦伯赞：《秦汉史》，北京大学出版社 1983 年版，第 120 页。

法。《史记·匈奴列传》记载说，汉高祖时已与匈奴“约为昆弟以和亲”。文帝时匈奴冒顿单于与文帝的来往书信中都说“兄弟之亲”，后来更有“使两国民若一家子”的说法。并且民族平等的原则也有所萌芽，司马迁就是突出的一例，他的《史记》首开先例编撰少数民族历史专篇，认真收集、整理和研究了当时匈奴、南越、东越、西南夷等几个主要少数民族的历史，并且把这些少数民族列传与别的列传按照历史顺序穿插起来排列。民族之间的兄弟关系，又通过“和亲”这种方式有所加强。

第二，在民族关系上，此时期北方的匈奴和西北的羌，战多于和，南方的蛮夷各族则和多于战，这种状况也几乎是中国古代历史上的普遍现象。这种南北的不同，也许主要是经济类型的不同所造成的，北方少数民族如匈奴主要是游牧经济类型的，《史记·匈奴列传》说：“其俗，宽则随畜，因射猎禽兽为生业，急则人习战攻以侵伐，其天性也。”他们有很强的机动能力，强烈地希望从中原农耕地带取得他们所需的财富、物产，汉文帝时中行说曾对汉使者说：“汉使无多言，顾汉所输匈奴缯絮米糵，令其量中，必善美而已矣，何以为言乎？且所给备善则已，不备，苦恶，则秋孰以骑驰蹂而稼待耳。”不按质按量地输给布帛粮食，秋后就派骑兵动武了！这样的民族，“人食畜肉，饮其汁，衣其皮，畜食草饮水，随时转移。故其急则人习骑射，宽则人乐无事，其约束轻，易行也”①。只要风调雨顺，牧草茂盛，牛羊肥壮，他们即可呼啸而起，“金戈铁马”驰骋草原。秦汉时期，长时间的汉匈战争就是这样造成的。

南方少数民族则主要是农耕经济，与中原地区属于同一经济类型，安土重迁，日出而作，日入而息，平平静静地生活，即使北方汉族因为战争或其他原因南迁，双方也很容易产生认同感，秦汉时期在南方各地建立统一的郡县制，汉夷杂居，相互影响。从秦始皇派大兵平南粤之后，大的战乱几乎没有再发生过，西汉初曾有过赵佗称王南越，一度兵戎相见，派一个陆贾晓以利害就相安无事了。当然，由于统治阶级的压迫剥削，反抗与镇压的小规模的斗争还是有的，但没有形成过民族之间的大战。

民族关系的维持与发展等与当时中央王朝的强弱有很大关系。西汉“武帝时，西域内属，有三十六国”。“宣元之世，遂被蕃臣，关徼不闭，

---

① 司马迁：《史记》卷一百一十，《匈奴列传》，中华书局 1959 年版，第 2900 页。

羽檄不行。”“王莽篡位……西域怨判，与中国遂绝，并复役属匈奴。”东汉“自建武至于延光，西域三绝三通”①。事实证明，中央王朝只有稳定和强大，民族之间的关系才能得到比较充分的发展。

第三，民族关系发展的主流是经济文化的交流，发展的结果是民族融合和同化。前面所说的地区间的差别和交流，很大一部分又是民族间的经济文化交流，汉武帝时“殊方异物，四面而至”，各个地方，各个民族的土特产，珍禽异兽，纷纷聚集到首都长安，即所谓：“明珠、文甲、通犀、翠羽之珍盈于后宫，蒲梢、龙文、汗血之马充于黄门，巨象、师子、猛犬、大雀之群食于外囿。”② 物质文化各方面都有，“賨火毳驯禽封兽之赋，积于内府，夷歌巴舞殊音异节之技，列倡于外门”③。具体的以汉匈之间的交流为例，汉朝可以从匈奴处得到马匹、毛毯，匈奴则需要汉的布帛。开始时，这种交流意义是不大的，“初，匈奴好汉缯絮食物”，“单于变俗好汉物”，但“其得汉缯絮，以驰草棘中，衣绔皆裂敝，以示不如旃裘之完善也。得汉食物皆去之，以示不如湩酪之便美也”④。以后时间长了，受汉文化（包括物质生活）的影响越来越大，需求也就越来越多。乃至于好汉礼仪，东汉时“南单于内附，兼祠汉帝”⑤。在民族融合的道路上不断前进，最后结果是大部分匈奴陆续加入汉族。这虽是以后的事，但发展趋向是如此。不但匈奴如此，其他各族也是如此。南方的百越以后也都融合在汉族之中。其原因当然是因为从中原地区发展起来的华夏——汉族的经济文化高于其他各族。文化差异的消失，族类的不同也就消失了。所以人们可以这样认为：“诸夏与戎狄之别，主要是一个文化分野，种族的不同尚在其次。”⑥ 从秦汉时期的华夏——汉族与少数族的区别看也是如此。

其三，再简单谈当时的国家关系。有一点应该说明，中国古代的国家关系是有自己特点的。首先，自古以来，就认为“普天之下，莫非王土”，外域之外，是一个地理方面的中央与四周相比的内外之外。其次，古代的国家关系（过去也曾被称为国际关系），主要是诸侯方国之间的关系。虽

① 范晔：《后汉书》卷八十八，《西域传》，中华书局 1965 年版，第 2912 页。
② 班固：《汉书》卷九十六，《西域传》，中华书局 1962 年版，第 3928 页。
③ 范晔：《后汉书》卷八十六，《南蛮西南夷列传》，中华书局 1965 年版，第 2860 页。
④ 司马迁：《史记》卷一百一十，《匈奴列传》，中华书局 1959 年版，第 2899 页。
⑤ 范晔：《后汉书》卷八十九，《南匈奴列传》，中华书局 1965 年版，第 2944 页。
⑥ 傅乐成：《中国民族与外来文化》，《汉唐史论集》，台湾联经出版事业公司 1989 年版。

然随着时间的推移，人们认识的提高，“天下”范围的扩大，诸侯国之外的少数民族国家真正外国的出现，看法、说法都不断变化，但一个以我为主的思想始终存在着，不仅秦汉，一直到清朝，都还是以天朝自居。以上的这种思想再加上当时的实际，秦汉时期的国家关系存在着自己的特殊情况，一方面，当时汉朝与匈奴、南越以及西域的许多小国的关系，都可以说是国际关系，与过去诸侯国之间的关系有所不同。但这些国家都在今日中国版图之内，故我们不把它们当作国际关系处理。另一方面，今天我们一些邻国，如朝鲜、越南，在当时却事实上在中国的范围之内，秦汉王朝在那些地方设置过郡县，那些地方也有着不同的民族，不过和当时其他少数民族完全一样，时至今日，朝鲜、越南在文化上与我国有很大的共同性，不能不说与秦汉以来的历史渊源有密切关系。但这些地方今日是我们的邻国，所以我们用“国家关系”来记述。当然秦汉时期的国际关系有很大的新发展，张骞“凿空”一条丝绸之路（当时也开始有海上丝绸之路），大大开辟了一些新的国际关系，西汉时期就与中亚诸国及印度等发生了外交关系，“张骞所至者大宛、大月氏、大夏、康居，而传闻其旁大国五六”，又“分遣副使使大宛、康居、大月氏、大夏、安息、身毒、于寘、扜罕及诸旁国”[①]。东汉时期更进一步，班超等人再使西域，除了继续和发展原张骞开通的一些国际关系，也曾试图与罗马接触，曾派甘英使大秦，误听安息之言，受阻于波斯湾。不过有记载表明东汉时有罗马艺人和商人到过中国，例如：安帝永宁元年（公元120年），“掸国王雍由调复遣使者诣阙朝贺，献乐及幻人，能变化吐火，自支解，易牛马头。又善跳丸，数乃至千。自言我海西人。海西即大秦也，掸国西南通大秦”[②]。这是从海上丝绸之路来的。又《后汉书·桓帝纪》记载说：延熹九年（公元166年）：“大秦国王遣使奉献。”注云，“时国王安敦献象牙、犀角、玳瑁等”。有的记载则说来自日南徼外，也是从海上来的，不过此事不见于罗马史籍，故学者推测是罗马商人的活动，或假借罗马国王的名义，以图取得商业上的优待。但不论怎么说，大秦国已提到汉朝的国际关系的议程上了，大秦也是知道中国的，当时称中国人为赛里斯人。

---

① 司马迁：《史记》卷一百二十三，《大宛列传》，中华书局1959年版，第3160页。

② 范晔：《后汉书》卷八十六，《南蛮西南夷列传》，中华书局1965年版，第2851页。

四、学术、文化、思想

近代以来，接受西方思想之后，大多数的中国历史（通史）和断代史，都有关于学术、文化、思想的专章，使用的名词，也都是借用西方的名词（当然又是中国旧有名词翻译的，但有些与中国旧有名词的原意并不完全相符）。有的以“秦汉学术”名章；有的以“秦汉文化”为篇、章之名；详细一点的或者叫“秦汉时期的科学技术与思想文化”；采用马列主义观点的，曾使用过“西汉时代的意识诸形态”（如翦伯赞的《秦汉史》）；雅些的则用“学艺篇”（如张舜徽的《中华人民通史》）；等等，都是指我们现在所说的“精神文化”。人们习惯了，所以约定俗成，一般人也很少仔细推敲，“思想文化”或者“文化思想”，“学术思想”或者“学术文化”，可以说怎么方便就怎么使用。不过有时候也会显出不够确切的矛盾。这里涉及中西和古今文字的翻译问题。既然上述名词术语都是受西方影响形成的，西方原有名词术语究竟应该翻译成什么样的中文，并且应该如何理解，客观上是存在问题的。近年来陈启云先生比较集中地讨论了这个问题，他认为不应该把 Intellectual History 翻译成思想史，而应“正名”为“思想文化史”，并且说的这个词“牵涉了过去人类各种的活动和经验，也就是历史的全面。这包括了：人对自然环境、物质条件的认识与适应（人与物的关系）；人对人群生活、组织和制度的固定和改造（人与人的关系）；和人对未知或不可知的知界之想象、向往、信仰和崇拜，以及人对自身的经验、知识和心理的反省反思（宗教信仰、抽象思考和哲学）等三方面或三层次”。又说，这个词“和‘研究人类过去一切的活动、经验和成绩的总和的‘文化史’很相似”①。与此同时，他分析了哲学、历史、文化；哲学史、思想史、文化史；历史哲学、历史科学、社会科学、人文科学、文化学等名称的联系和区别，简述了西方古代和当代的发展，也指出国内在“哲学史”等问题上与西方理解的不同。这些都与我们讨论的精神文化有关系，例如“哲学”，在中国古代，具体来说秦汉时期有没有西方那样一种严整的学科？一般列入“哲学”这标题下的内容是否确切？这不

① 陈启云：《钱穆师与“思想文化史学”》，《钱穆先生纪念馆馆刊》卷三。

能说没有问题。不过，也绝不是说中国古代没有哲学思想，相反哲学思想还是相当丰富的，绝不比西方逊色。

具体到秦汉时期，在《史记》中集中反映今所谓“精神文化”的，“八书”中有“礼”、“乐”、“律”、“历”、“天官”、“封禅”六书，还有“儒林”、“日者”、“龟策”等列传，加上“孔子世家”以及“老庄申韩”、“仲尼弟子”等列传，那就更多了。《汉书》也基本上是如此规模，“八书”变为“十志”，虽然有关“精神文化”的只占一志，但其新创的《艺文志》是一个更集中更重要的“精神文化”篇章。《后汉书》没有《艺文志》，但在《儒林列传》之外又新增加了《文苑列传》和一个比较集中的《方术列传》。可见，前三史中有关“精神文化”的篇章是不少的，主要是所谓“思想文化”，也包括科学技术，其分类方法显然不同于西方。

中国古代对于精神文化可以用一个字概括，那就是一个“学”字，或者也可以称之为“学术”。因为战国秦汉时期，“学”与“术”都有“学问”、“学说”的意思，战国秦汉史籍中虽尚未见到直接的联用，《史记·张仪列传》有“始尝与苏秦俱事鬼谷子先生学术，苏秦自以不及张仪”，标点本以“学术”为名词断句似可商榷，学当作动词用。但在有关记载中已是呼之欲出了。可以作为中国古代第一部学术史的《庄子·天下篇》中的记载即可表明“天下之治方术者多矣”①，“其在于《诗》《书》《礼》《乐》者，邹鲁之士缙绅先生，多能明之，其数散于天下而设于中国者，百家之学时或称而道之”。还有“道术”、“百家众技”、“以自为方”、“惠施多方”等，都有“学术”的意思。秦汉时期，“儒学”、“儒术”；“道学”、“道术”；“黄老之学”、“黄老之术”；等等。“学”与“术”完全是互用的，“方”和“技”也牵涉进来了。方虽然专指医卜星相方面的学问，但“施惠多方”却是指其学术广博多方面。技，主要指“才艺”、“技能”、“技巧”，侧重在实践能力，技术与学问是有密切的关系的。当时已有“技术”之称，就是技艺方术，也主要用在医卜等方面，如《史记·货殖列传》说：“医方诸食技术之人，焦神极能，为重精也。”《汉书·艺文志》的《方技》：“汉兴仓公，今其技术奄昧。”这与后世注重实践的科学技术基本相同，但在当时也都在学术范围之内。或者可以说，学偏重理论，

① 林希逸：《南华真经口义》云：“方术，学术也。”

技、术、技术则偏重实践。总之，可以用“学术”二字概括当时的一切精神文化。

至于具体的分类，或者如我们现在所说的学科分类，有的以“学”字言，天文学、算学、兵学、文学之类，与现在的学科是相当的。但是另一些划分法，就完全是中国古代所特有的了：如言学派之学，除儒学、道学之外，还有杨墨学、申韩学、黄老学、春秋学、公羊学、穀梁学等，此后还有郑氏学、郑贾学、马郑学、贾马学等。此外，有按地区划分的齐学、鲁学、蜀学、越学等说法，还有内学、外学、淫学之类的划分法。当然，这些不是学科之分，而是讲学派、地区的不同特点。

《汉书·艺文志》主要是一个图书分类，但也涉及当时所有的学科，它是根据刘向、刘歆的《七略》，有《六艺略》《诸子略》《诗赋略》《兵书略》《数术略》《方技略》。分量最重的是前两略，而又以《六艺略》为主，诸子不过是“六经之支与流裔”，“若能修六艺之术，而观此九家之言，舍长取短，则可以通万方”。六艺加上诸子，包括了当时所有的学科。另外几略，则因为在当时社会及政治生活中有很重要的意义，所以单独列出：《诗赋略》是后来文学分类的基础，一方面“不学诗，无以言”，它是表达人们思想感情、人与人交流的工具，另一方面它越来越发展，独立性日渐增强，故《后汉书》中《儒林列传》之外又另辟《文苑列传》，就是因为“情志既动，篇辞为贵”①。《兵书略》《数术略》当与古代“国之大事，在祀与戎”（《左传·成公十三年》）有关，春秋战国大小战争很多，因而汉初有兵法百八十二家，自可独立为一类，说明当时军事学是比较发达的。《数术略》迷信的东西不少，但天文、历法等科学也在其中。还有一个《方技略》，“方技者，皆生生之具”，与人们的生产生活息息相关。不过这几种独立学科的内容同时也存在于“六经”和“诸子”之中。“六经”、“诸子”本身就是文学，其论军事、论生产以及其他自然科学的东西也不少。这里顺便还要指出，在大的分类中，自然科学占了较大的比例，只不过没有“自然科学”的概念罢了。

以上图书的分类，涉及近世的学科分类。但在秦汉时期，乃至整个中国古代，是没有近世这样的学科分类的。所以这一分，其文化的整体性和学术的综合性，是最为明显和突出的特点。实际上西方古代学术性也自有

① 范晔：《后汉书》卷八十，《文苑传》，中华书局1965年版，第2658页。

其整体，不过它突出的是以“哲学”为母体，然后到近代各门学科向专深发展，才纷纷脱离母体。和西方古代情况大体对应，秦汉学术也可以说有它的母体，那就是“经学”，从诸子“亦《六经》之支与流裔”① 的说法看，以“经学”为母体也是合适的，而且不仅仅是母体，可以说“经学”本身即一种综合性的学术，其中什么学科都有。明清以来不是有“六经皆史”之说吗？准此，则亦可说“六经皆哲”，其在哲学史中的地位更突出了。本来书籍的记载，无非是“事”与“理”两个方面，清人章学诚说：“古人不著书，古人未尝离事而言理，《六经》皆先王之政典也。”②“政典”那就更是政治、法律、教育乃至经济各方面无所不包了。今人又称两汉经学为“事理之学”，以与“义理之学”相区别，这“事理”二字，是天地万物和自然、社会万象无所不包的。汉代的经学就正是无所不包的，因而当时的学者也就是无所不学（虽然各人的侧重不同，成就的大小不一）。经书中天文、历法、物候、地理等自然科学乃至工程技术学都有，有的还很集中，如地理学专著《禹贡》，有丰富物候知识的《夏小正》《月令》，可以作为当时工程技术规范总汇的《考工记》，以及散见经书各处的科学技术等，这些还是“事”多于“理”，学者们是都要读，而且力求读懂的，经学家们一一为之作注就是证明。而作注时，言必有据，其所据或者是他书他篇的记载，或者是作者直接地观察、了解，通过注进一步理解“事理”。因此学者的知识结构必须十分广博，至于人文社会科学方面（文、史、哲等）的知识，学者兼通就更不必待言了。

经学既然是综合性的学术，在经学形成时期的汉代，它定会影响当时的政治，影响汉人的思想，也直接或间接地影响其他学科的发展。对“经学”，尤其是汉化的“经学”加以足够的重视是必要的。

正因为学术综合性的特点，秦汉时期的大学者和大多数学者，都是兼通“六经”和百家之学的，只是个人侧重、贡献大小有不同罢了，这里我们再举一个具体的例子，例如张衡，这位世界著名的古代“造浑天仪”的科学家，《后汉书·张衡传》有如下一些记载：“衡少善属文，游于三辅，因入京师，观太学，遂通《五经》，贯六艺，虽才高于世，而无

① 班固：《汉书》卷三十，《艺文志》，中华书局1962年版，第1746页。

② 章学诚：《文史通义·易教上》。

骄尚之情。”（按：当可说是一位谦虚严谨的学者!）“衡善机巧，尤致思于天文、阴阳、历算。……遂乃研核阴阳，妙尽璇机之正，作浑天仪，著《灵宪》《算罔论》，言甚详明。”他对人类最大的贡献是在科学方面，但他的成就是多方面的，文学史上有他一席之地，“所著诗、赋、铭、七言、《灵宪》、《应闲》、《七辩》、《巡诰》、《悬图》凡三十二篇”。他的《二京赋》与班固的《两都赋》齐名，《后汉书》本传内用大量的篇幅记录的《思玄赋》，虽是文学作品，实应从中分析其哲学思想，这一点似尚未引起学界的注意。他对“五经”也是有所研究的，例如曾“著《周官训诂》”，“又欲继孔子《易》说《彖》《象》残缺者，竟不能就”。这方面虽不突出，却是难能可贵的。以张衡为例，说明当时学术的综合性特点，也是有典型意义的。

总之，汉代的精神文化，也可以用“学术”或者“学术文化”来概括。至于“思想”则包含在其中，而且应该说：“思想”是“学术文化”的核心，这一点完全不必置疑。我们记述古代的各学科，最重要的也就是其“思想”，所以讲“政治思想”、“经济思想”、“军事思想”，以及“哲学思想”、“宗教思想”、“文学思想”、“史学思想”、“教育思想”，乃至“天文学思想”、“医药学思想”等。对后世发生影响和后人需要的主要是“思想”，而不是制度、政策，或者办法、措施等具体内容（当然有的也可借鉴参考）。

当时学术综合性的特点，使得我们今日按新的学科分类来编写历史，还不可避免地出现如下情况：在“史学”中要讲“司马迁著《史记》”，“经济学”中要讲“司马迁的经济思想”，“教育学”中要讲“《史记》的教育思想”，“文学艺术”中要讲“司马迁的历史散文”，乃至在“自然科学”中也讲“司马迁的天文学思想”，等等。实际上写当时的“哲学”，也应该有司马迁的内容，讲“语言文字”似也应提到他，他用汉代的语言翻译和整理了古籍，他还注意了方言、俗语。此外，《史记》当中，政治思想、军事思想乃至人才思想、道德思想等，可以说应有尽有。这仅仅是一个例子，其他诸子莫不如此，例如《淮南子》，该书记述了它的“哲学思想”和“军事思想”，其实该书其他方面的思想也是很丰富很重要的，有的《美学史》《心理学史》等专书都有“淮南子”的专节。这也是要提请读者注意的。

最后我们要谈另一个问题，就是如何评价秦汉时期的思想和文化，全面综合地看，毫无疑义，秦汉文化水平是较高的，在当时世界上也是领先的。但对当时的思想成就如何估计就有不同看法了。有些研究哲学史的人，喜欢先秦哲学之创新和魏晋玄学之空灵（“思想解放”之誉都有），不太喜欢秦汉哲学之滞重（以致认为贫乏、低下），这是不全面的看法。实际是，如有人说：“它充满着矛盾、活力，高潮迭起，它无奇不有，雄浑、粗犷。既是先秦百家思想的汇集和综合，又是魏晋思想的温床和源头。”① 这后两句话的说法是很恰当的，对先秦百家思想的整合，本文前面已有说明，对魏晋思想的影响乃至魏晋思想萌芽的孕育，前面也有所涉及。有的书中也指出：“事实上由先秦到魏晋必经历秦汉哲学这个阶段。”②

那么“贫乏”、“低下”之类的看法是如何形成的呢？这与汉代学术文化的特点有关。汉代以“经学”为学术文化的代表，诸子也大多与“经学”有关，还有一个被称为“内学”的纬学或者说谶纬之学，更是“经之支流，衍及旁义”③，故“经学”又被称为“训诂学”，主要表现为古书的整理和古代经典的训话这两点之上，因而其功绩就主要在于保留了古代经典文献，而汉代的思想则主要从“训诂”之中表现出来，这当然会有一定的局限性，但其中绝不是没有汉人自己的思想，也不是其思想毫无创造。汉代诸子中黄老思想最为突出，它不仅在汉初一度成为统治地位的思想，在“如何救世”的问题上多有发挥，另一方面，其“救济人生”的思想在汉代也有所发展（相对原有的老庄思想而言），虽然纵情求乐的享乐主义也是从中发生出来的，但其关于修身养性的思想，比求神仙服丹药又要进步了许多（后来道教把二者结合起来那是另外一回事）。

至于谶纬之学和阴阳五行说，当然可说是属于迷信方面的，但在当时迷信与科学是混杂在一起的，谶纬之中既有大量的神学迷信内容，也和经学一样有天文、历象、地理、历史、礼仪制度、文字训诂等各种学科。例如关于中国古代历史的记载，三皇、五帝之类，对中国历史影响甚大，剔出其神话、附会的内容，也不是毫无意义的。三皇、五帝各自代表着一个

① 金春峰：《自序》，《汉代思想史》，中国社会科学出版社 1987 年版。

② 任继愈主编：《前言》，《中国哲学发展史》（秦汉卷），人民出版社 1985 年版。

③ 永瑢、纪昀主编：《四库全书总目提要》卷六。

个时代，并且如像“五帝官天下，三王家天下”①，这样的说法，不是也可以用原始社会和阶级社会之区分看待吗？又例如自然科学知识在谶纬中也保存不少：天文方面，纬书中既有盖天说，“天以圆覆，地以方载”②，也有浑天说，“天如鸡子，天大地小，表里有水。天地各承气而立，载水而浮，天如车毂之过”③；天候气象学方面，如云、雨、霜、雪的形成之类；还有物理学方面的（对雷电现象的解释）；地理学方面的（九州之说）；以及医学、生理学方面等④。阴阳五行思想，在中医学方面的运用，同样也具有很高的科学价值。

总之，汉代的思想文化和其他朝代相比，主要是特点的不同，而不应该有高下之分。

① 《汉书·盖宽饶传》引《易》，注者以为乃《易纬》之文。
② 《尚书考灵曜》。
③ 《春秋元命包》。
④ 参阅钟肇鹏：《谶纬略论》第九章，辽宁教育出版社1992年版。

从云梦秦简看秦代的主要矛盾

“四人帮”为了篡党夺权，指使其御用文痞大量制造反革命舆论，妄图用“历史研究”上的“反复辟”为幌子，掩盖其现实政治中的复辟阴谋。罗思鼎秉承“四人帮”的旨意，在《秦王朝建立过程中复辟与反复辟的斗争》及《论秦汉之际的阶级斗争》两株大毒草中，毫无根据地说：从秦始皇统一中国到刘邦建立西汉王朝，其主要矛盾是奴隶主复辟与地主和农民一道反复辟的矛盾，是“法家和儒家在政治、军事、文化各条战线大决战的时刻”。这完全是弥天大谎。

秦统一六国，建立了专制主义的中央集权的封建国家。此时进入封建社会已经二百五十多年了。毛主席明确指出：“封建社会的主要矛盾，是农民阶级和地主阶级的矛盾。”① 罗思鼎却公开对抗毛主席的教导，并且千方百计掩盖这种封建社会的主要矛盾，胡说：“在秦始皇时，劳动人民同地主阶级之间的矛盾并没有激化。”竭力美化封建统治者废井田、奖军功、教耕战、缓刑罚、薄赋敛。这是别有用心地伪造历史。

秦代的主要矛盾是农民阶级与地主阶级的矛盾，今以云梦秦简上的秦法律令等材料论证之：

第一、秦法律令保护封建土地所有制，激化了农民阶级与地主阶级的矛盾。

我国进入封建社会之后，土地制度发生了变化，即战国以后的“坏井田，开阡陌”，“民得卖买”②。同时也出现了租佃关系。这些都在云梦秦简上有所反映，秦简中写道：“盗徙封，赎耐。”“封即田阡佰顷畔封也。”“部佐匿诸民田”，“已租诸民，弗言，为匿田；未租，不论为匿田。”这里说的是不许“盗徙封”，即不许私自变更阡陌封疆；不许“匿田”。它们和

① 《毛泽东选集》第二卷，人民出版社 1991 年版，第 588 页。

② 班固：《汉书》卷二十四，《食货志》，中华书局 1962 年版，第 1126、1137 页。

秦始皇三十一年“使黔首自实田”一样，都有保护土地私有的意思。不过，应当指出，当时的保护土地私有，实质上是保护封建地主阶级的土地私有，是保护封建土地所有制。罗思鼎之流对“使黔首自实田”大肆歌功颂德，是故意抹煞其阶级实质。

马克思曾经说：“尽管对于土地，劳动是和日光和雨一样是必要的，但任何法律，都不曾为劳动者保留下些许对于土地的权利。”① 秦代当时的实际情况也正是如此，那些由奴隶解放而来的小农②，虽然曾一度有小块土地，但是很容易被地主阶级兼并了去。当时实行“舍地而税人”的办法，《通典·赋税上》：“夏之贡，殷之助，周之籍，皆十而取一，盖因地而税。秦则不然，舍地而税人，故地数未盈，其税必备，是以贫者避赋役而逃逸，富者务兼并而自若。”实际上地主阶级兼并土地的方式很多，前人也已经指出：“秦开阡陌，遂得卖买。又战得甲首者，益田宅，五甲首而隶役五家。兼并之患自此起，民田多者以千亩为畔，无复限制矣。”③ 正因为无限制地兼并土地，结果造成“富者田连阡陌，贫者亡立锥之地”。毛主席说：“封建的统治阶级——地主、贵族和皇帝，拥有最大部分的土地，而农民则很少土地，或者完全没有土地。”这是“中国封建时代的经济制度和政治制度”的“主要特点”之一④。

秦代的土地所有制表明，田连阡陌的地主阶级与无立锥之地的农民阶级处于严重对立的状况。大多数无地和少地的农民不得不租种封建地主阶级的土地，从而隶属于封建统治者，受奴役，受压迫剥削，所谓“盖自秦开阡陌之后，田即为庶人所擅，然亦惟富者贵者可得之，富者有赀可以买田，贵者有力可以占田，而耕田之夫率属役于富贵者也。”⑤ 这种“被束缚于封建制度之下，没有人身的自由”，“没有任何政治权利的”⑥ 农民，怎

---

① 马克思：《资本论》第一卷，人民出版社 1956 年版，第 861 页。

② 云梦秦简中有“免以为庶人”、“赦为庶人”之类记载，他们有时被称为百姓或民，他们“力于农穑”，是农业上的主要劳动者，也是当时军队的主要来源。《续汉志》注引刘劭《爵制》：“……自左庶长已上至大庶长，皆卿大夫，皆将军也，所将皆庶人、更卒也，故以庶、更为名，……。”

③ 马端临：《文献通考·田赋考一、二》。

④ 《毛泽东选集》第二卷，人民出版社 1991 年版，第 587 页。

⑤ 马端临：《文献通考·田赋考一、二》。

⑥ 《毛泽东选集》第二卷，人民出版社 1991 年版，第 587 页。

么会和地主阶级一道去反对奴隶主复辟呢？他们迫切要求反对的是买田、占田的地主阶级。

第二，秦法律令迫使农民阶级负担着沉重的赋税、徭役和兵役，使广大农民无法生活。

毛主席说："不但地主、贵族和皇室依靠剥削农民的地租过活，而且地主阶级的国家又强迫农民缴纳贡税，并强迫农民从事无偿的劳役，去养活一大群的国家官吏和主要地是为了镇压农民之用的军队。"① 云梦秦简对秦之赋敛、戍徭提供了一些具体内容：如《田律》："入顷刍、稾，以其授田之数，无垦不垦，顷入刍三石、稾二石。"硬性规定，不论田地是否耕种，一律按顷交纳刍、稾。再如《徭律》："御中发征，乏弗行，赀二甲；失期三日到五日，谇；六日到旬，赀一盾；过旬，赀一甲。"征调徭役，得通知后即应动身，不得延误。应征服兵役，对小农来说，是极大的灾难：不仅家庭走掉了一个强劳力，而且还给家庭增加一些意料不到的负担。云梦睡虎地四号墓两枚木牍记有两个服兵役外出的人，一个名叫黑夫，一个名叫惊，写信回家索钱、索衣，为了减轻家庭负担，不得不作一些盘算："母视安陆丝布贱，可以为禅裙襦者，母必为之，令与钱偕来。其丝布贵，徒〔以〕钱来，黑夫自以布此。"他们离乡背井，远在外地军中，出力卖命，非要家里接济不可。黑夫的信里说："黑夫等直佐淮阳，攻反城久，伤未可知也，愿母遗黑夫用勿少。"在惊的信里，更是万分告急："……用垣柏钱矣，室弗遗，即死矣。急急急。"说明得不到家庭接济，就活不下去了，这是有代表性的。"即死矣"，并非夸大之词。当时兵役、徭役十分繁重，《文献通考·兵考》概述说："北筑长城四十余万，南戍五岭五十余万，骊山、阿房之役各七十余万，兵不足用而后发谪矣。"阿房宫、骊山墓真是穷奢极欲，"几乎只有人类劳动毫无怜惜地被使用"②，所以造成"丁男被甲，丁女转输，苦不聊生，自经于道树，死者相望。"③ 罗思鼎之流不顾这一类合乎实际情况的描写，却报据一条官样文章说什么，秦"对于从事农业劳动的贫苦农民，规定每年只服劳役一个月，一生作正卒一年和戍边一年"。还说什么不能随便要老百姓服役，歪曲史实，

① 《毛泽东选集》第二卷，人民出版社 1991 年版，第 587 页。

② 马克思：《资本论》第一卷，人民出版社 1956 年版，第 399 页。

③ 班固：《汉书》卷六十四，《严安传》，中华书局 1962 年版，第 2812 页。

重唱“轻徭薄赋”的老调，故意掩盖当时的主要矛盾。

第三，秦法律令的基本目的是强化地主阶级对农民阶级的专政。

列宁说：“地主为了确立自己的统治，为了保持自己的权力，需要有一种机构来使大多数人受他们支配，服从他们的一定的法规，这些法规基本上是为了一个目的——维持地主统治农奴制农民的权力。”① 李悝著《法经》，以为“王者之政，莫急于盗贼”，因此开头两篇是《盗法》与《贼法》。前者是保护地主阶级的私有制，不容侵犯，后者是宣布地主阶级统治的神圣性，杜绝“犯上作乱”。李悝《法经》是第一部封建法典，其矛头是指向农民阶级的。商鞅受之以相秦，秦始皇又继承商鞅之法。秦统治者心目中的“盗贼”，主要是指战斗在农业生产第一线而被剥夺了生产手段的农民。云梦秦简有：“甲盗牛，盗牛时高六尺，系一岁，复丈，高六尺七寸，问甲何论？当完城旦。”把“盗”来的牛饲养起来，目的不外是用之于耕作，这绝不是真正的盗。云梦秦简还有：“或盗采人桑叶，赃不盈一钱，何论？赀徭三旬。”养蚕而无桑树，只得到外面采几片桑叶，这怎么能算是盗呢？这是秦统治者对耕田而无牛、养蚕而无树的小农的诬蔑、陷害，这是维护地主阶级利益的具体行动。秦统治者为此颁布了许多标准案例，在云梦秦简中有：“害盗别微而盗，加罪之。·何谓加罪？·五人盗，赃一钱以上，斩左止，又黥以为城旦；不盈五人，盗过六百六十钱，黥劓以为城旦；不盈六百六十到二百廿钱，黥为城旦；不盈二百廿以下到一钱，迁之。求盗比此。”

秦代地方基层组织中都设有专职人员管捕“盗贼”，乡有游徼，亭有求盗。说明秦代地主阶级与农民阶级的矛盾长期居于激化状态。云梦秦简云：“捕盗律曰：捕人相移以受爵者，耐。求盗勿令送逆为它，令送逆为它事者，赀二甲。”这不仅是对“求盗”讲的，这是说，地主阶级随时随地不能松懈对农民阶级的戒备与镇压。所谓“害盗”，在很大程度上就是指那些坚决与地主阶级进行生死搏斗的农民。“甲盗，赃值千钱，乙知其盗，受分赃不盈一钱，问乙何论？同论。”云梦秦简中这类简文很多，“受分赃不盈一钱”，以及“赃一钱以上”云云，显然是罗织罪名的罪恶手段，是为了堵塞农民革命的道路。正如《盐铁论·刑德篇》所云：秦之法，“盗马者死，盗牛者加，

① 《列宁选集》第四卷，人民出版社1961年版，第51页。

所以重本而绝轻疾之资也。……盗伤与杀同罪，所以累其心而责其意也”。所谓“累其心而责其意”，就是妄图从根本上瓦解人民的革命意志，强化地主阶级专政。从秦法律令的基本目的上，丝毫也看不出什么复辟和反复辟是主要矛盾。而“缓刑罚”之说，完全是骗人的鬼话。

第四，“以忠为干”的官吏，是忠实执行秦法律令的，是残酷压迫剥削农民阶级的。

毛主席说：“在封建国家中，皇帝有至高无上的权力，在各地方分设官职以掌兵、刑、钱、谷等事，并依靠地主绅士作为全部封建统治的基础。”① 云梦秦简《为吏之道》开宗明义：“凡为吏之道，必精絜正直，慎谨坚固，审悉毋私，微密纤察，安静毋苛，审当赏罚。”这是严格规定，官吏必须认真贯彻执行秦法律令，不能敷衍塞责。在贯彻执行秦法律令中，注意力集中何处?《为吏之道》回答：“审知民能，善度民力，劳以率之，正以矫之。反赦其身，止欲去愿。”要把注意力集中在“民”的身上，察其动静，观其去向，要“率之”，“矫之”。如何“率”民、“矫”民呢?《为吏之道》答道：“邦之急，在体级，掇民之欲，政乃立。”“掇民之欲”是什么意思？秦昭襄王时大饥，有人提议以“五苑之草着、蔬菜、橡果、枣栗”来赈济饥民，秦王拒谏，理由是“夫生而乱，不如死而治”②。“掇民之欲”说穿了就是“死而治”，这就是“邦之急”，“政乃立”的首要任务。执行这种任务的官吏，是农民阶级的死敌。

《为吏之道》强调“以忠为干”，“正行修身，祸去福存”。这是指示各级官吏，只有忠于地主阶级，忠于封建统治者，才算是“正”，才能得“福”。为此订出了“良吏”的五条准则：“一曰忠信敬止，二曰精廉毋谤，三曰举事审当，四曰喜为善行，五曰恭敬多让。”这五条的中心思想也就是“以忠为干”。而检验官吏是否“以忠为干”，则看他是否善于贯彻执行维护地主阶级专政的秦法律令，“凡良吏明法律令，事无不能也”，“恶吏不明法律令，不知事……”③ 秦之官吏在各方监督下，“不敢以非法遇民”④。《南郡守腾文书》指出：“今且令人案行之，举劾不从令者，致以

---

① 《毛泽东选集》第二卷，人民出版社 1991 年版，第 587 页。

② 《韩非子·外储说右篇》。

③ 见云梦秦简《课吏》，将此文并入《南郡守腾文书》，欠妥。

④ 《商君书·定分篇》。

律，论及令、丞。”层层监督，层层检察，层层负责。使官吏凌驾于社会之上。所有这些，充分说明：推行法家路线的秦统治者是残酷压迫剥削农民阶级的，“四人帮”及罗思鼎之流散布的“法家爱民”说，是极端荒谬的。

哪里有压迫，哪里就有反抗。

秦代农民阶级受着残酷的压迫剥削，用各种方式进行了反抗，包括拿起武器对付剥削者，即所谓“杀主”。云梦秦简中记录了许多杀人案例，有的杀人案未被告发，“甲杀人不觉，今甲病死已葬，人乃后告甲，甲杀人审，向甲当论及收不当？告不听”。死无对证是“告不听”的原因；类似案件过多，听不胜听，也是不可否认的事实。置严刑峻法于不顾而杀人，阶级反抗的因素远远超过了个人报复的因素。

“杀主”者成为“求盗”追捕的对象。追捕“罪人”的“求盗”，往往为“罪人”所杀。云梦秦简有“求盗追捕罪人，罪人格杀求盗。问杀人者为贼杀人且斗杀？斗杀人，廷行事为贼”。“求盗”死心塌地为秦统治者效命，他被杀是应得的惩罚。有的“求盗”也走上了“盗”的道路。这一点，使秦统治者胆颤心惊，特为订出法律令来严加禁止：“求盗盗，当刑为城旦，问罪当加如害盗不当？当。”

云梦秦简所反映的劳动人民对统治阶级的斗争是多种多样的，如《司空律》：“城旦舂毁折瓦器、铁器、木器，为大车折鞣，辄笞之。值一钱，笞十；值廿钱以上，熟笞之，出其器。弗辄笞，吏主者负其半。”在秦统治者的酷刑鞭笞下，秦代农民阶级对地主阶级的反抗，愈演愈烈，不断编唱歌谣，逃亡山林。秦时“重以贪暴之吏，刑戮妄加，民愁亡聊，亡逃山林，转为盗贼，赭衣半道，断狱岁以千万数”①。到了二世二年，“关东群盗并起，秦发兵诛击，所杀亡甚众，然犹不止”②。被压迫剥削的农民阶级，不怕诛击，前赴后继，最后斩木为兵，揭竿为旗，爆发了中国历史上第一次农民大起义。秦代的主要矛盾是农民阶级与地主阶级的矛盾，铁证如山，不容歪曲和篡改。

---

① 班固：《汉书》卷二十四，《食货志》，中华书局 1962 年版，第 1137 页。
② 孙楷：《秦会要订补》卷二十四。

《吕氏春秋》反君主专制的政治理论
——兼论吕不韦和秦始皇的矛盾

吕不韦和秦始皇的矛盾，究竟是个人恩怨，还是权力之争，历来有各种不同的分析，但都未能圆满地回答问题。有人曾认为吕不韦有“取秦而代之”的意图，这是说权力之争。然而，吕不韦当时有足够的条件和时间取而代之，为何没有任何夺权的迹象呢？即使免相国之后，仍有不小势力（“诸侯宾客使者相望于道”），何以终于“饮鸩而死”呢？这是权力之争难以解释得通的。我认为，吕不韦和秦始皇的矛盾，主要是政治主张的不同。

吕不韦的政治主张，主要体现在《吕氏春秋》当中。吕不韦任相之后所表现的政治才能，一方面他在秦国原有的基础上，积极准备和从事统一全国的活动；另一方面，他组织人力搞了那个统一后的政治蓝图——《吕氏春秋》。

我认为《吕氏春秋》是一部符合时代潮流的政论书。它是主张统一的，它认为需要一个统一的天子，但是又非常明确地反对君主专制。《吕氏春秋》在政治主张方面，开宗明义就强调了“天下非一人之天下也，天下之天下也”①。它说：“置君，非以阿君也。置天子，非以阿天子也。置官长，非以阿官长也。”②

《吕氏春秋》反对君主专制，表现在强调了如下一些思想和理论：

第一，贵公。“昔先圣王之治天下也，必先公，公则天下平矣，平得于公。尝试观于上志，有得天下者众矣，其得之以公，其失之必以偏。凡主之立也生于公。”③ 所谓公就是要求人主“无偏无党”、“无偏无颇”，不要有“私好”、“私利”，不要“贪戾”，不要擅作威福。它说：“私利而立

---

① 《吕氏春秋·孟春纪第一》。
② 《吕氏春秋·恃君览第八》。
③ 《吕氏春秋·孟春纪第一》。

公，贪戾而求王，舜弗能为”①，要作“王伯之君”就应该“诛暴不私，以封天下之贤者”②。书中关于“贵公”的思想，包括赞成“禅让制”，反对家天下，也包括着所谓“外举不避仇，内举不避子”等秉公办事的精神，更重要的还包括赞成法治。《去私》篇特别举了秦惠王时墨者巨子腹䵍的例子，其子杀人，但他不接受惠王的赐免而行“杀人者死”之法，“忍所私以行大义”。本来在君主专制下，君主集威势于一身，可以不顾任何法律，任意生杀予夺，《吕氏春秋》却在这里肯定“巨子可谓公矣”。褒贬之意是十分清楚的。书中没有专门论述过“法治”的问题，但“治国无法则乱”③的思想是非常明确的。

第二，顺民。“先王先顺民心，故功名成。夫以德得民心立大功名者，上世多有之矣；失民心而立功名者，未之曾有也。”在列举一些事实之后，结论说：“故凡举事必先审民心，然后可举。”④ 在《精通》篇甚至说：“圣人南面而立，以爱利民为心。”倡导这种传统的民本思想，显然与为所欲为、视民如草芥的君主专制思想是针锋相对的。

第三，纳谏。既然要顺民心就要了解民欲，使上下通达。一个人如果精气郁滞就要生病，“国亦有郁，主德不通，民欲不达，此国之郁也。国郁处久，则百恶并起，而万灾丛至矣”⑤。如何才能不郁滞呢？这就要纳谏，“故圣王之贵豪士与忠臣也，为其敢直言而决郁塞也”。它认为“防民之口甚防川”，不让老百姓讲话是不行的，应该是“治民者宣之使言”，所以它引用召公的话说：“是故天子听政，使公卿列士正谏，好学博闻献诗，朦箴诗诵，庶人传语，近臣尽规，亲戚外察，而后王斟酌焉。”⑥ 六论中的《贵直论》等六篇，从各个不同角度阐述了纳谏问题。它是要从各个不同的方面限制专制君主的所作所为。

第四，节欲。它从《本生》《重己》的道理出发，劝说人主要节欲，它说：“世之人主贵人，无贤不肖，莫不欲长生久视。而日逆其生，欲之何益。”⑦ 它引用了“黄帝言曰：声禁重，色禁重，衣禁重，香禁瓜，味禁

---

① 《吕氏春秋·孟春纪第一》。
② 《吕氏春秋·孟春纪第一》。
③ 《吕氏春秋·慎大览第三》。
④ 《吕氏春秋·季秋纪第九》。
⑤ 《吕氏春秋·恃君览第八》。
⑥ 《吕氏春秋·恃君览第八》。
⑦ 《吕氏春秋·孟春纪第一》。

重，室禁重”①。在“十二纪”中反复讲节欲问题，力求使人主的情欲，从精神上和物质上都受到限制。并且针对当时“侈乐”、“侈葬”等现象，主张《适音》《明理》《节丧》《安死》等。同时《骄恣》篇又写道：“亡国之主必自骄，必自智，必轻物。自骄则简士，自智则专独，轻物则无备。无备召祸，专独位危，简士壅塞。欲无壅塞必礼士，欲无位危必得众，欲无召祸必完备。三者人君之大道也。”在他看来，君主不应该自恣，也不应该自智，自以为是，独断独行是要不得的。

第五，无为。“君也者处虚。素服而无智，故能使众智也。智反无能，故能使众能也。能执无为，故能使众为也。无智、无能、无为，此君之所执也。”② 这种无智、无能、无为的主张，实际上是要在政权的行使上对君主加以限制，要所谓“贤主劳于求人，而佚于治事”③，“善为君者，劳于论人，而佚于官事，得其经也。”（《当染》）“八览”中有《审分》《君守》《任数》《勿躬》《知度》等五篇专讲“君道无知无为”。所以《吕氏春秋》被认为是主张虚君制度的。

第六，求贤。它认为凡事都应该“求本”，治国家、立功名“其本在得贤”④，所以说“功无大于进贤”⑤。贤人关系君王的成败，国家的安危，天下的治乱，“得贤人，国无不安，名无不荣。失贤之国无不危，名无不辱。作一个好的君主，必须“信贤而任之”⑥。在《吕氏春秋》中，或者叫“贤者”，或者叫“智士”、“有道之士”。作为君主，应该不“自骄”、“自智”、“轻物”，这三者乃“人君之大经也”，因为“自骄则简士”，君主必须要“礼士”⑦。

以上这些思想和理论，现在看来都很平常，在当时也并不是《吕氏春秋》所新创的。但是，它主张统一、集中而又反对君主专制，这在当时是很有现实意义和历史意义的。战国末年，君主专制的理论已发展完备，专制君主的权力已逐渐形成，《吕氏春秋》反对君主专制的理论针对性是很

---

① 《吕氏春秋·孟春纪第一》。
② 《吕氏春秋·似顺论第五》。
③ 《吕氏春秋·季冬纪第十二》。
④ 《吕氏春秋·孝行览第二》。
⑤ 《吕氏春秋·不苟论第四》。
⑥ 《吕氏春秋·孝行览第二》。
⑦ 《吕氏春秋·恃览君第八》。

强的，当时的现实意义是重大的。该书写成于秦始皇的绝对君主专制形成之前，防范于未然，其历史意义也是很大的。以后秦始皇一纸令下，赫赫的相国吕不韦就丢了官，再一道诏书就使他“饮鸩而死”，这正是专制君主的淫威。吕不韦虽然事败身死，但我们不应该以成败论人。吕不韦和秦始皇的矛盾，主要是因为政治主张的不同，而吕不韦可以说是有政治远见的。《吕氏春秋》之成书当然得力于一批有识之士，但吕不韦是有组织领导之功的，书也是反映了他的指导思想的。吕不韦《吕氏春秋》的上述政治理论，后来发展成西汉初年的“黄老政治”、“无为而治”，它是有启蒙之功的。

从《吕氏春秋》主张政治统一而又反对君主专制的理论中我们还可以看到如下有意义的两点：第一，统一的国家，中央集权的统一国家，不一定非实行君主专制不可。统一集中和君主专制两者之间有些联系，而它们在历史的发展中又几乎是同时形成的，但它们之间并没有绝对必然的联系，一个统一的中央集权国家完全可以避免君主专制。第二，君主专制与法治是不相容的。君主专制，集威势于一身，行赏罚于万众，金口玉言，一人说了算，那么再完备的法律也只是具文。然而这样的危害是甚大的！

秦汉时期的统治思想和思想统治

秦汉时期，中国的地主阶级已经发展成熟，他们在政治、经济、文化思想各方面为整个封建社会开创了局面，奠定了基础，它们所建立的国家机构、各种制度和政策等，都是以后各个朝代进一步发展的根据。本文专谈思想方面的发展，即统治思想和思想统治的问题。马克思主义认为："统治阶级的思想在每一时代都是占统治地位的思想。"① 因此，研究我国封建社会的统治思想，对于认识我国地主阶级的特点和作用无疑是很有意义的，研究地主阶级如何在思想上对农民进行统治，对认识地主阶级乃至我国的封建社会也是很有意义的。

一、统治集团对于统治思想及其理论重心的选定

在秦统一即将完成的前夕，秦相吕不韦招致宾客著《吕氏春秋》，以卓越的政治远见为统一的封建国家设计了政治蓝图，其指导思想是以黄老新道家的思想路线为中心，兼采儒、墨、名、法及阴阳等各家主张。但是，完成统一大业的秦始皇否定了吕不韦《吕氏春秋》的思想政治路线。秦始皇过分相信甚至片面理解了法家的思想路线，把君主的意志及其权势任意夸大，实行"以法为教"的统治思想，简单粗暴地黜道、坑儒，"偶语诗、书者弃市，以古非今者族"②。"焚书坑儒"不论作怎样的具体分析，其客观效果都是不很好的，所以秦始皇虽为地主阶级的总代表，但并没有得到地主阶级的拥护和支持，三老、豪杰之类的地主阶级的政治代表也赞成"诛无道，伐暴秦"，连最讲"君臣、父子"关系的孔子后代也抱着礼器投奔农民起义的领袖陈胜。

---

① 《马克思恩格斯选集》，第一卷，第 52、53 页，第四卷，第 251 页，人民出版社 1972 年版。

② 司马迁：《史记》卷六，《秦始皇本纪》，中华书局 1959 年版，第 255 页。

秦亡以后，地主阶级面临着一个如何恢复和巩固自己统治地位的问题，同时也面临着一个如何选定统治思想的问题。因此，文化水平很低的汉高祖，在听到陆贾说“居马上得之，宁可以马上治之乎”① 以后，虽然不高兴也面有惭色。西汉前期所出现的一个儒道互黜的过程，就是统治集团选择和确定统治思想的过程，司马迁说：“世之学老子者，则黜儒学，儒学亦黜老子，道不同不相为谋？岂谓是耶？”② 其实这仅仅是表面现象，实际上大家都是在为确定统治思想和实行思想统治而出谋献策，正如他父亲司马谈所说：“天下一致而百虑，同归而殊途，夫阴阳、儒墨、名法、道德，此务为治者也，直所从言之异路，有省不省耳。”③ 只是具体的主张、措施等不同罢了。

那么，统治阶级如何选定自己的统治思想呢？马克思主义告诉我们，考察统治阶级的思想，不能和统治阶级本身分割开来，要考虑产生的条件和基础，考虑个人和历史环境等④。战国以来的诸子百家，既然百虑一致，殊途同归，都是为了统治，而且，虽然百家互相攻击、排斥，事实上又互相影响、吸收，那么究竟选定哪一家思想为好呢？这就必须联系当时的历史环境考虑一个理论重心的问题。

一般认为，西汉前期的统治思想是黄老思想，我则认为是新道家思想。当时的统治集团为什么会选定这种思想作为统治思想，这就必须联系当时的历史环境，简单些说，那就是需要休养生息，而以“清静无为”为理论重心的新道家，正是适应了当时的需要。战国末年逐渐形成的新道家，在形成和发展的过程中，是有自己的代表作品的，从《吕氏春秋》到《淮南子》，中间还有陆贾的《新语》以及流行的《经法四篇》等。不过，应该承认，它们只是在基本理论重心上起了指导作用，而且这些作品往往是实践的总结和提高。在当时统治者选定统治思想时并没有多大的理论深度。这里只需举出一个例子来说就行了。《史记·儒林列传》载：“辕固生……以治诗，孝景时为博士。与黄生争论景帝前。黄生曰：‘汤武非受

---

① 司马迁：《史记》卷九十七，《郦生陆贾列传》，中华书局 1959 年版，第 2699 页。

② 司马迁：《史记》卷六十三，《老子韩非列传》，中华书局 1959 年版，第 2143 页。

③ 司马迁：《史记》卷一百三十，《太史公自序》，中华书局 1959 年版，第 3288～3289 页。

④ 《马克思恩格斯选集》，第一卷，第 52、53 页；第四卷，第 251 页，人民出版社 1972 年版。

命，乃弑也。’辕固生曰：‘不然，夫桀纣虐乱，天下之心皆归汤武，汤武与天下之心而诛桀纣，桀纣之民不为之使而归汤武，汤武不得已而立，非受为何?’黄生曰：‘冠虽弊必加于首；履虽新必关于足。何者？上下之分也。今桀纣虽失道，然君上也；汤武虽圣，臣下也。夫主有失行，臣下不能正言匡过，以尊天子，反因过而诛之，代立践南面，非弑而何也?’辕固生曰：‘必若所云，是高帝代秦即天子之位，非邪?’于是景帝曰：‘食肉不食马肝，不为不知味；言学者无言汤武受命不为愚。’遂罢。”儒家汤武受命的理论还是能自圆其说的，但辕固生最后显然失言了。新道家强调君臣上下之分不可颠倒也是统治者所需要的，但黄生没有考虑汉朝的开国历史也不周全。虽然从此“学者莫敢受命放杀者”，但这里并不能表现出儒道之优劣，当权的汉景帝当时只好说算了，算了，不谈这个问题！太后之好《老子》书也是如此，统治思想在理论上是还不够完善的。

由于新道家在理论上的不够完善，特别是在实践中如何使庞大的统治机器正常运转，不是“清静无为”的一般指导思想所能解决的。最重要的是历史条件的变化，加上又应历史的需要出现了一个“好大喜功”的汉武帝，儒家在经过吸收别家思想的基础上也形成了新儒家，以更完善的思想体系为统治集团所选定了。在这里，自然要提到董仲舒。

关于董仲舒的研究是很多的，我们这里也不打算研究他的思想。他在当时即享有“群儒之首”的声誉，后来也一直被抬得很高。但是从当时的实际情况看，儒学之成为封建社会的正宗，儒家思想——当然是经过改造而且不断发展的儒家思想，之所以成为封建统治思想，我们宁愿归功于汉武帝，只要看一看《汉书·董仲舒传》就很清楚，著名的所谓“天人三策”，董仲舒完全是在汉武帝的再三启发下，揣摸、迎合汉武帝的意图而发挥出来的①。在他一再对策之后，汉武帝仍然认为“文采未极、条贯靡竟，统纪未终”，并且说：“难道意朕之不明与？听若眩与?”再一次要求“悉之究之，孰之复之”。董仲舒简直有点慌了，他说：“前所上对，条贯靡竟，统纪不终，辞不别白，指不分明，此臣之浅陋之罪也!”只好重新领会武帝的意旨，再作回答。这个过程，不宜在此详述。但对于我们说明统治者如何选定统治思想及其理论重心是有意义的。是历史的需要，加上汉武帝这个人物的个性、特点等，完成了封建统治思想的选定。这应该就

① 《西京杂记》卷二：“董仲舒梦蛟龙入怀，乃作春秋繁露词。”这条蛟龙就是武帝的意旨。

是马克思所说的把统治阶级的思想和统治阶级本身联系起来。

从思想内容来看，从理论重心看，为什么会出现“独尊儒术”呢？董仲舒回答汉武帝的问题最后说：“春秋大一统者，天地之常经，古今之通谊也。今师异道，人异论，百家殊方，指意不同，是以上亡以一统，法制数变，下不知所守。臣愚以为，诸不在六艺之科、孔子之术者，皆绝其道，勿使并进，邪僻之说息灭，然后统纪可一，而法度可明，民知所从矣。”① 从“改制”、“更化”说起，最后说到了“大一统”，这算是使汉武帝称意了，所谓“对策”也就此结束。

春秋大一统的理论，适应着当时专制主义中央集权国家的需要，所以汉武帝特别感兴趣。治《春秋》的董仲舒，以《春秋》的微言大义，以其大一统理论对策，因而名列前茅。当时主要的宰相之一，“公孙弘以治《春秋》为丞相封侯”。这些事实都能说明汉武帝的思想倾向。董仲舒说，重要的是思想统一，“然后统纪可一，而法度可明”，更重要的还有“民知所从矣”，显然说的是思想统治了。

用什么来统一思想，进行思想统治呢？董仲舒建议用“六艺之科，孔子之术”，即用孔子为代表的儒家思想，用儒家的经典《诗》《书》《易》《礼》《乐》《春秋》，来统一思想、进行思想统治。然而，孔子之术是什么，不但今人众说纷纭，古人也是见仁见智，六艺之科包含着很广泛、很丰富的内容，究竟用什么来统一呢？从董仲舒以及汉代儒家的思想来看，他们的中心思想是：极力维护以皇帝为代表的封建大一统和统治，也就是董仲舒在对策中所说的：“天令之谓命，命非圣人不行；质朴之谓性，性非教化不成；人欲之谓情，情非制度不节。是故，王者上谨承天意，以顺命也；下务明教化，以成性也；正法度之宜，别上下之序，以防欲也。修此三者而大本举矣。”② 除开政策、法令、制度等之外，董仲舒在思想上，一是鼓吹君权神授，以维护皇帝的绝对权威，董仲舒说：“王承天意，以成民之性为任者也。”③ 所以皇帝称为天子④。二是宣扬三纲，以维护封建

① 班固：《汉书》卷五十六，《董仲舒传》，中华书局1962年版，第2523页。

② 班固：《汉书》卷五十六，《董仲舒传》，中华书局1962年版，第2515～2516页。

③ 《春秋繁露》的《深察名号》《基义》。

④ 《礼记·曲礼》：“君天下曰天子”，疏云：“不言王者，以父天母地，是上天之子，又为天所命子养下民。”

统治关系。董仲舒说："君臣、父子、夫妇之义，皆取诸阴阳之道。君为阳，臣为阴；父为阳，子为阴；夫为阳，妻为阴。天之亲阳而疏阴，任德而不任刑也。是故任义制度之教，尽取之天。天为君而复露之，地为臣而持载之；阳为夫而主之，阴为妇而助之；春为父而生之；夏为子而养之……王道之三纲，可求于天。"①

君为臣纲，父为子纲，夫为妻纲，这也是天意的安排。"束缚中国人民特别是农民的四条极大的绳索"②，即政权、族权、神权、夫权，在汉代已经形成了。

以三纲维护封建统治更具体、更直接，到了东汉时，《白虎通义》对此解说得更为详细，其《三纲六纪》说："三纲者何谓也？谓君臣、父子、夫妇也。六纪者，谓诸父、兄弟、族人、诸舅有义，族人有序，昆弟有亲，师长有尊，朋友有旧。何谓纲纪？纲者疆也，纪者理也，大者为纲，小者为纪，所以疆理上下，整齐人道也。"③ 由所谓"三纲六纪"当中，我们不难看到忠诚、孝悌、尊敬、亲友以及节义等概念。关于这些概念本身，还可以作很多说明，例如忠君的问题，汉代并没有明确提出，但君为臣纲就包含着这个忠。

总之，以上诸概念都是不断发展和充实的，既可以找到更古的渊源，也可以见到其后来的变化。如果不和封建统治阶级及其历史诸条件联系起来考察，则正如马克思所说，这是一些"抽象的思想"，"具有普遍形式的思想"，是"统治阶级自己为自己编造出诸如此类的幻想"④。那么，和封建统治联系起来，它们就是束缚人民的"四大绳索"，是统治人民的精神枷锁，我们将在后面的叙述中看到其作用和影响。

二、对人民思想统治的加强

封建社会的农民，不论受何等沉重的压迫剥削，不论其地位如何低

---

① 《春秋繁露》的《深察名号》《基义》。

② 《毛泽东选集》第一卷，人民出版社 1964 年版，第 34 页。

③ 《汉书·昭帝纪》。《论语·学而篇》："有子曰：其为人也孝弟，而好犯上者，鲜矣；不好犯上，而好作乱者，未之有也。君子务本，本立而道生，孝弟也者，其为仁之本也与！"

④ 《马克思恩格斯选集》第一卷，第 52、53 页；第四卷，第 251 页，人民出版社 1972 年版。

下，他们和奴隶社会可以被任意屠杀、买卖的奴隶是不同的，他们“真正”成了“民惟邦本”之民。地主阶级如何统治这样的民众，是必须认真对待的，这里单说思想统治的问题。

早在战国时期，关于如何对人民进行思想统治，地主阶级的思想家们是有不少主张的，“民可使由之，不可使知之”，算得上主张之一吧！但是，秦始皇采取那种“焚书坑儒”的简单愚民政策，实践证明是行不通的。书可以烧，人可以活埋，人们的思想是既不能烧也无法埋的。怎么办？最好的办法是“化民成俗”，用“教化”实行思想统治。

汉代统治者“政”“教”配合，做得十分突出。在当时最基层的乡里组织中，乡有三老，里有父老，紧密配合政府官吏对人民进行统治，《汉书·百官公卿表》记载说：“乡有三老、有秩啬夫、游徼，三老掌教化，啬夫职听讼、收赋税，游徼徼循禁盗贼。”关于三老，《后汉书·百官志》说得更详细一些：“三老掌教化。凡有孝子顺孙、贞女义妇、让财救患及学士为民法式者，皆扁表其门，以兴善行。”

此种掌教化的三老，以及与相配合的孝悌、力田，两汉时期的统治者始终非常注意，高帝二年二月诏曰：“举民年五十以上有修行能帅众为善，置以为三老，乡一人。择乡三老一人为县三老，与县令丞慰以事相教。”①惠帝四年，“举民孝悌、力田者，复其身”②。高后元年，“初置孝弟、力田二千石者（各?）一人”③。文帝十二年诏曰：“孝弟天下之大顺也，力田为生之本也，三老众民之师也，廉吏民之表也。朕甚嘉此二三大夫之行，今万家之县云无应令，岂实人情，是吏举贤之道未备也。其遣谒者劳赐三老、孝者帛人五匹，悌者、力田二匹，廉吏二百石以上率百石者三匹……以户口率置三老、孝悌、力田常员，令各率其意以道民焉（师古曰：道读曰导）。”④ 武帝元光元年，“初令郡国举孝廉各一人”⑤。不必再多征引了，赏赐三老、孝弟（悌）、力田或孝廉（还包括贞妇顺女）的诏令，西汉武帝以后各代均有。东汉也完全一样，建武七年就布告天下，令知忠臣、孝

① 班固：《汉书》卷一，《高帝纪》，中华书局 1962 年版，第 33～34 页。
② 班固：《汉书》卷二，《惠帝纪》，中华书局 1962 年版，第 90 页。
③ 班固：《汉书》卷三，《高后纪》，中华书局 1962 年版，第 96 页。
④ 班固：《汉书》卷四，《文帝纪》，中华书局 1962 年版，第 124 页。
⑤ 班固：《汉书》卷六，《武帝纪》，中华书局 1962 年版，第 160 页。

子、慈兄、悌弟薄送终之义。以后各代也是频频赐爵、赐钱帛。统治者特别注意提倡孝悌，如昭帝下诏说："朕闵劳以官职之事，其务修孝悌，以教乡里。"就因为"导民以孝则天下顺"①。为什么又奖励"力田"呢？上述文帝诏中说："力田为生之本。"正如马克思所说，封建统治者是知道农业重要的，中国封建统治者一直强调的是"洪范八政，以食为首"，所以汉代的皇帝"宠其强力"设力田"令与孝弟同科"（见上引《成帝纪》）。三老更不必说，因为他是"众民之师"，在汉代乡、县乃至郡、国设置三老成为定制。一句话，设立并且非常重视这些三老、孝悌、力田，是为了对人民实行"教化"，即直接加强对人民的思想束缚，以便巩固地主阶级的统治。

不仅如此，这样的思想统治一直深入到乡以下的闾里之中，《春秋公羊传》何休的注中说："一里八十户，八家共一巷中。里为校室。选其耆老有高德者名曰父老，其有辩护伉健者为里正，皆受倍田，得乘马。父老比三老、孝弟比官属，里正比庶人在官之吏。"② 由此可见里中之父老，是和乡三老一样的，当然也是管"教化"的。

为了扩大和巩固统治基础，汉代统治者还经常用"贤良方正"、"茂材异等"、"举廉"以及"孝悌力田"等名义，选拔一些普通地主人士，参加到统治机构中来，不断地补充官吏队伍。当然，在"茂材异等"、"孝悌力田"中也会有一些人民中的优秀的分子。那么就正如马克思所说："一个统治阶级越是能吸收被统治阶级中最优秀的分子，它的统治就越是巩固，越是危险。"

三老、孝弟（悌）、力田、贤良方正、茂材异等，所有这些，可以说是封建道德的化身，是地主阶级树立的榜样、标兵，通过他们对广大人民群众实行"教化"，言传身教，化民成俗，进行思想统治。

除此之外，地主阶级对人民进行思想统治的另一个重要途径，就是大兴学校，汉武帝时董仲舒对策就已经申述了这个道理，他说："太学者，贤士之所关也，教化之本原也。今以一郡一国之众，对亡应书者，是王道往往而绝也。臣愿陛下兴太学，置明师，以养天下之士；数考问以尽其

---

① 《汉书·昭帝纪》。《论语·学而篇》："有子曰：其曰为人也孝弟，而好犯上者，鲜矣；不好犯上，而好作乱者，未之有也。君子务本，本立而道生，孝弟也者，其为仁之本也与！"

② 《春秋公羊传·宣公十五年》注。

材，则英俊宜可得矣。”① 这虽是讲太学，但学校乃“教化之本原”这一点是很明确的。究竟何时开始普遍设立学校，还有待于进一步考究，从《汉书·儒林传》的记载看，武帝元朔五年已讨论过这个问题，提出要“崇乡里之化”，太常、博士们已经议论道：“三代之道，乡里有教，夏曰校，殷曰序，周曰庠”，要行教化，必须自京师始，由内及外。又据《汉书·文翁传》记载，文翁在蜀郡成都立学，并且与孝悌力田等结合起来。同时还说：“至武帝时，乃令天下郡国皆立学校官，自文翁为之始云。”到平帝时有一条明确立学官的记载：“郡国曰学，县道邑侯国曰校，校置经师一人，乡曰庠，聚曰序，序庠置孝经师一人。”② 大约西汉中期以后一直到东汉，学校越来越多了，所以班固的《东都赋》说：“四海之内，学校如林，庠序盈门，献酬交错，俎豆莘莘，下舞上歌，蹈德咏仁。”当时，不仅政府立学官，还有不少地主阶级私人办的学，数量也不少，有的授徒成千上万。学校教化影响是相当大的。

这里我们也着重谈谈最基层的情况，《白虎通义》论序庠之学说：“乡曰庠，里曰序，庠者庠礼义，序者序长幼也。……古之教民者，里皆有师，里中之老有道德者，为里右师，其次为左师教里中之子弟以道艺孝悌仁义。……若既收藏，皆人教学。其有贤才美质知学者，足以开其心，顽钝之民，亦足以别于禽兽而知人伦，故无不教之民。”《春秋公羊传》注的记载则说：“十月事讫，父老教于校室，八岁者学小学，十五者学大学，其有秀者移于乡学，乡学之秀者移于庠，庠之秀者移于国学。”③《汉书·食货志》也有大略相同的记载，并且对小学、大学略有解释：“八岁入小学，学六甲、五方、书计之事，始知室家长幼之节；十五入大学，学先圣礼乐，而知朝廷君臣之礼。”

以上这些当然是理想化了的记述，但“乡曰庠，里曰序”，乡里有了比较普遍的学校教育，或者说要求有普遍的学校教育，这一点是可以肯定的，父老担负教育的责任也是可以断言的。每个乡里都有教师不太可能，作为道德化身同时也是知识化身的父老，从事一些教化工作是完全可能的，比如教少年儿童认几个字，或者以己之所能在礼、乐、射、御、书、

① 班固：《汉书》卷五十六，《董仲舒传》，中华书局1962年版，第2512页。
② 班固：《汉书》卷十二，《平帝纪》，中华书局1962年版，第355页。
③《春秋公羊传·宣公十五年》注。

数（此为小学之一解）某一项或几项教一点，或者天文、地理、历史、传说随便讲一些，也包括在农闲时对成年人的教学。当然在事实上不可能有什么科学知识，除了必要的生产经验之外，不过是天上、地下、谶纬等，而忠、孝、节、义等道德观念当是其主要内容，这就是所谓教化，教人民知父子之道，长幼之序，明君臣之义，上下之位。这样，人民自必安分守己，绝不轻易犯上作乱。

从以上的叙述我们看到，汉代确实是政教配合的。二者结合得很紧密。汉代地主阶级对人民实行思想统治，深深懂得乡里教化之重要，他们认为“十室之邑，必有忠信”，紧紧抓住乡里学校，经常“谕三老、孝弟以为民师”①。可以这样说，地主阶级的思想统治，是以四大绳索为纲，布下了一张周密的罗网，紧紧束缚着广大农民。

三、特点　作用　影响

单从思想方面来看，马克思说：“在贵族统治时期占统治地位的是忠诚信义等概念，而在资产阶级统治时期占统治地位的则是自由平等等等概念。”② 马克思主要是就欧洲历史情况而言的。我们将中外历史情况对比一下，不难发现，中国地主阶级的统治思想是有自己特点的。因为除了和欧洲一样有忠诚信义等之外，还有更重要的一个（或者说一组）概念，那就是孝悌。

前面说的“三纲六纪”，“六纪者，谓诸父、兄弟、族人、诸舅、师长、朋友也”。这所谓六纪，除开“师长，君臣之纪”以外，主要是以父为子纲为中心的，因而《白虎通义》作了一些更为具体的解说：“兄者况也，况父法也，弟者悌也，心顺行笃也。”诸父、兄弟、父子之纪也。朋友的关系也是从属于父子关系的，所以说：“朋友之道，亲存不得行者二：不得许友以其身；不得专通财之恩。友饥则白之于父兄，父兄许之，乃称父兄与之，不听则止。”总之，中心是一个孝字。

两汉的统治者强调孝似乎比忠更多，大概因为孝和一般老百姓的关系

① 《汉书·武帝纪》。此类诏书经常可以见到。

② 《马克思恩格斯选集》，第一卷，第 52、53 页；第四卷，第 251 页，人民出版社 1972 年版。

更直接些，“导民以孝则天下顺”，抓住了思想上统治人民的一个关键，使地主阶级的统治更加显得温情脉脉。因而置孝悌，举孝廉，崇尚孝道不遗余力，值得注意的是平帝立学官的记载，郡国以上的学校是设经师，“序庠置孝经师一人”。《孝经》在中国历史上，好像是唐宋以后十分重视，其实在汉代已经流行，我们从昭帝的一道诏书可以看出一点消息，始元五年诏曰：“朕以眇身获保宗庙，战战栗栗，夙兴夜寐，修古帝王之事，通保付，传孝经、论语、尚书，未云有明。”[①] 虽然不能说当时是以孝治天下（以后有），孝悌无疑是当时占统治地位的最重要概念之一。

我们不能断言欧洲封建社会里没有“孝”的思想存在，但至少是不如中国这样突出的，所以马克思只说“占统治地位的是忠诚信义等等概念”。

汉代地主阶级的统治思想还有另一个重要的特点，和欧洲不一样，绝无反映贵族与皇权争夺统治的分权学说，只有集权的理论，如董仲舒所说：“春秋大一统者，天地之常经，古今之通义也。”维护国家统一，维护至高无上的绝对君权，可以说是被当作“永恒的规律”[②]。早已形成的“四海之内若一家”[③] 的统一国家，容不得分裂割据，“东周欲为稻，西周不下水”[④]，或者“以邻国为壑”[⑤]，严重妨碍农业生产，对人民不利，对地主阶级也不利，“争地以战，杀人盈野；争城以战，杀人盈城”，对人民是极大的危害，对一般地主阶级也没有什么好处。因此《吕氏春秋》总结说：“乱莫大于无天子”[⑥]，一直到东汉始终强调：“民臣不可一日无君也。”[⑦] 真是当作“永恒的规律”来谈论，是地主阶级的一致要求。秦和汉的统一也都是在这种“定于一”的要求下实现的。汉高祖十二年与功臣剖符作誓，下诏曰：“吾立为天子，帝有天下，十二年于今矣。与天下豪士贤大夫共定天下，同定辑之。”他是地主阶级的最高代表，同时也与其他地主阶级的政治代表分享统治，分别作了安排（王侯将相）和赏赐。最后有一句要紧的话，那就是：“其有不义，背天子擅起兵者，与天下共伐诛之。”[⑧]

---

① 班固：《汉书》卷七，《昭帝纪》，中华书局 1962 年版，第 223 页。
② 参阅马克思和恩格斯的《德意志意识形态》。
③ 《荀子·王制篇》。
④ 《战国策·东周》。
⑤ 《孟子》的《告子下》《娄离上》。
⑥ 《吕氏春秋·谨听》。
⑦ 《白虎通义》的《三纲六纪》《论天子即位改元》。
⑧ 班固：《汉书》卷一，《高帝纪》，中华书局 1962 年版，第 78 页。

自此以后，国家的统一和皇帝的权威，不仅在汉代，在整个中国封建社会，都是天经地义的。

再从统治思想形成来看，也是有其特点的。这特点就是兼收并蓄。战国时期诸子百家，互相攻击，水火不容，到汉初都还是“道不同不相为谋”，但那实质上也是一种表面现象，实际上各家各派又是互相影响，互相吸收，所以到了汉代，既有“兼儒墨、合名法”的新道家，也有吸收了各家思想对自己不断进行改造的新儒家。从封建统治者来看，“独尊儒术”是可以说的，“罢黜百家”是事实上不存在的，不仅允许儒家以外的其他各家存在，有时还要利用，就是后来从外面传入的佛教，从民间兴起的道家，也都被利用起来成为统治人民的思想工具。这一点越到后来越突出，例如唐代，随着新的大一统政治局面出现，思想上兼容并包的气魄更大，儒学和宗教，宗教中的佛教和道教以及其他宗教，无一不受到重视。而无论哪一个学派或哪一种宗教，又无不服从皇权，为皇权服务。因此这一特点与前一特点是紧密相连的。欧洲的情况看来是不同的，恩格斯说：“在中世纪，随着封建制度的发展，基督教形成为一种同它相适应的、具有相应的教阶制的宗教。……中世纪把意识形态的其他一切形式——哲学、政治、法学，都合并到神学中，使它们成为神学中的科目。因此，当时任何社会运动和政治运动都不得不采取神学的形式；对于完全受宗教影响的群众的感情来说，要掀起巨大的风暴，就必须让群众的切身利益披上宗教的外衣出现”①。中国的实际情况，和欧洲相对而言是单一的教会统治（思想意识方面的统治）比较，和欧洲中世纪皇权与教权并立的情况相比较，显然有自己的特点。

秦汉地主阶级，一是靠以忠孝为中心的一整套纲常伦理道德为统治思想，二是兼收并蓄不断补充和充实这种统治思想，因而它所发挥的思想统治作用是极大的。可以说是做到了家喻户晓，深入人心。这可以从当时农民起义的某些特点中看出来，《后汉书·刘盆子传》：“樊崇起兵于莒……自号三老。……众既浸盛，乃相约……最尊者号三老，次从事，次卒史。”由此可见，道德的化身，掌教化的三老，在人民心目中的尊崇地位，这也

① 《马克思恩格斯选集》第一卷，第52、53页；第四卷，第251页，人民出版社1972年版。

和恩格斯所说的一样，不得不采取统治阶级所利用的形式（当然恩格斯在《德国农民战争》中指出了农民战争利用宗教、利用其禁欲主义的本质不同），应该说是无法摆脱其思想束缚的一种表现。又例如，当时农民起义一定要打着刘姓皇帝的旗号，也不能不说是受忠君思想束缚的反映。即便再进步一些，如东汉末年能够喊出“苍天已死，黄天当立”的口号，也还是要依靠天命。

因此，统治思想之深入人心，起着维护和巩固统治的极大作用。这一点，从中国整个封建社会来说，恐怕都是如此。

1983 年 8 月初稿
1985 年 11 月修改

简帛在秦汉史研究中的地位

简帛在秦汉史研究中的地位这个一般性的题目，要做好也并不容易，可以从许多不同方面展开讨论。这里仅从一个学习和研究历史者的角度，并且结合个人经历，谈谈多年来的一些想法和看法。

当前简帛之学成为显学之势已经形成，诸多问题有待深入研究、讨论、确定。

首先，我想谈一个“命名”问题，大约是1991年，马先醒先生赐我《〈居延汉简〉命名之合理性与精确化》手稿复印件，给我印象极深，当时他对“居延新简”提出质疑，并且说：“当今急务，趁《居延新简》新刊，人心未定，无虞积重难返，将新、旧居延汉简，乃至未出简牍之命名问题，一劳永逸，彻底解决。”然而旧简、新简之类名称，今天似又已约定俗成。我们现在尚可理解，不过是旧出土之简和新出土之简的区别，若干年后之人恐怕又要出许多注释。同样，简牍学也已经呼之欲出了，我们有简牍学会、简牍学报、简牍研究等，可以说是有了一门“简牍学”。然而今天我们的讨论会又是“简帛学术讨论会”，这样就又提出了一个命名问题，是“简牍学”好，还是“简帛学”好？也许是“简帛学”更好一些。从字面上看，虽说是有竹简木牍之分，简、牍二字也可混用，木牍亦可称木简。但帛书与简牍就不好混用了，帛书与简牍也许在书史上代表两个不同的阶段，但现在出土的帛书和简牍，大多是相同时代的物品（主要是战国秦汉时期的东西）。研究它们的这一门学问，当然是叫“简帛学”为好。原来没有帛书出土，所以称简牍或简牍学，今已有帛书出土（很难说以后不会再有出土），就不能无视这一客观存在。事实上以“简帛研究”为名的专业刊物有了，“简帛研究中心”也有了。这里我是借马先生“命名之合理性与精确化”作文章。我想这应该是一个值得讨论和确定的问题，简帛学的研究者和史学工作者可否共同商定，以利于日后学者，以利于21世纪简帛学之研究和发展。

其次，从一个秦汉史研究者角度，谈点看法。

简帛材料我有所接触，但够不上研究，因为出土的简帛以秦汉时期的最多，而我近二十多年来主要学习和研究秦汉史，所以总是或多或少与简帛材料打交道。70年代云梦秦简出土时，得地利和人和，生活在湖北，又与当时湖北省博物馆的谭维四先生有交往，所以比较早地看到了云梦秦简释文和照片，当时除了与工农兵“结合”写点“大批判”文章之外（此一问题当另作检讨），也写过一点研究性的文章，在资料极为缺乏的情况下（“下放”农村分校），写了《啬夫考》（署名郑实）、《秦代的封建土地所有制》（与王瑞明先生合署）等文章。后来返回武汉才有更深入一点的研究，发表《释南郡守腾文书》《秦代邮传制度》《秦代赋役制度》等文章。从80年代初开始研究秦汉制度史，与安作璋先生合写《秦汉官制史稿》，照理说应该更多的接触简牍资料，可惜当时条件仍有诸多不便，能够看到的只有陈梦家先生的《汉简缀述》（这在官制史稿中有反映），陈盘先生的《汉晋遗简识小七种》还是跑到北京看的，复印了二三十页回汉。所见所用简牍资料不多，这是官制史稿的一大缺陷。至于新出土简牍，一是整理不及，二是很难看到（个中有种种原因），以至于造成我干脆就不管它了，我想：谁一个人也是研究不完的，“居延汉简”研究半个多世纪了，仍有许多问题需要再研究，以后再说吧。就这样造成了现在“落伍”者的状况，乃至于我虽然研究秦汉思想史，但对新出土的帛书《老子》和竹简《老子》，也不能紧跟上去。

但是，我对简帛学的研究和发展，并不是不关心，也不是没有看法（上述有一段时间很难看到材料就很有些看法）。我的主要看法有两方面：

第一，简帛学和简帛研究，是一门边缘科学，不是历史学者一个方面所能进行的，需考古、文字等多学科的协同努力，才能取得更有价值的成果。同样考古学者也不可能离开文献资料、离不开历史学的研究。我以为，简帛材料在历史学中的运用才能更显其特殊的价值。过去由于某些客观原因，使得简帛材料难以在史学著作中充分反映。现在的情形大不一样了，简帛研究的人员力量加强了，研究条件更好了，速度加快了，基础更扎实了，深度广度都有了。这方面，文津出版社出版廖伯源先生的《简牍与制度》和万卷楼图书有限公司出版丁原植先生的《郭店竹简老子释析与研究》，堪称突出的先进事例。顺此我还要说一点，有一批学者积极推动此项学术事业功不可没，马先醒先生的功绩有目共睹，在台湾创办《简牍学报》，成立“简牍学会”，奔走两岸各地，有时“兴致勃勃去，伤心败兴回”，历尽千辛万苦，无需我一一细说。他的学生都是很积极的，其中陈文豪先生就是突出代表之一，如廖伯源先生出版《简牍与制度》时所说：“本书得以在《尹湾汉墓简牍》出版后仅七个月即完成初稿，当归功于文豪兄公开史料，今本书出版，亦当先感谢文豪兄。”由此可见一斑。据我所知，陈文豪先生近十多年来，除了自己深入做学问之外，极为关注学术动态，长期托大陆友人搜求图书资料，并主动“公开”、交流，这方面我个人也颇有体验。1992年出版《汉唐文化史》要自己推销一部分，陈文豪先生认购了一批，大约是送给学生和朋友们了，现在我联想起来，这是他一贯的精神。他知道我正在研究老学，最近又及时地寄给我丁原植先生的大作，这就更加清楚了。简牍学会还有吴昌廉、张寿仁、陈鸿琦等许多先生，都各有建树。据说史语所成立汉简小组，邢义田、萧璠、刘增贵、林素清等先生，利用红外线仪重新整理了居延汉简，并率领研究生每月逐字读汉简。这样扎扎实实的工作，是极为有意义的。大陆学者比较集中的在北京和甘肃等地（恕我不一一列举），忙于整理和研究不断新出土的简帛资料。有这样一大批简帛研究学者，他们的敬业精神和诸多贡献，是应该表扬和值得学习的。

相比而言，多数的历史学工作者，对简帛学及简帛研究关注不够，尤其如我者，相当滞后，这就造成简帛材料不能及时和充分地在史学研究中得到运用。简帛材料以秦汉时期的居多，然而在秦汉史的著作中，反映和利用是很不理想的，最近出版的拙作《秦汉文化志》（当然也是五年以前的作品）仍然如此，对考古和简帛采取了极为简略的介绍，看起来是慎重的，事实上可以说是很保守滞后的。此种研究状况当亟待改变，过去我总以为：“居延汉简”出土于当时边陲，主要反映边陲情况，与内地状况不一定完全吻合，我暂时不用也可以。这“暂时”就“暂”过了近二十年！秦简研究我曾一度参与，后来陆续出土简帛，我又因偏见的惯性而作壁上观了。现在认真想来，有些史学问题进一步研讨的时机比较成熟了。例如，我曾涉及的地方行政制度问题，啬夫、有秩以及乡、亭等问题，都可以根据新出土的材料作进一步的研讨。1978年我在资料极为困难的条件下所写《啬夫考》，在当时引起了重视，高敏先生与我展开了争论（开始时他不知为我所作），裘锡圭先生给予了较高的评价，他在那个粗浅的基础上，展开了深入研究，写出了六七万字的《啬夫初探》，当时已有的考古和简牍材料他利用了很多，但还没有尹湾的材料。如有可能，我真想再写一次“啬夫补考”或“再考”，也该修订一下《秦汉官制史稿》。乡、亭问题我也有自己的看法，写过文章，在王毓铨、杨树藩、曲守约、劳干、裘锡圭、高敏等先生讨论的基础上，想就乡、亭、里关系作一“决断”，也许并未“决断”得了，其最大的不足就是没有充分运用简牍材料。从新出土的《尹湾汉墓简牍》看，我的论断可得到进一步证明。这里，我可以进一步提出如下两点看法：

（一）关于乡、亭关系，乡与亭没有统属关系，而是并列关系。这一点可进一步肯定。乡的啬夫和亭长在《集簿》和《东海郡吏员簿》中是并列的。首先分析一下《集簿》的材料，在首列县邑侯国三十八的情况之后，接着是乡、亭、里的情况，其文曰：

> 乡百七十，□百六，里二千五百卅四，正二千五百卅二人，亭六百八十八，卒二千九百七十二人；邮卅四，人四百八，如前。

谢桂华先生分析说：“根据《集簿》的人统计，东海郡共设置170个乡，2534个里，平均约合15个里一乡，和文献记载有一定的差距。”

这个分析的重要疏忽是：在乡、里数之间有一个“□百六”，170加上106，276再除2534，刚好是9个左右，这就与文献记载的“十里一乡”和“十里一亭”① 基本一致了（虽然大多数情况不会是整齐的10个里）。缺字是个极为重要的字，到底是什么百六？我认为完全可能是“亭”字，照我以前的“决断”，此亭是街亭之亭，乡与亭的并列和区别，如同今日乡与镇之并列和区别。而且我也曾指出，亭，除了街亭之外，还有邮亭、门亭等，所以《集簿》在记作为地方基层单位的乡、亭、里数之后，再记邮亭之数。里正和亭卒之人数在这前面记载了，后面再记吏员总数时，不再重复。其吏员数的记述也值得分析：

---

① “十里一亭”对于辖里之衢争来说是“里落”，对于邮亭来说是“步里”之“里”。

令七人，长十五人，相十八人；丞廿廿四人；尉卅三人；有秩卅人；斗食五百一人；佐使、亭长千一百八十二 人。凡千八百廿廿人。

这是在记太守府廿七人和都尉府十二人之后，各县邑侯国吏员的总和。其中令、长数多出县、邑数 2 个，是因为 1 个伊卢盐官长和 1 个下邳铁官长，他们秩三百石，与秩三百石的县长和侯国相同一级别。秩二百石的丞、尉之后分别为有秩、斗食、佐使、亭长，包括县府各种属吏和地方基层组织（乡亭）的负责人，但在《集簿》中没有啬夫一职，和《东海郡吏员簿》之有官、乡啬夫的记载不同，主要是按级秩的不同而记载的，相当于斗食的佐吏和亭长因为数量大，所以特别专门记述。《集簿》在记乡、亭、里之后，主要按秩级统计员吏，官称是顺带的，不涉及乡亭关系以及啬夫和亭长的关系等问题。《东海郡吏员簿》更具体记述官称时，才涉及得更具体点（详下）。

另外，《集簿》记述的县以下吏员总数，与《东海郡吏员簿》分别记各县的数目的总和，基本相符。《吏员簿》合计为 2163 人，除去《集簿》单独计算的侯家臣等 324 人，为 1839 人，与《计簿》的“凡千八百廿廿人”仅一人之差。侯家臣等人的任用可能与一般郡县吏员的任用不同，俸禄也可能是单列的。侯家臣“秩比三百石”或“秩比二百石”，相当高，和“秩三百石”的相与“秩二百石”的丞、尉差不多，这里作相当解的“比”字更有特殊意义。

尹湾简《集簿》和《吏员簿》都把亭长算作“吏员”，比文献记载更为明确，有的文献记载模糊不清，似乎可说是一种服役。实际上应该是吏，《史记·高祖本纪》中的“试为吏，为泗水亭长。廷中吏无所不狎侮”的记载是说得很明白的，出土物中有亭长印也可证明。问题是亭长的情况比较复杂，如同今之科长、局长一样，既是职务，也是一种级别。按职务分工来说，有邮亭、门亭、街亭等之分，职掌既有不同也有相同之处，如《急就篇》所说：“亭长、游徼，皆督察奸非者”，主要负告警、防捕盗贼的责任。不过亭长之下有亭卒，有“求盗”具体负责，发展时期每亭绝不只两卒，所以《集簿》中记载是：“亭六百八十八，卒二千九百七十二人。”我认为，作为治民的亭是存在的，那就是城区的或者某些乡村有较集中居民的街亭，此亭与乡的存在，如同今之乡、镇并存一样。我们现在这样的解释，古人也有，《史记·高祖本纪·正义》说：“亭长，盖今里长也。民有讼诤，吏留平辨，得成其政。”这是指管民政的亭长而言。蔡质《汉仪》说：“洛阳二十四街，街一亭。”这街亭应该是辖里之亭，整个洛阳城内的居民，是聚里居住的，《洛阳伽蓝记》中保留有许多里名，如果每亭和乡一样下辖十里，则洛阳有240里，每里百户，洛阳城内有24000户，这是与实际大体相符的。《汉书·地理志》河南郡22个县有户总数为276444户，但在郡下特别注明：“洛阳户五万二千八百三十九。”城市人口总是集中一些，洛阳城内有二三万户分属240个里（《洛阳伽蓝记》卷五城北末云“合有二百二十里”，考证疑是“二百”乃“三百”之误）是可能的。而管辖这些里的机构很可能是那24个街亭。这可以说明在乡村是乡辖里，在城市是亭辖里。这种亭长自然是与乡啬夫或乡有秩是一样的。只是另外还有门亭的亭长，特别是有更多的邮亭长，大一点的邮亭，居民较多，除了起邮亭作用之外，自然也还治民，这相当于今日农村之集镇。不论哪一类亭长，都是县属之吏员，乡亭之间没有隶属关系是可以肯定的。

（二）有秩与啬夫问题。这个1979年我和高敏先生未曾讨论下去的问题，通过尹湾汉简的材料，可以作进一步的讨论甚至是确定了。关于乡以下吏员，《集簿》中提到了（里）正、佐使、亭长，甚至有乡三老、孝悌、力田，没有啬夫（太守下有啬夫一人，显然与乡之啬夫无关），其统计包括乡、亭的所有县邑吏员数，主要是按秩级分的，除令长丞尉外，主要分有秩、斗食和佐使、亭长，如上所说，各种名目的佐使和各种性质的亭长数量多，有的可能享受斗食的待遇，有的或者斗食也没有。而乡的啬夫则在有秩和斗食中都有，这是《东海郡吏员簿》所能证明的。

《东海郡吏员簿》中，官有秩、乡有秩、官啬夫、乡啬夫有明确的区分。各县的合计数目，与《集簿》的统计数相当，各县两类有秩总数为30，与《集簿》“有秩卅人”相合，而乡啬夫合计数137，与乡有秩25相加为162，与《集簿》的“乡百七十”，只相差8个。比较明显的是主要乡官，有啬夫和有秩之分，结合文献材料，乡的主管官员，既可笼统地简称“啬夫”（如许多文献记载一样），也可以具体地称“乡啬夫”、“乡有秩”，后者全称或应该是“乡有秩啬夫”。有秩与啬夫的区别，主要只是秩级的区别，一般乡啬夫只不过斗食，居延简就有“斗食啬夫”（《甲》78），大乡或者主要一点的乡，主管官的级别高一些，是为“有秩”。又，从《吏员簿》的记述情况看，首县和大县，乡的数多一些（有的多到十个或十几个），小县乡数三至五个，更有一两个乡啬夫记载的，后者多半是侯国的情况。这一点《后汉书·百官志》区别得很清楚，其本注曰："有秩，郡所署，秩百石，掌一乡人；其乡小者，县置啬夫一人。"只可惜未言啬夫秩如何，也还有户满五千而置有秩之类的记载。

又，《集簿》中令长丞尉以下吏员，"有秩卅人"，与"斗食五百一人"，与《东海郡吏员簿》的合计数是一致的，有秩 30 人是后者官有秩 5 人和乡有秩 25 人的合计；斗食五百一人，包括《吏员簿》中令史 144 人、狱史 78 人、官啬夫 60 人、乡啬夫 137 人、游徼 82 人等，总和恰为 501 人；《吏员簿》中牢监 34、尉史 83、官佐 277、乡佐 88、邮佐 10、亭长 688，总和 1180 人，与《集簿》的"佐使（史?）、亭长千一百八十二人"的记载基本相符。亭长数与《集簿》前面所记之亭数相同。由此可见乡啬夫在斗食之列。

但由此而产生的问题之一是：佐史亭长当然与"有秩"的吏员是不同的，但他们有无俸禄呢？与啬夫之类的员吏的级别是否也大不相同呢？官佐、乡佐与官啬夫、乡啬夫的关系，也许和丞与县令长的关系一样，正副关系，而尉史与令史、狱史，还有亭长与啬夫等，恐怕主要是职责分工的不同。所以单列出佐使（史?）亭长另一类，如同侯家丞、仆、行人、门大夫等单列一样，写在后面，并非秩级最低，侯家丞的秩比三百石，比一般县丞还要高。

记述的先后有时是按秩的级别排列的，有时又不完全是，这在文献记载中也有很多例子，例如《后汉书·百官志》注引《汉官》所记洛阳令、丞、尉下之"员吏七百九十六人"，"十三人四百石。乡有秩、狱史五十六人，佐史、乡佐七十七人，斗食、令史、啬夫、假五十人，官缘史、干小史二百五十人，书佐九十，循行二百六十人"。佐史乃至乡佐又记在斗食之前，而且斗食与啬夫又并列在一起，小史、书佐、循行之类又是不知何秩，完全未提到亭长，等等，所有这些，如同今日职务、职称、职级等之交叉一样。

当然佐史的俸秩低于斗食也是有记载的，《汉书·百官公卿表》中有明确的记载："百石以下有斗食、佐史之秩。"注引《汉官名佚簿》云："佐史，月俸八斛也。"而《后汉书·百官志》的"百官受奉例"更明确以

“斗食奉，月十一斛；佐史奉，月八斛”加以区别。不过百石以下（含百石），这些秩级之吏，又统称“少吏”，与“长吏”相对而言又是一条大杠杠，有秩与否是一条小杠杠。有秩大约是百石的另一种说法，其月奉十六斛与“二百石奉月三十斛”相差甚多，与“斗食奉月十一斛”比较相近，也许因此而皆为“少吏”。

另外，啬夫和亭长一样是一种职务，也是一种级别，如同今日之县团级，相当处级，从职务来说就有县长、团长、处长。简文中“啬夫”之前加上“乡”字，显然是要与“官啬夫”区别一下（职务的区别），而“乡有秩”的名称，又可解决我们曾讨论过的“有秩”与“啬夫”的关系问题，我曾认为乡的啬夫中有“有秩”与无秩的区别，这一点似乎可以得到印证，而且《吏员簿》中“官有秩一人，乡有秩四人……官啬夫三人，乡啬夫十人”这样的记载，可说是十分清楚明白的。

假如我们通过简帛材料，把一些关键性的问题弄清楚，再写入各种通史、教科书中，那当然就是高质量的科学著作了。

第二，简帛材料的作用和意义，简单地说即为补史、证史，或者还加上正史（正史之失）而改史。说来简单，其实并不容易，事实证明是如此。一般来说，补史好说，原有史书文献中没有，或者没有发现，就可以“补”。文献记载有，出土帛书中也有，那就可证，但如何证也有不少学问。至于正史之失，更不好轻易而言。此举一例，有的先生以云梦秦简《大事记》正《史记》系年之误，说“《史记》《年表》魏哀王十三年曰：‘秦击皮氏，未拔而解。’”“移在魏哀王十四年之下，方才符合史实”。《大事记》有“二年，攻皮氏”的记载，何以见得在前一年就没有“击皮氏”之事呢？因为《史记》《年表》明明说“未拔而解”，《史记·樗里子列传》也说：“还击皮氏，皮氏未降，又去。”这是当年“击皮氏未下”，那么第二年再“攻皮氏”是有可能的。《战国策·魏策》的记载说：“秦楚攻魏，围皮氏。”也可说明有另一次“攻皮氏”，与樗里子将伐蒲而后“解蒲而去”“还击皮氏”不是一回事。事实上关于攻伐皮氏还有另外的记载：“（隐王）八年（《水经》汾水注引作魏襄王十二年），秦公孙爰帅师伐（围）我皮氏，翟章帅师救皮氏，围疾西风。”又：“九年，城皮氏，褚里疾围蒲不克。”① 此记载证明有两次攻皮氏的可能。由此看来，“攻皮氏”

① 《竹书纪年》卷下。

之系年问题，决不是秦简《大事记》的一条记载所能改“正”的。事实上是《史记》和《大事记》各自都只记载了皮氏这地方所发生事情的一部分。这样，在“攻皮氏”这一点上《大事记》所起的作用当为补史和证史，而不是正失。

通过以上具体而微的例子，我们可以认为，补史、证史好说，“正失”的话难讲，真是说“有”易，说“无”难，这涉及方法论的问题。简帛材料价值极高，极为珍贵，这是毋庸置疑的。但我们应该充分注意其个性，出土在边境的材料，要注意其与内地的异同，即便出土在内地的材料，也要考虑其地区性的特点，考虑具体的时代条件和环境的影响。简帛材料当然是当时实际情况的反映，但反映情况的是人，是人书写的，书写之人又有本身的主观因素。加上了当时人的主观和种种客观因素，我们在今天研究时也不能不加以注意。乃至于真实与否的问题，也不妨加以分析。出土的东西，当然是当时真实的东西，但所记之事和反映的情况是否就真正是真实的？这方面当今现实生活中存在的问题也可以给我们启发，就不必说它了。以上这些，卑之无甚高论，谁也不会反对。但简帛研究中的一些实际问题，某些分歧，恰是这些方法论的问题引起的。

例如前些年长沙马王堆出土了帛书《老子》，现在又出土了荆门郭店竹简《老子》，与传世本有较大的不同，当然是真真实实的，这一真实情况，给思想文化的研究带来了许多新课题，因为都是战国秦汉时期的东西，为研究战国秦汉思想史开辟了新的视野。事实上比原来更明确更突出地表明，《老子》在战国秦汉时期有不同的传本。然而不同传本反映不同人的思想，不同的人如何传、习《老子》，而且如何表达自己的思想？后来又经过怎样的淘汰？以至于有的继续流传和发展，有的遭到湮没？以此扩宽思路，再看其他出土古籍的情况，看其他古籍传、习的情况，进而再研究整个思想文化的发展变化，等等。这是我们史学工作者研究思想文化史特别要注意的。当然，前提是要作好简帛材料本身的研究。

简帛中的古籍，是近二三十年形成的一大类，对思想文化史有重大意义。而另一大类的各种材料，可以归结为与制度文化有关。原来出土的“居延汉简”，内容是比较广泛的，政治、经济、军事以及科学文化方面都有，但是地处边陲，而且记载农垦屯田的材料较多，有一定的特殊性和局限性。而居延地区出土的新简内容范围扩大了很多，再加上内地一些地方出土的材料，大大丰富了制度文化研究的材料。而在研究方面，我们应该承认，台湾地区以马先醒先生为首的一批学者所作的贡献就是巨大的，台北简牍学会在1974年就成立了，读一读马先生为《简牍学会十八年》所写的代序，至今对其历经艰辛，筚路蓝缕之功，肃然起敬。而二十五年来取得的成绩是巨大的，只是由于我孤陋寡闻，一时无法说得清楚。大陆地区也有一批学者致力于简帛的研究，往往因地利之便，能够掌握先机，相应的机构，如中国社会科学院历史研究所之简帛研究中心之类，也已建立，进一步起组织、推动作用，与台湾地区简帛学者的交流、联系日益加强，马先醒先生十年前所预言的"简牍世纪"（不知是否可以以"简帛"易"简牍"）的开始，已经有了很好的基础。

战国秦汉史学的研究者，理当积极参加简帛研究的行列，并且尽快地将简帛材料研究的成果运用到史学著作中去，使各种史学著作呈现一种崭新的面貌。

单从史学的角度说，我们应该做而且可以做的事情是很多的。主要有以下一些方面：一、与考古、文字等学结合确定出土简帛的时间，考证简帛内容所反映的时代；二、对照文献资料，论证简帛内容及其与文献记载的关系；三、从简帛中作些专题性的研究，例如政治、经济制度方面的，思想文化方面的，等等；四、把大家公认、比较一致的重要结论，及时写入通史、专史和断代史之中，以更好地发挥简帛材料的作用。

关于深入研究秦汉军事制度的几点建议

秦汉时期是我国古代社会发生历史性转折的关键时期，也是我国古代社会政治、经济、军事、文化等多方面得到长足进展并从制度上得以建设和确立的时期。它上承春秋战国几百年变革的巨大成果，下启我国几千年漫长封建社会的制度和文化，在中国历史上占有极其重要的奠基地位。军事制度同政治、经济、文化等制度一样，都是秦汉社会现实的真实反映，因此研究秦汉的军事制度史，对于我们深入了解和认识春秋战国以来中国古代社会的发展进程，无疑具有重大意义。

在秦汉军事制度史的研究领域中，我们已经取得不少的成果，研究领域在不断扩展，研究方法也在不断改进和提高。然而，就目前的研究状况而言，如何进一步深入研究，仍然有一些问题值得注意，我认为应该从以下几方面进行努力。

首先，要进一步加强理论学习和研究。

我在《秦汉军事制度史》一书的绪论中曾经强调过，在马克思主义理论宝库中，军事理论是其中重要的组成部分之一。马克思和恩格斯关于战争、军队等军事问题方面的理论，是把辩证唯物主义运用到军事领域的典范。因此，我们在进一步研究秦汉军事制度史时，要充分运用马克思主义理论及其研究成果，特别是要从中吸取研究的观点和方法。马克思、恩格斯特别是恩格斯关于军事方面的具体论述很多。恩格斯不仅被列宁称为伟大的军事家，而且也是军事学术史的开创者之一，他的许多论述对于我们研究秦汉军事制度史具有重要的指导意义。这些论述比较集中地反映在《马克思恩格斯全集》第 11、14、15、17、20、21 等卷中。其中，直接以军队命名的条目就有《军队》《欧洲军队》《英国军队》《俄国军队》等，还有一些以兵种命名的条目，诸如《骑兵》《炮兵》《步兵》等。例如在《炮兵》一文中，恩格斯就曾论述了欧洲从中世纪到 19 世纪初的诸多军事问题，涉及的内容广泛而又具体。只要我们认真深入地学习和研究这些经典著作，一定会有新的体会和启示。军事学术史中的一些重大问题以及一些大大小小的具体问题，例如军队、暴力与物质和经济的关系问题，军队的素质问题等，在恩格斯的著作中均有论述。例如在《欧洲军队》一文中，恩格斯就提到了军队人数达到30万～50万的大军队，其中涉及不同的兵种、人员。物资以及军队的整体编制机构等具体问题，而这些都是我们有所忽视或者研究欠深入的地方。在秦汉历史上，30万～50万的军队史籍中有不少记载，而我们在这方面的具体研究却相当薄弱。已发表的少量论文中已经开始涉及军队的人员、士兵的体力和气质等的不同，马匹特点的差异等具体内容，但进一步的研究还有待大家的继续努力。

强调马克思、恩格斯军事理论的指导意义，并不意味着排斥其他的理论及研究方法。对于西方一些影响较大的军事史研究理论和方法，只要对我们的研究有利，也可以有选择地加以利用。

其次，要加强比较研究。

在社会科学研究领域中行之有效的比较分析研究方法也同样适用于秦汉军制史的研究。通过对不同对象的多角度的比较和分析，往往可以拓宽我们观察问题的视野，因而也更容易接近历史真实的和本质的一面。我认为秦汉军制史的比较研究应该从两个方面着手。一是中西比较，这主要是指与时间上和秦汉处于大致相同时期的古代罗马帝国的军事制度史相比较。西方学者在古罗马帝国的军事制度史方面的研究可谓成果斐然，从事世界史研究的学者可能更有机会了解。我们随手可以举出一些论著，稍早一些出版的著作如Adcock的《共和国时代的古罗马战争艺术》（1940年，哈佛大学出版）、Parker的《古罗马军团》（1971年，牛津大学克莱伦登出版社）、D. Kienast的《罗马帝国海军研究》（1966年，波恩出版）等，稍晚一些的有Dixon等著的《罗马的骑兵》（1992年，伦敦出版）、Webster的《罗马的帝国军队》（1998年，奥克拉赫马大学出版）等。目前这方面的翻译和介绍还很少，从事中国古代史研究的工作者应该有意识地去了解和学习。二是秦汉与其前后历史时期的比较。已有的成果中，关于秦汉与秦汉之前历史时期的比较研究已涉及了一些领域，而秦汉与秦汉以后历史时期的比较研究相对来说要少一些。这方面的文献比较丰富，考古资料也层出不穷，尚待进一步的研究和发掘。

再次，要加强文献与考古资料研究的进一步结合。

中国历史源远流长，古籍文献和考古资料都异常丰富，这给我们的研究创造了十分便利的条件，但二者却未得到有效的结合。史学工作者历来视古籍文献为其主要的研究对象，对不断出现的考古资料虽然有所利用，但总的来说比较零散，缺乏一定的系统性。相反，专业考古工作者的研究则偏重于出土的实物资料。文献和考古工作者自身存在的这种专业局限性，使他们还不能够充分借鉴各自的长处。这一方面是由于长期以来专业分工的过分细致所致，另一方面是由于部分考古成果不能得到及时共享所致，而这必然妨碍了研究过程中文献与考古资料的有效结合和利用。因此，取长补短，向学风扎实的前辈学者学习，向国外的研究者学习，努力拓宽我们研究的资料范围，这是深入研究秦汉军制史的有效途径。特别是西方军事史的研究在充分利用考古成果方面值得我们借鉴。他们在充分利用大量考古资料的基础上，结合丰富的文献资料，对古罗马军队的军事文献、作战经验、战术、战略、后勤、雇佣兵力、人力资源、骑兵、炮兵、海军与舰船、筑城术与攻城术、武力盔甲、军事装备等具体问题进行了细致深入的研究，已经取得了丰硕的成果。例如 Webster 的《罗马的帝国军队》和 G. R. Watson 的《古罗马士兵》两书的研究就涵盖了关于古罗马帝国的武器装备、薪金、战术、战略以及职业化军队的方方面面。我们的文献和考古资料更加丰富，因此在军制史研究方面应该吸取他们的长处。20 世纪七八十年代的中国考古于秦汉史的研究更加垂青，各地的考古发现层出不穷。如杨家湾汉兵马俑、秦始皇帝陵及其兵马俑、睡虎地秦简、放马滩秦简、尹湾汉墓简牍、汉景帝阳陵、徐州狮子山汉墓及其兵马俑、西安秦汉封泥等，这些遗址的发掘和清理已取得不少成果，其中有许多是关于秦汉军事方面的。如果我们能有效地将这些发现与文献记载结合起来，必将大大地推动秦汉军制史的研究。

最后，要进一步清理和考辨已有的研究成果。

这些研究成果包括古代和现代两个方面：古代方面，由于中国古代兵刑合一，文武不分，因此在《新唐书》首创《兵志》之前，只有在《刑法志》等有关记载中才有关于兵志的反映。唐以后的历代古籍文献中，有关记载和论述就逐渐增多了。例如杜佑的《通典》、马端临的《文献通考》、陈傅良的《历代兵制》、钱文子的《补汉兵制》之类的典籍，都有关于汉代军事问题的记载和论述。特别是《历代兵制》和《补汉兵制》更是填补了秦汉兵制的空白。稍后徐天麟的《西汉会要》和《东汉会要》也以“兵”为中心汇聚了有关资料，在“职官”等条目中也有关于兵制的内容，以后宋元明清各种兵学、政制书中都有相关论述。现代有关秦汉军事制度方面的研究也有了不少成果。专著方面，我的《秦汉军事制度史》出版之后，又有新著问世，如黄今言的《秦汉军制史论》以及兵制通史著作中的秦汉部分。发表的论文就更多了，这里不一一列举。这些都应该进行进一步的清理和考辨，然后确定新的研究课题和对象，从史料的爬梳整理到具体问题的研究再到内容的系统化和科学化。只有这样才能杜绝简单的低水平的重复，努力创新，努力发掘新材料，努力选取新的研究视角，努力创造新观点和新理论，推进秦汉军制史研究的进一步深入。

以上几点也许只是“老生常谈”，但要使秦汉军制史的研究取得新的进展，这些都是缺一不可的。我们目前的研究中确实存在这样那样的不足。例如在关于“骑兵”问题的研究中，无论在理论上对于其地位和作用的认识方面，还是在具体事实的深入发掘和分析方面，还有许多问题值得探讨。这次研讨会提交的论文中，秦俑馆的同志已注意到这个问题，这是非常可喜的现象。

（刘玲娣根据发言加工整理）

试论秦代的军事制度

马克思曾说："一般来说，军队在经济的发展中起着重要的作用。"①我国的战国时代，兼并战争非常频繁、激烈，秦朝就是在这样的历史条件下建立起来的。因此，军事问题是一个影响社会生活各方面的非常重大的问题，我们应当以马克思主义为指南，认真分析文献和云梦秦简的材料，来研究秦代的军事制度。

一、秦代的征兵制度和人民的兵役负担

恩格斯指出："暴力还是由经济情况来决定，经济情况供给暴力以配备和保持暴力工具的手段。但还不仅如此。没有什么东西比陆军和海军更依赖于经济前提。装备、编成、编制、战术和战略，首先依赖于当时的生产水平和交通状况。"② 在我国历史上，从春秋到战国，社会经济发生了根本的变化，即由奴隶社会进到了封建社会，因而军事上也随之发生了根本变化。在战国之前，军队很明显地分为两个部分，即所谓"甲士"和"徒"、"卒"。这和欧洲历史上的情况大体一样，"甲士"是由征集来的中小奴隶主和富裕的自由民组成，他们装备齐全，身披甲胄，手执矛盾或弓弩，平时乘坐马车行动，战时也乘马车作战。"徒"、"卒"是由征集来的奴隶和穷苦的自由民组成，他们是"甲士"的随从，为"甲士"服务，干最重最苦的杂役，也要打仗。"徒"、"卒"不仅徒步随从，使用的武器也比"甲士"要差劣，或是木器，如《秦简》中："以木梃贼伤人，可（何）为梃？木可以伐者为梃。"或者是石器，如《左传》中所载"桀石以投人"③。

从春秋末年到战国以后，军队中明显的两部分就逐渐消失了。所以战

---

① 《马克思恩格斯列宁斯大林军事文选》，中国人民解放军战士出版社 1977 年版，第 146 页。

② 《马克思恩格斯选集》第三卷，人民出版社 1995 年版，第 206 页。

③ 《左传·成公二年》。

国时期的情况就是士兵都称甲士，而且甲、卒不分（“徒”字除少数地方用到外，基本上不再用了）。例如苏秦、张仪等人说燕“带甲数十万，车六百乘，骑六千匹”；赵“带甲数十万、车千乘、骑万匹”；韩“带甲数十万”（或说“韩卒悉之不过三十万，而厮养在其中矣”——厮养当指非战斗人员如伙夫之类）；魏“带甲三十六万”（或“魏卒不过三十万”——苏、张二人说法不一样，一个夸大，一个缩小）；齐“带甲数十万”；楚“带甲百万、车千乘，骑万匹”①。其他的名称有“虎贲”、“奋击”、“武士”等，但主要称“甲卒”或“甲士”。秦将王翦带六十万人伐楚时曾说“今空秦国甲士而委于我”②，这就说明到了战国和秦的时候，过去那种数量不多，身份特殊的“甲士”已经消失了。国土之内的臣民都一样地对国君有兵役的义务，国君可在其统治范围内实行普遍的征兵制度，并可随时根据需要下令征发。例如苏秦曾对齐王说：“即有军役……临淄之中七万户……下户在男子，三七二十一万，不待发于远县，而临淄之卒固已二十一万矣。”③ 临淄之民可以普遍征发，同样远县也是如此。而且临淄之民男子悉发是二十一万之卒，和过去的“甲士”不同，再也没有大量的作为随从的徒、卒了。如果“甲士”之外还有徒、卒的话，那苏秦也是会要计算进去的。又如“赵氏悉其士民，军于长平之下，以争韩之上党”④。作为战国七雄之一的秦国以及统一六国后的秦代情况，“发年十五以上，悉诣长平”⑤，自然是一样的。

既然从战国以来就实行普通的征兵制，而适应这种情况的一个主要的相应措施就是实行户籍制度。我国户籍制度始于何时有待查考，但战国时期实行了户籍制度是毋庸置疑的。《史记·秦本纪》上说：“献公十年，为户籍相伍。”以后经过“商鞅变法”进一步整顿，直至秦统一以后，是一直沿袭着这种制度的。户籍是以户为单位登记人口，主要内容有两条，一是年龄，二是身份。实行户籍制度的主要目的也是两条，一条是“令民为什伍，而相牧司连坐”⑥，实行连坐法，防止和镇压人民的反抗斗争；另一

① 引文见《史记·苏秦张仪列传》和《战国策》。
② 司马迁：《史记》卷七十三，《王翦列传》，中华书局 1959 年版，第 2340 页。
③ 《战国策·齐策一》。
④ 《韩非子·初见秦》。
⑤ 司马迁：《史记》卷七十三，《白起列传》，中华书局 1959 年版，第 2334 页。
⑥ 司马迁：《史记》卷六十八，《商君列传》，中华书局 1959 年版，第 2230 页。

条就是为了收税征役。因此户籍制度是关系重大的一项制度，必须雷厉风行，不准为诈伪。秦简的《傅律》告诉我们："匿敖童，及占瘩（癃）不审，典、老赎耐。百姓不当老，至老时不用请，敢为酢（诈）伪者，赀二甲；典，老弗告，赀各一甲；伍人，户一盾，皆䙴（迁）之。"这中间一方面反映了"相收司连坐"的问题。典，是主其事的官吏；老，当指伍长而言。伍长也称伍老[①]，伍人及同伍之人。另一方面主要的是不允许人民在年龄上诈伪，即不允许已成年的还隐匿年龄，不允许不当老的而合算为老。这显然是为了保证兵徭役的征发。年龄是一个很重要的问题，秦简《编年纪》中秦始皇十六年有"自占年"的记载，与《史记·秦始皇本纪》上"初龄男子书年"的记载完全相符。秦始皇十六年，即公元前 231 年，是秦开始统一六国（公元前 230 年灭韩）的前一年，对壮丁来一次大登记，可以说这是秦始皇整个部署中的一个重要环节。古代希腊、罗马都有一定年龄服兵役的规定，恩格斯写道："在斯巴达，每一个自由公民从 20 到 60 岁都列入军队的花名册"，在罗马，服兵役的年龄是 17 岁到 45 或 50 岁[②]。

需要进一步弄清楚的是：究竟秦代是规定从什么时候开始服役？什么时候为老？《通考》说："秦制，凡民年二十三附之畴官"，或者说："古者二十而傅，三年耕有一年储，故二十三年而后役之。"[③] 汉代也许是如此，或者说春秋战国时某一个国家某一个时期是如此，而且过分美化了。统治者打仗要人，哪里管得上什么"三年耕而一年储"，有时候不到规定的年龄或者超过了规定的年龄都是要征发的。战国时代，十五岁以上就服役，这不是个别例子。《周礼》上说："国中自七尺以及六十，野自六尺以及六十有五，皆征之。"[④] 七尺是二十岁，六尺是十五岁（见《周礼正义》），所以《后汉书·班超传》载曹昭上书说："窃闻古者十五受兵，六十还之。"又，《战国策·楚策三》载昭常对齐使说："我典守东地，且与死生。悉五尺之六十，三十余万，弊甲钝兵，愿承下尘。"秦简有"小高五尺以下"或"小未盈六尺"的记载。就是说，五尺以下或不满六尺就是小，就没有达到服役年龄。前面，我们已经引了长平之役，秦国"发年十五以上"，

---

① 《韩非子·外储说右下》："訾其里正与伍老。"

② 《马克思恩格斯军事文集》第一卷，战士出版社 1981 年版，第 349 页。

③ 裴骃：《史记集解·项羽本纪》引孟康曰。

④ 《周礼·地官·乡大夫》。

则十五以上或者十六，是秦开始服役的年龄。秦简《编年纪》更提供了有力的证据，从昭王四十五年（公元前262年）“喜产”到秦始皇元年（公元前246年）“喜傅”，刚好是十六年，喜“傅之畴官”的年龄是十六岁，达到这个年龄后的第三年就服役，参加了战争①。既然是正式傅籍，那就不是临时的或特殊的征发。据上所述，我们可以认为，十六岁是秦代开始服役的年龄。至于是否“六十而还”，这对于秦代恐怕只能是一句空话，而且“发年十五以上”，没有说多少年“以下”，是否可以说是老弱都征发呢？还有，秦简中说的“至老时不用请”是什么意思？也值得研究。汉初是有发老弱的例子的，如高祖二年“萧何发关中老弱未傅者诣军”②。

人民当兵之后，武器当然由国家提供，国家有专门保管武器的仓库，秦简《效律》中就有一些关于兵器保管的规定：“甲旅札赢其籍及不备者，入其赢旅旅札，而责其不备旅旅札。”这是关于甲的保管规定。“殳、戟、弩、漆涢相易殹（也），勿以为赢不备，以职（识）耳不当之律论之。”这是关于兵器的保管规定。又，《工律》说：“公甲兵各以其官名久刻之，其不可刻久者，以丹若漆书之。其叚（假）百姓甲兵，必书其久，受之以久。入叚（假）而而（此字衍）毋（无）久及非其官之久也，皆没入公，以齎律论之。”这是关于甲兵授还的规定。此外。秦简中动辄赀甲、盾，一方面说明需要量之大，另一方面亦说明战士的甲盾是由国家提供的。

军用粮食，看来也是国家提供的。秦简中写道：“不当禀军中而禀者，皆赀二甲，法（废）；非吏殹（也），戍二岁。徒食，敦（屯）长、仆射弗告，赀戍一岁；令、尉、士吏弗得赀一甲。军人买（卖）禀禀所及过县，赀戍二岁。同车食，敦（屯）长、仆射弗告，戍一岁；县司空，司空佐吏，士吏将者弗得，赀一甲；邦司空一盾。军人禀所，所过县百姓买其禀，赀二甲，入禀公；吏部弗得，及令丞各赀一甲。禀卒兵，不完善（缮），丞、库啬夫、吏赀二甲，法（废）。”禀是公家给食的意思。“禀军中”、“禀卒兵”，当是给士兵以食的意思。还有几条《传食律》告诉我们，对不同身份的人禀给不同数量的粮食和菜羹之类的东西。

秦简中也有“禀衣”的记载，但不包括士兵。《金布律》说：“禀衣

---

① 参看黄盛璋：《云梦秦简〈编年记〉初步研究》，《考古学报》，1977年第1期。
② 班固：《汉书》卷一，《高帝纪》，中华书局1962年版，第37页。

者，隶臣、府隶之毋（无）妻者及城旦……隶臣妾之老及小不能自衣者，如舂衣。亡，不仁其主及官者，衣如隶臣妾。”只有无妻的奴隶和罪犯，还有老小“不能自衣”的奴隶，才禀给衣服。从这条规定看，不会发给士兵衣服。相反，云梦睡虎地四号墓出土的两方木牍却告诉我们，士兵的衣服是要自备的，而且必须精打细算。黑夫信上说：“母视安陆丝布贱，可以为禅裙襦者，母必为之，令与钱偕来。其丝布贵，徒（以）钱来，黑夫自以布此。”惊也是要“钱”、“衣”，衣物自备，各种零用钱也是由家庭负担的。惊的信上还说：“……用桓柏钱矣，室弗遗，即死矣。急急急。”桓，可作官舍解，柏，有紧迫之意，说不定时借了公款，要不归还恐有杀头的危险，所以非常紧急。秦简中有一条法律问答写道：“府中公金钱私贲（贷）用之，与盗同法。”

兵役是秦代人民异常沉重的负担，因为战争，大批的劳动者被迫脱离生产，人民服兵役，对于家庭来说，不但减少了劳动力，还增加了额外的开支。当兵打仗，不但“伤未可智（知）也”（四号墓木牍），而且“战死事”时，即令不死也要罚为奴隶。秦简上说：“战死事不出，论其后，有（又）后察不死，夺后爵，除伍人；不死归者，以为隶臣。”陈胜、吴广起义不就是因为要在死里求生吗？“今亡亦死，举大计亦死，等死。死国可乎！”①

二、戍卒、正卒和兵种、军队组织

《汉书·食货志》上记董仲舒的话说：“秦用商鞅之法，月为更卒，已，复为正一岁，屯戍一岁，力役三十倍于古。”这段话我们把它翻译一下是：秦代的制度，有（每人每年）一月的劳役，完了，又加上有兵役，一年当正卒，一年当戍卒守边，兵徭役加起来三十倍于古代之多。马端临作《通考》时也是这样认为的。他说：“秦制，凡民年二十三，附之畴官，给郡县一月而更谓卒，复给中都一岁谓正卒，复屯边一岁为戍卒。”作为规定的兵役时间来讲，就是：正卒一年，戍卒一年。这一点，劳干曾在

① 《史记·陈涉世家》。唐长孺先生批改此文时指出：“秦汉时文武区分并不严格，所谓文武不分途。”

《汉代兵制及汉简中的兵制》中作过一些论述。现在看来，上述两年的兵役规定，是正确的解释。

先从戍卒说起。《汉书·昭帝纪》元凤四年，颜师古注引如淳曰："天下人皆直戍边三日，亦名曰更，律所谓繇戍也。虽丞相子亦在戍边之调，不可人人自行三日戍，又行者当戍自三日不可往还，因便往一岁一更，诸不行者出钱三百入官，官以给戍者，是谓过更也。"所谓"古者夫皆当戍边三日"①，究竟是不是合适的制度？又如何变成一岁一更？如淳显然没有讲清楚。也许"戍边三日"是战国或者以前的制度，有待考察。但是可以认定"屯戍一岁"是秦代规定的制度。至于实际上是否实行，那是另一回事。

屯戍是很苦的差事，不仅远离家乡戍守边境，而且没有战事也要干很重的劳役，所以屯戍又叫"外繇"。秦简上说："戍者城及补城、令姑（嫴）堵一岁，所城有坏者，县司空署君子将者，赀各一甲；县司空佐主将者，赀一盾。令戍者勉补缮城，署勿令他事；已补，乃令增塞埤塞。县尉时循视其攻（功）及所为，敢令为它事，使者赀二甲。"对带队和督办的官吏要求很严，那就必然是戍者遭殃。陈胜、吴广那一队戍卒对那两个"尉"的仇恨不就是一个例子吗？正因为是苦差事，所以就不得不作出具体而又严格的规定。秦简告诉我们有专门的《戍律》，《戍律》曰："同居毋并行，县啬夫、尉及士吏行戍不以律，赀二甲。"究竟有哪些具体规定，还可以进一步考察，"失期当斩"即为一例吧！屯戍很苦，"而戍死者固十六七"②，所以汉代往往有人建议以奴隶和犯罪去代替。贡禹曾上书说："诸官奴婢十余万人，戏游无事，税良民而给之，岁费五六巨万。宜免为庶人，禀食，代关东戍卒乘北边亭塞候望。"③ 事实上，秦代就已开始"谪发"了，《汉书·晁错传》说秦时"以谪发之，名曰谪戍"。《史记·秦始皇本纪》记载：三十三年"发诸尝逋亡人、赘婿、贾人，略取陆梁地，以谪遣戍，西北斥逐匈奴。自榆关中并河以东，属之阴山，以为三十四县，徙谪实之"。三十五年"益发谪徙边"。又三十七年"徙天下有罪适吏民，置南海故大越处，以备东海外越"④。秦简中告诉我们，戍边还可以赎免奴

① 《后汉书·明帝纪》注引《前汉书音义》。
② 班固：《汉书》卷三十一，《陈胜传》，中华书局 1962 年版，第 1787 页。
③ 班固：《汉书》卷七十二，《贡禹传》，中华书局 1962 年版，第 3076 页。
④ 《太平寰宇记·越绝外传》。

隶："百姓有母及同牲（生）为隶妾，非适（谪）辠（罪）殹（也），而欲为冗边五岁，毋赏（偿）兴日，以免一人为庶人，许之。"有时又把它当作一种惩罚手段，如前引关于禀食的条文。

话又说回来，是否真正人人都要"戍边一岁"呢？事实上也是无法做到的，而且没有那种必要。劳干根据《汉旧仪》所说"民年二十三为正，一岁以[①]为卫士，一岁为材官骑士，习射御骑驰战阵"（这是劳干的引文和断句）及其与前引董仲舒讲的有所不同，他曾经指出："如果作卫士，便不戍边"（见前引劳干文，下同），这个推论也是正确的。秦代先是统一六国，后来北筑长城，南戍五岭等，需要服役的人多，人民自然是不当卫士就要当戍卒，所谓出"更赋"（以钱代役）的事恐怕是从汉代才开始吧！

劳干虽然把卫士和屯戍的关系讲清楚了，并且还能指出《汉旧仪》所说是"一岁作正卒，一岁作卫士"，但是他的断句却不妥，应该和对董仲舒的话断句一样："为正一岁，为卫士一岁。"那么下文"为材官骑士，习射御、骑驰、战阵"如何解释呢？我以为，正卒、戍卒或卫士这些兵的名称，是以其任务而名之，戍卒和卫士的任务比较清楚，正卒的任务那就是"习射御"之类的事，材官骑士是正卒的又一种叫法（详下）。

因此，正卒为正一岁，那就是当一年兵受军事训练的意思。这件事由郡国负责，《汉书·刑法志》说："汉兴……踵秦置材官于郡国。"人民当兵是需要训练的，《汉书·冯唐传》说："夫士卒尽家人子，起田中，从军，安知尺笈伍符。"汉代还规定不训练就不得征发，《汉书·武五子传》上说："非教士不得从征。"具体负责训练的当是郡尉，《汉书·百官表》："郡尉、秦官，掌佐守典武职、甲卒"，而且"常以八月、太守、都尉、令长、丞、尉会都试材官骑士，习骑驰、战阵、课殿最"。郡国有责任训练士兵，但征调的权力却在中央，如果因为战事需要征调郡国的正卒——材官骑士，就得用虎符。战国时魏国有用虎符发兵的记载，汉代也用虎符，《史记索引·孝文本纪》引《汉旧仪》说："铜虎符发兵，长六寸，竹使符出入征发"（记载中还有用"檄"或"羽檄"发兵的）。汉承秦制，秦代当然是用虎符发兵。容庚《秦金文录》有秦代的铜虎符两个：一个是"阳陵兵符"，其文曰："甲兵之符，右才（在）皇帝，左才（在）阳陵"；另一个是"新郪兵符"，其

① 《史记·项羽本纪》注引《汉仪注》无"以"字。

文曰："甲兵之符，右才（在）王，左才（在）新郪。凡兴士被甲，用兵五十人以上，必会王符，乃敢行之。燔队（燧）史（事）虽母（毋）会符行殹"①。这后者讲得十分清楚，用兵五十人以上就必定要合王符才行。《史记集解》引"应劭曰：铜虎符第一至第五，国家当发兵，遣使者至郡合符，符合乃听受之。"② 但如果是在边境上，事情紧急，可以不必发符而行。这说明当时既是兵权集中，又有军事上的灵活性。

根据各种记载综合起来看，当时的兵种有三：

一是材官，有的记载又叫材士，秦二世时"如始皇计，尽征其材士（《正义》："谓材官蹶张士之"）五万人，为屯卫咸阳，令教射狗马禽兽"③。材官往往与骑士并提，显然是指步兵而言，《汉书·赵充国传》就把"淮阳、汝南材官"叫作步兵。恩格斯说："步兵——军队中徒步的士兵。除了游牧部落以外，一切民族的军队，如果不是全部，那么大部分总是由徒步士兵组成的。"④

二是骑士，有的记载叫车骑，《汉书·惠帝纪》上就说是"发车骑、材官诣荥阳"。春秋以前，车战是比较盛行的，但战国以后，"大规模的步骑兵的野战和包围战已代替了整齐车阵的冲击战"⑤，秦汉以后的军队中车子仍然有，但已不是主要的了，所以许多记载就单称骑士。《史记·灌婴传》："汉王乃择军中可为车骑将者，皆推故秦骑士重泉人李必骆甲习骑兵。"从数量上讲，骑兵是仅次于步兵的一个兵种。但是恩格斯指出："在中世纪，骑兵是具有决定意义的兵种。"又说："中世纪所赐给我们的唯一进步是骑兵的创立，我们时代的骑兵就是从那个时代的骑兵直接传下来的。"⑥ 这就使我们想到，战国时赵武灵王的"胡服骑射"那个重大的改革，显然是一次军事改革，或者就是赵国创立骑兵之始。

三是楼船，这就是水兵，已如前述，史书上有秦"使尉（佗）、屠睢将楼船之士，南攻百越"⑦ 的记载。

---

① 容庚：《秦金文录》。
② 司马迁：《史记》卷十，《孝文帝本纪》，中华书局 1959 年版，第 414 页。
③ 司马迁：《史记》卷六，《秦始皇本纪》，中华书局 1959 年版，第 269 页。
④ 《马克思恩格斯全集》第十四卷，人民出版社 1965 年版，第 354 页。
⑤ 杨宽：《春秋战国间封建的军事组织和战争的变化》，《历史教学》，1954 年第 4 期。
⑥ 《马克思恩格斯军事文集》第一卷，战士出版社 1981 年版，第 364～365 页。
⑦ 司马迁：《史记》卷一百一十二，《平津侯主父偃列传》，中华书局 1959 年版，第 2958 页。

上述几个兵种，看来是按地区不同而有所侧重的，钱文子《补汉兵志》说："大抵金城天水、陇西、安定、北地、河东、上党、上郡多骑士，三河、颍川、沛郡、淮阳、汝南、巴蜀多材官，江淮以南多楼船士。"

史书上关于兵的名称多种多样，有的是不同时期的称号，有的是同一时期不同的叫法，也有的是因某一特征而名之。如"陷阵"、"奋击"、"锐士"、"虎贲"之类，多用于统一之前的秦国，并具有某些特点；"卒"、"步卒"、"甲士"或"带甲"则是不同叫法，《史记》上说周勃曾为"材官引强"①，申屠嘉则叫"材官蹶张"②，还有所谓"弓关"、"佽飞"、"射士"、"羽林"之类，都是因某一特征而名之。前已引秦简中的"轻车"、"趣张"、"引强"等名称。恩格斯在讲古代埃及的情况时曾说："军队中还有使用不同武器而且按不同武器类型分编为营的各种步兵队、长矛队、短剑队、狼牙棍队、投石队等。"③ 骑士又叫畴骑，汉代还有胡越骑、羌骑的叫法，后者显然是当时少数民族组成的骑兵。古代罗马军中也曾有"西班牙骑手"④。

关于军队的组织，看来有平时和战时之分。平时，郡国之兵，如上所述，是郡尉（或叫郡都尉）主管其事。中央的情况，根据《汉书·百官表》的记载：有"太尉，秦官，金印紫绶，掌武事"。这是军事方面的最高官吏，但他并不具体管军队，有"卫尉，秦官，掌宫门屯卫兵"；有"中尉，秦官，掌徼循京师，有两丞，侯，司马、千人"，"中尉如郡都尉"，还有"关都尉"也是秦官。《汉书·魏相传》说："函谷京师之固，武库精兵所聚，故以丞相弟为关都尉，子为武库令。"（注意：这里也有放武器的仓库）此外，边郡还有"部都尉"⑤。当时，各种各样的带兵官，都带有一个"尉"字，所以军队中还有校尉、将尉等。

至于战时，军队的统帅都是临时任命的，这被任命的人有时是武官，如白起、王翦、蒙恬等人，有时也不是，如"秦令少府章邯，免郦山徒人、奴产子，悉发以击大楚军"⑥。队伍也是从各地征发来的（如前所述）。

---

① 《史记集解》引《汉书音义》曰：能引强弓，官如令挽强司马。

② 《史记集解》引如淳曰：材官之多力，能脚蹋强弩张之，故曰蹶张，律有距蹶张之士。

③ 《马克思恩格斯列宁斯大林军事文选》，中国人民解放军战士出版社 1977 年版，第 85 页。

④ 《马克思恩格斯全集》第十四卷，人民出版社 1965 年版，第 298～326 页。

⑤ 班固：《汉书》卷二十八，《地理志》，中华书局 1962 年版，第 1597 页。

⑥ 《史记·陈涉世家》。唐长孺先生批改此文时指出："秦汉时文武区分并不严格，所谓文武不分途。"

但作战时如何编制呢？劳干曾根据《后汉书·百官志·将军》的记载指出："将军出征的编制是：将军——（部）校尉，军司马——（曲），军侯——（屯）屯长。这种制度在秦时已是如此，《汉书·萧何曹参传》《樊郦滕灌传》《靳周传》所言的秦将官职名称都与此相合，所言楚将与此便不相合。汉朝开国以后是完全袭用秦制，一直到后汉。"大体上是可以这样说的，秦代的具体名称也许有些不同罢了。不过劳干说"现在可以假定在屯以下，尚有队的组织，和什伍组织"则是错误的假定，应该说屯以上还有一些组织。《商君书·境内篇》写道："其战也，五人来薄（孙诒让《札迻》说'来疑当为束。薄，古簿字'）为伍……五人一屯长，百人一将……"还有"五百主"，"二五百主"等，陈胜起义时，那九百个戍卒的带兵官就叫"将尉"，而陈胜、吴广本人则是屯长。两个"将尉"或者就是五百主，这一队人一千差一点，由两个五百主带领，这是合情合理的事。

此外，《史记·王翦传》上说，李信和蒙恬"将二十万南伐荆"，最后打得大败，有七个"都尉"被杀。都尉当即郡都尉。胡三省注《通鉴》时说："此郡都尉将兵从伐楚者也。"① 据此，我们还可以认为，在秦时，各地征调来的士兵，是由原各地的郡、县武官带领。这样确也切实可行。我们在史书中看到，从秦到汉，军队中士兵的籍贯都分得清清楚楚，也可以证明他们是按原来的郡县编制在一起的，如赵充国带的兵，本来是有"三河，颍川，沛郡，淮阳，汝南材官，金城……上郡骑士，羌骑……"后来他"愿罢骑兵，留弛刑应募及淮阳、汝南步兵与吏士私从者"②。这种情况是从秦代开始的，从《资治通鉴》卷六载秦始皇十八年"王翦将上地兵下井陉，端和将河内兵共伐赵"即可看出。这里还值得提出一个可以注意的历史现象，恩格斯曾经指出，斯巴达"和雅典一样，同一部落或同一地方的人员编在同一部队"③。是否可以由此而总结出一种有规律性的现象呢?!

总起来说，作战时由将军率领，有时为了提高其地位称大将军、上将军，也有时只用一个都尉或太守率领，将军之下则按各兵种各郡编制在一起，其下大体上是按十和五进位制形成许多级，包括校尉、将尉……直至最低的屯长。

① 司马光：《资治通鉴》卷七，《秦纪二》。
② 班固：《汉书》卷六十九，《赵充国传》，中华书局1962年版，第2986页。
③ 《马克思恩格斯全集》第十四卷，人民出版社1965年版，第12～13页。

三、论功行赏和封建的等级制度

在战争中论功行赏，这本是战国时的一个普通现象。《战国阳秋》注云：“乐毅既破齐，昭王亲至济上劳苦，令军中曰：‘将军得齐祭器，谓之下功；得齐城郭，谓之中功；得齐人民心，谓之上功。上功飨太牢，受锐赏。其次中功，中功飨少牢，受钧赏。其次下功，下功飨乡牢。’无功不飨，赐之壶浆，谓之报次，报劳之谓也。”①

但是，自古以来，秦国却背了一个“上首功”的罪名。《七国考》卷十一《上首功》条写道：“鲁仲连曰：‘彼秦国者弃礼义而上首功之国。’谯周曰：‘秦用卫鞅计，制爵二十等，以战获首级者计而受爵。是秦人每战胜，老弱妇人皆死，计功赏者至数万，天下谓之上首功之国，皆以恶之也。’《汉书解诂》曰：‘秦功者，获首也。”实际上这获首功也不单秦国如此，齐国同样是“得一首者，则赐赎锱金”（见下文）。

不过，秦国的论功行赏制度，在保持它军事胜利上是起了一定作用的。这里我们要从《荀子·议兵篇》中关于齐、魏、秦的比较谈起。荀卿道：“齐人隆技击，其技也，得一首者，则赐赎锱金，无本赏矣。是事小故毳则偷可用也；事大敌坚则涣焉……兵莫弱是矣，是其去赁市佣而战之几矣。魏氏之武卒，以度取之。衣三属之甲，操十二石之弩……中试则复其户，利其田宅，是数年而衰，而未可夺也，改造则不易周也。是故地虽大，其税必寡。是危国之兵也。秦人……劫之以势，隐之以阸，忸之以庆赏，鳝之以刑罚，使天下之民所以要利于上者，非斗无由也；阸而用之，得而后功之，功赏相长也；五甲首而隶五家，是最为众强长久，多地以正。故四世有胜，非幸也，数也。”从这一大段话中，我们看到，中心问题是个是否论功行赏以及如何行赏的问题。

齐国重视技击，同时也进行赏赐，其弊病在什么地方呢？杨倞作注说：“本赏，谓有功同受赏也。其技击之术，斩得一首则官赐锱金赎之。斩首，虽战败亦赏，不斩首，虽胜亦不赏，是无本赏也。”而且，冒着生命危险，只不过是八两金的奖赏，差不多是雇佣关系，当然是很不可靠

① 董说：《七国考》卷十一引。

的，至于魏国的武卒呢？选拔的标准是不低，它的问题是一旦选中之后，就免除其家庭的徭役和田地房产的租税。就是说，只要有本领就可以享受优待，衰老了也“未可夺”，这样不但国家收入减少，而且打仗未必能用得上，因为其打仗卖力与否并不影响他的既得利益。

秦国就不同，它是“陒而用之，得而后功之，功赏相长也”。杨倞的注说：“有功而赏之，使相长。”则是功与赏相对而长，功多则赏多，功少则赏少。那么，如何论功行赏呢？“五甲首而隶五家”这句话过分简单，我们必须参考《商君书·境内篇》来作较详细的解释，《境内篇》说：“能得爵（甲）首一者，赏爵一级，益田一顷，益宅九亩，一（疑衍）除庶子一人，乃得人（朱师辙《商君书解诂》：‘得人当作得入’）兵官之吏。”除庶子即同篇上文所说：“有其爵者乞无爵者以为庶子，级乞一人。”这与荀子“隶五家”的话就一致起来了。不过，决不能笼统地说斩一敌首就赐爵一级（那是很不合情理的）。我认为，上述这条奖励是对待特别勇敢的士兵，而不是身披铠甲的长官。意思是说，如果士兵勇敢作战，斩了敌军官长之首，那就可以赏爵一级，得到田宅，役使庶子，而且取得了做军队或衙门中官吏的资格。这是秦论功行赏的措施之一。

其实，关于论功行赏，《境内篇》还有其他一些规定，那就是：“其战，百将，屯长不得斩首，得三十三首以上盈论，百将、屯长赐爵一级。”高亨《商君书译注》认为“不得斩首”当为“不得首、斩”。这里有赏有罚，在打仗的时候，如果一百人的队伍毫无战功、一个敌人的首级也得不到，那么这个带兵官乃至屯长就要被斩首（这就是“鰌之以刑罚”吧），至于如何“忸之以庆赏”呢？一百人的队伍，至少要斩敌首三十三个以上，才对百将和屯长赐爵一级，一般士兵看起来还没有份。

下面又接着说：“能攻城围邑，斩首八千以上，则盈论：野战，斩首二千，则盈谕（论）。吏自操及校以上，大将尽赏。”这是说在比较大的战斗中，或攻城围邑，或野战，能取得比较大的战果（攻城斩敌首八千以上，野战斩敌首二千——当然也是以上），则这支军队中的大大小小的带兵官都得赏赐。够得上“吏”的才赏，也没有士兵的份。下文接着又说的是赏赐办法，都按原来的爵位提高一级，而“大将、御、参皆赐爵三级”。

还有一条就是：“陷队之士知疾斗，不得斩首队五人，则陷队之士，人赐爵一级，死则一人后，不能死之，千人环规，谏黥劓于城下。”这是关于敢死队的奖赏，十八人能斩敌首五人，就赐爵一级，牺牲了的家中可以有一人继承爵位。但是如果不能拼命也要当众处罚（又是“忸之以庆赏，鳅之以刑罚”）。

读了以下这几段文字，我们可以得到以下认识：

第一，在论功行赏方面，规定是很详尽的，其中再三提到“盈论”，说明国家制定有行赏的详细办法。

第二，两段关于战功的规定都只是提到大大小小官长的赏赐，而没有赏给一般士兵，如是所述，士兵只有在立了特殊功（即斩了敌方长官首级的情况下），或者是当敢死队而且勇敢作战，才能赏赐一级。所以《韩非子·定法篇》上那一段话也应如此解释，《定法篇》说：“商君之法曰：‘斩一首者爵一级，欲为官者为五十石之官；斩二首者爵两级，欲为官者为百石之官。官爵之迁与斩首之功相称也。”这里只是少了一个“甲”字，应为斩一甲首。“欲为官者”云云当是上文所说“得入兵官之吏”的具体化。

第三，可以解释一个疑问，即“斩一首爵一级”太不合情理，爵制共二十等，斩首三十又怎么办呢？更多怎么办呢？仔细读《境内篇》可以明白：首先，一个普通士兵要杀死（甚至以竹、木为器）一个身披甲胄（当然是有精锐武器）的官长那是极不容易的事；其次，在当时的条件下，戈矛刀剑（甚至木梃）一百人要杀死敌方三十三人以上那也是相当不容易的事；再次，一次大战，杀死敌方八千以上“则盈论”，那就是说再多也只算一次，也不过只提高一级，这样论首功那是可以行得通的。

这里，我们还要再回到荀卿的那个比较上面去看一看。秦国论功行赏，和魏国“以度取”武卒不一样，不是仅仅看本领，而要看你的本领能否立功。魏国对于武卒的优待是先“复其户，利其田宅”；秦国则是鼓励将士以立功去争取“益田一顷，益宅九亩、除庶子一人”。而且还要指出，魏国免税免役，特别是免田税，必然减少国家收入，“是故地虽大，其税必寡”，而秦国则把无主荒地赏赐给人，土地利用起来了，还可以多收田租，增加国家收入，“多地以正”。秦国对锐士的奖励比起齐国对技击的奖励来那就强得多了。齐国不问全军胜败，单凭“得一首者，则赐赎锱金”，秦国则“忸之以庆赏，鳅之以刑罚”，“功赏相长”。齐国斩获敌首一个，得八两金的奖赏（或抵罚金），拼死战斗，得之很难，金是浮财，失之很易。秦国的赏赐得到虽然也不易，但奖给的田宅，既得之后，有利于子孙后代，即使战死还可以由子孙继承。加上秦国又是“劫之以势，隐之以阸”，各种因素凑在一起，使得官兵们“非斗无由也”，所以说秦国“四世有胜，非幸也，数也”。

秦代实行奖励军功，而且确曾制定并推行过一套爵位制度，这在秦简中也可以得到证明，《军爵律》：“从军当以劳论及赐”，而且有“赐未受而死”“予赐”的规定，这和《商君书·境内篇》敢死队“死则一人后”完全一样。又，爵位还可以用来赎罪或赎奴隶，“欲归爵二级，以免亲父母为隶臣者一人；及隶臣斩为公士，谒归公士而免故妻隶妾一人者，许之，免为庶人”。赎免之后，爵位就取消了，秦简中不仅有公士，还有上造、不更、大夫等二十等爵制中的名称。

《汉书·百官表》上说秦代是二十级爵制，这正如《共产党宣言》所指出的：“在过去的各个历史时代，我们几乎到处都可以看到社会完全划分为各个不同的等级，看到由各种社会地位构成的多级阶梯。”但是我们要指出，秦代的“多级阶梯”还不止二十等。《商君书·境内篇》中说：“军爵，自一级已下至小夫，命曰卒。”这里提出了“军爵”和“公爵”的问题，公爵是从二级起，即从上造起，一级的公士当然也包括在公爵之内。问题是这里提到了军爵，在一级以下还有等级，这一点在秦简中也可以得到证明。《传食律》说：“上造以下到官佐，史毋（无）爵者，及卜史司御寺府……”上造不过是二十等级中的第二级，它以下还有这么多的名目，当然有些不是爵名，这里的无爵者是否指无公爵，但并不排斥军爵，是否可以这样认为：公爵是指大小官吏之爵，所以《境内篇》在论功行赏的规定中写道：“行间之吏也，故爵公士也，就为上造也。”可见队伍中的官吏，旧爵是公士，升为上造。《境内篇》是从二十等爵的第一级讲起，这第一级就是官吏。王先谦《汉书补注》引钱大昭说：“自公士至公乘，民之爵也。生以为禄位，死以为号谥。凡言赐民爵即此。自五大夫至辙侯，则官之爵也。”也许这是汉代的情况，秦代不是如此，前引《韩非子·定法篇》的那段话也可以证明，有一级爵就可以为五十石之官。秦代的这二十等爵就是官爵，当时叫做公爵。从军爵来看呢？除了这二十等公爵同时是军爵之外，二十等之下还有若干等级。这好像近世之上等兵、下等兵一样。

列宁告诉我们："在奴隶社会和封建社会中，阶级的差别也是用居民的等级划分而固定下来的，同时还为每个阶级确定了在国家中的特殊法律地位。所以，奴隶社会和封建社会（以及农奴制社会）的阶级同时也是一些特别的等级。"① 从秦代的军爵看正是如此，一般士兵和当官长的在受赏赐这一点上就显然不一样，下级军官和高级将领的赏赐也大不相同，大夫（第五级）是一个杠杠，五大夫（第九级）又是一个杠杠，《商君书·境内篇》反映了各种不同的特别的等级；"故爵［不更，就］为大夫。爵吏而为县尉，则赐虏六，加五千六百。爵大夫而为国治，就为［官］大夫……就为五大夫，则税邑三百家。故爵五大夫，［就为大庶长……就为大良造］。皆有赐邑三百家。有赐税三百家。爵五大夫，有税邑六百家者，受客。大将，御、参皆赐爵三级。故客卿相，论盈，就正卿。"② 同时，这各种各样的等级也正好反映了当时确实"存在的是等级的阶级"③，而且不同的等级都有不同的"特殊法律地位"！

从秦代的论功行赏和军功爵制中，我们看到了封建等级制度。

---

① 《列宁全集》第六卷，人民出版社 1986 年版，第 93 页。

② 引文据高亨：《商君书注释》，中华书局 1974 年版。

③ 《列宁全集》第六卷，人民出版社 1986 年版，第 93 页。

秦人早期历史的两个问题

秦朝的历史虽然很短，但却很重要，它是在春秋战国社会发展的基础上，我国历史上出现的第一个专制主义中央集权的统一国家，对我国封建社会有深远的影响。为了弄清楚秦朝的历史地位及其本身历史的发展变化，了解秦人早期历史的下面两个问题是必要的。

一、秦是西方戎族，华化较晚

秦的先祖起源于西方戎族，这是早已有人说过的一种意见。王国维在《秦都邑考》中指出，“秦之祖先，起于戎狄”①。蒙文通还专门写过《秦为戎族考》（《禹贡》第6卷第7期），其他许多古代史著作也都是这样认为的。但是，也有人认为秦本是东夷的，刘节在《中国古代宗族移殖史论》（正中书局印行）中即持此说，近年来也还有其他同志主张秦是由东方迁到西方去的，甚至认为秦人和殷人是同祖。我觉得这后一种主张的证据是不够充分的，更重要的是，说秦起于东方对了解和说明秦人历史的发展，也没有什么重要的实际意义。

从史书记载的情况来看，我想先指出如下一点，那就是夏、商、周、秦的早期历史，神话多于史实，秦尤其如此，它本身非华夏族，在强大起来之后，就要为自己的祖宗世系伪造一批英雄故事，后世的北魏、元朝、清朝都是如此。伪造得越多，漏洞就越多，所以许多记载中矛盾百出。《史记》在《秦本纪》和《楚世家》《魏世家》几处写道，“其子孙或在中国，或在夷狄”，这对于秦、楚、魏的祖先到底属于华夏还是夷狄这个问题，倒不失为一个缝漏补缺的办法。因为这几个国家，即本来是夷狄，后来又加入了华夏，司马迁无法讲出一个民族融合的道理。

---

① 王国维：《观堂集林》卷十二。

原非华夏族的国家和民族，一方面要神化自己的祖先，另一方面在他们逐步华化的过程中又尽量拉扯和华夏族的关系，《左传》载，襄公十四年，戎子驹支曰：“惠公蠲其大德，谓我诸戎是四狱之裔胄也。”这是说戎狄的祖先乃五帝时的四岳。关于“四岳”，《史记·五帝本纪》《集解》引“郑玄曰：四岳，四时官，主方岳之事。”《正义》引“孔安国云：四岳即上羲和四子也，分掌四岳之诸侯，故称焉。”由此可见，尽管古代传说中矛盾重重，但是后来各国各族的祖先都发生了这样或那样的联系，乃至最后形成了一个大的民族，黄帝和炎帝成为共同的始祖，大家都是炎黄子孙。

丁山在《中国古代宗教与神话考》一书中说：“史前神话人物世系多出商周祭典”，以及夏、商、周、秦“四代开国前世系皆宗祝伪托”，这些意见是正确的。如何从众说纷纭、真伪相混的传说中探索夏、商、周、秦开国前的历史，是值得进一步研讨的。过去关于我国文化起源的问题有许多争论，除了秦是从东方来的这个问题外，有人考证楚也是从东方来的，也有人认为商是起于西方。到底我国文化是由西向东发展，还是由东向西发展，或者东、南、西、北各自独立发展，然后才互相影响①，这也许将从考古发掘和考古学研究上得到解决。

秦人究竟起源于东方还是西方呢？已发掘的考古材料似乎还不足以说明这个问题，那仍然只有依靠现存的文献资料。但是，司马迁在作《三代世表》时说：“五帝三代之记尚矣，自殷以前，诸侯不可得而谱。周以来，乃颇可著。”那么他是根据什么来写《五帝本纪》，根据什么来叙述夏、商、周、秦的先世呢？根据就是西周、春秋、战国时各种各样的传说记载，他在“百家言黄帝，其文不雅驯，荐绅先生难言之”的情况下，截断众流，整理了一番，这也是很难能可贵的。虽然他“信以传信，疑以传疑”，但是他用“好学深思，心知其意”的办法，“择其言尤雅者”，这个选择就难免有他的主观臆断。因此，关于《史记》这方面的记叙，既不可不信，也不可全信。《史记·秦本纪》记叙了商周以前秦先世的许多传说，都是很难定论的，我们暂时不多加讨论（至于神话传说反映了什么又当别论）。从比较可靠而且没有重大矛盾的记载来看，我还是同意秦是西方戎

① 近年来金景芳先生作了《商文化起源于我国北方说》（《中华文化史论丛》第七辑）。他认为：“我国在尧舜时期，燕亳、砥石已经是一个重要的文化起源地。”假如秦和商同源，那么秦应该是从北方来的。

族一支的那种说法，这可以从以下几方面来补充说明。

首先，商、周时代，秦的祖先都是活动在西方。《史记·秦本纪》的记载说，他们在商朝末年的时候，就是“在西戎，保西垂”，周代时，“非子居犬丘”，“主马汧渭之间”，也肯定是在西方，并且从周孝王开始正式“分土为附庸，邑之秦，使复续嬴氏祀，号曰秦嬴”，以后庄公“为西垂大夫”，这些应该是信史，也没有什么不同的记载。

秦人祖先既然商末已肯定在西方，那么，在商代或商代以前有没有可能由东向西迁徙呢？有一种可能是在夏朝灭亡的时候，过去有一种意见说：“自夏亡殷，夏族被迫西迁，辗转戎狄之间，分散各地，分化为周、鬼方、大夏及秦诸族。”如果是这样，那么秦和商仍然没有关系，不过是“西返”而已，并不是起源于东方的。商代有可能西迁吗？商代实行过分封制，但没有材料证明把它的同族或有功的东方人封到西方去了；再说，如果秦人的祖先是分封去的话，这件大事在他们的历史中不会不反映出来。那么，有不有可能是在伐贡方、土方和鬼方时代带去的东方部族呢？可能性也不大，因为当时用兵只到山西、陕西一带，离秦人的起源地还很远。总之，还找不出什么证据来说明有一次由东向西的部族大迁徙。相反，已有的考古发掘资料表明，新石器时代早期的遗址多半在黄河流域的中、上游，晚期遗址则在下游，由此是否可以说，从石器时代开始，就是一个由西向东发展的趋势呢？周、秦不也是这样发展的吗？

其次，秦人自己讲自己祖先的活动，可靠的都是讲在西方的活动。襄公是秦国开国之君（《史记·秦本纪》说“襄公于是始国”），《史记·封禅书》说“襄公既侯，居西垂，自以为主少皞之神，作西畤，祠白帝，其牲用駵驹、黄牛、羝羊各一”，虽然古今中外的学者对少皞有各种各样的考证，但都一致地认为，少皞是西天之神，《淮南子·天文训》说，“西方金也，其帝少皞”，这应该是比较早的传说。襄公自以为主少皞之神，当然认为自己的祖先是起源于西方的。而且他独树一帜，并不和夏、商、周拉扯上什么关系。司马迁在作《六国年表》时开头就说：“太史公读秦记，至犬戎败幽王，周东徙洛邑，秦襄公始为诸侯，作西畤，用事上帝，僭端见矣。礼曰：‘天子祭天地，诸侯祭其域内名山大川。’今秦杂戎翟之俗，先暴戾而后仁义，位在藩臣而胪于郊祀，君子惧焉。”

又，《史记·秦本纪》上说，文公时“初有史以纪事”，当“文公东猎”时，“至汧渭之会，曰：昔周邑，我先秦赢于此，后卒获为诸侯”。这里追述可靠的祖先历史，也认为是在西方。

以上可靠的记载说明，开国之初，还没有把关于自己祖先的神话都伪造出来，所以还没有更多的传说。《史记》上关于“帝颛顼之苗裔”，以及女修吞玄鸟卵“生子大业”等传说，当是后来逐渐加上去的。对后加上去的神话传说不是不可以分析，但作为主要依据恐怕是靠不住的。

第三，春秋到战国初年，华夏族的诸侯国（包括华化较早的），一直把秦国当戎狄看待，《史记·秦本纪》所谓“秦始小国僻远，诸夏摈之，比如戎狄”，所谓“秦僻在雍州，不与中国诸侯之会盟，夷翟遇之”。如《华阳国志·蜀志》所说：“有周之世，限以秦巴，虽奉王职，不得与春秋盟会。”恐怕不单是地理形势上的限阻，更重要的是夷夏之别传统观念的影响。

当然，如果仅仅是“比如戎狄”，那还可以理解为轻视的意思，并不就是戎狄，但是史书上有更肯定的语言，那就是《管子·小匡篇》中所说的“秦戎”。并且更有力的证据是湖北枝江出土的一件铜钟铭文上写道：“秦王卑命，竞已用之，俞，救秦戎。”① 据此可知，称秦为戎确实是当时的事实。稍后一些史书上，如《春秋穀梁传》称之曰“狄秦”（僖公卅三年），《春秋公羊传》说：“秦者夷也”（昭公五年）。这里的夷不是所谓“东夷”之夷，和戎、狄一样，是对西方非华夏族的一种称呼，王国维在《鬼方昆夷玁狁考》中说：“中国之称之也，随世异名，因地殊号，至于后世，或且以丑名加之，其见于商周间者曰鬼方、曰混夷、曰獯鬻，其在宗周之季则曰玁狁，入春秋之后则始谓之戎，继号曰狄……综上诸称观之，则曰戎曰狄者皆中国人所加之……鬼方之方，混夷之夷，亦为中国所附加。当中国呼之为戎狄之时，彼之自称决非如此。”② 春秋乃至战国初年，秦人还没有正式成为华夏族的成员之一，中原地区的国家（当时史书上常用的“中国”）对秦是另眼相看的，魏公孙衍对义渠君说：“中国无事于秦，则秦且烧焫获君之国；中国有事于秦，则秦且轻使重币而事君之国也。”③ 中原地区的国家

① 此钟现藏荆州博物馆，当是一套编钟里的一件。铭文意义尚未全晓，可能是楚某个时候答应秦之约出兵救秦，该钟为纪念其出兵而作。

② 王国维：《观堂集林》卷十三。

③ 《战国策·秦策二》。

认为秦人非我族类，例如《左传·僖公十年》记载，申生相“以晋畀秦”，并且说“秦将祀余”，狐突对他说：“臣闻之，神不歆非类，民不祀非族，君祀无乃殄乎！”显然晋人是不把秦当同族同类的。

总之，正因为秦人本来是西方戎族的一支，所以西周以后，虽逐渐向中原靠拢，开始华化，但是春秋初年还不能得到中原诸国的平等看待。后来，随着秦国的国势强盛，它在诸侯国中的地位变化了，随着它武力兼并的发展，夷夏界线也逐渐消除了。秦在蚕食六国的过程中，曾经大量迁人，每攻取城邑，往往迁出其人民而把秦国人民迁入，如秦惠王“置巴郡，以张若为蜀国守，戎伯尚强，乃移秦民万家实之”①。昭襄王二十一年，“魏献安邑，秦出其人，募徙河东赐爵、赦罪人迁之”②。或者把边境戎狄迁入内地，或者徙内地人民去实边，如《左传》上说的“秦晋迁陆浑之戎于伊川”（僖公二十二年）。《汉书·高帝纪》十一年五月说的“秦徙中县之民南方三郡，使与百粤杂处”，如淳曰，“中县之民，中国县民也”，等等，此类记载甚多。这样做，自然而然消除了原来蛮夷戎狄与华夏的界线。

二、秦与中原文化的关系不深，因而实行变法比较彻底

秦缪公曾经对由余说：“中国以诗书礼乐法度为政，然尚时乱，今戎夷无此，何以为治？不亦难乎！”③ 这说明他是向往中原地区的所谓“诗书礼乐法度”的。不过，在实际上当时秦国还并没有受中原文化很大的影响。秦开国之始即“未能用周礼”④，到秦孝公时，商鞅仍然说“始秦戎狄之教”⑤。

“戎狄之教”指的是什么呢？一般史书上所列举的内容是：“父子无别，同室而居”⑥；“乱人子女之教，无男女之别”⑦；再即所谓“今秦杂戎

---

① 常璩：《华阳国志·蜀志》。
② 司马迁：《史记》卷五，《秦本纪》，中华书局1959年版，第212页。
③ 司马迁：《史记》卷五，《秦本纪》，中华书局1959年版，第192页。
④ 阮元：《十三经注疏·毛诗正义》。
⑤ 司马迁：《史记》卷六十八，《商君列传》，中华书局1959年版，第2234页。
⑥ 司马迁：《史记》卷六十八，《商君列传》，中华书局1959年版，第2234页。
⑦ 《春秋穀梁传·僖公三十三年》。

狄之俗，先暴戾，后仁义"[①]，"彼秦者弃礼义……之国也"[②]。实际不止这些，政治制度上也有所不同，例如《春秋公羊传》所说"秦无大夫"之类(文公十二年，昭公元年)。当然，从政治上看更重要的是，不怎么讲礼义，只强调法制，如《韩非子·外储说右下》："昭襄王曰：吾秦法，使民有功而受赏，有罪而受诛。"又如："秦之法，任人而所任不善者，各以其罪罪之。"[③] 马端临有一段话说得很有意思："秦人所行什伍之法，与成周一也。然周之法，则欲其出入相友，守望相助，疾病相扶持，是教其相率而为仁厚辑睦之君子也。秦之法，一人有奸，邻里告之，一人犯罪，邻里坐之，是教其相率而为暴戾刻核之小人也。"[④] 这话是经不得分析的，但他说的中心意思是讲不讲礼义的问题。

作为戎狄出身的秦，与华夏的诸侯国比较，最大的不同就是"弃礼义"或者"灭去礼学"[⑤]。《战国策·魏三》："朱已谓魏王曰：秦与戎狄同俗，有虎狼之心，贪戾好利而无信，不识礼义德行。苟有利焉，不顾亲戚兄弟，若禽兽耳。此天下之所同知也。"这样破口大骂，主要的罪名也就是"不识礼义德行"，违反了中原地区的所谓文化传统。但是秦人自己并不忌讳这一点，而且公开反对那一套所谓礼义，《商君书·去强篇》说："国有礼有乐，有诗有书，有善有修，有孝有弟，有廉有辩。国用诗、书、礼、乐、孝、弟、善、修治者，敌至必削国，不至必贫；国不用八者治，敌不敢至，虽至必却，兴兵而伐必取，取必能有之，按兵而不攻必富。"礼、乐、诗、书简直是亡国文化！没有它们国家才能富强！

反对礼义，主张刑罚，《商君书·弱民篇》说："当今世之用者，皆欲为上圣，举法之谓也。背法而治，此任重道远，而无马牛；济大川，而无舡楫也。今夫人众兵强，比帝王之大资也。苟非明法以守之也，与危亡为邻。故民之察法，境内之民无辟淫之心，游处之（壬）（士）迫于战陈；万民疾耕战。"所以"贾子曰：秦之俗，非贵辞让也。所上者告讦也；非贵礼义也，所上者刑罚也"[⑥]。

---

① 司马迁：《史记》卷十五，《六国年表》，中华书局 1959 年版，第 685 页。
② 司马迁：《史记》卷七十九，《范雎列传》，中华书局 1959 年版，第 2417 页。
③ 司马迁：《史记》卷八十三，《鲁仲连列传》，中华书局 1959 年版，第 2461 页。
④ 马端临：《文献通考·职役考一》。
⑤ 范晔：《后汉书》志三十，《舆服志》，中华书局 1965 年版，第 3662 页。
⑥ 贾谊：《新书·保傅》。

由此看来，一方面秦本来没有中原那种礼义传统，另一方面所谓“弃礼义”、“灭去礼学”又并不是要回到“戎狄之教”的那种状况去，他是依靠新立法度来使“民无辟淫之心”，“父子无别，同室而居”以及“无男女之别”这类落后状况也是要改变的，靠什么来改变呢？靠新的法制，“今我更制其教，而为男女之别”①。而且“大筑翼阙，营如鲁卫矣”②，中原地区的制度、文化等，有用的也照样采用。

汉代的贾谊说：“商君遗礼义，弃仁恩，并心于进取。行之二岁，秦俗日败也。故秦人：家富子壮则出分；家贫子壮则出赘。借父耰钼，虑有德色；母取箕箒，立而谇语；抱哺其子，与公并倨；妇姑不相说，则反唇相讥；其慈子耆利，不同禽兽者，亡几耳。”③ 这中间有偏见，有曲解，也有诬蔑。首先，说弃礼义仁恩不对，这是偏见，当时反对礼义仁恩不是没有一点道理，从缪公时由余的对话来看（详下），以及从上述《商君书》中的议论来看，都能说明那种以诗书礼乐为代表的上层建筑和意识形态并不是很合时宜的。其次，在生产力发展的基础上，适应小农经济发展的情况，“令民二男以上不分异者，倍其赋”（《史记·商君列传》，即所谓“家富子壮则出分”），虽然是从增加国家对农民的剥削着眼的，但是从历史发展的眼光看，应该无可厚非。况且这与礼义并不是太相干的事，硬拉扯在一起，岂不是有意地曲解。至于所举的那种“反唇相讥”之类的现象，在私有制社会里是根本无法克服的，高唱礼义时也莫不如此。“不同禽兽者亡几耳”，这当然纯是诬蔑谩骂。

关于当时（春秋时）社会混乱的根源，秦缪公时由余的一段对话倒是在一定程度上有道理，他认为，因为“中国以诗书礼乐法度为政”，“此乃中国所以乱也。夫自上圣黄帝，作为礼乐法度，身以先之，仅以小治。及其后世，日以骄淫，阻法度之威，以责督于下，下罢极，则以仁义怨望于上，上下交争怨而相篡弑，至于灭宗，皆以此类也。夫戎夷不然，上含淳德以遇其下，下怀忠信以事其上，一国之政，犹一身之治，不知所以治，此真圣人之治也”④。这位“亡人戎，能晋言”的晋人，和商鞅一样，在比

① 司马迁：《史记》卷六十八，《商君列传》，中华书局 1959 年版，第 2234 页。
② 司马迁：《史记》卷六十八，《商君列传》，中华书局 1959 年版，第 2234 页。
③ 班固：《汉书》卷四十八，《贾谊传》，中华书局 1962 年版，第 2244 页。
④ 司马迁：《史记》卷五，《秦本纪》，中华书局 1959 年版，第 193 页。

较落后的民族中找到了腐朽社会新生的途径和办法。

秦本是戎族的一支，行的是“戎狄之教”，没有或者很少有旧的传统的束缚，商鞅又利用秦人固有的某些条件①，遗弃中原地区的旧传统，因而能适应社会的发展变化，实行比较彻底的改革，使秦国日益富强，并进而完成统一的大业。所以贾谊也不得不承认：“然并心而赴时，犹日靥六国，兼天下，功成求得矣。”②“赴时”，用现在的话来说就是适应了时代的潮流。在当时，摆脱某些旧传统的束缚，创立一些新的制度，是有一定进步意义的。

《荀子·强国篇》中说：“应侯问孙卿子曰：入秦何见？孙卿子曰……入境观其风俗，其百姓朴，其声乐不流汙，其服不挑。甚畏有司而顺，古之民也。及都邑官府，百吏肃然，莫不恭俭敦敬忠信而不楛，古之吏也。入其国观其士大夫，出于其门，入于公门，归于其家，无有私事也。不比周，不朋党，倜然莫不明通而公也，古之士大夫也。观其朝廷，其闲听决百事不留，恬然如无治者，古之朝也。故四世有胜，非幸也，数也，是所见也。故曰：佚而治，约而详，不烦而功，治之至也，秦类之矣。”“古之民”、“古之吏”等说法，不过是他牵强的理解，但他所说的秦国这种情况，恰恰是摆脱了西周以来旧传统的结果，大大不同于那些“繁文缛节”、“私门请托”、“朋党比周”等的旧传统。

至于贾谊所说“终不知反廉愧之节，仁义之厚，信并兼之法，遂进取之业，天下大败。众掩寡，智欺愚，勇威怯，壮陵衰，其乱至矣”，以及所谓“秦王之定取舍不审矣”③。那是以后的事，秦统一之后，形势的发展，政策上暴露出另一些问题，乃至走向某一极端，这些是需要另行讨论的。

---

① 秦的地理位置使它不受（或少受）中原文化的影响。同时，是否又会接受其他一些文化影响也是值得注意的，丁山在《中国古代宗教与神话考》中说：“秦畤的青、白、黄、赤四色帝实本于须弥山王四面而与明堂五帝及社称五祀不是一源。”（第417页）这种认为“印度婆罗门的宗教思想在公元前六世纪时即由荆楚输入中国”（第413页）的意见是可以参考的。

② 班固：《汉书》卷四十八，《贾谊传》，中华书局1962年版，第2244页。

③ 班固：《汉书》卷四十八，《贾谊传》，中华书局1962年版，第2244页。

秦代的封建土地所有制

在我国历史上，春秋以前是奴隶社会，其土地制度是奴隶主国家土地所有制，即井田制。在“普天之下，莫非王土，率土之滨，莫非王臣”①的情况下，“田里不鬻，墓地不请”②。土地不能买卖，是没有私有土地的；“谷出不过借”③，无所谓租和税的区别，租税是合一的。

春秋战国之际，我国从奴隶制过渡到封建制，伴随这一具有划时代意义的变化而来的，是奴隶主国家土地所有制转化为封建地主土地所有制。战国时期，由于生产力的发展，尤其是牛耕与铁工具广泛使用，土地开垦的效率不断提高，土地原有的此疆彼界逐步被破坏，新垦地为开垦者所有。顺应这一时代趋势，各诸侯国新兴地主阶级纷纷变法，最突出的是商鞅变法，“坏井田，开阡陌”，“除井田，民得卖买”④。在秦国彻底改变了奴隶主的国家土地所有制，从法律上确立了封建地主阶级的土地私有制。以后秦统一六国，也是实行这种土地制度。文献资料语焉不详，云梦秦简提供了一些史料和线索，今据以论述之。

一、维护地主土地私有制的法律规定

秦代存在着土地私有这一点是毋庸置疑的。《法律答问》：“甲小未盈六尺，有马一匹自牧之，今马为人败，食人稼一石，问当论不当？不当论及赏（偿）稼。”从这条关于民事问题的《法律答问》中可看到：某甲的马因管理疏忽，跑到别人的田地里吃了庄稼，因而引起纠纷。显然，马是甲的私有财产，那长庄稼的田地也是别人所私有的。《法律答问》又云：

---

① 《诗·小雅·北山》。
② 《礼记·王制》。
③ 《左传·宣公十五年》。
④ 班固：《汉书》卷二十四，《食货志》，中华书局1962年版，第1126、1137页。

“或盗采人桑叶，臧（赃）不盈一钱，可（何）论？赀繇三旬。”古代，农桑系衣食之源，故相提并论。在自给自足的自然经济占主要地位的封建社会，耕田种地与植桑养蚕皆属“生民之本”，因此，“五亩之宅，树之以桑”是一种普遍现象①。所谓“盗采人桑叶”云云，说明那桑叶（当然也包括植桑树的土地）是私人所有，侵犯了私有财产权，即使是“不盈一钱”，也会被判处一个月的徭役，这种处罚当然是相当重的。《徭律》云：“其近田恐兽及马牛出食稼者，县啬夫材兴有田其旁者，无贵贱，以田少多出人，以垣缮之，不得为繇（徭）。”这简文很重要，说明禁苑附近的田有的属“贵”者，有的属“贱”者，有的田多，有的田少。它有力地说明了土地私有制的存在。不过，贫贱者虽有少量的田地，终归免不了被富贵者用各种方式兼并了去。正如马端临所说：“盖自秦开阡陌之后，田即为庶人所擅，然亦惟富者贵者可得之，富者有资可以买田，贵者有力可以占田，而耕田之夫率属役于富贵者也。”②

“富有资可以买田”，土地买卖是土地私有的一个重要标志。在我国历史上，土地买卖的发展是与土地私有的增加成正比的。早在春秋时期就出现了土地买卖的现象，有所谓“中牟之人弃其田耘，卖宅圃而随文学者邑之半”③，“戎狄荐居，贵货易土，土可贾焉”④ 等记载。这种土地买卖的现象，到战国时就进一步发展了，如赵括为将之后，“王所赐金帛，归藏于家，而日视便利田宅可买者买之”⑤。那些有少量土地的贫贱者，往往因为天灾人祸或沉重的赋敛剥削，就不得不把田卖出。《汉书·食货志》追述战国时情况，曾算过一笔细账：“今一夫挟五口，治田百亩。岁收亩一石半，为粟百五十石，除什一之税十五石，余百三十五石。食，人月一石半，五人终岁为粟九十石，余有四十五石。石三十，为钱千三百五十，除社闾尝新春秋之祠，用钱三百，余千五十。衣，人率用钱三百，五人终岁用千五百，不足四百五十。不幸疾病死伤之费，及上赋敛，又未与此。此农夫所以常困，有不劝耕之心，而令籴至于甚贵也。”这还是按一户百亩

① 《孟子·梁惠王章》。
② 马端临：《文献通考》卷二，《田赋考二》。
③ 《韩非子·外储说左上》。
④ 《左传·襄公四年》。
⑤ 司马迁：《史记》卷八十一，《廉颇蔺相如列传》，中华书局 1959 年版，第 2447 页。

来计算的。实际上自耕农民的私有土地大多是少于这个数目的小块土地。这些仅占有小块土地的农民往往被迫出卖自己的土地，土地买卖就为地主兼并土地大开方便之门。史籍上也反映了这一现象：“井田之变，豪人货殖，馆舍布于州郡，田亩连于方国。”①

“贵者有力可以占田。”占田的方式很多，主要而且以“合法”形式出现的，那就是赏赐。《史记·赵世家》：晋国赵简子“赐扁鹊田四万亩”，同篇又记赵烈侯赐给歌者田“人万亩”。秦为奖励战功，也大量赐田。《商君书·境内》：“斩首一级，益田一顷，益宅九亩。”《史记·王翦列传》：“王翦行，请美田宅、园池甚众。始皇曰：将军行矣，何忧贫乎！”这种赐田的办法，在《军爵律》中得到了证实：“从军当以劳论及赐……其已拜，赐未受而死及濃（废）耐僊（迁）者，鼠（予）赐。”赐田，是使“贵者”占田越来越多，造成兼并之患的一个重要原因。这是早有定论的，《通典》引吴氏曰：“秦制，战得甲首者，益田宅，五甲首而隶役五家，兼并之患自此起，民田多者以千亩为畔，无复限制矣。”

据上所述，秦代的土地私有制，是以地主阶级的私有占主导地位的。地主兼并土地，利用各种手段对劳动人民进行掠夺，大量土地为地主阶级兼并了去，“而耕田之夫率属役于富贵者也”。崔实《政论》云：“秦隳坏法度，制人之财，既无纲纪，而乃尊奖并兼之人……上家累巨万之资，斥地侔封君之土……下户崎岖，无所跱足，乃父子低首，奴事富人，躬率妻孥，为之服役。”② 这种有妻室儿女的“下户”，绝不是奴隶。这里的“奴事”之“奴”，应该理解为“农奴”似的劳役，因此，所谓属役关系，应该是指租佃关系，当然也有直接的役使；还有如“陈涉少时，尝为人佣耕”这种雇佣关系。云梦秦简《告臣》的案例值得注意：“爰书：某里士五（伍）甲，缚诣男子丙，告曰：丙，甲臣，桥（骄）悍，不田作，不听甲令。谒买（卖）公，斩以为城旦，受贾（价）钱。讯丙，辞曰：甲臣，诚悍，不听甲。甲未赏（尝）身免丙。”从这里可以看出，丙对甲的属役关系是和土地有紧密联系的，不为地主耕田种地，就会遭受种种迫害。

地主阶级在通过各种手段兼并了大量土地之后，就要求在法律上有相

① 仲长统：《昌言·损益篇》。
② 杜佑：《通典·食货一》引。

应的规定来承认和保障他们的私有土地。秦法律令充分体现了地主阶级的意志或利益，继“废井田，开阡陌，民得买卖”的措施之后，秦始皇三十一年又有“使黔首自实田”的措施，使占有土地的人向政府报告自己占有的土地数量，这反映了在全国范围内土地私有的合法化，土地私有制取得法律保障。这是随着秦统一六国，地主阶级政权日益强大和巩固，地主阶级土地私有制进一步发展所产生的必然结果。

云梦秦简告诉我们，秦政权不仅承认土地私有制，而且确实是明令保护这种土地私有制的。《法律答问》：“盗徙封，赎耐。可（何）如为封？封即田千（阡）佰（陌）顷半（畔）封殹（也），且非是而盗徙之，赎耐，可（何）重也？是不重。”这里明确解释：“封，即田阡陌顷畔封也”，法律规定偷偷改变田界就处以“赎耐”之刑。这样的处罚还“理所当然”地被认为“是不重”。

秦代维护土地私有制的各种法律告诉我们，秦代的土地制度，是和奴隶社会奴隶主土地国有制完全不同的地主土地私有制。秦政权对普遍推行地主土地私有制，采取了极为严峻的手段和措施，因此其统治时期虽不长，但收效较显著。

二、从普遍征收田税看土地私有制的盛行

马克思列宁主义的理论告诉我们，在奴隶主土地国有制的情况下，租税是合一的。马克思说：“如果不是私有土地的所有者，而像在亚洲那样，国家既作为土地所有者，同时又作为主权者而同直接生产者相对立，那么，地租和赋税就会合为一体，或者不如说，不会再有什么同这个地租形式不同的赋税。”① 我国春秋以前的情况，原则上正是如此。但在“私有土地的所有者”出现之后，这个情况就开始改变了。先是公元前 594 年鲁国“初税亩”，这就违反了“谷出不过借”的习惯制度，而被认为是“非礼也”②。然而它却是一个不可阻挡的历史潮流，往后各诸侯国都先先后后这样干起来了。到了公元前 408 年，秦国也实行了“初租禾”③，再往后到了

---

① 马克思：《资本论》第三卷，人民出版社 1975 年版，第 891 页。

② 《左传·宣公十五年》。

③ 司马迁：《史记》卷十五，《六国年表》，中华书局 1959 年版，第 708 页。

商鞅变法时，在“为田开阡陌封疆”的同时，又有公元前348年的“初为赋”①。这些都说明，由于地主私有土地的发展，赋税和地租就分离了。《汉书·食货志》上所说的“或耕豪民之田，见税十五”，才是和赋税分离了的地租。马克思指出：“地租的占有是土地所有权借以实现的经济形式”②，反映的是所有者的财产的权利；“捐税体现着表现在经济上的国家存在”③，反映的是国家的政治权力。毛主席在论述中国封建时代经济制度的特点时曾经指出：“不但地主、贵族和皇室依靠剥削农民的地租过活，而且地主阶级的国家又强迫农民缴纳贡税，并强迫农民从事无偿的劳役，去养活一大群的国家官吏和主要地是为了镇压农民之用的军队。”④ 这是完全符合战国以来我国封建社会的情况的，秦代当然毫无例外。

国家征收赋税，或以土地为准，或以人头与家户为准，往往是土地、人头、家户几项联系在一起作为征收对象。征收的东西则有钱、有物、有粮草。所有这些办法在秦代都实行过，有的办法和名目还是从秦代开始的。如人头税收钱，即所谓“头会箕赋”⑤，旧注解释说：“头会，随民口数责其税；箕赋，似箕然，敛民财多取意也。”云梦秦简《金布律》则告诉我们：“官府受钱者，千钱一畚，以丞令印印。不盈千者，亦封印之。”畚即畚箕，收的钱用畚箕装计，这是作为人头税的口赋。又如刍、稾税，史书上说：“秦之时人刍、稾”⑥。

云梦秦简中有不少条关于刍、稾的记载。还有户赋也很可能是从秦代开始的，“秦惠王并巴中……其民户出幏布八丈二尺，鸡羽三十鍭”⑦。云梦秦简《法律答问》：“可（何）谓匿户及敖童弗傅？匿户弗繇，使弗令出户赋之谓殹（也）。”

《通典·食货四》曾说到秦代赋税的变化：“夏之贡，殷之助，周之藉，皆十而取一，盖因地而税。秦则不然，舍地而税人，地数未盈，其税必备，是以贫者避赋役而逃逸，富者务兼并而自若。”《文献通考》上也有

---

① 司马迁：《史记》卷十五，《六国年表》，中华书局1959年版，第724页。
② 马克思：《资本论》第三卷，人民出版社1975年版，第714页。
③ 《马克思恩格斯选集》第一卷，人民出版社1972年版，第181页。
④ 《毛泽东选集》第二卷，人民出版社1964年版，第587页。
⑤ 刘安：《淮南子·氾论训》。
⑥ 孙楷：《秦会要》卷十七，《食货·杂税》。
⑦ 范晔：《后汉书》卷八十六，《南蛮传》，中华书局1965年版，第2841页。

“始舍地而税人”的记载。这些记载，很容易给人造成错觉，似乎是不收地税而只收人头税了。其实，从《通典》全文的意思看，“舍地而税人”，是不顾原来那种“因地而税”的办法，而设置了另一套向人民收税的办法。这种办法主要是以人户为主，马克思说：“在欧洲一切国家中，封建生产的特点是土地分给尽可能多的臣属。同一切君主的权力一样，封建主的权力不是由他的地租的多少，而是由他的臣民的人数决定的，后者又取决于自耕农的人数。”① 在中国封建社会中，常常出现封建政府和豪强大地主争夺劳动力的情况，封建统治者非常重视人、户的数字。商鞅变法时“令民为什伍而相收司连坐”，“民有二男以上不分异者倍其赋”，“明尊卑爵秩等级各以差次名田宅、臣妾、衣服以家次”②，秦始皇十六年“初令男子书年”③，在云梦秦简《编年记》中“今十六年”下的“自占年”即占著名籍，“书年”与“占年”意思相同，就是登记户口的一种措施，以便按人或户收赋税、征徭役。不过，地税也并未因此而废除，相反，不论你有没有那么多土地，即使“地数未盈”，都要按人或户交一定数量的地税。颜师古所说的“既收田租，又出口赋”④ 都是指的国家赋税。

秦代从土地上征收的东西，既有作为口粮的禾稼，也有牲口的饲料刍、稾。云梦秦简《田律》：“禾、刍、稾彻（撤）木荐，辄上石数县廷，勿用，复以荐盖。”田税主要是征收“禾”，按先秦字义，“税”从禾，指征收谷物，当时交税以禾作标准。云梦秦简《仓律》：“稻禾一石为粟廿斗，舂之为米十斗。”提供了折算的办法，可为佐证。征收的禾，数量很大，一个县，“入禾仓，万石一积”，在重要的地方，积禾更多，“栎阳⑤二万石一积，咸阳十万一积”。云梦秦简上的这些简文表明遍布各地的许多粮仓，屯满了粮食，由此可知田税的征收很普遍。

云梦秦简《法律答问》反映了收田税的情况：“部佐匿者（诸）民田，者（诸）民弗智（知），当论不当？部佐为匿田，且可（何）为？已租者（诸）民，弗言，为匿田；未租，不论为匿田。”

---

① 马克思：《资本论》第一卷，人民出版社1975年版，第785页。

② 司马迁：《史记》卷六十八，《商君列传》，中华书局1959年版，第2230页。

③ 司马迁：《史记》卷六，《秦始皇本纪》，中华书局1959年版，第232页。

④ 班固：《汉书》卷二十四，《食货志》，中华书局1962年版，第1138页。

⑤ 《史记·秦本纪》：“献公即位，镇抚边境，徙治栎阳。”于献公二年城栎阳。《括地志》云：“栎阳故城一名万年城，在雍州东北百廿里。”

“部佐”指乡部之佐。从秦代开始推行于全国的地方官制是：县万户以上置令，不满万户置长，还有丞、尉。丞署文书，典仓狱。尉主盗贼。令秩千石至六百石，长秩五百石至三百石。丞、尉秩四百石至二百石，是为长吏。百石以下，有斗食佐史之秩，是为少吏。县以下有乡，乡置有秩啬夫、三老、游徼。有秩啬夫之下还有“乡佐”，“属乡，主民收赋税”①。那些乡佐，在基层作威作福，鱼肉百姓，“乡官部吏，职斯禄薄，车马衣服，一出于民，廉者取足，贪者充家”②。他们使百姓应接不暇，倾家荡产，“乡部私求，不可胜供”③。部佐权势很大，如“赵奢者，赵之田部吏也。收租税而平原君家不肯出。赵奢以法治之，杀平原君用事者九人。平原君怒将杀奢，奢因说曰：‘君子赵为贪公子，今纵君家而不奉公，则法削，法削则国弱，国弱则诸侯加兵，是无赵也，君将安有此富乎。以君之贵，奉公如法，则上下平，上下平则国强，国强则赵固。而君为贵戚，岂轻于天下耶。’平原君以为贤，言之于王。王用之治国赋，国赋大平”④。由此可见，部佐虽是小吏，却颇有权力。

“部佐匿诸民田”的“匿”，即隐匿。“已租诸民”的“租”，指田税，这里作动词用，指缴纳田税。匿田的目的是在征收田税时，营私舞弊，或以多报少，或以有报无。简文的意思是：部佐隐瞒老百姓田地的数目，而老百姓不知道，应不应该论处？部佐隐瞒田地的目的是什么？已交田税，不向上级报告，就叫“匿田”；未交田税，就不以“匿田”论处。这是防止“部吏”与百姓互相勾结，隐瞒田产，百姓少交田税，部吏从中贪污的措施。

这种“主收赋税”的部佐，遍及全国各地各乡，足以证明征收田税是一种普遍现象。正因为如此，云梦秦简把“部佐匿诸民田”作为一个案例写入《法律答问》，因为它具有普遍应用意义。

从田税的普遍征收，可看到土地私有制确已盛行于秦代。

三、封建国家的官田

秦代封建土地所有制的主要形式是地主阶级的土地私有制，但并不排斥

① 《汉书·百官公卿表》及《续汉志·百官五·县乡》。
② 范晔：《后汉书》卷六十一，《左雄传》，中华书局 1965 年版，第 2017 页。
③ 班固：《汉书》卷七十二，《贡禹传》，中华书局 1962 年版，第 3075 页。
④ 司马迁：《史记》卷八十一，《廉颇蔺相如列传》，中华书局 1959 年版，第 2444～2445 页。

封建国家还直接控制着一些土地。一方面，秦国原来就地广人稀，《商君书·徕民篇》："今秦之地方千里者五，而谷土不能处二，田数不满百万，其薮泽溪谷名山大川之材物货宝，又不尽为用。"另一方面，在战国的兼并战争以及秦统一六国的过程中，也造成了大量的无主荒地，因为"秦兼诸侯，置三十六郡，其所杀伤，三分居二"①。这正如《魏志·司马朗传》所云："承大乱之后，民人分散，土业无主，皆为公田。"这种情况早已出现，战国以后，就有相当数量的土地暂时无人耕种因而抛荒，这样，也就有所谓"其地有草者尽曰官田"②。当时国家所直接掌握着的土地，包括山林川泽、苑囿园池，以及数量不小的开垦过或未开垦的无主荒地。

云梦秦简《徭律》："县葆禁苑、公马牛苑，兴徒以斩垣离散及补缮之，辄以效苑吏，苑吏循之。""县所葆禁苑之傅山远山，其土恶不能（耐）雨，夏有坏者，勿稍补缮，至秋毋（无）雨时而以繇（徭）为之。"这些苑囿园池，由国家直接派官吏管理，如云梦秦简上所记载的"苑啬夫"之类，《内史杂》："苑啬夫不存，县为置守，如厩律。"

又《司空律》："令县及都官取柳及木楘（柔）可用书者，方之以书，毋（无）方者乃用版。其县山之多菅者以菅缠书；毋（无）菅者以蒲蔺，以枲萷（箾）之。各以其樓（获）时多积之。"由此可证明各地的山林都是为国家所控制的。

还有，"采山重殿，赀啬夫一甲，佐一盾。三岁比殿，赀啬夫二甲而灋（废）；殿而不负费，勿赀。赋岁红（功）未取省而亡之，及弗备，赀其曹长一盾，大（太）官、右府、左府、右采铁、左采铁课殿，赀啬夫一盾。""髼园殿，费啬夫一甲，令、丞及佐各一盾，徒络组各廿给。髼园三岁比殿，赀啬夫二甲而灋（废），令、丞各一甲。"这就告诉我们："采山"、"右采铁、左采铁"以及"髼园"之类的山林事业都要进行考课，都是国家直接派官吏经营的。《汉书·百官表》上说："少府，秦置，掌山海池泽之税，以给共养。"少府之下还有许多属官。汉代的园池苑囿有一整套机构管理，单是上林苑就有令一人、丞八人、尉三十人。我们知道上林苑是秦代就有了的，"始皇三十五年，营作朝宫渭南上林苑中"③。园池苑

① 《续汉志·郡国一》刘昭补注引《帝王世纪》。

② 仲长统：《昌言·损益篇》。

③ 司马迁：《史记》卷六，《秦始皇本纪》，中华书局 1959 年版，第 256 页。

囿所占的地方很大，“始皇尝议欲大苑囿，东至函谷关，西至雍陈仓。优旃曰：‘善，多纵禽兽于其中，寇从东方来，令麋鹿触之足矣。’始皇以故辍止”①。此虽未实行，足见苑囿很大。园池也不小。“始皇引渭水为长池，东西二百里，南北二十里，筑土为蓬莱山，刻石为鲸鱼，长二百丈。”② 为数众多，占地广大的园池苑囿必然占去大批的耕地，所以《韩非子·外储说右篇》曾说：“秦大饥，应侯请曰：‘五苑之草著、蔬菜、橡果、枣栗，足以活民，请发之。’”

当时国家对所控制的荒地如何处理呢？其中有一部分是要直接派农官管理进行耕种的。《仓律》云：“隶臣田者，以二月禀二石半石，到九月尽而止其半石。”这就是使用了一部分官奴隶进行农业生产，这些官奴隶从耕种到收获的期间仅仅比农闲时每月多吃半石粮食，以应付异常繁重的体力劳动。但是，秦统一六国占领的大部分土地显然是要招徕农民耕种的。这在《商君书·徕民篇》中讲得很清楚，对于招徕农民耕种土地绝不是派农官去直接管理，因为对招徕之民，不仅“利其田宅”，而且“复之三世”③。复就是复免兵役、徭役。“复之三世”在很大程度上是一句空话，但从这里可以看出农民和国家的关系没有直接役使的关系，不待说田租、口赋那是要征收的。这也许可称为“赐田”，但既经“赐”给，土地就变成农民私有的了，他可以自由处置，可以卖掉，如《汉书·贡禹传》云：“贫民虽赐之田，犹卖以贾。”

再有，国家掌握的土地，有很大一部分是作为奖励军功等赏赐之用了；已述于前。

上述情况，一直到汉代也都是如此，有政府直接经营的，“以离宫卒田其宫壖地”；也有赏赐给臣下去耕种的，“令命家田三辅公田”④，韦昭注曰：“命，谓爵命者。命家，谓受爵命一爵为公士以上，令得田公田，优之也。”不过，应当再一次指出，官田或公田既经赏赐之后，就成了封建贵族和地主的私有土地了，这不仅秦汉如此，以后各朝也都是这样，新的朝代开始时荒地多一些，也就是国家掌握的土地多一些，以后逐渐减少。

---

① 司马迁：《史记》卷一百二十六，《滑稽列传》，中华书局 1959 年版，第 3202～3203 页。
② 徐坚：《初学记》卷七。
③ 《商君书·徕民篇》。
④ 班固：《汉书》卷二十四，《食货志》，中华书局 1962 年版，第 1139 页。

因此，在没有经过大的战乱之前，国有土地是日益减少的。

云梦秦简中有“受田”字样，秦代是否存在“封建国家实行计口授田”的制度？那条记有“受田”字样的《田律》是这样的：“入顷刍、稾，以其受田之数，无豤（垦）不豤（垦），顷人刍三石、稾二石。”我们认为，秦律的“受田”是同井田制的“授田”不相同的。《汉书·地理志》云：“孝公用商君，制辕田，开阡陌，东雄诸侯。”张晏云：“周制三年一易，以同美恶，商鞅始割裂田地，开立阡陌，令民各有常制。”孟康曰：“三年爰土易居，古制也，末世浸废。商鞅相秦，复立爰田，上田不易，中田一易，下田再易，爰自在其田，不复易居也。”商鞅正是井田制的破坏者，井田制规定“民年二十受田，六十归田”①，商鞅却规定“爰自在其田，不复易居”。这就是说，政府授给土地之后，不再进行分配，各家已有的土地，即为私人所长期占用。名义上虽然还是“受田”，实质上土地已为私人所有。

秦国规定立下军功就以田宅奖赏。《史记·商君传》：“名田宅臣妾衣服以家次”，《商君书·境内》：“能得爵首一者，赏爵一级，益田一顷，益宅九亩”，可见立军功的人也是要“受田”的。

我们认为秦律所谓的“受田”，只能这样理解。

我们的结论是：秦代有一定数量的国家直接掌握的官田（或称公田），在封建土地私有制（主要是地主土地私有制）占主导支配地位的情况下，其数量虽然不小，但它受私有制所制约，处于一种补充地位，大部分荒地是过渡性质的，其发展趋势却是日益减少。除了山林川泽、苑囿园池之外，大部分官田是荒芜的，没有什么材料能够证明当时国家直接役使农民耕种了很多田地。而国家经费的主要来源是从私有土地上（包括地主和自耕农良私有的）征收租税。

---

① 班固：《汉书》卷二十四，《食货志》，中华书局1962年版，第1120页。

秦代赋税徭役制度初探

毛主席在分析中国封建社会经济和政治制度的特点时指出："不但地主、贵族和皇室依靠剥削农民的地租过活，而且地主阶级的国家又强迫农民缴纳贡税，并强迫农民从事无偿的劳役，去养活一大群的国家官吏和主要地是为了镇压农民之用的军队。"马克思也形象地描述过："捐税体现着表现在经济上的国家存在。官吏和僧侣、士兵和女舞蹈家、教师和警察、希腊式的博物院和哥特式的尖塔、王室费用和官阶表这一切童话般的存在物于胚胎时期就已安睡在一个共同的种子——捐税之中了。"① 他指出："强有力的政府和繁重的赋税是同一个概念。"研究古代历史，应该认真研究它的赋税和徭役制度，因为它是与古代阶级斗争密切相关的一个重要问题。中国历史上一些较大规模的农民起义，几乎每一次都是因沉重的赋役而激发的。导致秦末农民起义的基本原因之一，就是在于农民"力罢而不能胜其役，财尽而不能胜其求"②。

秦代在我国历史上具有划时代的意义，它是第一个专制主义的中央集权国家，它的各种制度形成之后，影响我国两千年之久。但是，因为它存在的时间不长，当时的直接文字材料保存不多，所以它的制度又总是难以具体弄清。珍贵的云梦秦简，给我们提供了研究秦代历史的许多资料和线索，我们可据此对秦代赋税徭役制度进行一些探讨。

一

秦代总结战国以来经济制度的变化，制定和实行了一套为专制主义中央集权国家所需要的赋役制度。

---

① 《马克思恩格斯选集》第一卷，人民出版社 1972 年版，第 181 页。

② 马端临：《通考·国用考》。

《通典·食货四》有一段概述："夏之贡，殷之助，周之藉，皆十而取一，盖因地而税。秦则不然，舍地而税人，地数未盈，其税必备，是以贫者避赋役而逃逸，富者务兼并而自苦。"这说明秦代赋役制度发生了变化，但究竟是怎样的变化并没有讲明白，这是因为夏、商、西周的情况，早在战国时代就只知道一个大概，汉以后的经解家们对许多问题更众说纷纭，没有明确的结论，研究秦代赋役制度也有这样的困难。

不过，过去史学界运用马列主义研究这些问题已打下了一定基础，我们可以在此基础上进一步探讨。上述《通典》所说的夏、商、周（主要是西周）情况，反映的是"井田制"下的赋税制度。我们认为，"井田制"是没有土地私有的奴隶主土地国有制，那时地租课税是合并在一起的。《左传》在记述公元前594年鲁国的"初税亩"时曾说："非礼也，谷出不过借。"借是助耕的意思，井田制下实行的是助耕制，无所谓租和税的区别。《孟子·公孙丑上》也说："耕者助而不税。"《通典》说的"因地而税"，是说全部剥削都包含在土地的"助耕"之中。

从春秋中叶起，由于生产力的发展，"井田制"开始崩溃，奴隶主国有土地制开始解体，私有土地逐渐发展起来，"初税亩"这种"非礼"的办法就是在这样化变了的情况下不得不采取的制度。马克思说："随着新的生产力的获得，人们便改变自己的生产方式，而随着生产方式的改变，他们便改变所有不过是这一特定生产方式的必然关系的经济关系。"① 新的封建的土地私有制出现了，国家的赋税和私有土地上的地租也就分离了。"履亩而税"的"初税亩"尽管遭到非议，却是一个不可阻挡的潮流，各个诸侯国都先后这样实行了。秦国原来社会经济比较落后，它在公元前408年才实行"初租禾"②。战国时候，征收赋税成了一个普遍的经常的现象，《墨子·辞过篇》说："以其常正（征），收其租税，则民费而不病。"而《孟子·尽心篇》所说的"有布缕之征、粟米之征、力役之征"，和《荀子·富国篇》所说的"田野之税、刀布之敛、力役之征"，都是指战国时的情况。

战国的情况当然包括秦国在内，秦代就是在这个基础上制定自己的赋

---

① 《马克思恩格斯选集》第四卷，人民出版社1972年版，第322页。

② 司马迁：《史记》卷十五，《六国年表》，中华书局1959年版，第708页。

役制度的。《通典》上“秦则不然”的论断是不准确的，事实上战国就已经“不然”了。但是，秦代又确定是开辟了一个新的阶段，它参考和吸收了各国的办法而制定了一套自己的赋役制度，以达到韩非曾说过的那种目的：“悉租税，专民力，所以备难充仓府（库）也。”① 云梦秦简中保留着两条《魏律》，这是秦律制定时参考他国办法的一个佐证。而《南郡守腾文书》中所说：“法律未足，民多诈巧，故后有间令下者”，“故腾为是而修律令、田令及为间私方而下之，令吏明布，令吏民皆明智（知）之，毋巨（歫）于罪”。这明显反映了秦代制定各种制度的过程。

秦简中有很多条简文都是和赋役制度有关系的，大致可以归纳成几个方面：

一是关于保证赋役来源的条文。例如那关注农业生产的《田律》之类，不过是商鞅“教民耕战”② 的发展，反映了中国古代“劝课农桑”的惯例，其目的是保证有农、桑之物可以榨取。而另一些有关户籍的条文则是从劳动力方面来保证的，例如《编年纪》中的“自占年”就是《史记·始皇本纪》的“初令男子书年”，其目的是保证政府能按年龄征赋役，因此年龄不能谎报。《傅律》说，“百姓不当老，至老时不用请，敢为酢（诈）伪者，赀二甲；典、老弗告，赀各一甲；伍人，户一盾，皆䙴（迁）之”，还有“可（何）谓匿户及敖童弗傅”，等等，都说明户籍制度很严。

二是关于征收赋役本身的条文。赋税，例如“入禾”、“入刍稾”乃至“入皮”、“受钱”之类，征收的粮、物、钱样样都有，这将在下面详述。另一些条文，如粮和物的规格，“计禾，别黄、白、青”，“布袤八尺，福（幅）广二尺五寸。布恶，其广袤不如式者，不行”，以及统一度量衡的那些具体规定等，都与征收赋税密切相关。兵，徭役则有《徭律》和《军爵律》，这也将在下面专门论述。

三是租税收来之后如何保管的制度，这方面的条文很多。可以说，制度相当严密，规定十分具体，职责非常分明。例如《仓律》：“入仓，万石一积，而比黎之为户，县啬夫若丞及仓、卿（乡）相杂以印之，而遗仓啬夫及离邑仓佐主稟者各一户以气（饩），自封印……万石之积及未盈万石

① 《韩非子·诡使篇》。

② 《战国策·秦策》。

而被（柀）出者，勿敢增积。栎阳万石一积，咸阳十万一积，其出入禾增积如律令。”此外，如管理不善该如何处理，贪污盗窃如何惩罚，管理人员新旧交替如何办手续等，都有详细条文。不仅粮食保管如此，器物保管也是一样制度严密。

四是关于租税使用方面的具体规定。这在《仓律》和《金布律》中都有真。有几条《传食律》可见其一斑，律文说：“御史、卒人使者，食粺米半斗，酱驷（四）分升一，采（菜）羹，给之韭葱；其有爵者，自官士大夫以上，爵食之。使者之从者，食粝（粝）米半斗；仆，少半斗。”这正如马克思所说的：“赋税是官僚、军队、教士和宫廷生活的源泉，一句话，它是行政权力整个机构的生活源泉。”①

二

由上所述我们看到，秦代是有一整套赋役制度的。那么，秦代究竟收了哪些赋税？又是怎样征收的呢？

我们不妨首先从《通典》所说的“舍地而税人”说起。这话容易引起一种错觉，即只收人头税不收地税。但《通典》原文的意思不是如此，而应该作如下的解释：到秦代发生了变化，不管原来那种“因地而税”办法，即前述与“井田制”有密切关系的“助”法，而制定了一套以人户为主的收税办法。马克思曾说：“在欧洲一切国家中，封建生产的特点是土地分给尽可能多的臣属。同一切君主的权力一样，封建主的权力不是由他的地租的多少，而是他的臣民的人数决定的，后者又取决于自耕农的人数。”② 看来中国也具有这种特点，这从商鞅变法重视户籍制度就可以看出来，为了以人户为单位进行剥削，他甚至“令民有二男以上，不分异者，倍其赋。”③ 前引秦简中关于“自占年”和“傅”之类的条文以及防止“匿户”的办法，都说明秦代所行仍为商鞅之法。

不过，以人户为征收赋税的单位，并不是取消了田税，事实上是“既收田租，又出口赋”④。这里要附带指出，战国以后租、税、赋几个字常常

① 《马克思恩格斯选集》第一卷，人民出版社1972年版，第697页。
② 《马克思恩格斯选集》第二卷，人民出版社1972年版，第223页。
③ 司马迁：《史记》卷六十八，《商君列传》，中华书局1959年版，第2230页。
④ 班固：《汉书》卷二十四，《食货志》，中华书局1962年版，第1138页。

是通用的。田税（或者说田租）如何收法呢？看来，是以一夫或一户（“一夫挟五口”为一户）有百亩田为假定而按人（或户）征收的。《秦会要》卷十七《食货·田制》条：“周制，步百为亩，百亩给一夫。商鞅佐秦，以为地力不尽，更以二百四十步为亩，百亩给一夫。”实际上虽然不一定“给”，但是“地数未盃，其税必备”。这百亩的假定额，我们还可以举出别的材料来佐证，其一是《后汉书·南蛮传》的记载：秦昭王时“复夷人顷田不租，十妻不算”，注云：“一户免其一顷田之税，虽有十妻，不输口算之钱”；其二是秦简《田律》：“入顷刍、稾，以其受田之数，无豤（垦）不豤（垦），顷入刍三石、稾二石。”这里不但是以百亩计算，而且“无垦不垦”都要交那三石、二石的定额，这是“地数未盃，其税必备”的一个很好注脚。

田租收什么东西？上面已提到刍稾，是附于田租的稾税，即汉代贡禹所说的农夫“已奉谷租，又出稾税”①，然而，此项税目是从秦代开始的，《淮南子·汜论训》曾说：“秦之时”“入刍稾”。秦律中不仅规定了刍稾税的数量，而且有品种要求和囤积办法，如《田律》：“刍自黄䅖及蘑束以上皆受之。入刍、稾，相输度，可殹（也）”；《仓律》：“刍、稾各万石一积，咸阳二万一积，其出入、增积及效如禾。”

当然，田租的主要内容还是“租谷”，这在秦简中叫作“禾”，《仓律》中再三提到“入禾”、“入禾稼”、“入禾仓”的各种手续和规定，每个县是“万石一积”，栎阳二万石一积，咸阳十万一积，其出入禾增积如律令，还有很详细的律令。由此可见田租是普遍征收的。

秦代田租的税率是多少，史无明文。从战国的情况看，大体上实行十一之税。前引《通典》说夏、商、西周“皆十而取一”，不过是沿袭战国时人的说法，实际上战国时候的人又是以当时情况来说夏、商、西周的，即《孟子·滕文公》所说：“夏后氏五十而贡，殷人七十而助，周人百亩而彻，其实皆什一也。”战国大体上实行十一之税，《汉书·食货志》所记李悝之言最为明白：“今一夫挟五口，治田百亩，岁收亩一石半，为粟百五十石，除十一之税十五石。”这个“百亩”和“十一”就是田租税率的标准，商鞅也实行“百亩给一夫”，其目的自然是要收取这个十分之一的

① 班固：《汉书》卷七十二，《贡禹传》，中华书局1962年版，第3075页。

田租了。秦国从“初租禾”以后一直到秦统一六国，除商鞅变法时涉及这个问题外，未见任何重大改变，秦代实行的应该是十一之税。

从另一方面说，正因为秦代田租是十分取一，所以汉初“什五而税一”就算轻田租了。那么，应该怎样解释董仲舒所说的“田租口赋，盐铁之利，二十倍于古”① 呢？首先，它是就各种税收的总计数字而言的，正如颜师古的注所说：“既收田租，又出口赋，而官吏更夺盐铁之利。率计今人一岁之中，失其资产，二十倍多于古也。”其次，它仅仅是讲的一个大概情况，他以“古者税民不过什一……使民不过三日”为假定出发，先说役：“又加，月为更卒，已，复为正一岁，屯戍一岁，力役三十倍于古”，这三十倍是极言其多之意，正如口语所说“十倍之多”，稍加重点语气“三十倍之多”，实际上如果古代真正只有三日徭役，那对于“徭役无时”来讲岂不有千倍、百倍之多？而“二十倍于古”是在这“三十倍”之后，税比役的严重性稍差一点，也是一个大概之言，不必拘泥于二十、三十数字本身。

《汉书·食货志》上又说：“至于始皇，遂并天下，内兴功作，外攘夷狄，收泰半之赋，发闾左之戍。”这“泰半之赋”，又该何解呢？颜师古说：“泰半，三分取其二”，这种注解越解越糊涂。我们倒不如看一看《孟子·尽心篇》的一段话：“有布缕之征、粟米之征、力役之征，君子用其一，缓其二，用其二民有殍，用其三而父子离。”以这“用其二”、“用其三”来解释“泰半”应该是很恰当的。至于“赋”，本来不是指租税而言的，《食货志》本身也说过：“有赋有税。税谓公田什一及工商衡虞之人也。赋共车马甲兵士徒之役，充实府库赐予之用。”“泰半之赋”是既包括租税也包括赋役，而且后者还是主要的。

据上所述，我们说秦代田租是实行十分之一的税率，这是不会与任何史书的记载相矛盾的。至于具体税额，那就更无文可查了，即使汉代也是不容易弄清楚的。《汉书·匡衡传》中有一点线索：衡受封僮之乐安乡，本以闽伯为界，因郡国误以平陵伯为界，多田四百顷。后正疆界时，衡令丞相府吏蒙混其事，“郡即以四百顷付乐安国，衡遣从事至僮，收取所还田租谷千余石入衡家”。四百顷收千余石，平均每亩二三升，这是三十税

① 班固：《汉书》卷二十四，《食货志》，中华书局 1962 年版，第 1137 页。

的一数额。秦代收十一之税当然要多一点，但绝不同于“或耕豪民之田，见税什五”[①]。

口赋，是秦代赋税的另一重要内容。但是，口赋是从何时开始的？征收什么东西？如何征收？史书上也无明文记载。战国时除田租、力役之外的“布缕之征”是怎么回事又不太清楚，需要作些考究。从秦国看，公元前348年有“初为赋”[②] 的记载，在“初租禾”五十多年之后又来了一个“初”字，这显然是不同于田租之税，不是田赋。但也不会是指“初”为军赋，春秋以来战乱很多，当早已形成了一套兵制。只有一个可能，那就是“初”为口赋，《淮南子·氾论训》说，秦之时“头会箕赋”，高注云：“头会，随民口数责其税；箕赋，似箕然，敛民财多取意也。”实际上，这个箕不是取意，而是征赋实际的概括，秦简《金布律》说：“官府受钱者，千钱一畚，以丞令印印。不盈千者，亦封印之。钱善不善，杂实之，出钱，献封丞、令，乃发印之。”“千钱一畚”，畚就是畚箕。所以应该说“头会箕赋”就是“计口受钱”的意思。《汉书·陈余传》写作“头会箕敛”，作注解的人说“吏到其家，人人头数出谷，以箕敛之”。反而把意思扯远了。要工、秦代已实行了按人头收钱的口赋。前引《后汉书·南蛮传》有“十妻不算”之语，即虽有十妻不输口算之钱的意思，这是特殊的“复免”，但反过来就说明每个人头都是要输口算的。口赋税额是多少，有待于进一步查考。

秦代赋税以人户为主，不仅表现在田租实际上是以人户为单位征收的，也不仅只表现在计口受钱上面，其“布缕之征”亦复如此。秦惠王吞并巴中后就规定：“其民，户出幏布八丈二尺，鸡羽三十鍭”[③] 这是对当时的少数民族地区，有其特殊之处（如所收之物），然而按户征收该是和内地共同的，秦代不会不继续这种赋税。秦简《金布律》说：“布袤八尺，福（幅）广二尺五寸。布恶，其广袤不如式者，不行。”这规定当然是为征收“布楼”所需要的。秦律中还有“布幏”（不知是“幏”还是“幏”，如是前者即指“蛮布”而言）、“大褐”、“中褐”和“小褐”之分（布之外还有枲），褐者粗布也。这些都以“一”为单位计算，这个“一”包含着

① 班固：《汉书》卷二十四，《食货志》，中华书局1962年版，第1137页。
② 司马迁：《史记》卷五，《秦本纪》，中华书局1959年版，第213页。
③ 范晔：《后汉书》卷八十六，《南蛮传》，中华书局1965年版，第2841页。

上述广袤之规定，如后世之“一匹”、“一个”布一样。还有一条《金布律》说：“钱十一当一布，其出入钱以当金布，以律。”似乎可以说，布和钱二者之间可以折纳。

赋税的种类是日益增多的。所谓“竭天下之资财以奉其政，犹未足以澹其欲也”①，就是指的不断巧立名目，无孔不入地榨取人民。例如，殷周时“市廛而不税，关讥而不征”②，秦简中却有关市税的记载，《关市律》：“为作务及官府市，受钱必辄人钱銗中，令市者见其人，不从令者赀一甲。”当然，关税不一定是从秦开始的，我们想要说明的是：同封建社会的任何国家一样，秦代人民所负担的苛捐杂税是无法精确统计的。恩格斯在《德国农民战争》中曾说到农民的负担：“他必须以绝大部分时间在主人田庄上劳作；剩下来自己支配的有限几个钟头的劳动所得还得用来缴什一税，地租杂捐、赋税（Bedè）；远征税（战争税），本邦税，帝国税。农民若不向主人送钱，非但不能取妻，连死也不行。除常规徭役而外，农民还得为尊贵的主人采集干草，草莓，复盆子，蜗牛壳，驱赶野兽以供打猎，为主人砍柴等等。”③ 秦代向人民征收粮草、钱物的种类也是非常繁多的，秦简《田律》：“河（呵）禁所杀犬，皆完入公；其他禁苑杀者，食其肉而入皮。”狗子和狗皮也是要征收的东西，由此可见一斑。

三

马克思曾说：“徭役劳动是同实物地租和其他农奴制义务结合在一起的，但徭役劳动是交纳给统治阶级的最主要的贡赋。凡是存在这种情形的地方，徭役劳动很少是由农奴制产生的，相反，农奴制倒多半是由徭役劳动产生的。”④ 沉重的徭役恰恰是秦代一个最主要的问题。

《汉书·食货志》引董仲舒的话说：“月为更卒，已，复为正一岁（按：正，正卒），屯戍一岁，力役三十倍于古。”这几句话含糊不清，因此断句也有不同，这里没有采用新标点的《汉书》断句法。它是什么意思

① 班固：《汉书》卷二十四，《食货志》，中华书局 1962 年版，第 1126 页。
② 《礼记·王制》。
③ 《马克思恩格斯全集》第七卷，人民出版社 1959 年版，第 397 页。
④ 《马克思恩格斯选集》第二十三卷，人民出版社 1972 年版，第 265 页。

呢？颜师古作注说："更卒，为给郡县，一月而更者也。正卒，谓给中都官者也。"《汉书·昭帝纪》注引如淳说："古者，正卒无常，人皆当迭为之，一月一更。是为卒更也……天下人皆直边戍三日，亦名为更，律所谓徭戍也，虽丞相之子，亦在戍边之调，不可人人自行三日戍，又行者当自戍三日，不可往便还，因便住，一岁一更。"由此我们可以说，秦代沿用过去的徭役制度，有那么一些关于人民负担徭役的规定。且不论它是否三十倍于古，问题在于这些很重的规定也仅仅是具文而已，实际的征发是大大超过的。因此，我们没有必要大花力气去详细考证它，倒是应该努力考察一下当时实际情况。

秦统一之后，幅员广大，徭役上出现了前所未有过的新问题，那就是贾谊所说的："古者天子地方千里，中之而为都，输将繇（徭）使，其远者不在五百里而至。公侯地百里，中之而为都，输将繇（徭）使，远者不在五十里而至。输者不苦其劳，繇（徭）使者不伤其费……及秦……输将起海上而来，一钱之赋耳，十钱之费不能致也，上之所得至少，而民之所苦至深。"① 秦代统治者大规模地"内兴功作，外攘夷狄，收泰半之赋，发闾左之戍。男子力耕不足粮饟，女子纺绩不足衣服。"② 这方面具体事例举不胜举。从徭役来讲，阿房宫、骊山墓役使几十万人，刘邦为泗水亭长时就曾送过骊山徒，从东南走到西北．根本就无法只实行什么"一月"或"一岁"的徭役制度，人民是"力罢而不能胜其役"。

因此，那些关于徭役负担规定的具文，在记录实际情况的秦简中丝毫没有反映（租税是有所反映的），而关于征发和督促徭役的律令则很具体，《徭律》说："御中发征，乏弗行，赀二甲；失期三日到五日，谇；六日到旬，赀一盾；过旬，赀一甲。"为了保证其徭役征发，律令的规定就使你非去不可。当时服徭役有年龄规定，从成年起到老为止，因此秦简《编年纪》中有"自占年"的记载，其中又有一个名叫喜的人，从昭王四十五年（公元前 262 年）"喜产"到始皇元年（公元前 246 年）"喜傅"来看，是十六岁就要"傅"了，在《汉书·高帝纪》注中颜师古说："傅，著也，言著名籍给公家徭役也。"即秦代是十六岁就到了服役的年龄，《文献通考》

① 贾谊：《新书·属远篇》。
② 班固：《汉书》卷二十四，《食货志》，中华书局 1962 年版，第 1126 页。

说："秦制，凡民年二十三，附（傅）之畴宫。"显然是错误的，和它自己"长平之役，年十五以上悉发"的记载[①]也相矛盾。《编年记》在"喜傅"后两年又写道："喜榆史"，"喜为安陆御史"。这说明他"傅"以后就从军了，而且很快当官了。又，前引《傅律》也告诉我们有惩罚伪称为老的规定。这都是保证兵徭役征调的规定。

当时徭役繁多，当然大大超过规定的日期，但仍然要征发。怎么办呢？随时可以下一些补充命令，"勿计为徭"。《徭律》中写道："兴徒以为邑中之红（功）者，令嫴堵卒岁。未卒堵坏，司空将红（功）及君子主堵者有辠（罪），令其徒复垣之，勿计为繇（徭）。"又"其近田恐兽及马牛出食稼者，县啬夫材兴有其田旁者，无贵贱，以田少多出人，以垣缮之，不得为繇（徭）。"总之，统治者需要就得征调。

兵役和徭役一样的沉重，一样的是人民大灾难。北到长城，南至五岭，一样的大征调。陈涉、吴广等人要从遥远的南方赶到渔阳去戍守即为一例，而且兵役比徭役更为严格，"失期当斩"。服役期间，简直是在死亡线上挣扎，一旦"从军"之后，"钱、衣"仍要家庭负担。云梦睡虎地四号墓的那两方木牍告诉我们，冬天过了就要赶紧筹备夏衣，黑夫的信上说："母视安陆丝布贱，可以为禅裙襦者，母必为之，令与钱偕来。其丝布贵，徒［以］钱来，黑夫自以布此。黑夫等直佐淮阳，攻城反久，伤未可智（知）也，愿母遗黑夫用勿少。"他的同伴惊的信上也是要钱要衣，并且写道："用垣柏钱矣，室弗遗，即死矣。急急急。"另外，从军后就得献身卖命，否则不死也要罚为奴隶，秦简中说："战死事不出，论其后，有（又）后察不死，夺后爵，除伍人；不死者归，以为隶臣。"又《敦（屯）表律》："冗募归，辤曰囚已备。致，未来，不如辤。赀囚四月居边。军新论攻城，城陷，尚有栖，未到战所，告曰战围以折亡叚者，耐，敦（屯）长、什五智（知）弗告，赀一甲，伍二甲。"《汉书·晁错传》："秦之戍卒，不能其水土，戍者死于边，输者偾于道，秦民见行，如往弃市。"

《通考》卷一四九。《兵考一》写道："是时北筑长城四十余万，南戍五岭五十余万骊山阿房之役，各七十余万。"当然还不只这些。总计几百万人的兵、徭役大征调，正是秦统治二世而亡的主要原因。

① 原见《史记·白起列传》。

秦代的邮传制度
——读云梦秦简札记

专制主义中央集权的秦王朝，政治上军事上指挥了一个空前统一的国家，基本上做到了“法令由一统”①，中央的法令要下达各地，地方的情况要上报中央，因此它必须有一套完善的邮传制度。过去因为史册缺载，使人无法系统地了解，云梦秦简提供了一些宝贵的资料，可以考证一个大概。

一、邮传的作用和几项规定

秦简南郡守腾给各县、道的《文书》最后写道：“以次传，别书江陵，布以邮行。”就是说，他这道文书，宣布其事而告于众，一方面是各县依次传递，一方面给首县江陵专写一份。“布以邮行”，即按邮传制度来宣布。这正说明了邮传制度的一个最主要的作用，即宣布政令，传递消息。《孟子·公孙丑上》说：“孔子曰：德之流行，速于置邮而传命。”焦循《孟子正义》在引证了关于邮、传的各种解释之后说：“以其车马传递谓之置邮……置邮亦名传，而经文传命之传，则言其传递，故以而字间之。”《孟子》所引的这句话告诉我们：第一，春秋时是有邮传系统的（它的产生应当更早一些）；第二，邮传的主要任务是传递命令；第三，邮传传递命令是比较迅速的。这些正是一个专制主义中央集权的统一国家所需要的。秦简《课吏》（现作为腾文书公布的那后一部分应名为《课吏》）中的“发书移书曹”、“志千里使有籍书之”，以及《为吏之道》中的“命书时会”，都是与依靠邮传制度以宣布政令有关的。“书曹”，也许就是郡县主管文书和邮传的官吏，《后汉书·百官志》“太尉”之下有“法曹，主邮驿

① 司马迁：《史记》卷六，《秦始皇本纪》，中华书局1959年版，第236页。

科程事”。秦汉时期分管某一专事的都叫曹。

在当时，军令的传递当是更重要的一个内容，秦简说：“轻车、赾张、引强、中卒所载傳〈传〉到军，县勿夺。夺中卒传，令、尉赀各二甲。”这里的“传”作命令解，同时也有传递之意。“夺”是失误的意思。这条秦简特别说明军事上的命令不得有失误，县的主管官吏要负责，简文说令、尉而不是如其他简多次提到的令，丞，也证明是军令，尉是专管军事的. 军令如有失误，令和尉都要受罚。这条简文不仅说明了邮传的作用，更进而使我们知道当时还有些具体的规章制度。

例如，另一条秦简规定：“发伪书，弗智（知），赀二甲。仿咸阳发伪传，弗智（知），即复封传它县，它县传其县次，到关而得，今当独咸阳坐以赀，具它县当尽赀？咸阳及它县发弗智（知）者，当皆赀。”这就告诉我们，当时的传递手续必须是很严密的。王国维根据关于邮制的三条汉简曾经指出：“诸简所云某官诣某官者，皆据封泥及检署之文录之。‘中部司马’、‘文德大尹章’、‘文德长史印’、‘鱼泽尉印’诸字皆封泥上文。而‘平望侯官’、‘阳关都尉府’、‘大使五威将莫府’诸字，则检上所署之字也……又第三简云：‘十三日起诣府’，则并署发书之日矣……又诸简所记受书日时……又皆燧卒致之燧长，或燧卒受之，以次传送至他燧。可见汉时邮递之制，即寓于亭燧中。而书到日时，与吏卒姓名均有记录，可见当时邮书制度之精密矣。”① 汉代的这种精密制度显然是承袭秦代而来的，从秦简所说“即复封传它县，它县传其县次”的话来看，秦传的邮书传递也是有封泥和检署等手续的。王国维所引三条汉简反映的是边境上的情形，因此传书人是燧卒、燧长，内地则是所谓“邮人”，《史记·留侯世家》《索引》引《汉官旧仪》曰：“五里一邮”，邮人居间，相去二里半。这“五里一邮”是和“十里一亭”联在一起的，“十里一亭”是秦制，“五里一邮”，当然也是秦制。

又例如关于保证邮传“迅速”也有规定，《行书律》给我们提供了具体材料：“行命书及书署急者，辄行之；不急者，日觱（毕），勿敢留。留者以律论之。”又，“行传书、受书，必书其起及到日月夙莫（暮），以辄相报殹（也）。书有亡者，亟告官。隶臣妾老弱及不可诚仁者，勿令。书

① 王国维：《观堂集林》卷十七，《敦煌汉简跋》十一。

迁辟有日报，宜到不来者，追之”。请看，这是多么具体！上述汉简中有“十二月丙日辰下公甫时受”、“十三日起诣府。永平十八年正月十四日，日中时，杨威卒口口受”等记载，不正像这《行书律》所规定和要求的吗！还有，传书不要派那些老弱不能胜任者，以及“宜到不来者，追之”，不都是为了保证邮传迅速而制定的一些规定吗！

关于邮传的作用，除开宣布政令、军令、传递消息之外，从汉代的情况看，上封事、奏疏也可以利用邮传，《汉书·京房传》说：“诏房止无乘传奏事。房意愈恐，去至新丰，因邮上封事。”师古曰：“邮，行者也。若今传送文书矣。”秦代的邮传是否也起这种作用呢？看来是有的，《厩苑律》说：“令其人备之而告官，官告马牛县出之。”县要给告官之人提供交通工具，这当然与邮传有关了，后面我们再谈邮传交通工具。

二、传食和馆舍

秦简《仓律》说：“月食者已致禀而公使有传食，及告归尽月不来者，此其后朔食，而以其来日致其仞；有秩吏之止。”这说明，因公出差，即使领过口粮的，还可以享受“传食”。而“有事军及下县者，赍食，毋以传贳（贷）县”。似乎是指军事等特殊情况，才特别规定要“赍食”，不以传而有求于县。《汉书》中有这类事例，《黄霸传》载：“（霸）尝欲有所司察，择长年廉吏遣行，属令周密。吏出不敢舍邮亭，食于道旁，乌攫其由……后日吏还谒霸，霸见，迎劳之曰：甚苦，食于道旁。”

“传食”的意思是什么呢？当是指公差行旅之人在路途中的饮食供应。《法律答问》说：“可（何）谓旅人？寄及客是谓旅人。”这些可以说明，邮传还有一个作用，即接待过往使者、旅客，供应他们饮食。秦简中有几条特别引人注目的《传食律》，是文献记载中很难见到的，《传食律》具体规定了过往人员供应食物的各种标准，包括粮食的品种和数量，乃至蔬菜和酱、盐等佐料，还规定了供应牲口的饲料。《传食律》写道：“御史、卒人使者，食粺米半斗，酱驷（四）分升一，采（菜）羹，给之韭葱；其有爵者，自官士大夫以上，爵食之。使者之从者，食粝米半斗，仆，少半斗。”“不更以下到谋人，粺米一斗，酱半升，采（菜）羹。（刍）、禀各半石。宦奄如不更。”“上造以上到官佐、史毋（无）爵者，及卜史司御寺府，粝米一斗，有采（菜）羹，盐廿二分升二。”

《魏律新序》说：“秦世，旧有厩置、乘传、副车、食厨”，这是一条关于邮传制度的材料（详后），其中的“食厨”，当即秦简的“传食”。“传食”的粮食从哪里来呢？看来是由各地方政府的仓库中开支的，所以前述那条关于“传食”的简文又标明是《仓律》。

“传食”由哪里供应呢？当然是邮传的馆舍。《史记·白起传》：“武安君既行，出咸阳西门十里，至杜邮。”《正义》引《说文》云：“邮，境上行书舍，道路所经过。”这种路途中行书之邮舍又叫作“传舍”，《汉书·郦食其传》：“沛公至高阳传舍”，注云：“传舍者，人所止息，前人已去，后人复来；转相传也。”《汉书·宣帝纪》元康二年有“饰厨传，称过使客”之语，注引“韦昭曰：厨谓饮食，传谓传舍”。“师古曰：使人及宾客来者，称其意而遣之，令过去也。”这里明显地讲了传食和传舍的关系。

“传舍”止宿客旅也是战国早就有了的，《史记·廉颇蔺相如列传》说：“舍相如广成传舍。”或者又叫作“馆”，《左传》定公四年：“申包胥求救于秦，秦伯使辞曰：寡人闻命，子姑就馆。”秦简中则叫作“公馆”：“舍公官（馆）旞火燔其舍，虽有公器，勿责。今舍公官（馆），旞火燔其段（假）乘车马，当负不当出？当出之。”两句的前一个“舍”字是作动词用的，当止息讲。“燔其舍”之“舍”，即指馆舍而言。这里有一点是值得注意的，即馆字之前有一个公字，也证明它是与政府邮传有关的“传舍”，而不是指私人经营的馆舍。因为私人经营的旅馆事业在战国时已经有所发展了，不但孟尝君为宾客设有传舍、幸舍、代舍①，还有所谓“逆旅”，《韩非子·说林上》：“杨子过于宋东之逆旅。”有所谓“客舍”，《史记·商君传》：“商君亡至关下，欲宿客舍。”有所谓“宿”，《史记·张仪传》：“使人微随张仪，与同宿舍，稍稍近就之。”这些都是私人经营的旅馆事业。

根据文献记载，传舍应该是和那“十里一亭”、“五里一邮”结合在一起的，上面所引《汉书·黄霸传》的吏出不敢舍邮亭即可证明。邮有出舍，上面刚刚说了。至于亭呢？《风俗通》说：“汉家因秦，大率十里一亭，亭，留也。今语有亭留、亭待，盖行旅宿食之馆也。”《释名》也说：

---

① 司马迁：《史记》卷七十五，《孟尝君传》，中华书局1959年版，第2359页。

“亭、停也，人所停集也。”《汉书》中关于邮亭可舍的例子很多。所以可说传舍或者公馆是设在邮亭所在地的。但是应该指出，传舍或公馆必有规模大小、等级高低之分，这不仅从孟尝君的客舍分几等可以旁证，从后世驿站有大小不同看，也是理所当然之事。上面说的“广成传舍”之类，当然是比较大的，高级点的。

传舍或公馆既然是和邮亭结合在一起的，那么亭长也就要管其事，《东观汉记》说：“赵孝父为田禾将军。孝尝从长安来，欲止亭。亭长难之，言有贵客过，扫洒不俗秽污地。良久，乃听止。”不过，亭长不是专管此事，传舍必另有小吏具体管理，战国时就有传舍吏。《七国考》在述《赵官职》时引《春秋后语》：“秦急围邯郸，邯郸欲降。传舍吏子李同说平原君曰……”（《史记·平原君传》作“邯郸传舍吏子李同”）。然而，亭长也好，传舍吏也好，其下还必定有各种各样的徒役。《周礼·秋官》写道：“行夫，掌邦国传递之小事”，郑言注：“若今时乘传骑驿而使者也”，而“行夫”之下就有“下士三十有二人，府四人，史八人，胥八人，徒八十人”。这是指中央政府的制度。但地方自然一样，亭长之下有两卒，一曰求盗，一曰亭父。这两卒显然不是最小的。驿也还有驿卒，《后汉书·舆服志》说：秦制“驿马三十里一置。卒皆赤帻绛鞲云”。其下必还有斯养之类的服务人员。从前引《行书律》。所说“隶臣妾老弱及不可诚仁者勿令”一语来看，在邮传系统中是有不少隶臣妾和其他服务人员。

三、邮传的交通工具和传递方法

秦简中有“传马”、“传车”的记载，显然是指邮传的交通工具而言的。前引《魏律新序》所说“秦世，旧有厩置、乘传、副车、食厨”，都是与邮传有关的，《序》文下面讲到魏的情况时说：“除其厩律，取其可用合科者，以为邮驿令。”

厩置，《史记·田儋列传》：“田横乃与客二人乘传诣洛阳。未至，三十里至尸乡厩置。”《集解》引“瓒曰：厩置，置马以传驿也”。当即上面所说“驿马三十里一置”。秦简中的传马当即驿马，《汉书·昭帝纪》元凤二年提到传马时，注引“张晏曰：驿马也”。《仓律》：“驾传马，一食禾，其顾来，有（又）一食禾，皆八马共。其数驾，毋过日一食。驾县马劳，有（又）益壶（壹）禾之。”这似乎是关于供应传马精细饲料的规定，因为这里讲的是禾，当即精细饲料，前面已说到《传食律》中有“刍、稾各半石”的饲料供应规定。传马或者又叫乘马，《法律答问》说：“公其乘马驾私车而乘之，毋论。”又，“肤吏乘马、私笃、柴、（胔），及不会肤期，赀各一盾”。这似乎是关于饲养责任的规定。《厩苑律》的记载表明，当时有“大厩、中厩、官厩”等各种各样的厩，还有其他一些“将牧公马牛”的规定。主管这些厩的人员有“厩啬夫”、“皂啬夫”等。

乘传，《汉书·高帝纪》五年，“横惧，乘传诣雒阳”的注写道：“如淳曰：律，四马高足为置传，四马中足为驰传，四马下足为乘传，一马二马为轺传，急者乘一乘传。师古曰：传者若今之驿，古者以车，谓之传车，其后又单置马，谓之驿骑。”《晋书·舆服志》中又叫传乘：“追锋车，去小平盖，加通幰，如轺车，施于戒障之间，是为传乘。”秦简中的传车和乘车，当即所谓乘传。《金布律》说：“传车、大车轮葆缮，参邪可殴（也）；韦革给器的补缮，取不可葆缮者乃粪之。”这是关于传车修理的规定。《法律答问》说：“以其乘车载女子，可（何）论？赀二甲。”此外还有几条简文提到乘车。

关于当时的交通工具，秦简还给我们提供了一点新材料。因为不仅《厩苑律》中提到“大厩、中厩、官厩马牛殴（也）”，“公马牛”同时并提，说明牛是一种交通工具，《田律》中更有“乘马服牛禀”的条文。这服牛当是驾车之牛，服也是驾和乘的意思，《易系辞》中的“服牛乘马”即是。王国维认为商代的王亥是服牛的创始者，他说：“相士作乘马，王亥作服牛，而车之用益广”①。汉代初年“将相或乘牛车”（《汉书·食货志》）是作为一个不光彩的事叙述的，对将相来说当然不甚光彩，但事实上牛车作为交通工具，在当时还是用得相当广泛的。《金布律》讲得很清楚：“都官有秩吏及离官车啬夫，养各一人，其佐史与共养；十人，车牛一两（辆），见牛者一人。都官之佐史冗者，十人，养一人；十五人，车牛一两（辆），见牛者一人；不盈十人者，各与其官长共养、车牛。都官佐史不盈十五人者，七人以上鼠（予）车牛仆，不盈七人者，三人以上鼠（予）养一人；小官毋（无）啬夫者，以此（予）仆车牛。狠生者食其母

① 王国维：《观堂集林》卷九，《殷卜知音占所见先公先王考》。

日粟一斗，旬五日而止之，另縶以段（假）之。”一般小官吏，普遍乘坐牛车。这种情况看来前后沿袭了很久，从王亥作服牛起一直到魏晋，《晋书·舆服志》说：“古之贵者不乘牛车。汉武帝推恩之末，诸侯寡弱，贫者至乘牛车。其后，稍见贵之。自灵、献以来，天子至士，遂以为常乘。至尊出朝堂举哀乘之。”

牛车是否用在邮传上呢？回答也是肯定的。从前引秦简中的“官告马牛县出之”即可证明。

如前所述，出传的任务：一方面是传递文书和命令，还包括“上封事”、“奏疏”、“告官”等事务；另一方面则是迎送宾客。传递文书自然有急有缓，所以邮传中有“徒”、“遽”、“驿”之分。《国语·吴语》中记载吴王说：“徒遽来告，孤日夜相继，匍匐就君”，韦昭注云：“徒，走也。遽，传车也。”（按：古代解释不一，《释文》以车曰传，以马曰遽。）前引颜师古有“驿骑”之说，顾炎武认为春秋时即已开始“单用驿马”①。“五里一邮”、“十里一亭”的传递文书，当然多半是徒步。距离远一点那就需要车马，所以才“驿马三十里一置”。紧急的事当然是以驿马快了，所谓“邮遽迟，驿遽速，遂设马传”。《汉书·丙吉传》说：“适见驿骑持白囊，边郡发奔命书，驰来至。”《汉旧仪》说：“其驿骑也，三骑行昼夜，行千里为程。”则是邮程也有一定的规定。

传递文书的方式：或者是“布以邮行”，不必派人发书，此即《后汉书·杨震传》所说“代邮行书”，还有《后汉书·光武纪》的“无遣及因邮奏”，就是说上对下、下对上都一样不必派人；或者是派人发书，而由邮传系统的各地传舍、公馆提供食宿车马，如《史记·蒙恬传》说：胡亥“遣御史曲宫乘传之代”，又如《汉旧仪》的“奉玺书使者来驰传”（孙星衍案：白帖三十五引，驰作驿），以及前引郑玄所说“乘传骑驿而使”，都属于此类。至于提供牛车，恐怕是对那些“告官”、“上封事”的人，或者是对那些没有紧急事的人。《史记·范雎蔡泽列传》上说：秦王收穰侯之印，使归陶，因使县官给车牛以徙，千乘有余。显然这车牛和驿马属同一性质的东西。此外，还有所谓“副车”，《史记·留侯世家》：“击秦皇帝博浪沙中，误中副车”，《索引》曰：“《汉官仪》：天子属车三十六乘，属车

① 顾炎武：《日知录》卷二十九，《驿》。

即副车，而奉车郎御而从后。”传舍是否也备有副车？《魏律新序》中的副车似乎是指邮传中设置的，当是迎送宾客的需要。

四、符传

秦简《法律答问》有一条：“亡久书、符券、公玺、衡赢（累），已坐以论，后得所亡，论当除不当？不当。”这久书、符券之类必都是随身携带之物。其中符券显然是一种凭证。当时是有各种各样符券的。我们这里说的是与邮传制度有关的符券，即类似身份证或通行证的符券。这在秦简中又叫作“符传”，另一条《法律答问》说：“客未布吏而与贾，赀一甲。可（何）谓布吏？诣符传于吏是谓布吏。”客必须拿自己的“符传”向有关官吏报告、验明。对于所谓客旅之人要验符传，是商鞅以来的制度，《史记・商君传》说：“商君亡至关下，欲宿客舍。客人不知其是商君也，曰：商君之法，舍人无验者，坐之。”

《周礼・秋官・小行人》说，“达天下之六节”，山国用虎节，土国用人节，泽国用龙节，皆以金为之；道路用旌节，门关用符节，都鄙用管节，比皆以竹为之。郑玄注云：“此谓邦国之节也，达之者，使之四方……诸侯使臣行頫聘，则以金节授之，以为行道之信也……凡邦国之民远出至他邦，他邦之民若来入，由国门者，门人为之节，由关者，关人为之节，其以征令及家徙乡遂大夫及采地吏为之节，皆使人执节将之以达之，变有期以反节。管节，如今之竹使符也。其有商者，通之以符节，如门关。门关者，与市连事，节可同也。变所以异于畿内也。凡节，有天子法式存于国。”这说明符节制度是在秦以前就已存在的。秦代继承和沿用了以前的制度。秦简中说客要“诣符传于吏”才能贾，不正是《周礼》中的“其有商者，通之以符节”吗！而且“如门关”，和门、关用的符传是一样的。

《史记・孟尝君传》说：昭王释孟尝君。孟尝君得出，即驰去，更封传，变姓名，以出关。《索引》：“更，改也，改前封传，而易姓名，不言是孟尝君。封传，今之驿券也。”司马贞说封传即唐之驿券，说明邮传制度中一直有一种身份证明。又，《汉书・王莽传》说：“大司空士夜过奉常亭，亭长苛之。告以官名，亭长醉，曰：宁有符传耶？士以马箠击亭长。

亭长斩士，亡。郡县逐之，家上书，莽曰：亭长奉公，勿逐。”这里的“符传”和秦简中的“符传”当是同样的东西。你只宿于传舍，或者亭长，或者传舍吏，或者其他什么人就可以要验证你的“符传”，这是他们“奉公”的表现。

从汉代情况看，军国大事用的铜虎符和竹使符，而与邮传有关的则是繻符。《汉书·文帝纪》十二年“除关无用传”注引：“张晏曰：传，信也，若今过所也。如淳曰：两行书缯帛，分持其一，出入关合之乃得过，谓之传也。李奇曰：传，棨也。师古曰：张说是也，古者或用棨者刻木为合符也。”《汉书·终军传》：“初军从济南诣博士步入关，关吏予军繻。军问以此何为？吏曰：为复传，还当以合符。”关于“繻”，注引“张晏曰：繻音须，繻符也。书帛裂而分之，若券契矣。苏林曰：繻，帛边也。旧关出入皆以传，传烦，因裂繻头号合以为符信。”这种用缯帛作的符传，和铜虎符、竹使符一样，也是分左右两半的，一半留关，一半是发给过关人员的。秦简说明，秦也是用这种左右两半的符券，《法律答问》说：“可（何）谓亡券而害？亡校券右为害。”就是说，没有券，或者准确地说，没有能与左半相校验的右券，那就是不能容许的祸害。据此，繻符可能和铜虎符一样在秦已经有了。

此外，与邮传有关的还有一种“木传信”。《汉书·平帝纪》元始五年的“驾一封轺传”，注云：“如淳曰：律，诸当乘传，及发驾置传者，皆持尺五寸木传信，封以御史大夫印章，其乘传参封之，参，三也。有期会，累封两端，端各两封，凡四封也。乘置驰传，五封也，两端各二，中央一也，轺传两马再封之，一马一封也。师古曰：以一马驾轺车而乘传。”则木传信是使用驿马的一种凭证。一封一马，几封就几马。这当说的是汉代制度。是不是也是汉承秦制呢？前引秦简《仓律》中的“驾传马”、“皆八马共”、“数驾”之类，可能就是与这几封几马有关的。因此，秦代也必有“木传信”之类的东西。秦简《司空律》说：“令县及都官取柳及木楘（柔）可用书者，方之以书，毋方者乃用版。”《说文通训定声》：“判木为片，名之为版。”不能“方之为书”的木头就析之为片，这应该是木传信的原料。

释《南郡守腾文书》

——读云梦秦简札记

在“四人帮”形而上学猖獗的日子里，云梦秦简的研究受到极其严重的干扰，对于《南郡守腾文书》的解释即为一例。当时，这篇文书被当作一篇反奴隶制复辟的檄文，把其中的“淫佚之民”和“举逸民”的“逸民”等同看待，被指为没落的奴隶主阶级，以“恶吏”影射所谓“走资派”，谬种流传，贻害匪浅。

文书中所说的“私好”、“乡俗”或“恶俗”，以及“诈巧”、“邪避”和“淫佚”究竟指什么而言，是解释这篇文书的关键。

南郡是过去楚的地方，《汉书·地理志》记载楚地的“乡俗”说：“楚有江汉川泽山林之饶……饮食还给，不忧冻饿……信巫鬼，重淫祀。而汉中淫失、枝柱，与巴蜀同俗。汝南之别，皆急疾有气势。”

“信巫鬼，重淫祀”显然是一种“恶俗”，这个问题在整个南方是比较普遍的。《汉书·地理志》又说，“本吴粤与楚接比，数相并兼，故民俗略同”。《风俗通义》写道：“会稽俗多淫祀，好卜筮，民一以牛祭，巫祝赋敛受谢，民畏其口，惧被祟，不敢拒逆，是以财尽于鬼神，产匮于祭祀。或贫家不能以时祀，至竟言不敢食牛，害或发病且死，先为牛鸣，其畏惧如此。谨按：时太安司空第五伦到官，先禁绝之。椽吏皆谏。伦曰：‘夫建功立事在敢断，为政当信。经义言淫祀无福，非其鬼而祭之，谄也。律不得屠杀少齿，令鬼神有知，不妄饮食民间；使其无知，又何能祸人。’遂移书属县，晓谕百姓，民不得有出门之祀。督课部吏，张设罪罚犯，尉以下坐祀依托鬼神，恐怖愚民，皆按论之。有屠生则行罚。民初恐怖，颇摇动不安，或按祝妄言。伦敕之愈急，后遂断，无复有祸祟矣。”这记载虽是东汉初年的事，但与南郡守腾文书两相印证，相隔二百多年的这两位郡太守，一个在南郡，一个在会稽，其所作所为却如出一辙。他们的目的一样，为了移风易俗；方法也相同，“移书属县，晓谕百姓”、“督课部吏”；而且针对着大体上同样的“乡俗”或者说“恶俗”。只不过一个是文书的本文，没有记载前因后果（文书中的“因”说得不具体）；一个叙述了事情的大致经过，没有记录其所发布的语言书。

腾文书中的“诈巧”、“邪避”，至少应该说是包括“信巫鬼、重淫祀”这个问题在内的。“邪避之民”应该包括那些巫祝之类，他们当然是玩弄“诈巧”的。上引第五伦在会稽的事，《后汉书》本传写道：“其巫祝有依托鬼神，诈怖愚民，皆案论之。”

腾文书中的“淫佚之民”，显然和《汉书·地理志》中所说的“淫失、枝柱”等俗有关。师古给《汉书》作注说：“失，读曰泆……枝柱，言意相节却，不顺从也。”不过，这也不太好理解。既然“与巴蜀同俗”，不妨再看看《汉书·地理志》关于巴蜀之俗的记载：“民食稻鱼，亡凶年忧，俗不愁苦，而轻易淫泆，柔弱褊阸。”由此看来，“淫失”即“轻易淫泆”，“枝柱”当即“柔弱褊阸”，这后者师古的注又说：“言其材质不强而心忿陿。”意思是说容易发生纠纷，但不如《史记·货殖列传》讲西楚之俗（指南郡、汝南等地）讲得清楚，《史记》上说：“其俗剽轻，易发怒。”这有时候甚至引起大规模的械斗，不能不看作是一种“恶俗”。

关于“淫泆”，《左传·隐公三年》有“骄奢淫泆，所自邪也”，疏云：“淫，谓嗜欲过度；泆，谓放姿无艺。”在古代，凡是过分、过度或者邪乱，都可以用“淫泆”这个词。顾炎武根据秦始皇会稽山刻石那一段关于“禁止淫泆”的话，认为是针对越国“黔首风俗”说的。他在引证了《国语》、《吴越春秋》讲勾践的某些措施之后说：“当其时盖欲民之多，而不复禁淫泆，传至六国之末，而其风犹在，故始皇方之厉禁，而特著于刻石之文，以此与灭六王并天下之事并提而论，且不著之于燕齐，而独著之于越。然则秦之任刑虽过，而其坊民正俗之意，固未始异于三王也。”①

由此看来，腾文书也是“坊民正俗之意”。这个俗，主要还应该是指风俗习惯而言，虽然也涉及社会制度的某些方面，但和奴隶制向封建制度转变似乎没有什么直接关系，更谈不上什么“反复辟”。不过，移风易俗在当时也是很重要的一个问题，《汉书·地理志》说：“凡民函五常之性，而其刚柔缓急，音声不同，系水土之风气，故谓之‘风’；好恶取舍，动

① 顾炎武：《日知录》卷十三，《秦纪会稽山刻石》。

静亡常，随君上之情欲，故谓之‘俗’。孔子曰：‘移风易俗，莫善于乐’。言圣王在上，统理人伦，必移其本，而易其末，此混同天下，一之虖中和，然后王教成也。”应劭在《风俗通义》序文中说：“为政之要，辩风正俗，最其上也。”这些都说明：整顿风俗，对于一个统一国家的重要性。

腾文书说“私好”、“乡俗”和“淫泆之民”不加禁止，“甚害于邦，不便于民”，这也是事实。单以“多淫祀”这一条来讲，就会使“百姓财产以之困匮”①。许多不好的风俗习惯，会影响农业生产。南郡守腾在“法律未足”的情况下，“修”了一些补充的法令，其中还包括《田令》。《田令》也和风俗习惯有关系，这我们从另一条秦简可以看出，《田律》云：“百姓居田舍者毋敢醢（酤）酉（酒）。田啬夫、郭佐谨禁御之，有不从令者有辠（罪）。”喝酒是一种风俗习惯，禁止此俗，有利于农业生产。《商君书·垦令篇》说：“民不能善酣奭，则农不慢……上不费粟，民不慢农，则草必垦矣。”

看一看《商君书·垦令篇》中列举的许多“辟淫游惰之民”也是可以帮助我们理解“邪僻淫泆之民”的，它写道：“重刑而连其罪，则褊急之民不斗，很刚之民不讼，怠惰之民不游，费资之民不作，巧谀恶习之民无变也，五民者不生于境内，则草必垦矣。”

以上当是腾文书主要内容的本来面目。

① 范晔：《后汉书》卷四十一，《第五伦传》，中华书局1954年版，第1397页。

啬 夫 考
——读云梦秦简札记

官吏是国家的重要组成部分，恩格斯说："官吏既然掌握着公共权力和征税权，他们就作为社会机关而驾于社会之上。"运用马克思主义观点，研究官吏如何凌驾于社会之上统治人民，是研究历史的一个课题。特别是直接统治人民的基层官吏，过去的研究甚少。云梦出土的秦简中，记载郡县下各种官吏的事情很多，提到"啬夫"的就有一百多次，这就提供了关于"啬夫"研究的丰富资料。

关于秦代中央集权国家形成后，讲到地方官吏"啬夫"的只有《汉书·百官表》中的一段："大率十里一亭，亭有长。十亭一乡，乡有三老，有秩啬夫、游徼。三老掌教化；啬夫职听讼，收赋税；游徼循禁盗贼。县大率方百里，其民稠则减，稀则旷，乡、亭亦如之，皆秦制也。"乡的官吏主要是啬夫，其他可有可无，所以《后汉书·百官志五》中说："其乡小者，县置啬夫一人。"问题在于上述"有秩啬夫"该如何解释？

我们认为，"有秩啬夫"，应该是一种官吏，而不应该分读成"有秩、啬夫"。历来作注解的人，似乎都没有搞清楚，有的就只得含含糊糊说"有秩""所掌与啬夫同"（钱大昭说）。实际上，《百官表》本身还是比较明确的，前面讲了"有秩啬夫"，后面讲到他的职掌时就省掉了"有秩"。史书中不提有秩单讲啬夫的例子很多，如《汉书·鲍宣传》：鲍宣"为县乡啬夫"；《朱邑传》：朱邑曾"为舒桐乡啬夫"等；《韩延寿传》还有"重使贤长吏、啬夫、三老、孝弟受其耻"和"令丞、啬夫、三等亦皆自系待罪"等语。另一方面不提啬夫单讲有秩的也有，如《汉书·张敞传》："敞本以乡有秩补太守卒史。"颜师古作注说："续志，有秩百石，掌一乡人。刘注引《汉官》云，乡户五千则置有秩，见仓颉庙、殽坑君神祠诸碑。"《后汉书·百官志五》更是只说："乡置有秩、三老、游徼。"而"有秩啬夫"连在一起说的也不只上述《百官表》中有，《后汉书·仲长统传》中

“身无关通青纶之命”的注解，首先引证了《十三州志》中的“有秩啬夫，得假半章印”，下面又引证了郑玄注《礼记》所说：“纶，今有秩啬夫所佩也。”郑玄本人就做过乡啬夫。从上下文看，这些“有秩啬夫”都是不应该点开读的（新标点的《后汉书》都点开了）。还有，《秦会要》卷二十三《郡县》条说：“秦兼天下，废五等之爵，置郡县之官，以公国为大郡，侯伯为小郡。改附庸为乡，乡则有秩，今啬夫是也。”① 这是说，有秩就是啬夫。

啬夫作为一种乡官、一种地方基层的官吏，起源是很早的②。《左传·昭公十七年》引《夏书》说：“辰不集于房，瞽奏鼓，啬夫驰，庶人走。”古代科学知识不发达，出现了日食现象不可理解，当作一件大事，所以乐师要击鼓通知，啬夫奔驰相告，叫庶人来应付灾异。由此可以看出，从很早的古代起，直接管庶人的就是啬夫。到战国以后，《管子·君臣上》中说：“吏啬夫任事，人啬夫任教。”这“人啬夫”，唐人注释说是“检束百姓之官”，即管理百姓的官吏，因为它下文说得很清楚：“教在百姓，论在不挠，赏在信诚，体之以君臣，其诚也以守战，如此则人啬夫之事究矣。”

随着秦的统一，乡置啬夫就逐渐成为一种全国性的制度，为汉以后到唐以前所一直沿袭。从云梦秦简看，啬夫还曾一度成为县长吏的称呼，即所谓“县啬夫”或“大啬夫”，它们是当时县令的别名，其证据有以下几点：第一，南郡守腾的文书开首说的是：“南郡守腾谓县、道啬夫”，而文书后面又有“自从令、丞以下”、“论及令、丞”等，说明是对县一级下的文书，“啬夫”即县令；第二，秦律中很多条都是“大啬夫、丞”、“县啬夫、丞”或“县啬夫若丞”这样的排列在一起，和“令、丞”相连对应，也说明大啬夫或县啬夫即县令；第三，有一条法律问答说：“侨（矫）丞、令可（何）殹（也）？为有秩伪写其印为大啬夫。”有秩是乡啬夫，伪写了大啬夫的印即为矫造，说明大啬夫是高于有秩啬夫的；第四，还有一条法律问答：“可（何）谓官长？可（何）谓啬夫？命都官曰长，县曰啬夫。”

① 《秦会要》这处是从《艺文类聚》《太平御览》所引《十四州记》辑录的。《太平御览》卷157引黄恭《交广记》曰：“秦兼天下，改附庸为乡，乡则有族，今啬夫是也。乡之言境，言其在人境域内，非天王所置，故言乡。”

② 啬夫，旧注认为，即田畯，田官也。在田司主稼穑，故谓之司啬。《方言》《广雅》并云，啬，积也。盖啬之本义谓收获，故从来（麦）、从亩（藏）。农事以收获为重。故田夫谓之啬夫。《续汉志》引《风俗通》曰：“啬者，省也。夫，赋也。言消息百姓，均其役赋。”

这里的啬夫也是指作为县令的大啬夫。

《韩非子·说林下》有一条记载："晋中行文子出亡，过于县邑，从者曰：此啬夫，公之故人，公奚不舍，且待后车。文子曰……"这个啬夫是县邑的啬夫，则县啬夫在战国时，有的国家就曾有过①，秦简中反映的是当时的客观实际情况。

县令有时被尊称为大令，县啬夫叫大啬夫，这是很自然的。同时，这样称呼也可以区别于乡的啬夫。还有一点，与乡啬夫同时存在的还有三老。汉代以后，乡三老之外还有县三老，甚至郡三老，国三老。为什么县啬夫汉以后就没有了呢？那是因为随着郡县制的进一步巩固和发展，各种官吏名称的逐渐统一，县令或县长最后代替了县啬夫或大啬夫。这一方面是为了区别于乡啬夫，另一方面也是为了和其他名称的啬夫相区别。

如前所引《管子》中的内容告诉我们，当时有两大类啬夫：一类是所谓人啬夫，即上面所述的乡啬夫和县啬夫等地方基层官吏；另一类即所谓吏啬夫。关于吏啬夫唐人作注说，"吏啬夫谓检束群吏之官也，若督邮之比也"，这显然是解释错了。《管子》说得是很清楚的："吏啬夫尽有訾程事律，论法辟衡权斗斛，文劾不以私论，而以事为正，如此则吏啬夫之事究矣。"吏啬夫的职责是照章办事，"以事为正"。他对于一国之主，对郡县长吏来说，处于辅佐的地位，专管某一种事情。

这后一类啬夫也起源很早，《仪礼·觐礼》中说："啬夫承命告于天子"，郑玄作注时已弄不太清楚："啬夫盖司空之属也。"贾公彦指出："云啬夫盖司空之属也者无正文，知司空属者，案五官之内无啬夫之名，故知是司空之属。但司空职亡，故言'盖'以疑之。"不过，它是天子左右的傧相，这是毋庸置疑的。有的注解说啬夫是"主币之官"，主币也是在天子左右，掌管馈赠之物的意思。战国时，一般官吏左右的人也叫做啬夫，《战国策·魏策》中说："因使其舍人为见者啬夫。"

辅佐当时各国国君或长吏的官吏，统称之为吏啬夫，他们分管着某一部分事情，这在云梦秦简中可以得到大量的证明，不过在秦简中叫做"官

---

① 杜佑《通典》卷33："县邑之长曰长、曰宰、曰尹、曰公、曰大夫，其职一也。"本注又说："晋谓之大夫，鲁、卫谓之宰，楚谓之公、尹。"这说明春秋战国时，县邑之长的名称是不统一的，这中间没有提到啬夫，但是也没有提到令，《史记·秦本纪》孝公十二年"并诸小乡聚，集为大县，县一令，四十一县"。

啬夫”。在秦汉以前，“官”字的意思主要还不是表明身份，主要是当“事”的意思解。官啬夫即管某一种事的啬夫。

秦简告诉我们，官啬夫是当时官僚机构中相当重要的一个组成部分，不可缺少，缺了的很快就要补上。秦简中写道。“官啬夫免……其官亟置啬夫，过二月弗置啬夫，令丞为不从令。”而且“官啬夫节（即）不存，令君子毋（无）害者若令史守官，毋令官佐、史守。”“苑啬夫不存，县为置守，如厩律。”同时，新旧交替的手续也很认真，“仓啬夫及佐史，其有免去者，新仓啬夫、新佐、史主廥者，必以廥籍度之，其有所疑，谒县啬夫，县啬夫令人复度及与杂出之。禾赢，入之，而以律论不备者。”

官啬夫和吏啬夫一样，只是一个总的称呼，秦简中提到了各种各样的官啬夫，计有：田啬夫、仓啬夫、库啬夫、司空啬夫、苑啬夫、厩啬夫、皂啬夫、发弩啬夫，以及“都仓、库、田、亭啬夫”等，还有，主持“采山”的啬夫，“采山重殿，赀啬夫一甲，佐一盾”；管“髹园”的啬夫，髹园殿，赀啬夫一甲；管理度量衡的啬夫，“衡石不正，十六两以上，赀官啬夫一甲”；等等。

这各种各样的官啬夫，看来也是某一方面、某一种事物的主管，其下还有“冗吏”，“入禾，万石一积，而比黎之为户，籍之曰：某廥禾若干石，仓啬夫某、佐某、史某、禀入某”；别种仓库的啬夫也是如此，也有“冗吏”或“稗官”，“官啬夫、冗吏皆共赏（偿）不备之货，而入赢。”“官啬夫免，效其官而有不备者，令与其稗官分，如其事。”

秦简中的这类官啬夫，在汉代仍然有，只是因为他们官卑职微，为封建史学家们所忽视了。但是在史书中仍能零零星星找到一些，如《汉书·张释之传》有“虎圈啬夫”，《外戚传》有“暴室啬夫”，《酷吏传》有“厩啬夫”，《何武传》有“市啬夫”等。王莽搞复古，古代有“啬夫承命告于天子”，他也就“署宗官、祝官、卜官、史官……宗、祝、卜、史官皆置啬夫，佐安汉公”。

总之，吏啬夫（或者叫官啬夫）和人啬夫（或者叫乡啬夫、县啬夫）这两类，一直到东汉都还是如此，《后汉书集解》引“李祖楙曰：乡啬夫见任光、郑弘、郑玄、第五伦、爰延、吴祐传。啬夫，中兴后，园陵庙亦往往署之，知祭事征求诸事，不仅乡也”。

两类啬夫都是最基层的官吏，刚刚够得上官吏的杠杠，也就是《续汉志》卷二八所引《风俗通》云“其官裁有秩耳”。两类啬夫都是和人民打交道最多的，尤其是乡啬夫，是他们直接统治着人民，对人民收赋税征徭役等，所以有“民但闻啬夫，不闻郡县”① 之说，所谓“天高皇帝远”，这绝不是个别的现象。

不过，作为基层官吏的啬夫，其责任也是相当大的，封建的上层统治者对他们也相当苛刻，动不动就要问罪、处罚。《韩非子·外储说右下》写道：“失火之啬夫，不可不论也。”秦简中也有这样的条文：“有不从令而亡。有败、失火，官吏有重罪，大啬夫、丞任之。”而且罚啬夫的条款相当多，如：“公器不久刻者，官啬夫訾一盾”；“官府藏皮革……有蠹突者，訾官啬夫一盾”；“马牛误识耳，及物之不能相易者，訾官啬夫一盾”；“马劳课殿，訾厩啬夫一甲，令、丞、佐、史各一盾。马劳课殿，訾皂啬夫一盾”；“令官啬夫、冗吏共偿败禾粟”等。当然，这些基层官吏受罚，最后少不了要转嫁到广大劳动人民身上，但有时也会成为一种很重的负担和很苦的差事，他们也与封建统治阶级的上层有相矛盾的一面。这使我们可以从一个方面解释秦末农民起义为什么会有小吏参加，如刘邦、夏侯婴、周昌、任敖等，都是秦时的小吏。

① 范晔：《后汉书》卷四十八，《爰延传》，中华书局 1965 年版，第 1618 页。

秦法述略

中国古代的法，主要是指刑法，如《尚书・吕刑》所说："惟作五虐之刑曰法。"有阶级有国家以后就有刑法。所谓"圣人""立法设刑"①，自有记载之日起就有，如：

> 夏有乱政，而作禹刑。商有乱政，而作汤刑。周有乱政，而作九刑。②

夏代的刑法不可详考。商代刑法甲骨文中多少可以提供一点具体材料。西周的记载就较多了，如周穆王时司寇吕侯作吕刑三千条，就是一次刑法条目的增省、编纂和整理，所谓：

> 墨罚之属千，劓罚之属千，剕罚之属五百，宫罚之属三百，大辟之罚其属二百，五刑之属三千。③

这仅是一次的条目记载，其数量已经够大了。在此前前后后，必有多次的增省和修改。从春秋开始，各诸侯国又纷纷公布自己的刑法，如郑国"铸刑书"④、晋国"铸刑鼎"⑤之类。战国时期更是如此，各国都有自己所立的刑法。其书或曰刑、或曰法、或曰律、或曰令，如韩国有《刑符》，魏国有《法经》，赵国有《国律》，楚国有《宪令》，又有《仆区之法》《茅门之法》等各种名称的大大小小的刑法，各国都是如此，包括各种各样的

---

① 班固：《汉书》卷二十三，《刑法志》，中华书局1962年版，第1079页。
② 《左传・昭公六年》。
③ 《尚书・吕刑》。
④ 《左传・昭公六年》。
⑤ 《左传・昭公二十九年》。

禁、典之类，如杜甫所说："秦时任商鞅，法令如牛毛"，又如张斐《律序》云：

> 郑铸《刑书》，晋作《执秩》，赵制《国律》，楚造《仆区》。兹述法律之名，申、韩之徒各自立制。

但是，各国刑法的名目虽不同，具体内容不可能完全一样，它们对于夏、商、西周的刑法均有继承，彼此之间也互相采摭，这是毫无问题的。如李悝《法经》即"撰次诸国法"所著。

李悝的《法经》在法律史上有很重要地位，它对秦汉时期的刑法制度有很大的影响，《晋书·刑法志》记载：

> 是时承用秦汉旧律，其文起自魏文侯师李悝。悝撰次诸国法，著《法经》。……商君受之以相秦。汉承秦制，萧何定律，除参夷、连坐之罪，增部主、见知之条，益事律《兴》《厩》《户》三篇，合为九篇。

《唐律疏义》中有相同的记述，而且更为明确，其《名例》序云：

> 周衰刑重，战国异制。魏文侯师于李悝，集诸国刑典，造《法经》六篇……商鞅传授，改法为律。汉相萧何，更加悝所造《户》《兴》《厩》三篇，谓《九章之律》。

虽为唐人所述，必有所据。商鞅受李悝之法入秦，汉承秦法，这些在汉人的言论和著述中也都可以得到证明。因此，论述秦汉乃至整个中国古代的刑法制度，当以此为出发点。为了把发展的源头弄清楚，本文简略地谈谈秦的立法发展情况。

一、秦国历史上的刑法制度

有秦的国家历史就会有秦的刑法制度史，只是由于记载残缺，无法了解其早期的基本面貌，仅能从几条材料中了解到一些信息，如《史记·秦本纪》中有春秋早期秦文公二十年（公元前746年）的记载：

法初有三族罪。

族刑古已有之①，其他各诸侯国也有“罪及三族”② 的记载，此言“法初有”是就秦国而言。但绝非初有刑法，也不会是只有族刑。在秦国历史上，秦穆公时期是一个重要时期，史书上有穆公“明于听狱”的记载，是与刑法制度有关的：

公明于听狱。断刑之日……揖士大夫曰：寡人不敏，教不至，使民入于刑，寡人有戾焉。二三子各据尔官，无使民困于刑。③

“入于刑”、“困于刑”都是专指刑法而言。其刑法自然与当时各诸侯国所行之刑法大同小异，如厉公时有受过刑的“劓女”④ 即为其例，劓刑即传统的五刑之一。

秦国历史上的刑法制度，到孝公时关于商鞅变法的记载较多。商鞅变法的本身是一种广义的立法运动，从狭义的刑法角度看，也是一次很重要的立法活动。首先，无论经济、政治、文化等哪方面的立法，都要有刑法进行保证，如所谓“民有二男以上不分异者，倍其赋”，即以“罚赋”⑤ 来保证“二男以上分异”的推行。其次，变法的内容中有一些明显属于刑罚方面的立法，比如关于刑名和罪名方面的一些内容：“令民为什伍，而相收司连坐”的“连坐法”；“不告奸者腰斩”；“为私斗者，各以轻重被刑”；“事末利及怠而贫者，举以为收孥”等⑥。在《盐铁论·非鞅篇》中，大夫和文学家们分别从肯定和否定的不同角度都承认商鞅的刑罚严峻：

① 《尚书·泰誓》：“罪人以族。”
② 《史记·楚世家》：“销人曰：新王下法，有敢公襄王从王者，罪及三族。”
③ 孙星衍辑：《尸子》卷下。
④ 范晔：《后汉书》卷八十七，《西羌传》，中华书局1965年版，第2875页。
⑤ 参阅《七国考》卷十二，《秦刑法》。
⑥ 司马迁：《史记》卷六十八，《商君列传》，中华书局1959年版，第2230页。

大夫曰：昔商君相秦也，内立法度，严刑罚，饬政教，奸伪无所容。……文学曰……刑既严峻矣，又作为相坐之法，造诽谤，增肉刑。

可惜现在无法把商鞅时的刑法整理成篇，就是整理个大概也很困难。汉唐人认为，商鞅把李悝的《法经》带到了秦国[①]，恐怕不可能是六篇照搬，但基本精神是相同的，大致体系也可能相同，如桓谭所说："秦、魏二国深文峻法相近。"[②] 李悝的《法经》首重"盗法"、"贼法"，商鞅的"连坐法"及告奸者腰斩之类是属于这方面的，可能还是一种发展。另外一些内容，如"商君刑弃灰于道"、"盗马者死，盗牛者加"[③] 之类，当即属于"杂法"了。李悝的"具法"也是不可少的，刑太子师傅或许是"具法"之一例：

将法太子，太子君嗣也，不可施刑，刖其傅公子虔，黥其师公孙贾。[④]

这是具体实行刑罚的一个特例。从另一方面看，亦可见其"信赏必罚"的精神，太子犯法也要论罪，虽处罚有所变动，"王子犯法与庶民同罪"的精神还是有的。《战国策·秦策》写道：

商君治秦，法令至行，公平无私，罚不讳强大，赏不私亲近，法及太子，黥劓其傅。

商鞅的立法活动，反映了商鞅的"法治"理论和思想，例如："行刑重轻"，轻罪重罚，"刑用于将过"，[⑤] 以及不赦宥等重刑思想，这些在《商君书》中有比较详细的记述，兹不一一征引。

---

① 如桓谭《新论》："魏文侯师李悝著《法经》……所著六篇而已。卫鞅受之人相于秦。"又，前引《晋书·刑法志》亦如此说。

② 桓谭：《新论·补遗》。

③ 桓宽：《盐铁论·刑徒篇》。

④ 司马迁：《史记》卷六十八，《商君列传》，中华书局 1959 年版，第 2231 页。

⑤ 《商君书·去强》、《商君书·开塞》。

二、从云梦秦简看秦刑法制度的发展

湖北云梦睡虎地十一号秦墓出土的一大批竹简，对研究秦代法制史有十分重要的意义。1000多支竹简，大多与法律有关：有律文的抄录；有律文和术语的解释，被称为《法律答问》；在名曰《封诊式》的简文中，有对官吏审案的要求，有对案件进行调查、检验、审讯等程序的文书程式，包括各种各样的案例；还有的内容，如《语书》和被定名为《为吏之道》等内容，也直接或间接与法律有关。

这批秦简所记内容，反映了一个较长的历史时期，大致是战国后期至秦统一前后，给我们提供了关于秦法制发展的一些信息，从立法活动看，主要有以下几点：

首先，唐人记载中所说商鞅“改法为律”得到了证实。秦简中明确标出的律名就有二十多个，如：《田律》《厩苑律》《仓律》《金布律》《工律》《徭律》《军爵律》《传食律》《除吏律》《游士律》《藏律》《傅律》《捕盗律》以及《戍律》《效律》等。有一些虽无律字，实为律名，如：《行书》《内史杂》《关市》《均工》以及《司空》等。简文中还有笼统的“律曰”、“以律”及“各以其律论之”等。由此可见，“律”乃法律、刑律之通称。

但是也有其他的名目，如《工人程》《牛羊课》之类。程和课也是法的别名。程就是法，《诗经·小雅·小旻》有“匪先民之程”句，即指先民之法。后来西汉“张苍定章程”，《汉书》注云：

> 如淳曰：章，历数之章术也；程者，权衡丈尺斗斛之平法也。师古曰：程，法式也。①

课与后来的科同义，《释名》云：

> 科，课也，课其不知法者罪责之也。

---

① 班固：《汉书》卷一，《高帝纪》，中华书局1962年版，第81页。

另外，在《法律答问》中多次提到“论比”，如：

巨强与主奸，可（何）论？比殴主。斗折脊项骨，可论？比折支（肢）。

以及“决人唇”，“比疻痏”，“求盗比此”，“它罪比群盗者皆如此”，等等。由此可见，后来的科、比、程、式等法律形式均已滥觞于秦。

其次，因商鞅在秦传授《法经》的影响，秦律始终继承着“盗法”、“贼法”的基本精神，出土的《秦律》中不仅有《捕盗律》的名目，讲“盗贼”的律文也特多，180 多条《法律答问》有三分之一专讲“盗贼”，25 个治狱案例中，属于“盗贼”方面的也近三分之一。

但是，从立法来看，有很大的发展变化，不仅是上述“改法为律”，更重要的是突破了原来《法经》的体系和框架，这表现在：

第一，立法的范围在不断扩大。《法经》中除《杂法》外主要是与“盗贼”有关的刑法。而《杂法》的内容，据桓谭所云：

其轻狡、越城、博戏、假借、不廉、淫侈逾制为《杂律》一篇。①

立法的范围不是很大，秦简中反映的秦律内容则很多。从大的方面看，除刑法之外，还有各种各样的经济法规以及诸多民法。经济方面的，如前述之《田律》《工律》《金布律》等。民法方面的，如民事权、所有权、债权以及婚姻、家庭等。所有这些，虽都是用刑法来保证的，违反了法规，就要处以刑罚，但立法的范围显然是扩大了。

第二，法律制度在逐步发展和完善。不仅是法律条文日益增多，还产生了一些补充形式的和解释性质的问答及案例等，如上述程、课、式、比之类的内容。还有法令之令，更是律的补充和发展，照汉人的说法：“前主所是著为律，后主所是疏为令。”② 疏，注“谓分条也”，是从律文中分出来的条目，是补充也是解释。秦简《法律答问》写道：

① 桓谭：《新论·补遗》。
② 班固：《汉书》卷六十，《杜周传》，中华书局 1962 年版，第 2659 页。

可（何）如为犯令、法（废）令？律所谓者，令曰勿为，而为之，是谓犯令；令曰为之，弗为，是谓法（废）令殹（也）。廷行事皆以犯令论。

《语书》中的文字更为明确：

法律未足，民多诈巧，故后有间令下者。……今法律令已具矣，而吏民莫用……是即法（废）主之明法殹（也）。……故腾为是而修法律令、田令及为间私方而下之，令吏明布，令吏民皆明智（知）之，毋巨（歫）于罪。今法律令已布，闻吏民犯法为间私者不止……举劾不从令者，致以律。

这里“法律令”连称，律、令并举，而且明确地说，“法律未足”，“后有间令下者”，显然令是律的补充。又有“为间私方”，方亦为法的别称[①]，当为惩罚有“奸私”行为者的法令。在同一篇《语书》中，律、令、方同时并举，都属于法的范围。

第三，法制的进一步完善，还表现在对法律条文的重视以及对执法的严格要求。有两条题为“尉杂”的简文：

岁雠辟律于御史

□其官之吏□……□法律程籍，勿敢行，行者有罪。

前一条明说是每年都要到御史处去核对刑律。后一条缺字多不好解释，但“法律程籍”四字说明是关于条文的问题。由此可见，当时对法律条文的重视。

法治精神的发扬，就是有法必依、执法必严。在《语书》中明确提出，对违反法令者不检举就是“不忠”，不知道就是“不智”，知而不敢论处就是“不廉”，“此皆大罪也”。《法律答问》中有一些都是要求官吏依法、执法的，如：

① 《左传·昭公二十九年》：“官修其方”，注：“法术也”。

论狱（何谓）“不直”？可（何）谓“纵囚”？罪当重而端轻之，当轻而端重之，是谓“不直”。当论而端弗论，及伤其狱，端令不致，论出之，是谓“纵囚”。

不执法、不依法本身就是犯罪。

法（废）令、犯令，遝免、徙不遝？遝之。

废令、犯令之罪，对已离职或调任的也要追究。

第四，一些法律术语也反映了法律制度的发展。像诉讼、审讯等制度，留下来的汉代材料都已很少，秦简中却很具体，例如“告”这个概念，就属于诉讼方面的用语，秦简中“告人”、“甲告乙”之类，明显是起诉。还有“自告”、“州告”、“公室告”、“非公室告”以及“诬告”、“先告”等，又有“告不审”、“告不听”等语。且举例如下：

“‘公室告’（何）殹（也）？‘非公室告’可殹？贼杀伤、盗它人为‘公室’；子盗父母，父母擅杀、刑、髡子及奴妾，不为‘公室告’。”子告父母，臣妾告主，非公室告，勿听。可（何）谓“非公室告”？主擅杀、刑、髡其子、臣妾，是谓“非公室告”，勿听。而行告，告者罪。告〔者〕罪已行，它人有（又）袭其告之，亦不当听。

子告父母、奴婢告主叫作“非公室告”，不但不受理，告者还有罪。以后的封建法律也都如此①，维护家长对子女、主人对奴隶的特权，特别是对臣妾的特权：

可（何）谓“家罪”？父子同居，杀伤父臣妾、畜产及盗之，父已死，或告，勿听，是胃（谓）“家罪”。

---

① 《唐律疏义》：“诸告祖父母、父母者，绞。”（卷二十一）“诸部曲、奴婢告主，非谋反叛逆者，皆绞。”（卷二十四）。

主人的儿子杀伤父臣妾，只是“家罪”，父家长能治罪，父死，官府也不受理。

关于审讯方面，《封诊式》和“治狱”、“讯狱”、“爰书”、“廷行事”以及“失刑”、“端为”、“不直”等术语，反映出许多具体的程序、原则和规定，如：

> 治狱，能以书从迹其言，毋治（笞）谅（掠）而得人请（情）为上：治（笞）谅（掠）为下；有恐为败。

审理案件，应根据口供追查，但不应拷打被告：

> 凡讯狱。必先尽听其言而书之，各展其辞，虽智（知）其他，勿庸辄诘。其辞已尽书而毋解。乃以诘者诘之……诘之极而数地，更言不服，其律当治（笞）谅（掠）者乃治（笞）谅（掠）。（笞掠）之必书曰：爰书：以某数更言，毋解辞，治（笞）讯某。

多次诘问仍有欺骗才拷打，拷打还要记录在案。重要的是，简文比较具体地记述了审讯的程序。

第五，秦简中关于“赎刑”以及大量罚金、罚甲的记载，也反映了法制上的进步。如前所述，商鞅时，“刑弃灰于道”、“盗马者死、盗牛者加”，刑法严酷，轻罪重罚，实在太野蛮了些，人死不能复生，残后不能再完，对社会生产力也是破坏。以赀赎罪，或者以役赎罪，其好处自然很多。关于“赎刑”，《司空》律云：

> 有罪以赀赎及有责（债）于公，以其今日问之，其弗能入及赏（偿），以令日居之，日居八钱……公士以下居赎刑罪、死罪者，居于城旦舂，毋赤其衣，勿枸椟欙杕……葆子以上居赎刖以上到赎死，居于官府，皆勿将司……居赀赎责（债）欲代者，耆弱相当，许之。

关于“赎罪”律文很多，从最轻的耐罪到死罪皆可以“赀赎”，或以服役的形式赎罪。

秦简中另一值得注意的内容是赀甲盾，简文颇多。赀即罚财以自赎，赀甲盾为赎刑之一种。甲、盾是军事器材，赀甲盾也许是这一特定时期的现象，因为当时战争较多，需要大量的军事器材。但大量赀甲盾这一内容，反映了以赀财物赎各种刑罪的普遍存在。

总之，从以上几方面看，商鞅以后的秦律是有很大发展的。《晋书·刑法志》录《魏律》之序文曰：

> 旧律所难知者，由于六篇篇少故也。篇少则文荒，文荒则事寡，事寡则罪漏。是以后人稍增，更与本体相离。今制新律，宜都总事类，多其篇条。

秦简对于商鞅之法来说，正好反映了“后人稍增，更与本体相离”的发展情况。

三、秦始皇与秦二世之法

云梦秦简的《编年记》写到秦始皇三十年（公元前217年），即秦统一（公元前221年）后的四五年，那么秦简的律文即为秦统一前后的立法和法律内容。一方面在法律不断发展的基础上，秦始皇将要统一法律，所以不断公布新的法令，“今法律令已布”；另一方面又还“法律未足”（《语书》中文，此时为始皇二十年，中国尚未统一）。所以，秦简律文并非完全统一的法律，故亦有些不一致之处。

但秦始皇时有统一的立法活动是可以肯定的，据《史记·秦始皇本纪》记载，李斯等一再称颂“今天下已定，法令出一”，“海内为郡县，法令由一统”。始皇巡游各地，刻石记功，也大多记述其立法活动，始琅邪刻石云：

> 维二十八年，皇帝作始。端平法度，万物之纪。……器械一量，同书文字……匡饬异俗，陵水经地……除疑定法，咸知所辟……举措必当，莫不如画……驩欣奉教，尽知法式。

泰山刻石中说：

> 皇帝临位，作制明法，臣下修饬。治道运行，诸产得宜，皆有法式。

芝罘刻石中也说：

> 大圣作治，建定法度，显著纲纪……普施明法，经纬天下，永为仪则。

这些可以反映“法令由一统”的事实。后人虽多批评秦政，但都不否认秦始皇“制作政令，施于后王”①。

那么，秦始皇的立法思想是什么呢？可以用“事皆决于法”② 这句话来说明。主张法治、重视法律教育本是秦国的传统，秦始皇继承了此传统，《史记·韩非列传》写道：

> 秦王见《孤愤》《五蠹》之书，曰：嗟呼，寡人得见此人与之游，死不恨矣！

这说明，韩非之书与秦始皇思想完全合拍，《五蠹》篇讲的即“事皆决于法”：

> 故明主之道，一法而不求智，固术而不慕信，故法不败，而群官无奸诈矣。故明主之国，无书简之文，以法为教；无先王之语，以吏为师；无私剑之捍，以斩首为勇。是境内之民，其言谈者必轨于法。

或者可称此思想为“唯法论”。然而，实际上这“唯法论”只是一种手段，根本上是服从皇帝意志的，皇帝的思想和言论具有法律效力，“命

① 汉明帝时，班固上表陈秦过失之语。见《秦始皇本纪》所附。

② 司马迁：《史记》卷六，《秦始皇本纪》，中华书局 1959 年版，第 236、291 页。

为制，令为诏”，不论文字或口头的命令，即为法律。他的个人意志，希望通过“法”来实现，此权不轻易假人，侯生、卢生说他：

> 天下之事无小大皆决于上，上至以衡石量书，日夜有呈，不中程不得休息。贪于权势至如此。①

这又可说明，秦始皇为什么又特别欣赏韩非的《孤愤》篇，因为该篇说：

> 万乘之患，大臣太重；千乘之患，左右太信。此人主之所公患也。

韩非之书，真不愧是“观往者得失之变”② 而写成的。秦始皇也特别注重此种“公患”，《史记·秦始皇本纪》记载说：

> 始皇帝幸梁山宫，从山上见丞相车骑众，弗善也。中人或告丞相，丞相后损车骑。始皇怒曰：“此中人泄吾语。”案问莫服。当是时，诏捕诸时在旁者，皆杀之。

可见，他既不愿“大臣太重”，也不对“左右太信”。

据上所述，可以说，秦始皇的立法思想与君主专制的中央集权思想是一致的。

至于秦始皇立了哪些法，因为记载缺失，难说详尽。但大致可以分为以下几个方面。

第一，是维护君主地位方面的立法。包括确定皇帝尊号，维护君主尊严的各种法规，这可以说是首创。

第二，是维护国家统一的立法。包括实行郡县制、统一度量衡、统一文字等。这方面是顺应历史潮流。

---

① 司马迁：《史记》卷六，《秦始皇本纪》，中华书局1959年版，第258页。

② 司马迁：《史记》卷六十三，《老子韩非列传》，中华书局1959年版，第2147页。

第三，关于禁绝百家的法令，包括焚书令、挟书令、禁私学、以吏为师等。这是传统国策的继承和发展。《商君书》中把诸子思想视为虱子、臭虫之类的秽物，要严加禁绝，又是韩非思想的实践。《五蠹》篇中主张，“境内之民，其言谈者必轨于法”，指责儒学为“邦之蠹”，要求禁绝百家。

第四，制定和编纂成文法典。成文法典包括很多方面，包括一些行政法规（如秦简中的《置吏律》《尉杂》以及《行书》等），也包括一些经济法规（如《田律》《金布律》以及《关市》等）。但主要的还是刑事、民事和诉讼方面的。所以会稽刻石中带有总结性地写道：

> 秦圣临国，始定刑名，显陈旧章。初平法式，审别职任，以立恒常。

秦始皇全面实行法治，充分发挥了法的功用，针对当时某些“公患”，不能说一点积极作用也没有。但是，他“急法”，“专任刑罚”。“专任狱吏”，乃至“乐以刑杀为威”，这就必然走向反面。所以，贾谊在《过秦论》中认为，秦因“繁法严刑”而兴，又因“繁刑严诛”而亡，这是客观的总结。

但真正“繁刑严诛”而亡的应该是秦二世。《史记·秦本纪》中只说：“于是二世乃遵用赵高，申法令”，“用法益刻深”。但在《李斯列传》中叙述得更为详细一些：

> 二世燕居，乃召高与谋事，谓曰：“夫人生居世间也，譬犹骋六骥过决隙也。吾既已临天下矣，欲悉耳目之所好，穷心志之所乐……其道可乎?”高曰：“夫沙丘之谋，诸公子及大臣皆疑焉……恐为变……安得为此乐乎?”二世曰：“为之奈何?”赵高曰：“严法而刻刑，令有罪者相坐诛，至收族；灭大臣而远骨肉；贫者富之，贱者贵之。尽除去先帝之故臣，更置陛下之所亲信者近之。此则阴德归陛下，害除而奸谋塞……陛下则高枕肆志宠乐矣。”二世然高之言，乃更为法律。于是群臣诸公子有罪，辄下高，令鞠治之。杀大臣蒙毅等，公子二十僇死咸阳市，十公主磔死于杜……相连坐者不可胜数。……法令诛罚日益刻深，群臣人人自危，欲畔者众。

所谓“更为法律”，主要是刑法（包括连坐法等），秦二世、赵高为一己之私利，发展了始皇之法的最坏方面，他们是罪魁祸首。不过，李斯也不能辞其咎，他不但参与沙丘之谋，又“阿二世意”，说什么“唯明主为能深督轻罪”，“明主圣王之所以能久处前位，长执重势，而独擅天下之利者……能独断而审督责，必深罚，故天下不敢犯也”。他这样推波助澜，结果是：

书奏，二世悦。于是行督责益严，税民深者为明吏。二世曰："若此则可谓能督责矣。"刑者相半于道，而死人日成积于市。杀人众者为忠臣。二世曰："若此可谓能赞责矣。"

从“繁刑严诛”看，我们宁愿同意下面的看法：

俗传秦始皇起罪恶，胡亥极，得其理矣。①

---

① 司马迁：《史记》卷六，《秦始皇本纪》，中华书局1959年版，第293页。

秦始皇的最后十年

关于秦始皇，我们还能说些什么？这是使人颇感困惑的一个问题。最近我经过思考，有些话还想说一说。首先是要摆脱汉人“过秦”评论的一些影响，对某些记载的思想倾向也应注意；其次是对秦始皇的分析要具体、再具体。现以秦始皇的最后十年为例，略加述说。

公元前221年，秦统一六国。关于这一年的记载内容甚多，除了立皇帝尊号，制定各种礼仪制度外，还有分天下为36郡、统一度量衡、统一货币、统一文字等，这都是关系国计民生的大事，当然还有其他一些内容。为此，秦始皇所花的时间、精力，所需的智慧、魄力，研究者怎样去想象都可以。

公元前220年，“始皇巡陇西、北地”，“治驰道”。

公元前219年，“始皇东行郡县，上邹峄山，立石。与鲁诸儒生议刻石，颂秦德。议封禅望祭山川之事，乃遂上泰山，立石”。“南登琅邪，大乐之，留三月，乃徙黔首三万户琅邪台下，复十二岁。”

公元前218年，“始皇乐游，至阳武博狼沙中，为盗所惊”。

公元前217年，“无事”，但《通鉴》有“使黔首自实田”的记载。

公元前216年，“始皇微行咸阳……逢盗兰池。……关中大索二十日”。

公元前215年，“始皇之碣石……刻碣石门，坏城郭，决通堤防”。“始皇巡北边……乃使将军蒙恬发兵三十万，北击胡，略取河南地。”

公元前214年，“发诸尝逋亡人、赘婿、贾人，略取陆梁地，为桂林、象郡、南海，以谪遣戍。西北斥逐匈奴，以为三十四县，城河上为塞。又使蒙恬渡河”。

公元前213年，“谪治狱吏不直者，筑长城及南越地”。议“焚书”。

公元前212年，“除道九原，抵云阳，堑山堙谷，直通之”（《通鉴》云：“千八百里，数年不就。”）。“隐宫徒刑者七十余万人”分作阿房宫、骊山。“立石东海上朐县中，以为秦东门。因徙三万家丽邑，五万家云阳，皆复不事十岁。”坑儒。

公元前 211 年，乐郡陨石。“黔首或刻其石曰：始皇帝死而地分……尽取石旁居人诛之。”“卦得游徙吉。”

公元前 210 年，“始皇出游”，“上会稽，祭大禹，而立石刻颂秦德”。“七月丙寅，始皇崩于沙丘平台。”（按：此次历时九个月。）①

从司马迁的这些记述看，在秦始皇的最后 11 年（含去世的当年）中，秦始皇有 5 年巡行各地（公元前 216 年的“微行咸阳”不算）。未出巡的年份，他也以不同的方式关注着各地，如公元前 214 年之“略取陆梁地”，公元前 213 年之“筑长城及南越地”（《正义》谓“戍五岭”，《通鉴》作“处南越地”），公元前 212 年在作阿房宫的同时还有“除直道”以及徙民丽邑、云阳之举。

从始皇出巡及其对全国关注的情况看，这明显是一个巩固统一的政治问题，可作如下分析。

第一，秦始皇多次而且主要是巡行东方郡县。这是因为东方是原六国之地，东方郡县是在统一战争中新设立的郡县，情况如何？秦始皇去巡视一番，正表现出他的眼光和魄力。他不辞劳苦地出巡，条件是比较艰苦的，汉人所谓修驰道是“天子之道”的说法，恐怕始皇出巡并未享受多少；相反，记载中常常反映出出巡时“逢大风”、遇“水波恶”，甚至“风雨暴至，休于树下”等，这和后世隋炀帝游江都不应相提并论，而且经常要承受“为盗所惊”等风险。这里所说的“盗”即六国旧势力的反抗，在当时是一个非同小可的问题，也与他出巡的目的有关。

东巡中做了些什么？记得较多的是“刻石颂秦德”。汉人强调的是政治宣传，其中包含着一些政治主张。在已有的研究中研究者已从不同角度涉及这样的问题，如经济史的研究中注意到“诸产得宜，皆有法式”，思想史的研究中注意到儒、道各家的思想。巡行的当中，秦始皇有各种各样的活动，包括封禅，祭祀名山大川之类，也有一些当与巩固统一有关，如上述公元前 219 年徙民于琅邪台下之类。这好像是“现场办公”一样，就地解决一些问题。另外，经过巡视了解，也有为日后作某些决定参考之意。公元前 212 年，秦始皇未出巡，但有立石“以为秦东门”之措施，应

---

① 司马迁：《史记》卷六，《秦始皇本纪》，中华书局 1959 年版，第 241～260 页。

该就是他前几年视察之后为东部“边界”所作的结论。

第二，秦始皇北巡，目的是对付匈奴。毋庸置疑，匈奴是一个长期的边患，秦始皇两次巡视北边以及发兵“击胡”、修长城等，取得了一段时间“胡人不敢南下牧马”的成绩，这些都是众所周知的。这里顺例分析一下“亡秦者胡也”的问题，史书记载因此而派蒙恬发兵击胡。《史记集解》引郑玄之说，胡是“胡亥”。我看这个说法有问题。卢生等人奏录图书之事，即始皇二次巡北边之说，是在公元前 215 年，距始皇去世还有 6 年，当时胡亥只有十四五岁，而且他是始皇的第十八子，还有始皇“怒”扶苏也是公元前 212 年的事。卢生公元前 215 年预言胡亥亡秦，恐怕是东汉郑玄的臆想。

第三，秦始皇为巩固统一的操劳，还有一个重要方面，那就是“平南越”。也许他没有来得及南巡，但公元前 214 年“以谪戍南岭”的记载却是确凿的，较早的记载还有《淮南子·人间训》《淮南衡山列传》等几处更具体的材料。《通鉴》综合记述说：“以谪徙民五十万人戍五岭，与越杂处”，“秦代初平南越”，这应该是一个大手笔。

平南越的问题，和以上论述的其他问题一样，其中自有功过是非值得评论。仅以“徙民”一事为例略作分析：当时的“徙民”主要有两种情况：一是徙“黔首”，如前所引，那是有“复不事十岁”等措施的，其目的包括充实新县之类；另一种情况是“以谪徙民”或“徙谪实之”，包括“尝逋亡人、赘婿、贾人”，还有“谪狱吏不直及覆狱故失者”等。戍五岭、筑长城是如此，作阿房宫、骊山也是“隐宫徒刑者七十余万人”。除了对赘婿、贾人的歧视值得分析外，其他可说是各种罪犯和有过失的人，这或者反映刑罚太滥，使罪犯面扩大，但也不一定都是罪犯，后来的南越王越佗（原为真定人）就是当时到南海去的，“秦时用为南海龙川令”，也许是个带兵官。但如果悉指罪犯“发配”、充军，这种既有先例后世也沿用的办法，其利弊当然也值得进一步分析。

总之，秦始皇在最后十年，做了那么多大事，应该说是颇有建树的。有人说他“建树中包着破坏”，“善行中蕴着恶德”，事实已如上述，可以作具体分析、评论。

当然，在秦始皇最后十年的大事中，还有修宫殿和修骊山墓的内容，这虽然是历代帝王都有的行为，但由 70 多万刑徒分作，规模确实不小，与北逐匈奴、南戍五岭、筑长城、修驰道、通直道等加起来，兵徭役之重确实是一个大的社会问题。不过，具体分析也有可注意之处：首先是修宫作墓者明确指为刑徒；其次，虽然已出的“秦俑坑”规模确实不小，但宫和墓是否如后人所描述的那样宏大，恐怕也是可以考虑的，考古学者对阿房宫的实地调查，应该说不会像夸张描述的那样；再次，阿房宫之类的工程是否都最后完成了，也是成为问题的；最后，始皇在使用劳力方面也不是毫无顾忌的。例如，“始皇尝议欲大苑囿，东至函谷关，西至雍、陈仓。优旃曰：‘善。多纵禽兽于其中，寇从东方来，令麋鹿触之足矣。’始皇以故辍止。”[①] 作这些具体分析，或者可以对秦始皇最后十年的总评价有些帮助。

至于对秦始皇最后十年的种种政策、措施的具体分析，也当如此。重新审视汉人的记载和评论，在鉴别史料的基础上，作具体、再具体的分析，或者有利于秦史乃至整个秦汉史的再研究。

---

① 司马迁：《史记》卷一百二十六，《滑稽列传》，中华书局1959年版，第3202～3203页。

评项羽的功过是非

“四人帮”大搞影射史学，以所谓“儒法斗争”划线，给许多历史人物戴上“儒家”的帽子，全盘加以否定。例如项羽被他们定为儒家，说项羽从参加农民起义之日起，就妄图篡改农民革命的路线，实现其“存亡继绝”的复辟阴谋。因此，这位在秦末农民起义中起过巨大作用的领袖人物也就被一笔抹杀了。所以对项羽重新给予评价，是很有必要的。

项羽活动于历史舞台上只有短促的八年（公元前 209—公元前 202 年）。在这戎马倥偬的八年中，前三年他是向封建黑暗统治进行坚决战斗的农民起义领袖，是建立了历史功勋的；后五年他是争夺封建统治权的失败者。对他这两段社会活动进行实事求是的分析，有助于我们认识社会需要是如何决定着活动家个人的成败。

一、坚持反秦斗争的农民起义领袖

秦的统一，在一定程度上解决了战国以来经济上和政治上分散、割据的矛盾。但是它不可能彻底解决封建社会的根本矛盾。相反这一矛盾在新的情况下又激化了。当时对于主要生产资料的土地的争夺相当尖锐。《汉书·食货志》说：“至秦则不然，用商鞅之法，改帝王之制，除井田，民得买卖，富者田连阡陌，贫者无立锥之地。”继土地私有而来的土地兼并，在秦政权“尊奖兼并之人”的政策推动下，急速地发展，使广大农民的生活迅速贫困化。如陈平家中有田三十亩，尚且住在负郭穷巷中，以敝席为门，那些土地更少或没有土地的人，生活就更加困苦。又由于秦始皇滥用权力，偏激的法家主张恶性发展了，“先诈力而后仁义，以暴虐为天下始”，秦二世更是“繁刑严诛，吏治深刻，赏罚不当，赋敛无度”[1]。所以，

---

① 贾谊：《过秦论》。

加速了农民革命的爆发。

秦统一以后还带来了一些新的矛盾。六国旧贵族以及依附于他们的士，或被强迫迁徙，或遭悬赏缉拿①，国破家亡，失去了旧日的权势，他们对秦政权满怀仇恨。又有大批诵法孔子的儒生，由于秦朝奉法家思想，“专任狱吏，狱吏得亲信”②，他们的仕进之路被阻，甚至于有杀身之祸，对秦政权积怨也很深。在秦统治集团内部，秦始皇和他的长子扶苏政见不同；秦二世对诸公子及大臣大肆杀戮；李斯和赵高水火难容。由于这诸多矛盾的集中和激化，使曾经是适应时代的需要而建立的秦王朝，经过十六年很快又成为历史前进道路上必须踢开的绊脚石了。

在这多种矛盾中，秦政权和广大农民群众的矛盾是主要矛盾。公元前209年陈胜起义，很快发展到数万之众。二十四岁的项羽，也在这风云之际登上了历史舞台，在陈胜死后，他担当了反秦斗争的时代使命。这都充分说明，陈胜、吴广和项羽、刘邦的起义，正是适应了广大农民需要的结果。

由于当时各种社会矛盾交织在一起，使风起云涌的反秦斗争呈现出复杂性。但可以分为两条战线：一条战线是农民的反封建斗争，另一条战线是六国旧贵族的复辟活动和秦政权内部的争夺战。前者是主流。在一定条件下，这两条战线有时也可以合而为一，不过不能从根本上统一起来。这是由于矛盾性质不同所决定的。农民群众和秦政权的矛盾，是对抗性的阶级矛盾。六国旧贵族和秦政权的矛盾以及秦政权内部的矛盾都是属于封建统治阶级内部不同政治集团之间的矛盾。所以，它们斗争的性质也是大不相同的。

项羽的活动，属于上述两条战线中的哪一条呢？我们认为是第一条，项羽参加并领导了秦末农民起义，作出了重大的贡献。起义群众归附他，拥戴他，把他当成自己的领袖。

在过去的讨论中，有人虽然承认他是农民起义的领袖，但又说他是旧贵族的代表。我们认为，站在旧贵族的立场，他完全有可能反秦，但却不一定能够成为农民起义的领袖。秦末的张耳、陈余、韩广及诸田等，对推

---

① 司马迁：《史记》卷八十九，《张耳陈余列传》，中华书局1959年版，第2572页。

② 司马迁：《史记》卷六，《秦始皇本纪》，中华书局1959年版，第258页。

翻秦统治未尝没有尽一臂之力，但绝不能称为农民起义的领袖。项羽和他们的主要不同之点在于在反秦斗争中，他的步调和起义农民的步调始终一致，表现了和秦政权势不两立的斗争坚定性和彻底性，正因为如此，他才被农民群众承认为自己的领袖，获得农民群众的广泛支持并从他们中吸取了无穷的力量；也正因为如此，他才能对农民战争作出重大的贡献，取得反秦斗争的伟大胜利。

项羽虽然出身于贵族家庭，但他随叔父项梁避仇吴中，就和活动于会稽的小股起义农民的领袖桓楚有来往。那时各地不堪暴政压迫而逃向山林川泽进行武装反抗的人为数不少。所谓“民愁无聊，亡逃山林，转为盗贼”①，“内外骚动，百姓靡敝，行者不还，往者莫返，皆不聊生，亡逃相从，群为盗贼，于是山东之难始兴”②。这些绿林好汉姓名见诸记载的有巨野泽中的渔人彭越，有亡之江中的骊山刑徒黥布，有隐于芒砀山泽岩石之间的刘邦，还有亡在泽中的桓楚。项羽和桓楚的关系极为密切，《史记·项羽本纪》中有如下的记载，项梁将举事前谓会稽守殷通曰：“桓楚亡，人莫知其处，独籍知之耳。”可见桓楚对项羽有充分的信赖，而且彼此间保持着经常的联系。桓楚这支队伍和项梁的宾客、子弟，成为项氏赖以举义的武力后盾和八千精兵的骨干。桓楚一直是项羽的亲信将领，后来羽杀宋义，就是使桓楚报命于怀王的。

陈胜起义后，各地群起响应，打击锋芒指向秦的各级政权机构。郡县官吏代表地主阶级国家对人民进行迫害，蒯通曾经对范阳令说：“足下为范阳令十年矣，杀人之父，孤人之子，断人之足，黥人之首，不可胜数。”③ 这样的刽子手民愤当然很大，因而有些郡县地方官吏为了转移农民复仇的怒火，也为了趁火打劫，阴谋起兵。当时会稽守殷通正是这样的人。他对项梁的一席话，将其投机野心表露无遗，他说：“江西皆反，此亦天亡秦之时也。吾闻先即制人，后则为人所制，吾欲发兵，使公及桓楚将。”④ 由此可见项梁初起之时本有两条反秦途径可选择，一条是为殷通这样的野心家效力，并且还帮他拉来一支农民武装以壮大声势，另一条是和

---

① 班固：《汉书》卷二十四，《食货志》，中华书局1962年版，第1137页。
② 班固：《汉书》卷六十四，《严助传》，中华书局1962年版，第2784页。
③ 司马迁：《史记》卷八十九，《张耳陈余列传》，中华书局1959年版，第2574页。
④ 司马迁：《史记》卷七，《项羽本纪》，中华书局1959年版，第297页。

农民武装相结合，响应大泽乡起义。项梁选择了后一条。这个选择当和项羽、桓楚的深交有关系。过去有的文章中对项羽杀殷通提出过责难，说是使用了阴谋手段①。我们认为项羽此举非但不应加以责难，反而足以说明一开始在何去何从上他的态度就很鲜明。

其后，在农民起义的全部过程中，项羽的政治实践也表现得和旧贵族不同。旧贵族能一时附和起义，在一定程度上起了壮大声势的作用，有利于削弱秦的统治力量。但是，他们的复辟活动，分裂了反秦阵线，造成了极为严重的危害。陈胜攻下了陈，张耳、陈余来归附，他们用花言巧语阻挠陈胜称王和建立政权，而主张“遣人立六国后”②。这个以偷天换日的手法企图篡夺起义领导权的阴谋并没有得逞，陈胜就命他们和武臣拘赵地，刚在白马渡河，他们就又毫不讳言地对河北的“豪杰”说：“今已张大楚，王陈，使吴广、周文将率百万而西击秦，于此时而不成封侯之业者，非人豪也。诸君试相与计之！夫天下同心而苦秦久矣，因天下之力而攻无道之君，报父兄之怨而成割地有土之业，此士之一时也。”③ 一到邯郸，他们就忙于称王拜将。当时周文兵败于戏，形势急转直下，陈胜派人催促赵兵亟入关，而武臣、张耳、陈余正热衷于扩大地盘，置反秦事业于不顾，却另打着卑鄙的如意算盘：“楚已诛秦，必加兵于赵，计莫如毋西兵，使使北徇燕地以自广也。赵南据大河，北有燕代，楚虽胜秦，不敢制赵。若楚不胜秦，必重赵。赵乘秦之獘，可以得志于天下。”④ 于是他们抗命不听调遣，周文孤立无援而一再败北，使起义军的主力覆灭。陈胜之所以失败，武臣、张耳、陈余等的反叛，为章邯的镇压起了里应外合的作用。同时赵王派去北徇燕地的韩广，被燕的旧贵族拥立为王，燕赵彼此略地掳王，互相火并，使秦军反扑有机可乘。田荣和田假、田角、田间等因争夺齐地结下了深仇大怨，当项梁被章邯进攻，向赵、齐告急，田荣不顾大局，居然提出要以楚杀田假和赵杀田角、田间为条件才肯出兵。当然，这种无理要求不能答复。于是楚兵败走，项梁被杀，章邯的二十万军队紧紧围住巨鹿，给反秦斗争造成了极为不利的严重局面。

---

① 张传玺：《项羽评论》，《文史哲》1964 年 10 月。
② 司马迁：《史记》卷八十九，《张耳陈余列传》，中华书局 1959 年版，第 2573 页。
③ 司马迁：《史记》卷八十九，《张耳陈余列传》，中华书局 1959 年版，第 2574 页。
④ 司马迁：《史记》卷四十八，《陈涉世家》，中华书局 1959 年版，第 1955 页。

项羽则不然，当他们响应起义时，还远在江东，和陈胜没有取得联系，也没有统属关系，陈胜在严重失败的情况下，拜项梁为楚王上柱国，并令他急引兵西击秦，他和项羽毫不迟疑地带着队伍渡江而西。这和张耳等抗命不从显然不同。因此，项梁、项羽能得到广泛的支持和拥戴。他们渡江后，陈婴以二万人相属，这支队伍是由杀县令而起兵的东阳少年为骨干而组成的。不久黥布、蒲将军也以兵相属，黥布的军队是由骊山刑徒组成，他们是集中在骊山进行大规模的土木工程的数十万人中涌现出来的，比较有组织纪律，有和秦军进行武装斗争的经验，所以能征惯战，是项羽的得力之师。后来韩信和刘邦也都来相从。所以，半年之内，项羽由八千人发展到六七万人以上。这就充分说明陈胜死后，项氏为众望所归，继续领导反秦斗争的任务，便自然落到了他们叔侄的肩上，可见群众领袖是在斗争中自然形成的。

当项梁在立楚怀王以前，赵、燕、齐、魏等地均已有人称王，可是却不能形成反秦斗争的中心，所以，人心所向并非六国之后，而是要向着能适应时代的旋律和农民阶级一致并且能够领导广大群众进行坚持不懈的反秦斗争的人物身上。

三年的农民战争中，项羽经过了不少的战斗。项梁未死以前，他常被派去执行攻坚的任务，如像秦军固守的襄城，就是项羽攻打下来的。后来项羽指挥的雍丘之战和巨鹿之战，不仅在秦末农民战争中占有重要的地位，而且在整个中国历史上也算是有名的战役。雍丘在当时具有重要的战略地位，由李由镇守，他是秦朝一员重要的将领，曾任三川守，当年吴广曾被他阻于荥阳城下，使陈胜几路叩关、共捣咸阳的战略部署被打乱。如果这时能打下雍丘，那在战略上是有重要意义的。项羽和刘邦奉项梁之命，攻城阳，先破秦军于淮阳东，接着又大破秦军于雍丘，斩李由。这次战役给秦统治集团震动很大，引起其上层更大的分裂。巨鹿之战使秦政权受到致命的打击，其意义就更加重大。这一战役，也是积极抗秦路线战胜消极抗秦路线的胜利。当时楚怀王和宋义所代表的是贵族分子企图保存实力、坐观成败、消极抗秦的路线，所以宋义接受楚怀王任命为上将军去救赵，结果行至安阳逗留四十六日不进，项羽指责他贻误了军机，他不仅讥笑项羽不懂得“运策”，反而有意借故拖延时间。于是项羽进一步指责他“将戮力而攻秦，久留不行。今岁饥民贫，士卒食芋菽，军无见粮，乃饮酒高会……且国兵新败，王坐不安席，扫境内而属将军，国家安危在此一举，今不恤士卒而徇其私，非社稷之臣”①。这一番话正代表了农民军广大群众愤激的心情，也说明了他杀楚怀王的代理人宋义的根本原因，是使农民军广大群众大快于心的。正由于项羽有群众为后盾，才使诸将折服，才使怀王不得不承认他为大将军。如果项羽不从贵族分子手中夺回农民军的领导权②，宋义消极的抗秦路线继续执行，巨鹿之围不解，秦军主力不歼，农民起义就将要付出更大的牺牲。项羽渡漳水后，破釜沉舟以示决心，楚战士无不一以当十，旺盛的士气和正确的指挥相结合，九战九捷，大破秦军，取得了秦末农民战争中一次关键性的胜利。

项羽从率众起义到全歼章邯军，他从未懈怠，反秦意志也从未动摇，他自始至终和农民军一道进行英勇顽强的斗争；他为大起义所建立的功勋，也绝不在刘邦之下。清人王沅曾公正地指出：“嗟乎！首难者虽陈胜，灭秦者项王也；入关者虽沛公，灭秦者项王也。”③

如果项羽在秦末农民大起义中是代表着六国旧贵族，为什么他的行动和那些在革命高潮时与农民同床异梦、在革命低潮时与农民分道扬镳的贵族分子完全不同呢？

说项羽不代表旧贵族，也许会有人提出疑问：为什么贵族家庭出身的项羽，却和其他的贵族分子在农民战争中有不同的表现呢？我们认为，不能忽略生活环境和社会关系对一个人的影响，也不能忽略在阶级的共性中还有个性。

项氏乃世代将门之家，有功于楚。项羽九岁时（公元前224年），项燕被王翦围逼而自杀，次年遂楚亡。国破家亡后，项羽随叔父在颠沛流离中度过了少年和青年时代。所以，在他的经历中，显赫的家世，贵胄子弟的生活对九岁以前的孩子只能是依稀的记忆；而在由少年到青年的成熟时代所经受的现实斗争的教育，对他来说却应该是更深刻的。因而他有可能接近和了解下层群众，并同他们建立关系和产生休戚与共的感情。项羽和桓楚的深交，后来他和出身于下层人民的起义军中的骨干和广大群众的亲密关系，都充分说明了这一点。从广大起义军骨干和群众来说，他们也会给

---

① 司马迁：《史记》卷七，《项羽本纪》，中华书局1959年版，第305页。

② 定陶战败后，怀王之彭城，并项羽、吕臣军自将之。

③ 王源：《居业堂文集》卷十，《项羽论》。

项羽以影响。像黥布、陈平和韩信等人，就是刑徒、小农和城市贫民中具有代表性的人物，他们社会地位低下，所受压迫沉重，革命性和斗争性很强（当然也有消极的一面，如刑徒和城市贫民中的部分人会有流氓无产者的习性），这样的代表人物和群众归附项羽，不但扩大了军队的数量，更重要的是增加了起义军的反封建血液，这对项羽的动向，不能不有很大的影响。而武臣、张耳、陈余等赖以立足的后台是河北的“豪杰”，韩广据以称王的靠山是燕国的贵族。他们的群众基础和项羽是不同的，其影响和表现必然有差别。

项羽远大的抱负（详后）和过人的胆略，在农民革命战争的年代里，也“使他自己最能为当时在一般的和特殊的原因影响下所发生的伟大社会需要服务”[①]，他欲取秦始皇而代之的强烈愿望[②]，他的骁勇善战的智慧和力量，都是那些以“成割地有土之业”为奋斗目标、见到秦军“莫敢纵兵”而只能“从壁上观”的旧贵族分子所远远不及的。

不过，也应该看到，就在项羽还是农民起义领袖的时候，残忍好杀[③]这样一些贵族阶级的属性，在他英勇的革命行动中也投下了暗影。

二、封建统治权的争夺战中不得人心的失败者

秦亡以后，秦王朝和农民阶级所构成的秦末社会主要矛盾解决了，秦末农民起义的任务也宣告结束。当时正是封建社会的前期，地主阶级正处于走上坡路的阶段，农民虽然是封建社会最革命的阶级，但并不代表新的生产力，无从改变封建剥削制度。这时的社会需要仍然是重建封建秩序，继续在封建关系下发展社会经济。所以秦末农民革命和以后许多次的一样，不得不成为改朝换代的工具。农民起义领袖的个人前途，也必然要受这一客观规律的左右，或成为改朝换代时祭坛上的牺牲品，或在改朝换代中登上皇帝的宝座，或在改朝换代后成为新统治集团中的元勋。

反秦斗争的后期，项羽和刘邦同是最有实力、最有威望的农民起义领

---

① 普列汉诺夫：《论个人在历史上的作用问题》，生活·读书·新知三联书店 1961 年版，第 38 页。

② 司马迁：《史记》卷七，《项羽本纪》，中华书局 1959 年版，第 296 页。

③ 《史记·项羽本纪》载项羽拔襄城，“皆坑之”；攻城阳，“屠之”。

袖，也都成了最有条件来恢复和稳定封建秩序的人物。当共同的敌人被打倒以后，昔日的两位战友，却立刻成了争夺封建统治权的政敌，甚至爆发了一场激烈的战争。这场战争却比他们的反秦战争要长得多，结果是：一个自刎乌江，一个成了西汉王朝的第一个皇帝。

那么，项羽为什么会失败呢？

首先，项羽失败的原因不在分封。

自秦始皇统一中国以后，建立了专制主义的中央集权国家，如果谁要想回复到诸侯割据称雄的战国时代，确乎是开倒车。但是，从各方面加以考察，项羽虽然实行了分封，却不是重返战国时代，他的理想不限于当一个割据一方的西楚霸王，而是要做一统天下的皇帝；分封不是他的长治久安之策，而只是一时权宜之计。更重要的是并非由于项羽的分封，破坏了统一的大局，事实是在公元前206年正月项羽分封十八王以前，早已有楚怀王心、赵王歇、魏王咎、魏王豹、韩王信、韩王成、齐王田市、燕王韩广等列土以王，彭越虽未称王，实际上也形成了割据。所以项羽的分封只不过是承认现状而已。因此说项羽由于分封注定了他的失败，是对历史的曲解。

当年秦始皇游会稽，年轻的项羽曾说过“彼可取而代也”①。我们自然不应根据这一句话就作出项羽的理想是做一个秦始皇那样的皇帝的结论，可是在灭秦以后，项羽的勃勃雄心一天天更加具有现实的可能性时，他的行动，正是朝着这个目标在奋斗。

也许有人会问：既然项羽的理想不是恢复旧贵族的统治，为什么入关后不径直当皇帝，还要承认割据现状，实行分封呢？看看当时的形势，就知道项羽有非不为也、实不能也的苦衷。项羽的实力虽然最雄厚，有四十万之众，但是却分属于随从入关的张耳、黥布、吴芮、田都等人，四十万人他并不能全部直接控制。而山东还有许多参加了灭秦定天下的“群雄”在各地拥兵自重，关中还有劲敌刘邦的十万人马。项羽称西楚霸王，王九郡，他们尚且愤愤不平，设若称帝，当更难容忍。如果项羽不顾及力量对比的现实条件，悍然独步九五之尊，必立即遭到群起而攻之，败亡固不待五年以后。项羽不得不对利害得失加以权衡。

---

① 司马迁：《史记》卷七，《项羽本纪》，中华书局1959年版，第296页。

尤其值得注意的是项羽分封时不是消极地承认割据的现状，而是有所调整：徙魏王豹为西魏王，徙赵王歇为代王，徙燕王韩广为辽东王。对有一定号召力、在政治上对项羽有很大威胁的楚怀王，给予一个义帝的空头衔，远徙长沙郴县。实力仅次于己而威望过之的刘邦，被安置到偏僻的蜀地，企图利用险阻的地形和章邯、董翳、司马欣三员秦降将来扼制其东向。把随从入关、有战功的亲信安插在诸王故地，以资牵制。项羽本人则以势力深厚的东方战略要地彭城为中心，占有九郡广大的地盘。可以看出来，这番调整是在有计划地削弱已割据称王者的力量，而让自己凌驾诸王之上。这样的分封，不仅没有封地的田荣、只得到南皮环封三县的陈余和原该王关中却被贬为汉王的刘邦切齿怨恨，立即举兵反抗，就连九江王黥布也不乐意，不予支持。黥布过去是项羽最得力、最亲信的将领之一，经常披坚执锐打冲锋，而这时项羽要北击田荣，征兵九江，黥布称疾不往。黥布态度的转变，合情合理的解释是：他虽然被封为九江王，“王善地”，可是项羽“徙故王，王丑地”的做法，使他意识到这是由削弱到消除诸王势力的前奏曲，今天得到了“善地”，难保他日不被徙“丑地”甚至失地，故而对项羽离心离德了。

客观形势如彼，自身实力如此，项羽不得不实行分封。分封时用心良苦的一番布局，透露出他并不以西楚霸王为满足，他所向往的和俟机而行的未尝不是统一、集权和专制主义。

应该说分封只是权宜之计。

不作具体分析，把分封简单视为恢复旧制度、是违反统一的历史发展趋向、是开历史倒车，因而注定了要失败的说法，显然是不科学的。那么，刘邦也实行过分封并且取得了胜利，则又当作何解呢？刘邦开始实行分封，还是在楚汉之争成败所系之际，他采纳了张良的计策，将陈以东溥海封韩信，将睢阳以北至谷城封彭越，才赢得会师垓下的最后胜利。刘邦即皇帝位后，也还实行了分封，如齐王韩信徙为楚王，立彭越为梁王，故韩王信为韩王，徙衡山王吴芮为长沙王，淮南王黥布、燕王臧荼、赵王张敖皆如故。刘邦此举，是不是恢复旧制度呢？为什么没有注定他要失败呢？

也许有人还会说：西汉对诸侯王有种种限制，这样的分封是中央集权下的分封，不同于古代授民授疆土的分封制。但是，西汉对诸侯王权力的限制，是经过文帝采贾谊之议、景帝用晁错之计，武帝施主父之策、下推恩之令、后又作左官之律、设附益之法①，才逐步完成的。刘邦在位时，并没有一套完备的制度来加以保证。所以刘、项的分封就目的和办法来看，都没有什么本质的不同。

同时还应该看到，在自然经济占统治地位的封建时代，就在统一的中央集权的国家里，在某种程度上仍旧会保留着封建割据的状态，何况项羽当时还是处在“盖人情习见前世封建，故事不得遽易之也”② 的时代，成例相沿的习惯势力还有一定作用，分封是一时能获得社会承认的。

其次，项羽失败的原因主要在于不得人心。

灭秦以后，地主阶级的迫切要求是重建一个新的封建国家，有效地镇压农民的反抗活动，确保封建剥削的顺利实现。农民阶级的迫切要求是要有这样一种权力来维持他们用流血牺牲争取到的成果，能在一个相对稳定的条件下保证休养生息。两大阶级从不同的角度出发提出的要求，共同表现为安定社会秩序，恢复和发展生产。这就是当时人心的归向，也是时代的需要。如何重建封建秩序，就有一个顺应这种需要的问题。

在反秦斗争行将结束时，刘邦已经表现出他不仅高于“群雄”，而且高于项羽的不平凡的政治家的素质。他的见识要比别人的远些，他所具备的特点，使他自己最能适应时代的需要，最能为面临的现实社会服务。

刘邦不刚愎自用，而善于用人，有人为他运筹帷幄，有人为他镇国家、“抚百姓”，有人为他统百万之军而攻战。他所具备的善用人的特点，使他能对形势保持清醒的头脑，为求得各方面的广泛支持，作了许多笼络人心的工作。入关以前刘邦招降了秦南阳守齮，以为殷侯。此举对秦的地方官吏起到收揽人心的作用，许多地方官吏纷纷投降。这些人的投降，一方面是他们看到了章邯被项羽所败，秦的大势已去，只能如此；另一方面也是他们看到刘邦能保护自己的地位和利禄，因而愿意拥戴刘邦。正是因为刘邦能“与天下同利”，“使人攻城略地，所降下者固以予之”③，使各大小武装力量的首领，感到追随刘邦有“奔头”。入关以后刘邦又改变了在山东时贪于财货、好美姬的无赖作风。这一改变使范增感到“此其志不在

① 班固：《汉书》卷十四，《诸侯王表》，中华书局 1962 年版，第 395 页。
② 赵翼：《廿二史札记》卷二，《汉初布衣将相之局》。
③ 司马迁：《史记》卷八，《高祖本纪》，中华书局 1959 年版，第 381 页。

小”，认为是项羽的大患。尤其是刘邦攻下咸阳后，“与父老约法三章，余悉除去秦法。诸吏人皆案堵如故”①。他又辞让不受秦人所献牛羊酒食。凡此种种大得人心，“唯恐沛公不为秦王”②。当然首先拥护他的是地主阶级，广大农民要求能够得到一个休养生息的环境，自然也会拥护他。为刘邦建立政权后能迅速建立封建秩序，萧何收集了“秦丞相御史律令图书藏之”③。这些档案材料对帮助刘邦建立封建秩序和采取军事行动，都有很重要的作用。刘邦在还平定三秦后不久，将秦王朝在关中霸占的大量苑囿园池开放，“皆令人得田之”④。因此在不损害地主阶级利益的原则下，调整了关中紧张的土地关系，这既符合经济发展规律，又有利于当时的军事行动。刘邦转战山东最初常常失利，“然萧何常从关中遣军补其处”，又“转漕关中，给食不乏”⑤，萧何之所以能够源源不绝地以关中的人力物力支持刘邦的军事活动，除了有秦的户籍图册可资凭借外，更重要的是上述符合经济发展的措施发生了重要的作用。

项羽则不然。他的军队成分中掺杂有贵族分子的残忍性和流氓无产者的破坏性（刘邦军队中也有，如贪财货、好美姬，不过后来因严明的军纪有所约束），他的贵族出身在性格上打下了“妒贤嫉能，有功者害之，贤者疑之”以及嗜杀等烙印。在农民起义风暴所掀起的怒涛中，这些涓涓暗流被淹没了。剽悍猾贼和勇敢善战交织在一起，只不过是他抗秦活动中的细节。后来，他军队成分中的消极因素和他个人性格中的消极因素，都随着抗秦斗争的胜利和战争性质的转变而大为暴露。刘邦所列举他的十大罪状，自“罪四”以下，可说全部击中了项羽的要害⑥。正是这些不得人心的作为，项羽把自己逐渐置于与当时社会需要背离的地位。

反秦斗争还没有结束，项羽在新安坑秦降卒二十万人。他们都是关中子弟，关中人民念及自己的子弟的惨死，怎能不对项羽仇恨！入关后，他又屠咸阳，杀秦降王子婴，掘秦始皇墓，烧秦宫室，收其货宝妇女而东。还有公元前 205 年他战败田荣，烧夷齐城郭室屋，皆坑田荣降卒，

---

① 司马迁：《史记》卷八，《高祖本纪》，中华书局 1959 年版，第 361 页。
② 司马迁：《史记》卷八，《高祖本纪》，中华书局 1959 年版，第 361 页。
③ 司马迁：《史记》卷五十三，《萧相国世家》，中华书局 1959 年版，第 2014 页。
④ 司马迁：《史记》卷八，《高祖本纪》，中华书局 1959 年版，第 369 页。
⑤ 司马迁：《史记》卷五十三，《萧相国世家》，中华书局 1959 年版，第 2016 页。
⑥ 司马迁：《史记》卷八，《高祖本纪》，中华书局 1959 年版，第 376 页。

俘虏其老弱妇女。他进攻北海，沿途也多所残灭，结果使得齐人相聚而叛之。彭城之战，他又杀汉卒十余万人。紧接着在灵璧东睢水上又迫使汉士卒十余万人入睢水，水为之不流。以上都是举其大者而言之，已足令人心怵。

元朝的郝经在《题汉王墓》诗中说："天下苦秦又一秦，天资好杀不好仁"，"汉王才入项王来，天下尽为狼与豺"①。这可以说这是对项羽后一阶段行为的恰当写照。项羽好杀不好仁的特性，使社会财富和社会生产力遭到严重的破坏，不仅引起了农民强烈的愤恨，也得不到地主阶级的支持。天下苦秦久矣，人民迫切希望恢复和发展生产，因此，需要缓和阶级对抗，从速建立一个能够稳定社会秩序的国家。可是项羽的行动却与此背道而驰，他的失败也就是必然的了。

反秦斗争的诸领袖人物，在秦亡以后，和项羽的关系也相继分离。刘邦、田荣、陈余等同他分离自不必论。像韩信、陈平，本是项羽的部属，一个是在刘邦郁郁不得志而入蜀时亡楚归汉；一个是在项羽力量鼎盛东王彭城后不久被迫逃亡降汉。后来楚汉之战方酣，项羽派武涉说韩信反汉与楚联合，三分天下王之。韩信就直言不讳地表示项羽不能满足自己的名利要求："臣事项王，官不过郎中，位不过执戟，言不听，画不用，故倍楚而归汉。"② 又如张耳，曾随项羽入关，被立为常山王，后被陈余所败，本欲归楚，但甘公告诉他："汉王入关，五星聚东井……先至必霸。楚虽强，后必属汉。"③ 如果摒除这段话中的迷信成分，其中心思想是刘邦得人心，所以最终必然是楚由强而弱，为汉所败。听了甘公的话后，张耳不亡楚而走汉。楚汉相争之初本无所属的彭越，后来也归属了刘邦。就是随项羽出生入死的黥布，也背楚投汉。甚至项羽的叔父项伯，早在鸿门宴时就一心向汉了。众叛亲离，从亡于大败之余者，只得二十八骑！

一些领导反秦斗争的人物并非都是农民，即或是出身子农民和其他被压迫阶层，也无法在封建时代的条件下克服封建思想的影响，旧的王朝被打垮了，迫使他们揭竿而起的压力解除了，他们在战争中成了或大或小的实力派，"立功以取将相，日夜望咫尺之地"，难免不成为他们的渴念。可

---

① 郝经：《郝文忠公陵川文集》卷十一。

② 司马迁：《史记》卷九十二，《淮阴侯列传》，中华书局1959年版，第2622页。

③ 司马迁：《史记》卷八十九，《张耳陈余列传》，中华书局1959年版，第2581页。

是项羽却“至使人有功当封爵者，印刓敝，忍不能予”[1]。又不善于识人，不善于用人，还不善于容人，怎不使人心外叛！

项羽既不能像刘邦那样“与天下同利”，就无法调整统治阶级内部的关系，兵连祸结不得休。特别是他大肆屠杀，严重破坏了生产力，这在任何时候都是和社会需要背道而驰的。凡是走这一条道路的历史人物，其结果都必然是以失败告终。

试看项羽的一生，在公元前209年到公元前206年的农民战争中，他坚决反秦的战斗意志和农民阶级共鸣，他的行动体现着摧毁秦朝黑暗统治的社会需要，他被起义群众拥戴为自己的领袖，得到了广泛的支持，从而他的活动是成功的。在这个阶段里，他是对历史发展起了促进作用的人物，他的名字和陈胜、吴广、刘邦同列于秦末农民战争的史册，是当之无愧的。

但是，在公元前206年到公元前202年争夺封建统治权的楚汉战争中，“自矜功伐”，“欲以力征经营天下”的项羽，违背了社会的需要，失尽了人心，遭到广大人民群众的唾弃，也不能取得统治阶级中人的支持，纵有“力拔山兮气盖世”的将才，然而孤立于时代需要之外，其结局必然是在历史的汪洋大海中遭到灭顶之灾！

---

① 司马迁：《史记》卷九十二，《淮阴侯列传》，中华书局1959年版，第2612页。

关于项羽研究的一些思考

项羽的研究，从司马迁开始，已经两千多年了，还将会一直研究下去。

项羽这个人一生虽然短暂，但算得上是一个轰轰烈烈的英雄人物。多年来，一直被人们关注和研究着，各种各样的评价都有。例如用《四库全书全文检索系统》（文渊阁版）键入“项羽”就能搜索到 2579 条相关的内容。有的是专论项羽，有的是在讨论历史乃至某一时期现实问题时，涉及项羽及其评价。又如古今的许多诗词中都有对项羽的评价，有专门“咏项羽”或“乌江”、“鸿沟”、“鸿门”等咏史诗，也有在其他诗词中提到的。当代伟人毛泽东“宜将剩勇追穷寇，不可沽名学霸王”，应该也是一种对项羽的评价。

这里我想先说一下古人的评价。首先是《史记·项羽本纪》，项羽该不该列入“本纪”？司马迁的用意究竟是什么？至少从唐代以来，就已见仁见智。但是司马迁写项羽，是很用功的，写得好，耐看。明人王世贞在《书项羽传后》一文中写道：“吾少时阅书至夜分而困，欲寐，辄取项羽传诵之，即洒然醒。以为非羽不能发太史公笔；非太史公无以写羽生气……”

据司马迁记载，战胜项羽的刘邦对项羽是有评价的。而司马迁的记载，是后世评价项羽的史实依据。绝大多数人是把项羽当英雄看待的，生得轰轰烈烈，死得慷慨悲壮，所以李清照才有“生当作人杰，死亦为鬼雄”的赞叹佳句。根据司马迁的记载，后人评价项羽的功过是非，见仁见智，讨论其失败原因，从中吸取历史的教训，有些评价是耐人寻味的，值得重新审视的。上述王世贞的书后就项羽之是非有不少具体论述，从中可以看到，他还与朋友们一起讨论过：“至楚汉之为讼，则羽之负汉者一，而汉之负楚者三。……高祖死，何以见羽地下哉？余故友宗臣每酒间大呼，吾宁不成而为羽，不能成而为高祖。”这当然是一种私下的议论，是个人的一些看法。比较正式的评论也有，《贞观政要·诚信》记载贞观十七年唐太宗与侍臣讲“去食存信”问题时曾说：“昔项羽既入咸阳，已制天下，向能力行仁信，谁夺耶?”这是就“项羽引兵屠咸阳，杀秦降王子婴，烧秦宫室，收其货宝、妇女而东，秦民大失望”（元戈直注），批评项羽不仁不信。《贞观政要》中还不止这一次提到项羽。

项羽的是非功过，历史上各种评论不一，各有各的看法，各有各的标准，可以再举例说明。例如司马迁记载，刘邦说“项羽有范增而不能用，此其所以为我擒也”，实际上这就有问题，到底用了没有？或者哪些方面用了？哪些方面没有用？是值得深入探讨的。宋人苏轼专门写过《论项羽范增》，作过一些具体评述，似乎是肯定范增的，“增亦人杰也哉!”南宋杨时的看法则不然，他写道：“吾读汉纪，至高祖谓项王有一范增不能用故为我擒，常以为信然。及读项羽传，观范增所以佐羽者，然后知羽虽用增无益于败亡也。”以上二人之评论虽然角度有所不同，但范增之所作所为，以及项羽与他的关系，仍然是需要具体研究的。前人评价当中，也有看起来比较“偏颇”的，例如明人赵弼所撰《雪航肤见》：“其中如论项羽杀宋义为是，先儒断其矫杀为非；又论杀秦王子婴，屠其宗族，伐其陵墓为是，先儒论其暴横为非；又论项羽不杀沛公，有人君之度，先儒不能表而出之；又论项羽获太公、吕后，三年无淫杀之心，闻吾翁即若翁之言，即舍太公，则笃于朋友之义，而先儒不能察；又论羽之才美，亘古无伦，乌江之死，本实天亡，而非羽罪，司马迁、扬雄所论皆谬。”①

有些不是专门论项羽之作，其中也会有关于项羽的评论，例如南宋李石作《建康形势论》中就写道：“尝谓项羽既取关中乃退都彭城，以成沐猴之讥，愚谓项羽不失……”随后还大发了一通议论。保不保关中，乃至回不回江东？这些战略上的问题，也有不少值得进一步研究之处。回不回江东的问题，也是历来人们所关注的问题之一，唐宋诗词中论此事的不少，唐杜牧《题乌江亭》：“胜败兵家事不期，包羞忍辱是男儿。江东子弟多才俊，卷土重来未可知。”宋王安石也作过《乌江亭》：“百战疲劳壮士哀，中原一败势难回。江东子弟今虽在，肯与君王卷土来。”二人都是设想如果项羽再回江东，或可以重振旗鼓。但是，如胡曾咏史诗《乌江》所说：“乌江不是无船渡，耻向东吴再起兵。”这就是所谓无颜见江东父老，

① 永瑢、纪昀：《四库全书·总目》卷八十九。

涉及项羽的为人和性格等方面的问题。以至也有人评论项羽："然观其心度之所安，大抵知有楚而不知有天下，故其贪恋故国之荣，不啻如昼锦之快，是其志已可悲也，宜其天下不得而有也。"①

从历史上的情况看，关于项羽的评价值得讨论的问题很多，这些立场、观点与个人所处的时代也有密切关系。因此项羽研究还应该也必然会继续下去，许多问题可继续讨论，我想应该有以下一些方面：

第一，以上所举事例该如何看待？从司马迁的评价开始，甚至包括司马迁记述的与项羽同时代人的评价，这可以说是研究的研究。例如《项羽本纪》中记宋义对项羽说："夫被坚执锐，义不如公；坐而运策，公不如义。"又例如《淮阴侯列传》记韩信之言曰："请言项王之为人也。项王喑恶叱咤，千人皆废，然不能任属贤将，此特匹夫之勇耳。项王见人恭敬慈爱，言语呕呕，人有疾病，涕泣分食饮……此所谓妇人之仁也。项王虽霸天下而臣诸侯，不居关中而都彭城。有背义帝之约，而以亲爱王，诸侯不平。……项王所过无不残灭者，天下多怨，百姓不亲附，特劫于威强耳。名虽为霸，实失天下心。"这些评价，够我们讨论一番了。

第二，我们今天来评价项羽，分析、讨论项羽的性格、情怀、命运，发掘项羽的精神和人格魅力，文化意义更大。应该说，后世乃至今天人们讨论的项羽，有真实的项羽和想象的项羽、有形的项羽和无形的项羽之不同，这也是值得注意和研究的问题。

第三，项羽是一位军事家，他的历史贡献主要在军事上，他短暂的一生中有几场重大的战役，如巨鹿之战、彭城之战、成皋之战、垓下之战，都是可以再深入研究的。

第四，还可以延伸一些问题作深入探讨。如西楚霸王之"西楚"的研究。有关司马迁论述的部分事件的考证是必要的，但考证必须实事求是，必须遵循考证的基本原则和方法。如此进行的考证和研究，方能带来更有价值的学术成果。

---

① 王迈：《曜轩集》卷三。

关于秦史、秦文化再研究的几点思考

一、关于秦始皇的评价

摆脱汉人的一些影响，进行具体分析①。

二、澄清对秦国、秦朝思想文化的误解

一般讲秦的思想文化，都是与法家联系起来的，这也“事出有因”。因为在秦国历史上有特别突出的商鞅变法，秦王朝又有焚书坑儒之举，说秦有法家传统，也常常不会被否认。但是，秦到底有什么思想文化传统？还是值得进一步讨论的问题。

首先，商鞅、李斯都是客卿，他们带给秦的思想主张主要是外来的。当然，“变法”之类也是当时的时代潮流，所以秦的国君、帝王会接受也需要。从商鞅、李斯之入秦及其献计献策过程具体分析，或者可以看出需要与成事的关系，也可以更恰当地估评秦国的法家传统。

其次，秦国的封地原来是周王朝的政治中心，是周公“制礼作乐”的中心。周王室东迁了，“九鼎”之类是会带走的，不能带走的会更多，民众不可能都带走。这些在秦国早期历史记载中也有迹可寻，例如：

> 东徙洛邑，襄公以兵送周平王。平王封襄公为诸侯……襄公于是始国，与诸侯通使聘享之礼……②

---

① 《光明日报》2004年7月6日。

② 司马迁：《史记》卷五，《秦本纪》，中华书局1959年版，第179页。

这“诸侯”与齐、晋等国没有根本的区别，只不过地处西陲，有些条件要差一些。以后的记载，有不少值得注意的。例如：

> （文公时）初有史以纪事，民多化者。……以兵伐戎，戎败走。于是文公遂收周余民有之，地至岐，岐以东献之周。①

周的“余民”恐怕大多数在秦国。礼仪制度与周朝的不会有大的区别，例如，零星记载有孝公时作咸阳的筑冀阙，惠文君二年的“王冠”② 之类。袁仲一先生就考古资料有相应的结论。文字记载方面特别是秦穆公时和由余谈话中说：“中国以诗书礼乐法度为政，然尚时乱，今戎夷无此，何以为治，不亦难乎?”对戎夷而言，穆公是以整个“中国”自居的，秦国当时和其他国一样，是“以诗书礼乐法度为政”的。秦孝公图强，说“诸侯卑秦”，只是国力不强，不涉及思想文化，与楚王之说“我蛮夷也”还有很大不同，商鞅曾有“始秦戎翟之教”的说法，他自伐其功，对事实有所歪曲，秦与周的关系更为密切。

再次，秦王朝时期（包括秦始皇、二世近 40 年，如果上伸至昭襄王，那时间更长），秦的思想文化如何看待？除了吕不韦作《吕氏春秋》之外，人们已经开始作了一些具体分析，例如“云梦秦简”出土之后，有学者做过《〈云梦秦简〉与诸子关系钩摭》的研究，我们也讨论过《秦代的道家思潮》，如果具体分析，秦王朝的思想乃至秦始皇的思想，都是值得进一步讨论的。例如：秦的博士制度到底是什么情况？如果都是或者主要是儒家的，那么它是继承周朝“诗书礼乐法度”的传统。秦始皇时曾多次在不同场合与儒生博士讨论一些问题。再例如刻石的具体内容，我认为不能简单说是歌功颂德，而是政治宣传。根据考古发现的资料，全面、联系地具体分析，自然会对秦的思想文化有较全面的认识，说秦王朝没有理论和思想，恐怕是值得讨论的。

三、具体深入探究汉承秦制问题

这是人们已经注意到并有所讨论的问题，但还可以做些具体深入的研

---

① 司马迁：《史记》卷五，《秦本纪》，中华书局 1959 年版，第 179 页。

② 司马迁：《史记》卷十五，《六国年表》，中华书局 1959 年版，第 727 页。

究，特别是新出土的资料，包括湖北的云梦秦简以及还可能出土的东西，有利于对这个问题的探讨。汉人史籍中有一些明确标明“秦制”的，其普遍意义究竟有多大？具体有无变化？如何变化？是秦独创的还是有所继承的？如果真正都是“秦制”的话，那秦国、秦朝的历史地位应有更好的评价。

汉初有一些记载是引人注目的，例如“除挟书令”、废除肉刑之类，那是有明显针对性的，针对“挟书令”，针对严刑酷法，是否未明令废除的就都沿用秦法，这就要对已知的秦律和汉律（包括原有记载和新出土资料）进行具体的比较。例如成年男子的年龄规定问题，记载是零散的，但可以找出一些规律。“王冠”、“始傅”都是一种标志：《秦始皇本纪》说“惠文王生十九年而立”，而《六国年表》有惠文王三年“王冠”的记载，“冠”的年龄应为22岁。这样的记载虽不多，但反映的是定制无疑。“傅”的关系更大，关系国家的兵徭役，人们看到云梦秦简《编年纪》中“喜傅”的记载，推算是喜17岁就“傅籍”了，这个年是何时定的，有待详考。但汉景帝二年“令天下男子年二十始傅”的记载，就是有针对性的改变政策之一。作这样的具体考虑，对于深入历史研究自然是很重要的。

四、法家思想主张的历史命运

台湾学者余宗发的《先秦诸子学说在秦地之发展》一书中，对法家在秦地之传播，有较详细的论述，值得进一步探究的也有一些问题：（一）法家思想是如何产生的？其时代的和思想的背景如何？（二）如何全面认识法家思想？法家思想中积极因素有哪些？后世继承了没有？（三）有些极端的措施，如“燔诗、书”之类，是在什么情况下发生的？有无影响？（四）汉代是否有“阳儒阴法”的问题？应该如何看待？

以上几点并不是什么创见，古今都有人提出和思考过，只是其一，上个世纪几经波折，不正确评价的影响较大；其二，具体深入研究不够。如顾炎武在评论“会稽刻石”在越地“禁止淫佚”时说：

然则秦之任刑虽过，而其防民正俗之意固未始异于三王也。汉兴以来，承用秦法，以至今日多矣。世之儒者言及于秦者，即以为亡国之法，亦未之深考乎。[①]

深考诸刻石之内容，大有文章可做。我这里只不过是再一次强调深入具体研究之重要，与秦史爱好和研究者共勉。

① 顾炎武：《日知录·秦纪会稽山刻石》。

论 刘 彻

刘彻（公元前156年—公元前87年），就是历史上著名的汉武帝。他十六岁继帝位，七十一岁去世，在位五十多年，占了整个西汉王朝四分之一的时间。他在位期间，大大小小的战争几乎年年都有，不见战争记载的时间不到十年，而所有的战争都是他亲自部署和指挥的，他是最高指挥官和最高统帅。因此，军事活动在汉武帝一生中占据重要地位。

一、雄才大略

刘彻的生母是受到景帝宠幸的王美人。他七岁时被立为太子。刘彻之为太子，与他的姑母有关。他姑母名嫖，与景帝为窦氏所生同胞姊弟，被封为长公主，长公主想把自己的女儿阿娇嫁给刘彻，因而促成了刘彻被立为太子。

刘彻自小勤奋好学，这使他后来博学多才。他即位的时候只有十六岁，就广泛召问了许多贤良文学之士。有一次他读到文学家司马相如的《子虚赋》，就称赞不已，甚至说恨自己不能与此人同时。当知道司马相如就是当代人，立即召见。他喜爱文学，接近文学之士，自己也有一定的文学素养，能够造赋作歌，据《汉书·艺文志》记载，有十几篇汉武帝的诗、赋，是他巡游各地时所作。如他亲自督率官吏堵塞黄河决口时所作的《瓠子歌》二首，就被保留在《汉书·洪洫志》中。诗中有这样的句子："为我谓河伯兮何不仁？泛滥不止兮愁吾人！"这种诗歌创作，紧密结合当时的现实，表现了作者对黄河决口的关怀。作为一个封建统治者，这是难能可贵的。他的写作技巧也是很不错的，例如他思念李夫人的诗："是耶？非耶？立而望之，偏何姗姗其来迟！"生动而有感情。

汉武帝聪明多才，而且文武双全，他爱好打猎，常常亲自射击猛兽。在驱逐野兽时，他又"好陵险阻"。能够"自击熊豕"。这说明他武艺高强，在一定程度上，反映他的性格是积极进取，有奋发精神的。这种性格和精神，对他一生的事业是有一定影响的。

汉武帝即位后，一开始，他就召举贤良方正直言极谏之士，亲自策问古今治道，特别是信奉黄老思想的窦老太后去世后，更可看出他的远大抱负。他要彰明先帝的洪业大德，希望能够“上参尧舜，下配三王”。他统治西汉的五十年中，也确实做了一番事业，后人称誉他：“号令文章焕焉可述，后嗣得遵洪业，而有三代之风。”①

武帝时期，国家强盛，事业兴旺，人才辈出，兵强马壮，文治武功有不少成就。文治方面，那就是在政治、经济、文化各方面都有其建树。例如，他加强中央集权卓有成效，削弱和消除了分裂割据的势力，建立了极完备的官僚机器。又例如，他“罢黜百家，独尊儒术”，就包括兴太学、修郊祀、改正朔、定历数、协音律、作诗乐、建封禅、礼百神等许多具体的措施。再例如，他任贤使能，“求之如弗及”。他能够破格用人：卜武选拔于刍牧，桑弘羊擢用于贾竖，卫青奋起于奴仆，金日磾出自于降虏，这些都是突出的事例。当时各方面的人才有：以“儒雅”著名的有公孙弘、董仲舒、兒宽等人；以“笃行”著名的有石建、石庆；被称为“质直”的有汲黯、卜武；被推为贤明的有韩安国、郑当时；“定令”能手有赵禹、张汤；“应对”干才有严助、朱买臣；司马迁、司马相如以“文章”见长；滑稽（辩捷之人、智计急出之人）则以东方朔、枚皋为代表；“历数”（天文历法）专家有唐都、洛下闳；“协律”（音乐）专家有李延年；桑弘羊长于“运筹”（出谋划策）；张骞、苏武善于当外交使节；杰出的军事将领有卫青、霍去病等人。直到汉武帝去世时，还有霍光、金日磾等人奉行遗诏，孜孜辅政，真是人才济济。汉武帝正是运用和依靠了这一大批人“兴造功业”，“制度遗文，后世莫及”②。

汉武帝一生，“外事征伐而内事兴作”，有不少是有积极意义的。例如，对边疆的开发，对黄河的治理，军队的屯垦，巩固和稳定政治经济的各种措施，等等，对当时的社会和人民，以及对后世都是有积极影响的。这些事业，表现了汉武帝的雄武奋发精神，表现了他的实干精神。

---

① 班固：《汉书》卷六，《武帝纪》，中华书局1962年版，第212页。

② 班固：《汉书》卷五十八，《公孙弘卜式兒宽传》，中华书局1962年版，第2634页。

当然，其内外大事兴作，耗费是很大的，必然造成财政上的困难，汉武帝虽然及时采取各种措施，如统一币制，实行盐、铁、酒专卖，实行平准、均输等办法，甚至用“算缗”、“告缗”的办法在豪强身上打主意。但由于历史的和阶级的局限，不可能根本解决问题，反而问题越积越多，矛盾越来越大，以致社会危机随之而来。

汉武帝一生，有功有过，是应该具体分析的。但他所表现的“穷奢极欲”，则加深了当时的社会阶级矛盾。他“内事兴作”，很大一部分就是兴建离宫别馆和到处巡游，比如扩大园池苑囿以供游乐，营造“千门万户之宫”以供享受；建立“神明通天之台”以壮声威；四处巡游，铺张浪费；大行赐赏，设“酒池、肉林”等。这样大兴土木，挥霍浪费，势必造成国库空虚，民穷财尽。

所以，到了汉武帝末年，尖锐的社会矛盾终于导致了农民起义的爆发。

汉武帝末年，年老多病。在阶级矛盾的基础上，汉统治阶级内部矛盾重重，特别是所谓“巫蛊之祸”，太子被冤枉死掉。接着，汉对匈奴战争又失利，李广利投降匈奴。这一连串不如意的事，对他刺激是很大的，但他头脑仍比较清醒。征和四年（公元前 89 年）他下了一道《罪己诏》，诏书中说：“当今务，在禁苛暴，止擅赋，力本农，修马复令，以补缺，毋乏武备而已。”[①] 由此可见，他年老而并不昏聩，这是很不容易的。

汉武帝是后元二年（公元前 87 年）二月丁卯日去世的，逝世前两天他又作了重大安排，即乙丑日立皇子弗陵为皇太子。第二天，他任命侍中奉车都尉霍光为大司马大将军，并且“受遗诏，辅少主”。当时太子年仅八岁。丁卯日“武帝崩。戊辰，太子即皇帝位”。这个安排，后来事实证明是正确的。霍光在以后一段历史中起了积极作用。以后的政治，实际上是武帝末年政治的继续，即恢复了“与民休息”的政策。霍光执政，“知时务之要，轻徭薄赋，与民休息”[②]。因而出现了所谓“昭宣中兴”。这样看来，汉武帝对当时政治的直接影响还不止五十年，至少也有六七十年，真不愧为一个伟大的历史人物。

---

① 班固：《汉书》卷九十六，《西域传》，中华书局 1962 年版，第 3914 页。
② 班固：《汉书》卷七，《昭帝纪》，中华书局 1962 年版，第 233 页。

以上生平概述，给雄才大略的汉武帝勾画了一个大致面貌。深入探讨和分析他的所作所为，我们将会对他的雄才大略有更深的认识。讲到他的军事活动，我们首先有必要对他的政治思想作番简要的认识。

众所周知，儒家思想在中国历史上居于“正统”地位，是从汉武帝时期开始的。由于他采取一系列的措施，如他接受董仲舒等人的建议，罢黜百家，独尊儒术，设置五经博士，兴立太学等，使儒家逐渐成为“正统”思想。他的许多重大活动，如行封禅之礼，实行太初改制等，都是一套儒家的东西，或者说是新条件下的新儒家的东西。无疑，汉武帝的政治思想，是儒家的政治思想。

那么，汉武帝为什么会接受儒家的思想？主要接受了他们的什么思想呢？进一步了解这一些，可以进一步见其雄才大略。

如前所述，武帝即位之初（年仅十六岁）就诏举贤良方正，亲自策问古今治道。从他当时所下《制书》看，他认为自己“任大而守重”，并且希望他所继承的汉朝事业能够“传之亡穷，施之罔极”，希望真正能够施行于天下，并且世世代代传留下去。

这说明了他的远大抱负。但是，汉初以来，黄老新道家在思想领域占统治地位，几十年来实行的是“清静无为”的政治。这种政治到汉武帝的时候不能再继续下去了。统一的国家要进一步巩固和发展，北方匈奴的威胁必须解决，客观上也不能再墨守成规了，而因循苟且又是与武帝的性格不相容的，因此汉武帝向贤良们提出来：“欲闻大道之要，至论之极。”黄老新道家认为，道论是基础，是本原，“拱默无为”的政治是建立在其思想理论之上的。汉武帝必须从道论开始做文章。如何破除传统的流行的思想，他在儒家所推崇的“五帝三王”中寻找思想理论武器，他发现五帝三王都曾“改制作乐”，而且通过“改制作乐”达到了“天下洽和”。因而，完全可以不必墨守成规。他大刀阔斧地“更化”、“改制”，坚信“更化则可善治”。这表现了汉武帝的积极进取精神。

当时的贤良对策，特别是董仲舒的对策，实际上不过是迎合了汉武帝的心理和意图。当然，其中董仲舒等人也宣扬了自己的一些主张和思想。但是，对于汉武帝来说，则是合则用，不合则不用。董仲舒“罢黜百家”之类的主张，汉武帝采纳了，实行了。董仲舒对匈奴欲“守和亲”的政策，汉武帝就不予理睬。这也是其才略的表现。

汉武帝除了以儒家“论制作乐”的思想作为自己“更化”的理论和历史根据之外，在内容上，他接受了儒家的什么东西呢？简而言之，就是大一统的思想。大一统思想，能够在儒家经典《春秋》中找到理论根据。董仲舒说：“《春秋》大一统者，天地之常经，古今之通谊也。”① 董仲舒正是以春秋的微言大义，以其大一统理论对策，因而名列前茅。正是因为汉武帝的政治需要，《春秋》被列为“五经”之一②。还有，“公孙弘以治《春秋》为丞相封侯”。这些事实都能证明汉武帝的思想倾向。

汉武帝以大一统为核心的政治思想，是真正指导了政治实践的，是在当时的政治上发生了影响的。元朔六年（公元前123年），汉武帝在诏书中说：“今中国一统，而北边未安，联甚悼之一。”③ 这说明他所有的军事行动，都是为了维护和巩固国家的统一。同时，这也正是这位历史人物雄才大略之所在。

二、丰功伟绩

汉武帝时期，西汉王朝内部没有什么大的军事斗争，主要的军事斗争是在边疆。如上所述，这正是与大一统政治有密切关系的。现分别叙述如下：

（一）加强了北方的边防建设

北方的匈奴族，战国以来就一直骚扰中原各国北方边境。秦始皇虽然把匈奴从河套和阴山一带赶走，并且修筑了万里长城加以防御。但是，汉朝初年，匈奴又占领了河套地区。河套当时叫做“河南”。由于北方边境不断受到侵扰，汉王朝当时又无能为力，就采取了“和亲政策”。但这种政策并没有使匈奴奴隶主贵族的侵扰停止。西汉王朝直到汉武帝时才开始进行反击。汉武帝之所以能大规模反击匈奴，固然是由于汉初几十年“休养生息”，以至国力强盛，有了物质基础；另一方面则与汉武帝的雄才大略分不开。如上所说，他以“北边未安”为念，在经过充分准备之后，有

① 班固：《汉书》卷五十六，《董仲舒传》，中华书局1962年版，第2523页。
② 《诗》《书》《易》《礼》都是儒家古老的经典，唯独《春秋》比较晚出。
③ 班固：《汉书》卷六，《武帝纪》，中华书局1962年版，第159页。

计划地开始了反击战争。

元朔二年（公元前127年），武帝派卫青自云中出兵，西至高阙（今河套西北狼山附近）、陇西（今甘肃临洮），对河套地区的匈奴实行大包围，结果大败匈奴兵。匈奴首领弃地而逃，“河南”这块失地又收复回来了。武帝在此设立朔方（今内蒙古伊盟西北部）、五原（今内蒙古包头西北）二郡。五原即秦时九原。朔方则是新设的。汉武帝这样做，显然是为了加强边防。同时，汉朝还移民实边，修整秦时的防塞。这一胜利以及胜利后的措施，解除了首都长安的心腹之患。往后，匈奴虽又在雁门（今山西右玉南）、定襄（今内蒙古和林格尔）、代郡（今河北蔚县）、上谷（今河北怀来东南）等地骚扰，但侵入河套的次数就比较少了，并且都及时受到了打击。元朔四年（公元前125年），汉朝增设河西郡，也是加强边防的一个措施，因为正是这一年，匈奴又曾一度侵入河套地区。

元狩四年（公元前119年），汉武帝派卫青、霍去病各率五万骑兵，深入漠北，寻歼匈奴主力，进行了一次有决定意义的战役。霍去病从代郡出发，深入一千多里，大败匈奴左贤王，追抵狼居胥山（今蒙古乌兰巴托东）才胜利回师。卫青从定襄出发，也是出塞一千多里，与匈奴单于主力作战，大获全胜，一直追到真颜山（今蒙古杭爱山南端）的赵信城，才凯旋而归。《汉书・匈奴传》记载说：“自卫、霍度幕（沙漠）以来，匈奴希复为寇，远徙北方。”此后，匈奴主力向西北迁移，也是与汉朝北方边防的巩固分不开的。在整个北方边防上，汉武帝不仅修整了秦代的长城，而且沿长城内外增加了许多防御工事，所谓烽燧、斥堠、亭障、关塞等。“塞外亭障”甚至远及长城以外阴山一带。《汉书・匈奴传》载应侯的话说：我听说一直到辽东的北方边塞，沿着阴山，东西有一千多里。是汉武帝时，出师征伐，建立了这一条防线，修建了塞、徼、亭、燧以及外城等，设立屯兵、戍卒进行守卫。

（二）开发了大西北

作为中央集权统一国家对大西北有计划的开发，是从汉武帝开始的。汉武帝为什么要开发大西北，其主要原因是为了“断匈奴右臂”。班固在《汉书・西域传》中写道：

汉武帝时，为了对付匈奴，考虑到它对西域各国的兼并、胁从以及和羌人的联合，于是特地在河西设立四郡，开辟玉门关以通西域，从而断匈奴右臂，隔绝其与南羌、月氏等联系，使匈奴单于孤立无援。因此匈奴远远逃走，大漠以南再没有匈奴的王庭了。

原来，在匈奴强大时，其势力东到现在的东北，西到甘肃河西走廊以至新疆。祁连山和焉支山之间的大片草原，是他们绝好的天然牧场。这西部是匈奴右贤王所辖之地，故为其右臂。元狩二年（公元前121年），汉武帝命霍去病自陇西（今甘肃临洮），北地（今甘肃庆阳西北）出兵，远征千余里，大败匈奴。自此以后，汉武帝控制了河西走廊，逐渐设立张掖、酒泉、敦煌等郡，甘肃全境正式设立了行政区。河西得到了有计划有组织的开发和建设。大量移民，在各地兴建军民屯田，修整水利，大大发展了农业生产，建设了一条真正的河西走廊。其结果就不仅仅是断了匈奴右臂，隔断了其与西羌的联络，更重要的是打通了通往西域的道路，有利于形成古代欧亚交通的“丝绸之路”。

不仅河西走廊得到了开发，今新疆地区与内地的联系也在此时进入了一个新的发展时期。武帝初年，他派张骞出使西域（不仅新疆，也包括葱岭以西的广大地区）。建元三年（公元前138年）和元狩四年（公元前119年）张骞两次出使的结果，西域各族和汉族之间的联系日趋密切，使节来往、经济文化交流极为频繁。因为匈奴的阻挠和破坏，汉武帝不得不用兵西域，元封三年（公元前108年）出征楼兰（一名鄯善，今罗布淖尔附近）和姑师（亦名车师，今吐鲁番），攻下了这两个小王国。汉武帝的政治势力达到了新疆地区，所谓“威行西域”。从武帝开始，汉朝建立起了汉对西域诸国的宗主地位，从而削弱了匈奴的控制，进一步保护了交通要道。

（三）最后完成了南方和东南的统一

秦始皇虽然统一了南方，但并未巩固。秦亡以后，南方和东南方相继出现了几个越族政权，自立为王，割据一方，这就是东瓯（今浙江）、闽越（今福建）和南越（今广东）。汉初的统治者无能为力，不得不“与剖符通使”，承认现状，以求一个安定。但事实上不可能安定，他们不是彼此间以兵相加，就是“发兵于边，为寇灾不止”。到了汉武帝才着手解决这一问题。汉武帝明确认识到，是因为天子力量微弱，诸侯割据势力才发展，以至于分裂自立，所以他发兵征讨。从元鼎五年（公元前 112 年）至元鼎六年（公元前 111 年），他消灭了南越割据政权，置儋耳（今广东儋县）、珠崖（今广东琼山）、南海（广州）、苍梧（今广西梧州）、郁林（今广西贵县南）、合浦（今广西合浦东北）、交趾（今越南河内西）、九真（今越南清化附近）、日南（今越南顺化附近）等九郡。

早在武帝初年，东瓯自动提出要求内徙，武帝遂把东瓯人处于江淮之间，与汉人杂处。元封元年（公元前 110 年）灭闽越之后，他也同样采取了这个办法。从那以后，东南半壁与内地完全打成一片。所以说，汉武帝最后完成了对南方和东南的统一。

（四）进一步开发西南地区

在今云南、贵州和四川西南部一带，居住着许多语言、风俗不同的少数民族，历史统称之为“西南夷”。他们各立“君长”，分别组成几十个部落，其中也有几个较大的，如贵州境内的夜郎、云南境内的滇、四川境内的邓都、冉駹等。这些地区的少数民族早就与巴蜀地区的汉族人民交往，但道路不便。秦始皇统一时，曾经开辟一条通道，在以上各地设置官吏。但不久秦朝灭亡，汉初又放弃了对这些地方的管辖，甚至重新设立关塞，使得巴蜀商贾只能偷偷贩卖以上地区的莋马、僰僮、旄牛等发财致富。这说明人民之间是需要交往的，并且事实上交往也没有中断过。

汉武帝即位后，注意了西南的进一步开发。建元六年（公元前 135 年）武帝派唐蒙通夜郎，并在那里设置了犍为郡（今四川宜宾）。同时，还在很艰苦的情况下，凿石开阁，修筑了一条长二千余丈、广丈余、深三四丈的山道。不久，他又派司马相如出使西南，在那里设置一个都尉官镇守，设十余县属于蜀郡（今四川成都）。后来为了致力对付匈奴，他放弃了较远的“西夷”的管辖，仅在“南夷”设置两县一都尉，而令犍为“自保”。到元鼎六年（公元前 111 年）破南越之后，武帝才又在西南设郡，以且兰为牂柯郡（今贵州黄平西）以邛都为越嶲郡（今四川西昌），筰都为沈黎郡（今四川汉源北），冉駹为汶山郡（今四川茂汶），白马为武都郡（今甘肃成县以西）。元封二年（公元前 109 年），武帝发巴蜀兵至滇，降滇王，以其地为益州郡（今云南宜良）。

汉武帝在西南少数民族地区共建立了七个郡，西南大部分地区归入西汉的直接管辖之下，西南各族和汉族人民之间的联系更加紧密了，西南得到了进一步的开发。

从以上叙述中，我们看到：汉武帝时期的军事斗争和开发、建设边疆有着密切的关系，其结果是巩固和发展了大一统的西汉帝国。这正是汉武帝在我国历史上立下的丰功伟绩。

三、建军定制

为了巩固大一统的政治局面，为了加强中央集权，汉武帝除了在政治、经济、文化各方面采取了一系列措施之外，在军事上也实行了一些改革，采取了一些措施，加强了军队的建设，从而保证了军事斗争的胜利。

（一）设置期门、羽林，增置九校尉

京师是统治中心，本来有中尉统领北军，保卫京师各城门，有卫尉统领南军，保卫宫廷，士兵均是从农民中征调来的，此外，郎中令所统领的一些身份地位较高的“郎”，实际上也是皇帝的侍卫官。

武帝时期，不仅增加了郎官的数量，又特别设置了期门和羽林，以加强禁卫军。

期门，是建元三年（公元前 138 年）设置的。其任务是“执兵送从”，就是携带兵器随从皇帝。开始设置时，和郎的地位一样，没有固定名额，最多达到千人。为什么叫期门呢？据《汉书·东方朔传》记载，武帝即位之后，从建元三年开始，经常“微行”（不使人知道）外出，四处游猎，每年八九月间的时候，经常在左右的武骑，以及从陇西、北地等地挑选来的“良家子能骑射常”，“期诸殿门”，就在殿门外等待着武帝出行，所以有“期门”这个名称。

羽林和期门一样，也是皇帝的随从武官，其地位略低于期门，设置的时间也较期门为晚，是太初元年（公元前 104 年）设置的，开始叫“建章营骑”，大约是建章宫的随从卫士，后来才改名为羽林期。羽林之名是形容其数量多的意思。也和期门一样，是挑选“六郡良家子”中有“材力”的人。还有“羽林孤儿”，即选用一些从军死事者的子孙，养于羽林，并

加以训练。

期门羽林等侍卫官的设置，不仅是加强了宫廷和皇帝自己的保卫，并且从中培养出来了一批著名的军事将领，所谓“以材力为官，名将多出焉”。

武帝为了加强整个京师的保卫，又增置和改编了九个校尉，即专掌特种军队的将领（略次于将军）：

城门校尉，掌管城门屯兵。武帝之前城门的防守属于中尉，没有专门的城门兵。征和二年（公元前91年），因“巫蛊”事件，才初置城门屯兵，设城门校尉主管，其下分为八屯，每屯均有司马，又有十二城门侯。

中垒校尉，其职务是“掌北军垒门内，外掌四城”。北军原是中尉统领的京城屯兵。武帝时中尉改为执金吾，职掌有所变化，京师的军队增多了，原来北军的一部分任务就由中垒校尉来负责。

屯骑校尉，率领骑士，大约是原来属于中尉的骑士。

步兵校尉，率领步兵，原属于中尉而屯住在上林苑。

虎贲校尉，率领车士，也是原中尉的车士。

射声校尉，率领“待诏射声士”。射声士是善射之士，待诏有候补的意思。这是一部分从各地选来的善射之士。

越骑校尉。率领“越骑”，是少数民族的军士。

长水校尉，率领屯驻长水、宣曲的“胡骑”，也是少数民族的军士。

胡骑校尉，率领屯驻池阳的“胡骑”。

以上九个校尉都是武帝时增置的，一般把城门校尉除开（因性质任务略有不同），而称八校尉，其中胡骑校尉又不常置，故又有七校之称。所谓“武帝时内增七校”，就是指禁卫军的加强。

（二）设置职业兵，进一步完善常备兵制

汉朝初年，正卒、戍卒等都是从农民中征调的，这叫做“寓兵于农”。制度上是有每年农闲时进行军事训练的规定，实际上恐怕是难以实行的，所以武帝以前冯唐就曾经说：“士兵都是一般老百姓的子弟，从农村中来参军，怎么能知道军令、纪律呢?”军令和组织纪律等都不懂，弓箭武器的使用自然也不会。制度上规定的平时训练是很难实行的。

而期门、羽林之类则不同，他们是“以兵为职”的职业兵，他们本来

就是被挑选出来的善于骑射的士兵。成为职业兵之后，他们平时又进行着骑马、射箭、投石、拔距等各种军事训练，有较高的武艺，其中有的人就“投石拔距，绝于等伦”，力气特大，技术高超。这是加强军队战斗力的一项措施。

再从专业兵种来看，武帝时更加完备，以上所说的八校尉，有步兵、屯兵，有车士、骑士、射声士。骑士中又分越骑、胡骑等。此外，当时还有水军，叫做“楼船辑濯士”。在当时条件下所能有的各兵种，步兵、骑兵、水兵以及车士（当时机械化兵）、射声士（弓箭手，当时的远程射击兵），汉朝是应有尽有、比较齐全的，这是常备军比较完善的一个标志。

（三）初步采用了募兵的办法

武帝时，由于对匈奴战争的规模越来越大，兵源需要量很大，但是另一方面不愿当兵的人又很多，许多人用“买复”的方法避免兵役，所以兵源又相对减少。按正常的征兵办法不能适应军事上的需要，因此必须在“正兵”之外另想办法。元狩三年（公元前120年）汉朝还曾下诏减少边境一些地方的戍卒，所谓“以宽天下之徭”。那么边境的戍守问题如何解决呢？办法之一是采取徙民、屯田等措施来实边；办法之二就是招募“勇敢士”，以补充兵源。就在上减戍卒的第二年，汉朝就大举用兵，武帝命卫青、霍去病各将五万骑兵，还有“私从马”四万匹以及步兵和运输民伕数十万人跟着十万骑兵部队出击，这中间大部分士卒就是招募来的，如“敢力战深入之士皆属骠骑（霍去病）”，一般称之为“勇敢士”，就是“正兵”之外选募而来。《文献通考》卷150《兵考》中记载说：“如发谪徒，则有七科谪：恶少年、亡命、弛刑选募，则有勇敢、奔命、伉健之属。”注云：“此皆出正兵之外。”实际上罪犯的征发也有招募性质的，如元封二年（公元前109年）汉朝派遣楼船将军杨、左将军荀彘，“将应募罪人击朝鲜”。又如，天汉四年（公元前97年）“发七科谪及勇敢士”，命贰师将军李广利率骑兵六万、步兵十万从朔方出发，因杅将军公孙敖率骑兵一万、步兵三万从雁门出发，游击将军韩说率步兵三万从五原出发，强弩将军路博德率步兵一万多人与李广利会合。步兵、骑兵总共二十四万人，基本上是招募的。

实行募兵制是从武帝开始的，武帝对边境四方用兵，调发中尉所统领的军队远击南粤（南越），恐怕京师无兵空虚会发生事变，于是创置七校尉，招募知胡事者为胡骑，招募知越人事者为越骑。汉初京师的南北军，是从地方轮番征调来的，开始没有固定的兵。自从武帝设置八校尉之后，才开始实行募兵制，设置了羽林、期门，才开始有了长从（职业兵）。武帝以后，西汉后期就一直实行募兵制了：如昭帝始元元年（公元前86年），“募吏民及发犍为、蜀郡奔命击益州（今云南宜良）”①；宣帝神爵元年（公元前61年），发三辅中都官弛刑及应募佽飞射士、羽林孤儿、胡越骑……诣金城（今甘肃兰州西北）②，后来赵充国愿罢骑兵，留弛刑应募；元帝永光二年（公元前42年），汉朝发募士万人击西羌③；平帝元始二年（公元4年），“募汝南、南阳勇敢吏士三百人谕说江湖贼”④。

（四）大修马政，建立一支强大的骑兵

当时对匈奴进行战争，主要依靠骑兵。汉初之所以对匈奴采取“和亲”政策，不敢反击，其原因之一就是没有强大的骑兵，所谓“天子不能具醇驷，将相或乘牛车”，说明马匹少。到了汉武帝时，马的数量大大增加了，据《汉书·食货志》记载说：“众庶街巷有马，阡陌之间成群，乘牸牝者摈而不得会聚。”民间马匹很多，城市街巷到处都可见到马，乡村更是马匹遍布四野，因而乘马者都是好马雄马，耻于乘骑雌马（母马），乘雌马者不得参加会聚。

到武帝时马匹数量大大增加，一方面是因为汉初六七十年，国家相对太平无事，实行了休养生息政策，另一方面也与注意养马政策有关，特别是汉武帝时大修马政的结果。史书上明确写道：汉武帝为了对付匈奴，所以“战养马”，常常将大批马群集中到长安饲养，数以万计，以至于关中人员不足，征调附近郡县的人来帮忙管理。

汉武帝时马养得多，消耗也很大，如元狩四年（公元前119年）卫青、霍去病对匈奴作战，出塞时有公私马匹十四万之多，入塞时不满三万匹，损失军马十多万匹。这是最大的一次消耗，其他每次都有损失，几年加起来也是数以万计。马少了就不能作战，所以有的时候“以汉马少，故久不伐胡”。

军马需要不断补充，而汉武帝也采取了一系列措施不断地予以补充。

---

① 班固：《汉书》卷七，《昭帝纪》，中华书局1962年版，第219页。

② 班固：《汉书》卷八，《宣帝纪》，中华书局1962年版，第260页。

③ 班固：《汉书》卷七十九，《冯奉世传》，中华书局1962年版，第3297页。

④ 班固：《汉书》卷十二，《平帝纪》，中华书局1962年版，第354页。

如上述元狩四年损失了十余万匹军马之后，第二年就因为天下马少，“平牝马匹二十万”，这里“平”作“定”字讲，注解就说是“贵平牝马价”，鼓励人们竞相养马。又如元鼎四年（公元前 113 年）下令，老百姓可以蓄养边疆官府的母马，三年之后归还，加还给官府一匹马驹。元鼎五年（公元前 112 年），因为“车骑马乏”，政府钱少，同时马也难得买到，于是下令，要求三百石官吏以上，按等级上交不同数量的母马。这样大大增加了政府蓄养的马匹。太初二年（公元前 103 年），又一次向官吏和老百姓征调马匹以补充军用。其他也还有一些补充马匹和养马的措施。直到汉武帝晚年，虽然不再大肆征伐了，但仍然不忘“修马复令以补缺，毋乏武备”，并且要地方主管官吏进奏“蓄马方略”以及加强边防的方案。

据上所述可见，汉武帝大修马政，是与军事斗争有密切关系的，是为了建设和加强当时对匈奴作战需要的骑兵队伍。

为了建设一支强大的骑兵，除了大修马政之外，汉武帝还特别注意骑兵将领的选拔。他所重用的卫青、霍去病都是善于带领骑兵的统帅。卫青年轻时就曾“为侯家骑”，霍去病也是“年十八，为侍中、善骑射”。这一点在汉武帝之前晁错就曾指出过：“今匈奴地形、技艺与中国异”，辽阔的沙漠也有“上下山阪”，还要出入溪涧，这是“中国之马”不如的，道路险窄，还要求“且驰且射”，是“中国之骑”不能胜任的，还有“风雨疲劳，饥渴不困”，也是汉人难以适应的①。因此，汉武帝所挑选的骑兵将领，不是少数民族，就是边郡人士，他们比较熟悉匈奴的“地形、技艺”。如大将军卫青部下，“为特将者十五人”，都是可以独当一面出师征伐的，除原籍不可考者外，大多是边地人。

关于骑兵的训练，没有多少直接的材料说明，但从汉武帝设置期门、羽林以及胡越骑等情况看，也可说明武帝是注重骑兵训练的，增置七校之中，有四个是属于骑兵的，射声校尉所率射声士，与骑兵也多少有些关系。

（五）实行军事屯田，建立且耕且战的边防军

匈奴在北边经常骚扰，如何加强边防是一个很大的问题。早在汉文帝

① 班固：《汉书》卷四十九，《晁错传》，中华书局 1962 年版，第 2281 页。

时，晁错就有了屯田备边的思想，他说，“令远方之卒，守塞一岁而更，不知胡人之能。不如选常居者家室田作，且以备之”①。到汉武帝时，主父偃又提出此种主张，为武帝所采纳和实行。

元朔二年（公元前127年），汉军大败匈奴之后，即置朔方、五原郡（今内蒙古包头西北），并筑朔方城，同时大量移民。当年夏一次就募民十万，迁到朔方屯田。以后逐渐发展，在上郡、朔方、西河（今内蒙古伊盟东胜附近）、河西等地，“开田官，斥塞卒，六十万人戍田之”②，即以开田之官，防边之卒，一边耕种，一边戍守，人数达到六十万之多。这样，既加强了边防，又减少了从老远内地征调戍卒。

再以后，汉设置了张掖、酒泉等郡。从武威、张掖、酒泉、敦煌一直到今新疆境内的轮台、渠犁（轮台东南）等地，到处都有关塞，到处都有田卒。屯田者且耕且守，既是民又是兵，但其军事性质是主要的，实际上就是当时的边防军。

屯田的实行，使得“屯戍之事益省，输将之费益寡”，有了比较固定的边防军，征调戍卒之事就大大减少了，上述元狩三年（公元前120年）“减三郡戍卒之半，以宽天下之徭”，就是明显的例子。另一方面则是减少了向边境运输军粮的费用，也就是所谓“用功省少而军粮饶足”，除供给边防军的粮食之外，也可以部分补足过往部队以及其他使者的供应。所以主父偃认为，实行屯田，是“内省转输戍漕、广中国、灭胡之本也”③，是一条加强边防、抗击匈奴的根本措施。

（六）治军严明，信赏必罚

汉武帝治军，特别注意信赏必罚，以之严明军纪。他对带兵将领要求特别严格，早在开始进行反击匈奴战争时期，就提出了“治兵振旅”的问题。元光六年（公元前129年），匈奴入侵上谷，武帝派卫青、公孙贺、公孙敖、李广等人全面反攻，卫青一路获胜，李广、公孙敖“失师而还”，汉武帝下了一道诏令，其中说道：

---

① 班固：《汉书》卷四十九，《晁错传》，中华书局1962年版，第2286页。
② 班固：《汉书》卷二十四，《食货志》，中华书局1962年版，第1173页。
③ 班固：《汉书》卷六十四，《主父列传》，中华书局1962年版，第2803页。

古者治兵振旅，因遭虏之方入，将吏新会，上下未辑。代郡将军敖、雁门将军广所任不肖，校尉又背义妄行，弃军而北，少吏犯禁。用兵之法，不勤不教，将率之过也；教令宣明，不能尽力，士卒之罪也。将军已下廷尉，使理正之，而又加法于士卒，二者并行，非仁圣之心。朕闵众庶陷害，欲刷耻改行，复奉正义，厥路亡由。其赦雁门、代郡军士不循法者。①

只依法律处分将领，赦免一般士兵，这是汉武帝治军严明的具体表现。

元光三年（公元前132年）马邑（今山西朔县）之谋中力主出击的王恢，在战争中因为不敢迎击匈奴，“逗挠当斩”，即便丞相、太后求情，也未能免于一死。汉武帝认为，王恢力主出击之谋，因而调动了数十万军队，他自己却临阵畏却，如果回避主力，能略有出击，也好交代，而王恢完全不敢前进，不处分是“无以谢天下”的。由此可见，汉武帝执行军法甚严，毫不讲情面。据史载，因“弃军逃亡”、“畏懦后期”、“失亡过多”、“虏获不实”、“迷失道”、“乏军兴”② 等将领，稍微严重一些的，就处以死刑。

汉武帝注重论功行赏。

元朔六年（公元前123年），为了军事的需要，汉朝专门制定了武功赏官的办法。这一年大将军卫青接连打了两次大胜仗，汉武帝下诏说：“今中国一统而北边未安，朕甚悼之。”这说明军事上的需要。又说：上一次大将军获胜，已进行过赏赐，连罪人都得到了厚赏，得释免或减轻其罪过，现在又获大胜，应该如何进行赏赐？有关机构应该制定出具体办法。于是有关机构就提出来：“置武功赏官，以宠战士。”据记载，当时制定了“造士”以至“军卫”等十一级武功爵以赏军功。

汉武帝论功行赏是相当优厚的，如元朔五年（公元前124年）卫青等击败匈奴右贤王之后，卫青被拜为大将军，益封八千七百户，三个儿子被封为侯。护军都尉公孙敖被封为合骑侯，都尉韩说为龙额侯，骑将军贺为

① 班固：《汉书》卷六，《武帝纪》，中华书局1962年版，第165页。
② 参阅《西汉会要》卷五十八《军法》条所辑材料。

南窌侯，轻车将军李蔡为乐安侯，校尉李朔为陟轵侯，校尉赵不虞为随成侯，校尉公孙戎奴为从平侯，将军李沮、李息及校尉窦如意、中郎将绾皆赐爵关内侯，沮、息、如意“食邑各三百户”。

又如元狩四年（公元前 119 年）大败匈奴之后，卫青、霍去病之号无以复加，于是置大司马位，大将军卫青、骠骑将军霍去病皆为大司马。虽然霍去病得到的赏赐更多一些，但也都普遍地进行了封赏。食邑、黄金赏赐甚多。论功行赏，成为一定制度，此所谓“信赏”。

但是，争功是不行的，如元封三年（公元前 108 年）东击朝鲜之后，左将军荀彘“坐争功弃市”，因为争功遭到处以死刑，也可见其赏罚严明。

信赏必罚是治军的一项重要手段，有利于保证部队的战斗力。

四、指挥若定

从军事家的角度看汉武帝这个人物，他的身份是一个最高统帅和最高指挥官，当时的战争和主要战役，都是他亲自决策和组织实施的。这可以列举他指导反击匈奴战争来略加说明：

元光元年（公元前 134 年），汉武帝就开始准备对匈奴进行反击。先是以卫尉李广为骁骑将军屯方中（今内蒙古托克托），中尉程不识为车骑将军屯雁门，实际是准备出击，后因有马邑之谋而暂罢。元光二年（公元前 133 年），马邑豪强聂壹建议：利诱匈奴单于，伏兵袭击。汉武帝诏问臣下，说是因为匈奴“侵盗无已，边境被害”，欲举兵进攻，问大家意见如何。当时有主张“宜击”的，也有主张“勿击便”的。经过一番辩论，汉武帝毅然决定出击。

以后一些带战略性的出击也都是他决定的，并且进行具体的战略部署，如元狩四年（公元前 119 年）的出击，就是汉武帝主动向“诸将”提出的。他认为当时投降了匈奴的翕侯赵信正为单于出谋划策，以为汉兵不能轻易到沙漠地区作战。这种错误判断可利用。如果汉军出其不意大举进攻，必可取得很大胜利。因而他毅然决定出击，命令卫青、霍去病各率五万骑兵，加上数十万步兵和运输部队出征。开始，他命霍去病从定襄（今内蒙古和林格尔）出发对付匈奴单于。后来捉到匈奴俘虏，听说单于已经东进，于是又“更令”，另作一番调遣，命霍去病出代郡，卫青出定襄，以李广、公孙贺、赵食其等人为前后左右将军隶属大将军卫青。这一切都是汉武帝部署的。战后，他又亲自进行封赏。由此不难看出，从定策、部署到总结，都是汉武帝亲自进行的。

汉武帝是否学习过兵法，史无明文记载。不过，根据《汉书·霍去病传》记载，汉武帝曾经想叫霍去病学习吴、孙兵法，可以说明他是重视学习古代兵法的。从他的军事活动的实践看，他是深谙兵法，精于战略筹划的，并且在指挥的实践中，思想越来越丰富，运用越来越熟练。兹具体分述如下：

（一）注意作充分战争准备，一旦准备充分便适时地由战略防御转入战略进攻

如前所述，匈奴奴隶主对北方边境威胁由来已久。汉初“和亲”政策并没有使匈奴奴隶主完全停止骚扰，所以不得不采取“守边”、“堵击”等办法，如文帝后六年（公元前 158 年）冬，以中大夫令免为车骑将军屯飞狐（今河北涞源），以原楚相苏意为将军驻屯句注（今山西代县西北），以将军张武驻屯北地（甘肃庆阳西北），以河内右守周亚夫为将军驻守细柳（今西安西北）以宗正刘礼为将军驻守霸上（今西安东南），以祝兹侯徐厉为将军驻守棘门（今西安北秦时宫门），采取这一系列措施以防御匈奴的侵袭，特别是保卫长安的安全。

汉武帝即位之初，基本上也是采取这种防御的办法，包括马邑之谋，也不过是想以诱敌深入、打伏击的方式消灭匈奴主力，并不是主动地采取积极攻势行动。以后，他才逐渐实行“举兵攻之”的思想。他一方面他继续加强备边，徙民、屯田、筑城障、列亭燧等；另一方面从几次大的对匈战争看，他是主动进攻，并实行了深远的战略进攻行动。及至以后，匈奴实际上是回归漠北而去，北方边境安静多了。同时，就是在这个过程中，他也加强了北方和大西北的开发和建设。

（二）机动灵活，掌握战争的主动权

汉武帝指挥的对匈奴战争，几次大的战役都是主动出击的，如元朔年间（公元前 124—公元前 123 年）的河南、漠南之战，元狩二年（公元前 121 年）的河西之战，元狩四年（公元前 119 年）的漠北之战。战争中，

汉武帝注意因势利导，漠北之战体现这一思想最为充分。汉武帝自河南之战反击匈奴起，匈奴屡遭削弱，汉军屡获胜利，形势对匈奴越来越不利，赵信为匈奴策划，认为汉军不可能越过大漠而轻易留下，建议匈奴乘汉军越漠疲惫时反击。汉武帝则顺其所料，将计就计，派大军飞越大漠，给匈奴主力以出其不意的打击。

在作战计划中，武帝又坚持避实就虚、各个击破、主次配合等原则。

用兵注重形成重点，有主有次，有正有奇，相互配合，共同协力，以战胜敌人。汉武帝指导的一些大战役，包括对匈奴，也包括对南越等其他地方的用兵，不论分兵几路，或几个作战方向，均形成有主要的一路，或主要的作战方向，都保证形成重点。并且，他明确各路或各作战方向各自在战役中的地位作用和互相配合的关系。如元朔五年（公元前 124 年）对匈奴，主要方向由卫青率兵出高阙（今河套西北狼山附近）、朔方（今河套西北部），指向右贤王的王庭，次要方向由李息等率兵出右北平（今辽宁建昌东）为策应。又如元鼎五年（公元前 112 年）出兵南越，分四路进攻：以卫尉路博德为主，出桂阳（今湖南郴州），下湟水；以主爵都尉杨仆出豫章（今江西南昌），下潢浦；以归义侯严、甲二人出零陵（今湖南永州北），下漓水；以越人驰义侯遣发巴蜀罪人并夜郎兵，下牂牁江。四路均向南越都城番禺（今广州）会师。又太初元年（公元前 104 年）用兵朝鲜也是如此：一路由杨仆率五万人自海上进军，一路由荀彘率兵自辽东（今辽宁辽阳西北）进发，以杨仆一路为主。

在作战中，他采取各个击破的方针。匈奴占领河南，对西汉都城长安是很大威胁。而盘踞河南的楼烦王、白羊王又不是匈奴单于的亲信，战斗力不强，并且当时匈奴主力又正在侵袭上谷（今河北怀来东南）、渔阳（今北京密云西南）。汉武帝却避实就虚，先集中力量攻取河南，收到了出敌不意的效果，然后消灭右贤王的军队，再打单于主力，始终掌握着战争的主动权。

（三）注意解决骑战中的后勤保障问题

为了保证骑兵的快速机动，就必须解决好部队的补给。元狩四年（公元前 119 年）汉武帝出动十万骑兵，就调集了大量“私负从马”随军行动（据记载有四万匹马）。同时，他命令数十万步兵担任运输，这就为大军越过大沙漠的给养作了充分的准备，使军队能保持强大的战斗力。

上述“私负从马”，不在十万大军编制之内。他们担负运输任务，同时也有预备马匹的性质。这在骑兵作战中是需要的。因为一方面步兵运输远远跟不上骑兵的快速前进，另一方面作战中马匹伤亡，预备马可以补充参战。汉武帝培养出来的将领赵充国，就深深懂得这个道理。后来在宣帝时，赵充国上屯田奏，就主张四月草生时用骑兵“为屯田者游兵”，但要“倅马什二”，悴马就是副马，就是预备马，什二就是每十匹战马配备两匹副马，千骑就是二百匹。从汉武帝开始，汉朝就一直实行这种副马制度，上述十万骑有“私负从马”四万匹，那就不是什二而是什四了，配备是比较充分的。

五、简短结语

由上述内容我们可以看出，汉武帝是西汉时期著名的军事统帅，是中国古代军事史上值得肯定的一位历史人物。

首先，汉武帝根据西汉政治、经济、军事发展的情况，适时地改变了对匈奴和亲的传统政策，实现了对匈奴由消极防御战略，向积极进攻战略的战略转变。实践证明，汉武帝这一军事战略转变是十分正确的。

其次，汉武帝首次大规模使用骑兵，在广大的荒漠地区进行广泛的机动作战。在作战指导上，坚持因势利导、先发制人、各个击破的思想。在作战指挥上，能够正确地选择主要作战方向和次要方向，以次要作战方向配合和策应主要作战方向。他又成功地解决了骑战中军队的补给问题，从而创造了千里迂回、远程奔袭越漠歼敌等大规模骑兵军团作战的成功战例，进一步丰富了我国古代军事思想。

再次，汉武帝在军事体制、编制、骑兵建设等方面都有不少革新。他知人善任，善于选将、“将将”，也受到后来有见识的思想家的称赞。王夫之在其所著《读通鉴论》中曾经说：“以武定天下者，有将兵，有将将。”“将兵者不一术，将将者兼用之，非可一律论也。人主，将将者也。大将者，将兵而兼将将者也。”王夫之在评论李广时，同时也评论了汉武帝。王夫之指出，李广自己坚决要求随卫青出征匈奴，汉武帝不得不勉强同意，但他暗地里告诫卫青，要防止李广失败，又充分重用卫青。卫青根据汉武帝的指示，没有重用李广，但是让他牵掣匈奴。这件事，一方面表明了汉武帝知李广之深，另一方面又表现了他的“将将之善术”。

王夫之的评论是正确的。李广和韩安国等人虽是一批宿将，但习惯于防御战，缺乏运用骑兵在沙漠、草原地区进行大规模机动作战的经验，所以他们开塞出击，往往徒劳无功，甚至损兵折将。如果继续任用李广等人担负反击匈奴的战争，真会造成“为汉之社稷，百万之生灵痛哭”（王夫之语）。汉武帝在当时，不为李广的名声所迷惑，毅然决然选拔和重用一批如卫青、霍去病等事业心强而又善于指挥骑兵军团作战的青年将领，并且是破格提拔，足见其“将将之善术”。他培养了一本批军事人才，甚至当时的中下级军官，如上面提到的赵充国。在战争中，他们都迅速成长起来。昭帝、宣帝之时，在军事上，他们发挥了重大作用。

武帝雄才拓汉疆

只要我们到祖国的大西北去看一看，穿过八百里秦川，沿着河西走廊，再到天山南北，访一访戈壁沙漠中的汉代古迹，自然而然地要想起汉武帝，佩服他的雄才大略，纪念他在创立我们这个统一多民族国家中的伟大功绩。

汉武帝刘彻，从十六岁开始做皇帝，七十一岁死去，在位五十四年(即公元前140—前87年)，占了整个西汉王朝的四分之一的时间。在这半个世纪中，强盛的西汉王朝得到发展和巩固，以汉民族为主体的统一的多民族国家，就是在汉武帝时期确立的。因此，我国最大的民族叫汉族，我国的主要语言、文字叫汉语、汉文。这一切都不能不使人想起汉武帝。

汉武帝时期，政治、经济、文化各方面都有极重要的措施，其影响远远超出汉王朝的本身。特别在边疆的开发方面更有其突出贡献。

汉武帝的主要目标是加强北方的边防建设。因为游牧于中国北方的匈奴族，自战国以来就不断南下骚扰。秦始皇虽然曾把匈奴人从河套和阴山一带赶走，并且修筑了万里长城，但是汉朝初年匈奴又占领了河套境内当时叫做“河南”的地区，东起辽东，西到陇西的漫长北方边境，又不断受到侵扰，成为西汉王朝的主要威胁。当时，西汉王朝无力出击，只好采取“和亲”政策，但这种政策并没有使匈奴奴隶主贵族的侵扰停止。

汉武帝即位之后，经过几十年的“休养生息”的西汉王朝，这时已是政治稳定，经济繁荣，国力鼎盛了。雄才大略的汉武帝及时地抓住了这个大好时机，决心解除国家的这个心腹之患。他在元朔六年（前123年）颁布诏书说：“今中国一统，而北边未安，朕甚悼之。”① 接着，在经过充分准备之后，有计划地开始了对匈奴的反击战。

公元前127年，武帝派卫青自云中出兵，西至高阙、陇西，对河套地

---

① 班固：《汉书》卷六，《武帝纪》，中华书局1962年版，第173页。

区的匈奴实行大包围，结果大败匈奴兵，收复“河南”失地。武帝在这里设立朔方和五原二郡（五原即原来秦的九原，朔方则是新设的），并同时“募民徙朔方十万口”①，以后还继续“徙关东贫民处所夺匈奴河南地新秦中以实之”②。过了两年，又设西河郡，以断绝匈奴自东进入“河南”的道路。这样，就解除了首都长安的心腹之患（因为长安到河南之地不过一千多里）。

到了公元前119年，汉武帝派卫青、霍去病各率五万骑兵，深入漠北，寻歼匈奴主力，进行了一次有决定意义的战役。霍去病从代郡出发，深入一千多里，大败匈奴左贤王，追抵狼居胥山（今内蒙古苏克特旗以北），才胜利回师。卫青从定襄出发，也是出塞一千多里，与匈奴单于主力作战，大获全胜，一直追到寘颜山（今蒙古人民共和国纳拉特山）的赵信城，凯旋而归。所以史书记载说：“自卫霍度幕（沙漠）以来，（匈奴）希（通稀）复为寇，远徙北方。”③

在整个北方边防线上，汉武帝不仅修整了秦代的长城，而且沿长城内外增加了许多烽燧、斥堠、亭障、关塞等防御工事。实际上“塞外亭障”远在长城以外阴山一带，《汉书·匈奴传》载侯应的话说：“北边塞至辽东，外有阴山，东西千余里……至孝武世，出师征伐，斥夺此地，攘之于幕北，建塞徼，起亭隧，筑外城，设屯戍，以守之，然后边境得用少安。幕北地平，少草木，多大沙，匈奴来寇，少所蔽隐……边长老言匈奴失阴山之后，过之未尝不哭也。”证明汉代边塞防守之严。

汉武帝还开始了对大西北有计划的开发。

汉武帝为什么要开发大西北？其主要原因是为了“断匈奴右臂”，班固在《汉书·西域传》写道：“孝武之世，图制匈奴，患其兼从西国，结党南羌，乃表河曲，列四郡，开玉门，通西域，以断匈奴右臂，隔绝南羌、月氏，单于失援，由是远遁，而幕南无王庭。”

匈奴强大时，其势力东到现在的东北，西到甘肃河西走廊和新疆，祁连山和焉支山之间的大片草原，是他们绝好的天然牧场。这西部是匈奴右贤王所辖之地，故为其右臂。公元前121年，武帝命霍去病自陇西、北地

---

① 班固：《汉书》卷六，《武帝纪》，中华书局1962年版，第170页。

② 班固：《汉书》卷九十四，《匈奴传》，中华书局1962年版，第3769页。

③ 司马光：《资治通鉴》二十一卷，《汉纪十三》。

出兵，远征千余里，大败匈奴。自此以后，汉武帝控制了河西走廊，逐渐设立张掖、酒泉、敦煌等郡，甘肃全境正式成为汉朝版图的一部分，河西走廊得到了有计划有组织的开发和建设。武帝下令大量移民，同时，在河西兴办军屯、民屯，修整水利，大大发展了农业生产，建设起一条富饶的河西走廊。因而其结果就不仅仅是断了匈奴右臂，隔绝了其与西羌的联络，更重要的是打通了通往西域的道路，形成沟通古代欧亚交通的“丝绸之路”。

不仅河西走廊得到了大规模的开发，今新疆地区与内地的联系，也在汉武帝时期进入了一个新的发展时期。

武帝初年，即派张骞出使西域（不仅新疆，也包括葱岭以西的广大地区）。公元前138年和前119年两次出使的结果，西域各族和汉族的联系日趋密切，使书来往不绝，经济和文化交流极为频繁。

但因为匈奴的阻挠和破坏，汉武帝也不得不用兵西域，公元前108年出征楼兰（一名鄯善，今罗布淖尔附近）和姑师（亦名车师，今吐鲁番境），攻下了这两个小王国，使汉朝“威行西域”。从武帝开始，建立起了汉时对西域诸国的宗主地位，进一步保护了东西方的交通孔道。

在击败匈奴之后，汉武帝又完成了对南方和东南的统一。

秦始皇虽然统一了南方，但南方形势并不巩固。秦亡以后，南方和东南方相继出现了几个越族政权，自立为王，割据一方，这就是东瓯、闽越和南越。汉初无能为力，不得不和他们“剖符通使”，承认现状，以求暂时安定。但事实上并不安定，他们不是彼此间兵戎相加，就是“发兵于边，为寇灾不止”①。汉武帝决心扭转“天子微弱，诸侯力政”② 的局面，乘南越发生吕嘉之乱的机会，发兵十万征讨，于公元前112年至前111年，消灭了南越割据政权，置儋耳（治所在今海南岛儋县西北），珠崖（治所在瞫都，今广东琼山东南）、南海（治番禺，广东省大部分地区）、苍梧（治所在广信，今广西梧州市）、郁林（治所在布山，今广西桂平县西）、合浦（治所在合浦，今广东合浦县北）、交趾、九真、日南九郡。

东南方面，早在武帝初年，东瓯自动提出要求内徙，武帝遂把东越人

---

① 班固：《汉书》卷九十五，《南粤传》，中华书局1962年版，第3849页。

② 班固：《汉书》卷九十五，《南粤传》，中华书局1962年版，第3857页。

移处江淮之间，与汉人杂居。公元前 110 年灭闽越之后，也同样采取了这个办法。从那以后，东南半壁与内地完全打成一片。

以后的南方和东南与中原成为一个不可分割的整体，这在中国历史上具有划时代的意义。

汉武帝同时也加紧了对西南地区的进一步开发。

在今云南、贵州和四川西南部一带，居住着许多语言、风俗不同的少数民族，历史上统称之为“西南夷”，他们各立“君长”，分别组成几十个部落，其中也有几个较大的，如贵州境内的夜郎、云南境内的滇、四川境内的邛都、冉駹等。这些地区的少数民族，虽然早就与巴蜀地区的汉族人民有交往，但道路不便，“秦时尝破，略通五尺道，诸此国颇置吏焉。十余岁，秦灭。及汉兴，皆弃此国而关蜀故徼。巴蜀民或窃出商贾，取其筰马、僰僮、旄牛，以此巴蜀殷富”①。由此可见，一方面因为秦统治时间很短，西南地区未能得到进一步开发，而汉初又放弃了经营，另方面各族人民之间的交流却始终未断，继续开发西南势在必然。

公元前 135 年，汉武帝派唐蒙通夜郎，并在那里建置了犍为郡。同时，还在极端艰苦的情况下，凿石开山，修筑了一条长二千余里、广丈余、深三四丈的山道。不久，又派司马相如出使西南，在那里“置一都尉，十余县，属蜀”。后来，为了“专力事匈奴”，乃“罢西夷，独置南夷两县一都尉，稍令犍为自保”。(同上）到公元前 111 年破南越后，再次在西南设郡，以且兰为牂牁郡，邛都为越嶲郡，筰都为沈黎郡，冉駹为汶山郡，白马为武都郡。公元前 109 年，武帝发巴蜀兵伐滇，降滇王，以其地为益州郡。

汉武帝在西南少数民族地区共建立了七个郡，西南大部分地区归入西汉的直接管辖之下，西南各族和汉族人民之间的联系更加紧密了，广大西南地区得到了进一步的开发。

从以上简略的叙述中，我们不难看出，在开发祖国边疆方面，秦始皇做过的事汉武帝都做了，秦始皇没有做或者没有做完的事，汉武帝也做了。汉武帝对于统一的多民族国家的建立和巩固所做的贡献是巨大的，其功绩是不可磨灭的。

---

① 班固：《汉书》卷九十五，《西南夷传》，中华书局 1962 年版，第 3838 页。

略论刘秀统治的指导思想

这是一个值得探讨而又不容易说清楚的问题，直接说明问题的材料不多，记载中的某些偏向（如儒家思想的偏重之类），容易影响人们的认识，有关现象又比较复杂，等等。但仔细分析，还是能理出一些头绪来的。下面就简略地谈谈这个问题。

一

谶纬思想影响不小，但不是刘秀统治的指导思想。

众所周知，西汉末年以来，谶纬思想广为流行，王莽是推波助澜之人。刘秀在既成事实的基础上利用了图谶，他“中兴”汉室利用了《赤伏符》：“刘秀发兵捕不道，四夷云集龙斗野，四七之际火为主。”① 他的某些举动和措施也有意无意地应图谶而行，涉及制定礼乐制度以及人事任用等。最后，中元元年（公元56年）“宣布图谶于天下”。把所有的材料集中起来，也不足以说明谶纬是其统治的指导思想。且申明如下：

第一，谶纬不会兴起得很早，但王莽时“炒价”已很高，是他首先想利用起来为自己的统治服务，刘秀不过是面对既成的现实而加以利用，也非利用不可。《后汉书·光武帝纪》的“论曰”集中反映了这一点，它历数了西汉末以来有关的“兆言”、“历运”、“望气”等，最后又说：

> 初，道士西门君惠、李守等亦云刘秀当为天子。其王者受命，信有符乎？不然，何以能乘时龙而御天哉！

刘秀之得天下，在社会思潮中，在人们心理中，得利于谶纬是显而易

---

① 范晔：《后汉书》卷一，《光武帝纪》，中华书局1965年版，第21页。

见的。他充分利用了这一点，对付王莽之篡位自不待说，与公孙述论战更能说明其社会心理方面的意义。当时公孙述“亦好为符命鬼神瑞应之事，妄引谶记”（“妄引”二字表明作者的“正统”观念），并且“数移书中国，冀以感动众心”①。玩图谶符命这一套的目的就是为“感动众心”，玩弄者本人并无所谓信与不信，开始李熊劝公孙述“宜即大位”，他还很不自信地说：“帝王有命，吾何以足当之？”② 后来才制造符瑞，找出一些图谶根据来。而刘秀写信给他，除了驳斥他的图谶根据之外，进行的是情理的劝说，说的倒是其他一些思想，如：

> 乃复以掌文为瑞，王莽何足效乎？君非吾贼臣乱子，仓卒时人皆欲为君事耳，何足数也。君日月已逝，妻子弱小，当早为定计，可以无忧。天下神器，不可力争，宜留三思。③

这后一句，李贤注曰：“《老子》云：天下神器，不可为也。”用的是《老子》的思想！虽没有正面否定图谶——从自身利益出发也绝不会否定图谶，但对图谶是有清醒认识的，知道它并不可靠，只是争取和欺骗（所谓“感动”）人心的一个思想武器，一种手段。

第二，正因为对图谶有比较清醒的认识，所以有时候虽有意无意地照谶行事，但也主要是做给人看的，人们常引用的桓谭、尹敏等人的例子均可看出这一点。有的人只讲桓谭说“臣不读谶”，因而刘秀大怒曰：“桓谭非圣无法，将下斩之。”但看看《后汉书·桓谭传》前后的记述不难发现，在此之前已经有好几次“上书言事失旨，不用”，“书奏不少”或“帝省奏，愈不悦”的记载。其实，对于桓谭上《新论》，“世祖善焉”，是欣赏他的思想主张的，只是其所言语，有些一时还提不上议事日程（如关于政事、法令之类的建议），有些则直接影响政局的稳定（如关于图谶的否定）。“非圣无法”实指对当今的非议，绝非只是一个信不信图谶的问题。尹敏的事例更清楚，尹敏本来就认为“谶书非圣人所作”，刘秀却令他“校图谶”，他当然只得服从，并且增加一条“君无口，为汉辅”以示讽

---

① 范晔：《后汉书》卷十三，《公孙述传》，中华书局1965年版，第538页。
② 范晔：《后汉书》卷十三，《公孙述传》，中华书局1965年版，第535页。
③ 范晔：《后汉书》卷十三，《公孙述传》，中华书局1965年版，第538页。

谏，刘秀无可奈何。看来心里。都明白图谶的虚假性。刘秀也曾干过“应图谶”，以王梁为大司空，用孙威行大司马之类的事，在遭到反对之后也就罢了，他们没有也不能真正掌握实权。

第三，“宣布图谶于天下”，其负面影响是不小的。《后汉书·张衡传》记载说：

> 初，光武善谶，及显宗，肃宗因祖述焉。自中兴以后，儒者争学图纬，兼复附以妖言。

“宣布图谶于天下”对以后的影响很大，以致在白虎观会上引谶纬释经等，不必多说。这里要说的是另一方面，我们认为，“宣布图谶于天下”的目的，主要还不在于刘秀相信它，而在于颁布一批朝廷认可的定型化的谶纬书籍，以防止再造作、增损、改易。至于从图谶中能否找到什么统治的办法，刘秀恐怕也是没有多想的，因为事实上也不可能，面对许多现实问题，仅靠欺骗“感动人心”是不行的，而必须有一些实际行动，如轻徭薄赋、精兵简政、整顿吏治等。再说，刘秀应图谶“中兴”，而真正解决“统一”问题的还是武力。所以，我们认为，谶纬并未成为刘秀统治的指导思想。

二

我们再来谈谈儒家思想在其统治的指导思想上有多大地位。

刘秀毕竟是“受《尚书》，略通大义”的人，因而重视儒学和儒家思想是显而易见的。刘秀任用了一些儒生为中央和地方官吏，或者为博士、议郎，养起来备用，有的还请来教育太子。同时也采取过一些重视和发展儒学的措施。诸如：

> 爱好经术，未及下车，而先访儒雅，探求阙文，补缀漏逸。
>
> 立五经博士。
>
> 修起太学。①

① 范晔：《后汉书》卷七十九，《儒林列传》，中华书局1965年版，第2545页。

也曾想做更多的事，如：

> 中元元年诏书，《五经》章句烦多，议欲减省。……欲使诸儒共正经义。①

但有一个基本情况是：“时世祖方草创天下，未遑其事”②。许多事即使想做，也来不及做。

在刘秀统治时期，并没有真正重用多少儒生，也没有用多少儒家思想来作为制定统治政策的依据。这一方面主要是因为“草创天下”的过程中用不上，另一方面也因为儒学思想难以解决当时一些紧迫的现实问题，像如何统一和巩固统一之类的具体问题。刘姓统治动摇，原有的一套统治思想也发生了动摇，借助于图谶就反映了新的需要。从当时的实际情况看，刘秀“中兴”依靠了二十八将，但“不以功臣任职”，这方面《后汉书》作者范晔作了实质性的评论，认为是：光武鉴前事之违，有矫枉之志”，“原夫深图远算，固到将有以焉尔”③，主要是从政治上考虑的，因而不管是哪家哪派的人均不任职，例如《贾复传》记载说：

> 复知帝欲偃干戈，修文德，不欲功臣拥众京师，乃与高密侯邓禹并剽甲兵，敦儒学。帝深然之……朱祐等荐复宜为宰相，帝方以吏事责三公，故功臣并不用。是时列侯唯高密、固始、胶东三侯与公卿参议国家大事，恩遇甚厚。④

不论你“敦儒学”与否，一律不用。而这参议国家大事的三个人，邓禹、贾复、李通，不是什么儒学大师，也未见提出什么以儒家思想为指导的主张和建议。再者，参议不等于决策，而参议者必是有各种思想主张的人，例如耿弇，也是“每有四方异议，辄召入问筹策”之人，他“少好学，习父业”，其父况一方面“以明经为郎”，另一方面曾“学《老子》于

---

① 范晔：《后汉书》卷三，《章帝纪》，中华书局 1965 年版，第 138 页。
② 范晔：《后汉书》卷七十九，《儒林列传》，中华书局 1965 年版，第 2558 页。
③ 范晔：《后汉书》卷二十二，《朱景王杜等传》，中华书局 1965 年版，第 787 页。
④ 范晔：《后汉书》卷十七，《冯岑贾列传》，中华书局 1965 年版，第 667 页。

安丘先生”①，学问、思想绝非单一的儒家。

到底用什么思想决策，我们可以举一个具体而典型的例子，《杜林传》记载说：

> （建武）十四年，群臣上言：“古者肉刑严重，则人畏法令，今宪律轻薄，故奸轨不胜。宜增科禁，以防其源。”诏下公卿。（杜）林奏曰：“夫人情挫辱，则义节之风损；法防繁多，则苟免之行兴。孔子曰：‘导之以政，齐之以刑，民免而无耻。导之以德，齐之以礼，有耻且格。’古之明王，深识远虑，动居其厚，不务多辟，周之五刑，不过三千。大汉初兴，详览失得，故破矩为圆，斫雕为朴，蠲除苛政，更立疏网，海内欢欣，人怀宽德。及至其后，渐以滋章，吹毛索疵，诋欺无限。……至于法不能禁，令不能止，上下相遁，为敝弥深。臣愚以为宜如旧制，不合翻移。”帝从之。

李贤作注时，“疏网”之下引《老子》曰：“天网恢恢，疏而不漏。”“渐以滋章”之后引《老子》曰：“法令滋章，盗贼多有。”被“时称通儒”的杜林，在讨论这一重大政策措施时，既引用了“孔子曰”，又运用了《老子》的思想。这事例是颇为典型的，而且明显是讲如何统治及其指导思想的问题。

以儒家思想来认真解决统治中的一些政策问题，在当时确实难以提上议事日程。桓谭的例子也可作说明，虽然记载中说对于桓谭的《新论》“世祖善焉”，但同时又记载对于他“上疏陈时政所宜”而“书奏，不省”。其所谓“时政”中有“国之兴废在于政事；政事得失，由乎辅佐”的问题，有“举本业而抑末利”的问题，有“设法禁”、“一其法度”② 的问题，等等。“不省”就是不加理会，提不上议事日程。

总之，在指导思想上，在政策措施上，是以刘秀自己的旨意为主的。首先是不能“失”他之“旨”。其次是他是否有时间和精力来考虑你的意见。《诗》《书》《春秋》兼通的尹敏，曾上疏陈《洪范》消灾之术，虽然

① 范晔：《后汉书》卷十九，《耿弇传》，中华书局1965年版，第703页。

② 范晔：《后汉书》卷二十八，《桓谭传》，中华书局1965年版，第958～959页。

是纯儒家的东西，也“未遑其事”，反而要去“校图谶”。一直到建武三十年，“太尉喜、司空纯上书”，引《诗》《书》之义，请行封禅之礼，刘秀下诏说：

是何言也？当今日月薄蚀，灾异并臻，吏失其职，百姓怨恨。吾谁欺？欺天乎。

虽然一年后又许行了封禅之事，还因为“天子览《河图会昌符》，而感其言”①。这可说是依图谶而行，他要维护图谶的权威，宣布图谶于天下也就在这一年。

综上所述，很难说儒家思想在刘秀当时的统治中起了指导作用。不过有一点是应该指出的，以儒家思想为指导的倾向是存在的，而且越到后来越明显，其所采取的不少措施对以后儒家神圣地位的形成也是有作用的。

三

在刘秀统治中有意无意地以黄老“柔道”为其指导思想。

有两条材料看起来是孤立的，实际上与刘秀当时的指导思想有关。两条材料均记载于《后汉书·光武帝纪》中，其一：

（建武十七年冬十月）甲申，幸章陵。修园庙，祠旧宅，观田庐，置酒作乐，赏赐，时宗室诸母因酣悦，相与语曰：“文叔少时谨信，与人不款曲，唯直柔耳。今乃能如此！”帝闻之，大笑曰：“吾理天下，亦欲以柔道行之。”

其二：

初，帝在兵间久，厌武事，且知天下疲耗，思乐息肩。……皇太子见帝勤劳不怠，承间谏曰：“陛下有禹汤之明，而失黄老养性之福，

① 袁宏：《后汉纪》卷八。

> 愿颐爱精神，优游自宁。”帝曰：“我自乐此，不为疲也。”虽身济大业，兢兢如不及，故能明、慎政体，总揽权纲，量时度力，举无过事。退功臣而进文吏，戢弓矢而散牛马，虽道未方古，斯亦止戈之武焉。

前一句欲以柔道理天下，虽然是在轻松愉快的气氛中（相对而言，次数不多）脱口而出，似乎是漫不经心说的，实际是他脑海中终日盘算且比较成熟的指导思想。下面我们将结合其行事作进一步的分析。

至于皇太子说“失黄老养性之福”，如果没有肯定和信奉黄老思想为前提，这句话几乎是莫名其妙的，当时人们对黄老思想，势必有一定的共识，只不过记载阙如罢了。不过蛛丝马迹还是有的：第一，喜黄老之楚王英，自幼就与太子相亲爱；第二，大臣及官吏中也有些人是学《老子》的，如耿弇之从父业学《老子》，任隗、郑钧等人“少好黄老”①，都是光武时期的事；第三，不少议论政事乃至诏书中都引用过黄老之言。

刘秀欲以柔道理天下，究竟什么是柔道？我们先看看他自己的言论，建武二十七年，臧宫、马武上书请求对匈奴用兵，刘秀诏报曰：

> 《黄石公记》曰：“柔能制刚，弱能制强。”柔者德也，刚者贼也，弱者仁之助也，强者怨之归也。故曰有德之君，以所乐乐人。无德之君，以所乐乐身。乐人者其乐长，乐身者不久而亡。舍近谋远者，劳而无功；舍远谋近者，逸而有终。逸政多忠臣，劳政多乱人。故曰务广地者荒，务广德者强。有其有者安，贪人有者残。残灭之政，虽成必败。今国无善政，灾变不息，百姓惊惶、人不自保，而欲远事边乎？孔子曰：“吾恐季孙之忧，不在颛臾。”且北狄尚强，而屯田警备传闻之事，恒多失实。诚能举天下之半以灭大寇，岂非其愿；苟非其时，不如息人。②

所谓《黄石公记》，《后汉书》注云，“即张良下邳比所见老父出一编书

---

① 范晔：《后汉书》卷二十一，《任李万邳刘耿列传》，中华书局 1965 年版，第 753 页。
② 范晔：《后汉书》卷十八，《臧宫传》，中华书局 1965 年版，第 695～696 页。

者”，如前人所说不过是“剽窃老氏遗意”之书。我们不必多讨论它。重要的是，在这诏书中阐述了柔弱胜刚强，仁与德的理解，乐人与乐身、逸与劳、成与败等的关系，所反映的确实是黄老思想，此其一。其二，“苟非其时，不如息人”这句结语，是其统治思想的高度概括，也就是人们对黄老思想所描述的清静无为、贵因顺时等思想的反映。其他很多记载都可以说明这一点，例如《后汉书·循吏传》序云：

初，光武长于民间，颇达情伪，见稼穑艰难，百姓病害，至天下已定，务用安静，解王莽之繁密，还汉世之轻法。身衣大练，色无重采，耳不听郑卫之音，手不持珠玉之玩，宫房无私爱，左右无偏恩。建武十三年，异国有献名马者，日行千里，又进宝剑，贾兼百金，诏以马驾鼓车，剑赐骑士。损上之官，废聘望弋猎之事。其以手迹赐方国者，皆一札十行，细书成文。勤约之风，行于上下。数引公卿郎将，列于禁坐。广求民瘼，观纳风谣。故能内外匪懈，百姓宽息。自临宰邦邑者，竟能其官。若杜诗守南阳，号为“杜母”，任延、锡光移变边俗，斯其绩用之最章章者也。又第五伦、宋均之徒，亦足有可称谈。

关于他“轻法”、“勤约”之记载是不少的，事实上也确有不少值得称赞的行为，有一些所谓“仁民之政”，例如多次的减刑赦罪，多次的诏免奴婢，多次的部分复除租税，建武六年，就恢复田租。三十税一的旧制，建武十六年又恢复行五铢钱，还有省吏职及“文书调役，务从简寡，乃至十存一焉”，等等，可算是“轻徭薄赋”、“精兵简政”。这一系列措施，都是有利于社会生产的恢复和发展，也多少有利于人民的。

从刘秀的行事看，他似乎能时时处处明确地以“文景之治”为榜样，刻意仿效。基本上能够始终如一。例如他诏令提倡“薄葬送终”，也能身体力行，在建武二十六年预作“寿陵”时他指示说：

古者帝之葬，皆陶人瓦器，木车茅马，使后世人不知其处。太宗识终始之义，景帝能述遵孝道，遭天下反复，而霸陵独完受其福，岂不美哉！今所制地不过二三顷，无为陵池，陂池裁令流水而已。

直到临死时又遗诏曰：

> 朕无益百姓，皆如孝文皇帝制度，务从约省。刺史、二千石长吏皆无离城郭，无遣吏及因邮奏。

明确要求不要“劳民伤财”。

刘秀一生行事，惯用“柔道”，主张“务用安静”，“量时度力”，“苟非其时，不如息人”，等等，与西汉初年的“清静无为”、“与民休息”是一致的，由此可见，其统治的指导思想也是一致的，东汉初，光武统治时期为政的主要指导思想是黄老思想。

“十里一乡”和“十里一亭”

——秦汉乡、亭、里关系的决断

《汉书·百官公卿表》关于乡、亭、里的记载是：

> 大率：十里一亭，亭有长；十亭一乡，乡有三老、有秩啬夫、游徼……县大率方百里，其民稠则减，稀则旷，乡、亭亦如之。

按《后汉书·百官志》“一里百家”记载计算，如果真是“十里一亭”、“十亭一乡”，则一乡为万户，这就与《百官公卿表》本身“万户以上为令……减万户为长”的记载相矛盾。早在1954年，王毓铨先生在《汉代“亭”与“乡”“里”不同性质不同系统说》[①] 一文中就指出，十亭一乡“不是原误，便是后人的窜改，原文恐怕也是‘十里一乡’”。但他完全排斥了亭统辖里的事实，强调“十里一亭”是道里之里。台湾研究这一问题的人较多：有的看法与上述王文不同系统说相同，但对“十亭一乡”却曲为解释[②]；有的肯定“亭乃地方组织的行政机构”，但回避了上述矛盾[③]；有的则侧重研究邮亭之配置[④]。不过均未否定“十亭一乡”。内地由于考古新资料不断出现，对“亭”的问题又作了些新的探讨[⑤]。在以上这些研究的基础上，对秦汉乡、亭、里的关系，应该也可以作出决断了，今试决如下：

---

① 王毓铨：《汉代“亭”与“乡”“里”不同性质不同系统说》，《历史研究》1954年第2期。

② 杨树藩：《汉朝乡亭制度的研究》，《大陆杂志》第十一卷第十期。

③ 曲守约：《汉代之亭》，《大陆杂志》第十二卷第十二期。

④ 劳干：《汉代的亭制》，《历史语言研究所集刊》第二十二辑。曾我部静雄：《汉代的邮亭配置之研究》，《大陆杂志》第十六卷第六期。又，严耕望《秦汉地方行政制度》一书中虽有较详叙述，也未否定“十亭一乡”。

⑤ 裘锡圭：《啬夫初探（亭啬夫）》，高敏：《秦汉时期的亭》，二文均载中华书局《云梦秦简研究》，中华书局1981年版。

一、“十亭一乡”是“十里一乡”之误

“十亭一乡”的说法，无论从哪方面说都是解释不通的。首先，事实离“十亭一乡”比例甚远。据《百官公卿表》本身记载，西汉是六千六百多个乡、二万九千六百多个亭，平均每乡只有四个多亭。其次，主要是户口数的矛盾。《百官公卿表》以万户左右来分县令、长，实际上万户以上的县都不多，所以有的记载说：“凡县户五百以上置乡，三千以上置二乡，五千以上置三乡，万户以上置四乡。”① 假如是十亭一乡，那么一乡就是万户②，乡的户数与县的户数有很大矛盾。不仅如此，按六千六百多个乡计算，就应该有六千六百多万户，这是西汉极盛时实际户数的五倍多！比实际人口数都要多出六百多万！就是说，承认一个“十亭一乡”，就要否定所有其他记载有关户口的数字。

再次，从地域范围来看也有矛盾。《百官公卿表》说“县大率方百里，其民稠则减，稀则旷”。一方面说明户口多少是主要的，另一方面讲了一个方百里的大概标准。因为“乡、亭亦如之”，那么乡、亭的范围也是按大概标准计算。《释名》云：“五邻为里，居方一里之中也。”居民的里“大率”是方一里，十里一亭就是方十里，如果再来个十亭一乡，一乡就是方百里。这样，岂不乡和县都是“大率方百里”了？

然而，按照“十里一乡”来说，以上矛盾就比较好解决了。首先，乡辖亭的问题没有了，如顾炎武所说是“以县统乡，以乡统里”③。其次，全国乡数和亭数也是互不相干的问题。再次，主要是户口数，不论从哪方面说，都可以解释得通。十里一乡就是一乡有一千左右的户，多者二三千户，和万户左右的县就不矛盾了，因为据《汉书·地理志》记载，全国有县、邑、道、侯国共一千五百八十七个，民户千二百二十三万三千六十二，平均每县不过七千七百户左右。而《百官公卿表》在记此县数同时，又记有乡六千六百二十二，平均每县约四个乡。则乡户正好是一二千。

这里应当指出，县、乡的户数在实际上是极不平均的，从《汉书·地

① 郝经：《续后汉书》卷八十六下，《职官》。

② 一里百户，十里一亭，再十亭一乡，就是万户。

③ 顾炎武：《日知录》卷二十二，《乡里》。

理志》中我们可以看到，一百零三个郡国中，平均每县万户以上的郡国只有十七个，二三万户的极少；平均每县万户左右（大多是八九千户）的郡国二十九个，平均每县不到五千户（少到一千五百）的郡国三十七个。在每一郡之内，以上平均数字也是不可靠的，少数的县多到四五万乃至七八万户①，但多数县的情况应是万户左右，万户以下的县占百分之六十，因此上述“县户五百以上置乡”的记载，是就实际情况而言的。

当时人们的心目中，始终是以县万户左右为标准，如《水经·阴沟水注》已吾县下引《陈留风俗传》曰：“故梁国宁陵县之徙种龙乡也，以成、哀之世，户至八九千，冠带之徒求置县矣。”达到八九千户，就要求置县了。而《渠水注》又有另一方面的材料：“平陆县……建武元年，以户不满三千，罢为尉氏县之陵树乡。”这是东汉初并省郡县的理由，实际上如《续后汉书》所说，五百户的县也是有的，主要在边远地区，如西北敦煌郡六个县，南方玉林郡十二个县，平均每县户数不过千把人，除首县人口还较集中之外，五百户的县肯定有。五百户的县只置一乡，乡户也就是五百了。

总之，从有关户口数字的各种记载看，“十里一乡”都是可靠的。作为地方行政单位来看，绝不可能是“十里一亭，十亭一乡”，只能是“十里一亭，十里一乡”。改正了“十亭一乡”的错误，就要求回答亭下是否辖里以及亭的性质和作用问题。

二、亭辖里的事实以及亭的作用

亭和乡一样，是县以下的一层行政机构，“十里一亭”和“十里一乡”说明它们都是管理里落居民的机构，一个管理乡村居民，一个管理城镇居民（包括乡村的集镇）。不过，乡亭还兼有邮传、警备等作用。

首先，我们从亭辖里的问题谈起。

秦汉时期以亭辖里的事实，考古发掘材料提供了新证据，前举裘锡圭《啬夫初探》中说亭啬夫时，比较集中地列举了出土的秦和汉初的陶文，

---

① 如京兆尹户十九万五千七百二，县十二，但长安一县就八万八百户，其他如左冯翊的长陵、右扶风的茂陵、南阳的宛以及蜀郡的成都等均为五至七万户。

以咸阳及其附近出土陶器为例，印文为“咸亭某里器”者不少，为“咸某里某”者更多，他指出“咸”是“咸亭”的省文，“咸亭”应即“咸阳亭”省文。里名则有完里、右里、鄘里、沙里以及市阳、新安等。这是里隶属于亭的最有力的证据，否则亭字完全可以去掉。

十里一亭，一亭所辖也是千户左右，这在城市里是有可能的。例如西汉长安，《三辅黄图》云：

> 长安闾里一百六十，室居栉比，门巷修直，有宣明、建阳、昌阴、尚冠、修城、黄棘、北焕、南平等里，《汉书》万石君奋徙家长安戚里，宣帝在民间时常在尚冠里，刘向《列女传》节女长安大昌里人也。

这一百六十里，分属于十六七个亭，是完全可能的，《三辅黄图》还说长安有八街九陌：“有香室街、夕阴街、尚冠街，《三辅旧事》云，长安街中八街九陌。《汉书》：刘屈氂妻枭首华阳街，京兆尹张敞走马章台街，陈汤斩郅支王首槀街……”陌也是市中之街，八街九陌就是十七条街，街一亭就是十七个亭，下辖一百六十里，恰好是“大率十里一亭”①。

东汉洛阳也大体如此，蔡质《汉仪》云：“洛阳二十四街，街一亭，十二城门，门一亭。”街亭虽和门亭一样，有伺候望、警察之责，同时也管辖居民，这样，洛阳二十四街亭约辖二百四十里。据《洛阳伽蓝记》记载，北魏时洛阳有二百二十里，一个城市街和里的形制在古代一般不会有大的变动，东汉洛阳有二百多个里是无疑的。

以上是长安、洛阳的情况，其他郡县城当然没有这么多街亭和里。一般郡所在地，也不过二至四个，可以称东、西、南、北街，如《云梦秦简·治狱案例》就有“市南街亭求盗才（在）某里”的记载。一般县治所不过一亭，故曰都亭。

因此我认为，“十里一亭”主要是就城市而言。各县均有此一级行政组织，所以班固在述县令长及其属吏以后的基层机构官吏时，就写下了本文开头所引那一段文字。在班固心目中，不仅亭吏和乡吏是同等的，并且

① 班固：《汉书》卷十九，《百官公卿表》，中华书局1962年版，第742页。

把城镇的亭摆在前面，似略重于乡，这是我国古代"制国"、"制鄙"思想的影响。

汉代的亭大量是在乡村，称为乡亭，如《汉书·召信臣传》："迁南阳太守……出入阡陌，止舍乡亭（师古曰：言休息之时皆在野次），希有安居。"《后汉书·王景传》："迁庐江太守……为作法则，皆著于乡亭。"又有野亭①、下亭②等也是乡亭。

乡亭也就是乡村中的一个小集镇（后世均有），是一个比较集中的居民点，所以东汉的王充说："民间之宅与乡亭比屋相属，接界相连"③。这种作为小集镇的乡亭，同时也是市镇，有一定的商业，这就与一般村庄不同，如《说文》："郻，美阳亭即郻也，民俗以夜市。"又《史晨飨孔庙碑》："史君念孔渎、颜母井去市道远，百姓酤买，不能得香酒美肉，于昌平亭下立会市，因彼左右，咸所乐愿。"东汉因并省郡县，很多亭都是过去的县城，这在《后汉书·郡国志》补注和《水经注》中随处可见。另一方面，亭也可扩充为县，《水经·河水注》："汉……西平亭……魏黄初中立西平县，冯倚故亭，增筑西南北三城以为郡治。"另据《后汉书·郡国志》补注记载，西汉许多县城废后，或称乡，或称亭，或称聚，或称城，几乎各县均有，这里就不一一列举了。

总之，乡亭就是居民比较集中的市镇。为了管理居民，亭部也要按里落什伍组织，不过大多数乡亭，不是下辖十里，较多的几百户就几个里，少的几十百把户就只一个里了。乡亭虽和城市亭一样是一级行政机构，但多数乡亭的设立却是为了起邮传、警备作用（详下），因而不着重户数的多少。

但是，不论户数多少，亭作为管理居民的一级组织，具体而言，是要主管亭内部各种民事的，如《后汉书·仇览传》：

> 县召补吏，选为蒲亭长。劝人生业，为制科令，至于果桑有限，鸡豕有数。农事既毕，乃令子弟群居，还就黉学。其剽轻游恣者，皆役以田桑，严设科罚。躬助丧事，赈恤穷寡。期年称大化。览初到，

① 范晔：《后汉书》卷三十一，《郭伋传》，中华书局 1965 年版，第 1093 页。
② 范晔：《后汉书》卷八十一，《范式传》，中华书局 1965 年版，第 2679 页。
③ 王充：《论衡·诘术篇》。

亭人陈元者，独与母居，而母诣览告元不孝，览惊曰：吾近日过舍，庐落整顿，耕耘以时，此非恶人……览乃亲到元家，与其母子饮，因陈人伦孝行…… 乡邑为之谚曰：父母何在？在我庭；化我鸣枭，哺所生。

这里制科令、劝生业、励风俗、兴教化诸事皆有。另外，记载理辞讼的也有，《风俗通》云：

亭，亦平也，民有讼诤，吏留辩处分勿失其正也。

关于收赋税未见明确记载，但不会没有，《后汉书·章帝纪》元和二年“诏凤凰黄龙所见亭部无出二年租赋”，可以看出收租赋的问题，不过市镇居民务农者少罢了。然而，亭这个机构管理民事是无疑的。

另外，不论西汉和东汉，全国亭的总数都比乡多，其中人户较少的乡亭占绝大多数。乡亭更重要的是起邮传、客舍作用，实际需要“五里一邮，十里一亭”，故往往有“邮亭”、“亭传”的称法。同时，传邮和督察、警备又是紧密结合的，《汉旧仪》云：

设十里一亭，亭长、亭侯。五里一邮，邮间①相去二里半。司奸盗，亭长持三尺板以劾贼，索绳以收执盗。

此种警察职能是从秦发展而来的，《急就篇》：“斗变杀伤捕伍邻，游徼、亭长共杂诊”注云：

亭长、游徼，皆督察奸非者……秦汉十里一亭，亭有高楼，所以候望也。

作为行旅宿会之所亦承秦制，《风俗通》云：

---

① 《史记·留侯世家·索引》作“邮人居间”，严耕望《秦汉地方行政制度》考证认为“人居”乃“亭”字误。

汉家因秦，大率十里一亭。亭，留也，盖行旅宿会之所馆。

正因为有以上这些作用，所以每开辟一条新的交通要道，就要沿途遍设邮亭。如《史者·汉兴以来将相名臣年表》中记载，武帝元光元年，“南夷始置邮亭”，因为唐蒙通西南夷，开始修治道，故与中原等地一样设置邮亭。又如《汉书·西域传》：

汉兴，至于孝武，事征四夷……始开西域……于是自敦煌西至盐泽，往往起亭。

辽阔的大西北，亭障屏列，然人烟稀少，无以为名，只得编号为称，故《居延汉简释文》中有“第二亭长舒”、“第六亭长吕延寿”、“第七亭长”、“第十亭长”等记载。这些亭，既起警备作用，也是邮亭和交通住所，除荒漠瀚海人烟绝少之地，一般至少也有几户或一二十户人家。东汉亦是如此，《后汉书·卫飒传》云：

迁桂阳太守……含洭、浈阳、曲江三县，越之故地……民居深山……去郡远者或且数千里，吏事往来辄发民乘船，名曰传役，每一吏出摇及数家，百姓苦之。飒乃凿山通道五百余里，列亭传、置邮驿。于是役省劳息，奸吏杜绝，流民稍迁，渐成聚邑……

新起邮亭之周围，必逐渐集聚人户成为一个小集镇，即为乡亭。

在秦汉史籍中，亭、传、邮、驿这几个字常常互用，有时称亭传、邮传、驿传，这是从邮书往来、交通的角度说的。而邮亭、驿亭之称，则和乡亭一样，是从治所和住宿之所的角度说的，如《后汉书·赵孝传》：

尝从长安还，欲止邮亭。亭长先时闻孝当过，以有长者客，扫洒待之。孝既至不自名，亭长不肯内。

此处虽称邮亭，与传邮毫无关系。因此，名称虽多，只不过分别反映其不同作用，其实是同一个亭。不过有一点应该指出，亭虽包含邮传作用，但亭长并不具体管邮务[1]，只是接待住宿、送往迎来而已。

最后，谈一谈亭长的任命和管理，可以证明亭不属乡管辖，而是直属于县的。

关于亭长的任命，《后汉书·王忳传》：

"县署大度亭长"；同书《李充传》："太守鲁平请署功曹，不就，平怒……因谪署县都长"[2]；又《逢萌传》"家贫，给事县为亭长"。是"给事县"，而不是"给事乡"，也证明没有"十亭一乡"的统属关系。

关于亭长的管理。《五行大义》引翼奉云：

游徼、亭长、外部吏，皆属功曹。[3]

有时则是县令亲自过问，如《后汉书·卓茂传》：

迁密令……人常有言，部亭长受其米肉遗者……

亭长是县所部之亭长，是直属于县之属吏，绝不在乡之下。同书《鲁恭传》载，鲁恭为中牟令，亲自过问亭长事，涉及所有县府掾史，丝毫不涉及乡吏。总之，能见到的记载，亭长均属于县，而绝无属于乡者。

但是《后汉书·百官志》本注有一句话："亭长主求捕盗贼，承望都尉。"不少人据此认为亭长隶属于都尉。其实仔细想想，"承望都尉"是有问题的，需要解释清楚。东汉都尉已并职太守，原则上没有了，只有县尉，是否应为"承望县尉"？再者，"承望"该作何解？若果是隶属，何以不用"属都尉"简单明确？有人举出《逢萌传》的例子："给事县为亭长。时尉行过亭，萌候迎拜谒，既而掷楯叹曰：大丈夫安能为人役哉！"据此而说："太守虽不便直接指挥监督亭长，然由县尉指挥之。"肯定隶属于尉[4]。这是不确

① 郡、县均有邮书掾及其佐史等管邮务。

② 《后汉书·百官志》在解释乡有秩时说："有秩，郡所署。"此处证明，亭长亦有为郡所署者。

③ 萧吉：《五行大义》卷五，《论诸官》引。

④ 前引杨树藩：《汉朝乡亭制度的研究》。

切的。实际上，县令长经过更要候迎拜谒，一般达官贵人经过，亭长都要“整顿洒扫以待”①，或“扫洒待之”②，或“发人牛修道桥”③。亭长实际是一种“职役”④。《后汉书·舆服志》讲“导从”时说：

长安、洛阳令及王国都县，加前后兵车，亭长设右騑，驾两璅弩车，前伍伯。

官吏们出行时，还要“部署街里走卒，皆有程品，多少随所典领”。由此可见亭长的候迎、护送之事是够忙的了，对顶头上司县令更要侍候，不能说迎拜县尉就是隶属县尉。

那么，究竟亭长和县尉有什么关系呢？是在“禁盗贼”事上“承望”都尉。《后汉书·百官志》述县尉的职责是：“主盗贼，凡有贼发，主名不立，则推索行寻，案察奸宄，以起端绪。”我们常常看到县尉在某亭的记载，并且都是干预治安之事。所以，他“推索”盗贼，“行寻”到哪里，哪里的亭长当然要听他指挥，所以才有“亭长主求捕盗贼，承望都尉”的说法，这不但不说明亭长隶属都尉，相反，说明亭长本非直接隶属于尉，而只是在“求捕盗贼”这一点上仰承都尉或县尉的指挥。

以上所说主要是亭的地位和作用，城市亭和乡亭都是一级地方行政机构，与乡平级，其下均辖里。只不过乡亭因其邮传、警察等作用越来越突出，随着汉代统一国家的发展，数量越来越多，管理居民反成了次要的事，冲淡了地方行政机构的性质。但城市的亭却始终是辖里的一级行政机构。而城市是政治中心，数量虽少，影响不小。因此记述最基层行政组织时，把“十里一亭”和“十里一乡”相提并论，完全是正确的。

三、关于里的历史考察

“十里一亭”和“十里一乡”，都涉及里的组织，因此有必要作一简要

① 范晔：《后汉书》卷七十六，《刘宠传》，中华书局 1965 年版，第 2479 页。
② 范晔：《后汉书》卷三十九，《赵孝传》，中华书局 1965 年版，第 1299 页。
③ 范晔：《后汉书》卷八十三，《韩康传》，中华书局 1965 年版，第 2771 页。
④ 萧吉：《五行大义》卷五，《论诸官》引。

的历史考察。

乡、里之制起源很早，春秋战国时期，各诸侯国大同小异，故记载也有不同。《周礼·地官·大司徒》：

令五家为比，使之相保；五比为闾，使之相受；四闾为族，使之相葬；五族为党，使之相救；五党为州，使之相赒；五州为乡，使之相宾。

同书《地官·遂人》：

五家为邻，五邻为里，四里为酂，五酂为鄙，五鄙为县，五县为遂（郑司农云：田野之居，其比伍之名，与国中异制）。

《管子·小匡篇》：

制国……五家为轨，轨有长；十轨为里，里有司；四里为连，连有长；十连为乡，乡有良人；三乡一帅。

（制鄙）五家为轨，轨有长；六轨为邑，邑有司；十邑为率，率有长；十率为乡，乡有良人；三乡为属，属有帅；五属一大夫。

《国语·齐语》记载与《小匡篇》略同，但《管子·度地篇》有不同记载：

故百家为里，里十为术，术十为州，州十为都，都十为霸国。

又《鹖冠子·王铁篇》：

其制邑……五家为伍，伍为之长；十伍为里，里置有司；四里为扁（甸），扁为之长；十扁为乡，乡置师；五乡为县，县有啬夫治焉；十县为郡，有大夫守焉。

此外，《墨子·尚同篇》排列的顺序是：天子—国—乡—里。《吕氏春秋·怀宠篇》的顺序是：国—邑—乡—里。

综上可以看出：第一，五家为一单位是一个基础。曰邻、曰比、曰轨、曰伍。其他记载也大多如此，唯一不同的是《尚书大传》作“八家为邻”，以八家为一基础单位（下引《公羊传》注同）。

第二，邻以上就是里，或称闾。但里的户数就很不相同：《周礼》只有二十五家；《管子·小匡篇》的国制为五十家，鄙制相当于里的邑是三十家；《度地篇》又百家为里；《鹖冠子》也是五十家。则最少二十五家，最多百家。其他不同的记载也有，但均在此幅度之内，如《公羊传》宣公十五年注云：“在田曰庐，在邑曰里，一里八十户，八家共一巷中。”是八十户一里。又《尚书大传·咎繇谟》：“八家而为邻，三邻而为朋，三朋而为里，五里而为邑，十邑而为都，十都而为师……”《广雅·释地》亦引此文，但邑以后作：“十邑为乡，十乡为都，十都为师。”据此记载则是七十二家为一里。此外，《释名·释州国》云：“五家为伍，以伍为名也。又谓之邻，邻连也，相连接也。又曰比，相亲比也。五邻为里，居方一里之中也。”《风俗通》：“里者止也，里有司，司五十家共居止。”也是或二十五家，或五十家。总之，一里之户，或数十，或一百。

第三，里之上有乡。除《周礼》记载特殊（乡下有州、党、族共一万二千五百家）之外，《管子》一乡二千户或三千户，《鹖冠子》亦为二千户，《尚书大传》为三千六百户。

从总的方面看，里的户数发展趋势是增多，这当与人口繁殖有关；乡的户数一般为二三千户，与秦汉时期某些乡的实际情况相符。秦统一以后，形成了全国统一的地方行政制度，自商鞅变法开始，一方面令民为什伍，一方面集小乡聚为县，统一后，实行了以县统乡，以乡统里的地方制度。《吕氏春秋》这部政治统一蓝图中的“国—邑—乡—里”绝不是凭空的设想，而是实践的反映或总结。乡下辖里形成大体上“十里一乡”的定制。汉承秦制，一直沿用到东汉。《后汉书·百官志》：“里有里魁，民有什伍，善恶以告。本注曰：里魁掌一里百家。”百户一里是秦汉标准定制。不过实际上是不可能这样整齐的。人烟稠密的地方，大城市中，会大大超过百户一里。而土广人稀之处，则不仅居方一里之中是具文，百户一里也是很难有的。《晋书·职官志》云：“县率百户置里吏一人，其土广人稀，听随宜置里吏，限不得减五十户。”这是说秦汉以后仍规定最少也不得少于五十户一里，可见里的户数确实是一个日益增加的趋向。

以上叙述里制，着重讲的是户口数字，是为了给“十里一乡”和“十里一亭”的决断提供证据。其他有关里的问题就不在此多说了。

秦汉时期云南的大开发

云南地区气候温和，“土地沃美，宜五谷蚕桑”，物产丰富，适宜人类生存，元谋猿人的出现即是明证。但优越的自然条件还有待人们开发利用，否则对人的生活无益，且举一例：云南产盐的地方很多，但在古代得到开发利用的不多，如樊绰《蛮书》所说：“其盐出处甚多，煎煮则少。”所以可“供食”之井盐有数，书中有记载一条为开发利用之证：

> 昆明池有大盐池，比陷吐蕃。蕃中不解煮法，以盐池水沃柴上，以火焚柴成炭，即于炭上掠取盐也。……今盐池属南诏，蛮官煮之，如汉法也。

这是唐代情况，“蕃中”尚且“不解煮法”，“煮法”必有一个创造、传播的过程。再者“如汉法”三字，当为“如汉人之法”或“如内地之法”。仅井盐这一自然资源开发利用之例，可说明的问题不少：云南何时开始有“煮法”？“汉法”是何时、怎样传来的？等等，都有待深入地探讨。

云南地区很早就与内地有联系，开发也是很早的，“庄跻入滇”是最为明显的大事，但联系绝非从此才开始，前前后后会有各种渠道的联系，特别是与巴蜀地区联系，更是自然而然的，当时的云南对于巴蜀来说，既是门户（通往南越、缅甸、印度），又是后园，如司马相如所说：“西戎、邛、笮，蜀之后园。”《史记·西南夷列传》记载说：

> 巴蜀民或窃出商贾，取其笮马、僰僮、旄牛，以此巴蜀殷富。

这虽是具体记述汉初的情况，但“商贾”的活动绝非仅此时才有，“以此巴蜀殷富”值得注意，是从中获取大量的资源以及劳动力。关于僰僮，

《史记索隐》引“服虔曰：旧京师有僰婢”，这是掠夷中奴婢长途贩卖了。

云南地区开发早，与内地联系早，但历史上第一次大开发的时期应该是秦汉时期，这可从以下几方面说明：

一、郡县的设立是大开发最明显的标志

历史地理学家谭其骧先生曾经指出：

> 一地方至于创建县治，大致即可以表示该地区开发已臻成熟；而其设县以前所隶属之县，又大致即为开发此县所自来。故研求各县之设治时代及其析置所自，骤视之似为一琐碎乏味的工作，但就全国或某一区域内各县作一综合观察，则不啻为一部简要的地方开发史。①

这不失为一经典之论，不过可略作一些补充说明，有时候因为政治和军事的临时需要，也可能设些县治，但如果无长期的开发价值又会被废除，最终落在开发这一点上。我们完全可以通过设立郡县这一问题，看古代云南地区的开发情况。

云南地区何时开始有郡县之设？史书记载有些疑点，《史记·司马相如列传》记载司马相如对天子之问时说：

> 邛、筰、冉駹者，近蜀，道亦易通，秦始皇尝为郡县，至汉兴而罢。

又《史记·西南夷列传》记载“巴蜀西南外蛮夷”（包括滇池）时说：

> 秦时尝破，略通五尺道，诸此国颇置吏焉。十余岁，秦灭及汉兴皆弃此国而关蜀故徼。

“通五尺道”据考证是通到了今曲靖境内，而“尝为郡县”、“颇置吏焉”，

① 谭其骧：《长水集》上册，人民出版社1987年版，第404页。

都嫌笼统，难以肯定，但也不好轻易否定。是否可以这样认为：因为邛、笮、冉駹属四川云南交界之处，虽未设郡，或者在巴、蜀等郡中设有县！“通五尺道”的前后，或者在滇王那里派什么临时的官吏？不过有一点是可以肯定的，秦王朝与云南地区已有军事和政治联系，而不仅仅是民间、商贾的联系了。

从汉代开始，云南地区正式而且普遍地设郡县，这是完全可以肯定的。

云南地区正式设立郡县，主要从汉武帝时期开始。汉武帝初年，由于唐蒙、司马相如等人的活动，云南与四川和贵州接境地的部分地区开始与朝廷有密切的关系，设置了一些县治，分属牂牁、越嶲等郡①。通西南夷之事反反复复，直至元封二年（公元前 109 年）设益州郡，算是前进了一步。此事史籍多处有记载，《汉书·西南夷两粤朝鲜传》的记载与《史记·西南夷列传》基本相同，较为详细：

> 元封二年，天子发巴蜀兵击灭劳深、靡莫，以兵临滇。滇王始首善，以故弗诛。滇王离西夷，滇举国降（此句《史记》作“滇王离难，西南夷举国降”），请置吏入朝，于是以为益州郡。赐滇王印，复长其民。西南夷君长以百数，独夜郎、滇受王印。滇，小邑也，最宠焉。

既置郡，文滇主“复长其民”，怎么回事？《资治通鉴》卷二十一的综合记述似乎更清楚一些：

> 初，上使王然于以越破及诛南夷兵威风喻滇王入朝. 滇王者，其众数万人，其旁东北有劳深、靡莫皆同姓相杖，未肯听。劳深、靡莫数侵犯使者吏卒（以上《汉书》同，文字略异），于是上遣将军郭昌、中郎将卫广发巴、蜀兵击灭劳深、靡莫，以兵临滇，滇王举周降，请置吏入朝，于是以为益州郡，赐滇王印，复长其民。
>
> 是时，汉灭两越，平西南夷，置初郡十七，且以其故俗治，毋赋

① 《后汉书·西南夷列传》说在滇池设益州郡时“割牂牁、越嶲各数县配之”。

税。南阳、汉中以往郡，各以地比，给初郡吏卒奉食、币物、传车、马被具．而初郡时时小反，杀吏，汉发南方吏卒往诛之，间岁万余人，费皆仰给大农。大农以均输、调盐铁助赋，故能赡之。然兵所过，县以为訾给毋乏而已，不敢言擅赋法矣。

据此，则初设郡之时，着重的是“以其故俗治”，而且“毋赋税”，所以滇王“复长其民”，而“郡吏卒”之费用，由大农统筹，按规定，地方负担较轻（当然地方官之“擅赋”是免不了的，那是另一回事）。看起来，也是因时因地制宜而采取了比较恰当的统治政策。

之所以重点不在“赋税”搜刮，在汉武帝时主要是想保持一条通道，以便通往身毒乃至大夏，这一点史有明文：

及元狩元年，博望侯张骞言居大夏时，见蜀布、邛竹杖，问所从来，曰：“从东南身毒国，可数千里，得蜀贾人市。”或闻邛西可二千里有身毒国。骞因盛言大夏在汉西南，慕中国，患匈奴隔其道，诚通蜀，身毒国道便近，有利无害，于是天子乃令王然于、柏始昌、吕越人等使。间出西夷西，指求身毒国。至滇，滇王尝羌乃留为求道西十余辈。岁余，皆闭昆明，莫能通身毒国。滇王与汉使者言曰：“汉孰与我大？”及夜郎侯亦然。以道不通故，各自以为一州主，不知汉广大。使者还，因盛言滇大国，足事亲附。天子注意焉。①

“天子注意”，还有唐蒙、司马相如等人之进言，这里就不多说了。

西汉时的益州郡，《汉书·地理志》记载：

益州郡，户八万一千九百六十四，口五十八万四百六十三。县二十四：滇池，双柏，同劳，铜濑，连然（有盐官），俞殛（怀山出铜），收靡，榖昌，秦臧，邪能，味，昆泽，叶榆，律高（西石空山出锡，东南盢町山出银、铅。）不韦，云南，巂唐，弄栋，比苏，贲古（北采山出锡，西羊山出银、铅；南乌山出锡。）毋掇，胜休，健

① 司马迁：《史记》卷一百一十六，《西南夷列传》，中华书局1959年版，第2995～2996页。

伶，来唯（从陀山出铜）。

从县数、户口数看，比临近的越巂、牂牁都大，当然地区范围更大，应为今云南东部的大部分地区了。

东汉时期整个边境大体上是收缩，除开分置几个郡、属国之外（如和帝分泰山置济北国，顺帝分会稽置吴郡之类），几乎没有在四周扩大范围增设郡县，唯独在云南地区置永昌郡，扩大了范围。《后汉书·郡国志》所述：

> 《汉书·地理志》承秦三十六郡，县邑数百，后稍分析，至于孝平，凡郡、国百三，县、邑、道、侯国千五百八十七。世祖中兴，惟官多役烦，乃命并合，省郡、国十，县、邑、道、侯国四百余所。至明帝置郡一，章帝置郡、国二，和帝置三，安帝又命属国别领比郡者六，又所省县渐复分置之不理，至于孝顺，凡郡国首五，县、邑、道、侯国千一百八十。

关于永昌郡：

> 永昌郡（明帝永平［十］二年分益州置）八城，户二十三万一千八百九十七，口百八十九万七千三百四十四。不韦出铁。巂唐、比苏，叶榆，邪龙，云南。哀牢永平中置，故牢王国。博南永平中置。南界出金。

虽然把原益州郡的几个县分割过来，但实际范围大多了，两个郡加在一起，基本上包括了今云南全境，户口数大大超过了原益州郡，但所设县城不多，由此亦可见县治之设与开发程度有关。重要的是，至此云南全境都设了郡县，既为开发之标志，又为进一步开发的基础。

二、地方官对云南地区开发的作用

在汉代，作为西南夷聚居的云南地区属于“蜀郡徼外”，该不该通为郡县，在当时都颇有争论。不容否认，引起“天子注意”的，主要是这个地方便于通身毒、大夏。这种交通，事实上是存在的，主要是因为邻接的关系，商人辗转相通。但正式的官方与邻国交通来得较迟，直至东汉和帝、安帝时才有比较明确的记载，如：

永元六年，郡徼外敦忍乙王莫延慕义，遣使译献犀牛、大象。九年，徼外蛮及掸国王雍由调遣重译奉国珍宝。和帝赐金印紫绶，小君长皆加印绶、钱帛。

永宁元年，掸国王雍由调复遣使者诣阙朝贺，献乐及幻人，能变化吐火，自支解，易牛马头。又善跳丸，数乃至千。自言我海西人。海西即大秦也，掸国西南通大秦。明年元会，安帝作乐于庭，封雍由调为汉人都尉，赐印绶金银、彩缯各有差也。①

这是历朝天子的初衷。但设郡县的结果，绝不只是如此，而主要是地区的开发。在地区开发之中，郡县长吏的作用是举足轻重的，良长吏会大大促进开发，庸长吏则会激起夷民的反叛，因而“时时小反”乃至大反。可惜的是历朝的良长吏屈指可数。不过这有数的有“名绩”者作用和贡献是不小的，当地人民也深深纪念他们，这可举例说明。益州郡的情况，据《华阳国志》记载，就有文齐、王阜、景毅、李颙、董和等人“抚御”蛮夷“为善”的事迹。

文齐，字子奇，梓潼人也。孝平帝末，以城门校尉犍为属国，迁益州太守。造开稻田，民咸赖之（《后汉书》作：造起陂池，开通溉灌，垦田二千余顷。……降集群夷甚得其和②）。公孙述时，据郡不服。述拘其妻子许以公侯，招之，不应，乃遣使用权由交趾贡献河北（按：时刘秀在河北）。述平，世祖嘉之，征拜镇远将军，封成义侯，南中咸为立祠。

王阜，字世公，成都人也。太守第五伦察举孝廉……迁益州太守

① 范晔：《后汉书》卷八十六，《南蛮西南夷列传》，中华书局1965年版，第2851页。

② 引文见《后汉书·南蛮西南夷列传》，所记事文字不同还有几处，如梓潼作广汉，“诏为起祠堂，郡人立庙祀之”，等等。

（据《后汉书》，时在章帝元和年中），神马出滇池河，甘露降，白鸟见。民怀之如父母（《后汉书》更有“政化尤异”、“始兴起学校，渐迁其俗”的记载[①]）。

景毅，字文坚，梓潼人也。……（按：迁益州太守之前在蜀郡其他几个地方任县令，都有政绩，“司徒举治剧”，能够“立文学，以礼让化民”）……迁益州太守。上事，吏民涕泣送之，至沮者七百人，白水县者三百人。值益州乱后，米斗千钱。毅至，恩化畅洽，比去，米斗八钱。鸿鸟巢其听事，孕育而去。……为人廉正，疾淫祠，敕子孙惟修善为祷，仁义为福。年八十一而卒（《后汉书》说：毅初到郡，米斛万钱，渐以仁恩，少年间，米至数十云[②]）。

李颙：其事不详，据《后汉书·南蛮西南夷列传》记载，其任太守在景毅之前（“颙卒后，夷人复叛以广汉景毅为太守”），是汉中上计程包对灵帝建言“选明能牧守”，使蛮夷“自然安集”的情况下，为益州郡太守的。

董和：《三国志·蜀书》有董和传，记其事曰：

董和字幼宰，南郡枝江人也……汉末和率宗族西迁，益州牧刘璋以为牛鞞、江原长、成都令。蜀土富实，时俗奢侈……和躬率以俭，恶衣蔬食，防遏逾僭伪之轨制，所在皆移风变善，畏而不犯。然县界豪强惮和严法，说璋转和为巴东属国都尉，吏民老弱相檇乞留和者数千人，璋听留二年。还迁益州太守，其清约如前，与蛮夷从事，务推诚心，南土爱而信之。

以上为郡守、县令长之中自然也会有良吏，只是记载更少罢了，成都人杨班（字仲桓）曾为不韦令，就“治化浃洽”，“遗爱在民”[③]，可为一例。

再说一下后开的永昌郡。永昌郡的首任太守郑纯的治绩就十分突出：

---

① 引文《后汉书·南蛮西南夷列传》，作王追，追字当误。

② 范晔：《后汉书》卷八十六，《南蛮西南夷列传》，中华书局1965年版，第2847页。

③ 常璩：《华阳国志》卷十上，《先贤士女总赞》。

先是西部都尉广汉郑纯为政清洁，化行夷貊，君长感慕，皆献土珍，颂德美。天子嘉之，即以为永昌太守。纯与哀牢夷人约，邑豪岁输布贯头衣二领，盐一斗，以为常赋，夷俗安之。纯自为都尉、太守，十年卒官。①

《华阳国志》卷十《先贤士女总赞》记载说：

广汉郑纯独尚清廉，毫毛不犯。夷汉歌咏，表荐无数，上自三司，下及卿士，莫不叹赏。

太守著名绩者，自郑纯以后，有蜀郡张化、常员，巴部［郡］沈稚、黎彪，然显者犹鲜。②

特别突出的很少，以上提到的这些人也无法查考，仅常员，或为《华阳国志》卷十一《后贤志》中常易之祖父（常）原。

益州、永昌二郡郡守之名，史书上还有一些，总的看来是“显者犹鲜”，有的甚至贪赃枉法，激化矛盾，因而时时引起反叛。因为这两郡之地物产丰富，“居官者皆富及累世”③。《华阳国志》卷十中说：

益州西部都尉，处地金银、琥珀、犀象、翠羽出，作此官者皆富及十世。

而另一方面人民百姓的情况呢？

长吏乡亭，更赋至重，仆役箠楚，过于奴虏，亦有嫁妻卖子，或乃至自颈（到）割。虽陈冤州郡，而牧守不为通理。阙庭悠远，不能自闻。含怨呼天，叩心穷苦。愁苦赋役，困罹酷刑。故邑落相聚，以致叛戾。非有谋主僭号，以图不轨。④

① 范晔：《后汉书》卷八十六，《南蛮西南夷列传》，中华书局1965年版，第2851页。
② 常璩：《华阳国志》卷四，《南中志·永昌郡下》。
③ 范晔：《后汉书》卷八十六，《南蛮西南夷列传》，中华书局1965年版，第2846页。
④ 《后汉书·南蛮西南夷列传》载程包之言。

天高皇帝远，喊天天不应，呼地地不灵，这是夷民常反叛的根本原因，也是该地区开发断断续续曲折发展的原因。

三、大姓在一定意义上是先进文化的代表

《华阳国志》中有一个较为突出的现象，对巴、蜀、汉中和南中诸郡所属县之大姓记述甚详。我们知道，大姓也称为冠族，是汉代一种地方势力的称呼，《汉书》中就有“豪猾吏及大姓犯法，辄论输府”[1] 的说法。大约东汉时期，南北各地逐渐形成一些较固定的并且公认的地方当权大姓，这些大姓、冠族是控制地方的力量，成为汉末割据政权的阶级基础[2]。巴、蜀、南中等地之大姓大体相同，但各有特点，先看看《华阳国志》有关的记述。

诸葛亮七擒孟获，平越嶲、益州、永昌、牂牁四郡之后：

> 移南中劲卒青羌万余家于蜀，为五部……分其羸弱配大姓焦、雍、娄、爨、孟、量、毛、李为部曲；置五部都尉，号“五子”，故南人言“四姓五子”也。以夷多刚很，不宾大姓富豪，乃劝令出金帛，聘策恶夷为家部曲，得多者奕世袭官。于是夷人贪货物，以渐服属于汉，成夷、汉部曲。

关于大姓、四姓，我们引用刘琳校注《华阳国志》的一些解释：

> 这里说的八姓和南中其他大姓是在庄跻王滇以后几百年间迁居南中的，在不同程度上少数民族化了的汉族豪强地主。在《蜀志》《常志》中称之为“大姓”，与高定之类的“夷帅”有严格的区别。可见非少数民族。但其中一些人可能像庄跻那样“变服从其俗以长之”，因而变成了奴隶主或奴隶主色彩很强的地主。

---

① 班固：《汉书》卷六十六，《陈万年传》，中华书局 1962 年版，第 2901 页。
② 参阅唐长孺：《魏晋南北朝史论拾遗·东汉末期的大姓名士》，中华书局 1983 年版。

《爨龙颜碑》有“乡望标语四姓”之语，与此合。

另一处说：

> 按本书于梓潼、新都、南安、资中、江阳、汉安等县下亦有“四姓”之说，并各举出四个人姓。……然东汉魏晋南北朝常称大姓为“四姓”，其初盖如旧日拼凑“八景”之类，以后渐成为大姓通称，非必皆有四姓。①

可以同意这些解释，从原文的叙述中已可看出夷、汉之区别②。因为云南是少数民族较多的地区，所以不仅有明显的夷汉区别，而且有些县还特别记明，如：

> 谈藁县有濮、僚。
> 伶丘县主僚。
> 兴古郡……多鸠僚、濮。
> 句町县……其置自濮王，姓毋，汉时受封迄今。

在夷汉杂居的云南，少数民族的大姓或者也有，如毋姓，是否可以说他们汉化影响较深。同乐县之大姓爨氏，很有点像少数民族的姓，但《爨龙颜碑》却称爨氏出自春秋时楚国之令尹子文，后为班氏，汉末食采于爨，因以为氏。这就与内地拉上了关系。总之，当时云南地区的大姓多为汉姓是可以肯定的。

内地汉人（包括巴、楚乃至中原等地的人）何时迁往云南地区，除庄蹻入滇之外，其他也有迹可寻，秦灭巴蜀时，有不少人迁往徼外。《华阳国志·南中志》还具体记载，汉武帝开益州时：

> 汉乃募徙死罪及奸豪实之。

---

① 常璩：《华阳国志·蜀志·德阳县下》注。
② 1963年云南昭通后海子中寨发现的东晋霍承嗣墓的西壁画上就有夷汉部曲图。

又在置不韦县时：

徙南越相吕嘉子孙宗族实之，因名不韦，以彰其先人恶。

巴、蜀、楚、越以及中原内地之人迁入云南地区，是一个长期的过程，有大规模的迁徙乃至招募，也有因各个时期战乱而出现的举族迁移，如前述董和之由南郡西迁，而后又南迁益州郡——很可能仍“率宗族”。同样，一些在云南地区任地方官的人，会带着族人长期居住下去。可以代表汉文化的大姓，留居云南之后，既从俗，也改变了当地的风俗，充分利用当地的自然条件，开发当地的自然资源，这是不言而喻的，事实也比较清楚。

南中地区的人，原本过着“随畜迁徙”的游牧生活，或者从事“畲山为田”的原始农耕，自设郡县有了大姓之后，推广了先进的农业技术，《华阳国志》记晋宁郡汉代情况时说：“郡土（大）平敞，（有）原田。”记云南郡说“土地有稻田，畜牧”，记朱提郡原属国文齐之功时更说：“穿龙池，溉稻田为民兴利。”“原田”何意？如果仅为一般平原之田，似显重复，前一句已经是“土地（大）平敞”，不知有无内地“爰田”之意（爰字本就有辕、换等多种写法）？稻田，特别是“穿龙池，溉稻田”更为清楚，是在农耕方面讲求了技术。当然还有工具，虽无直接记载材料，但唐代樊绰《蛮书》有牛犁的明确记载，据考证与汉族耕田古法相同[①]。

手工业方面由巴蜀、内地传去技术更为明显。本文开头所谓煮盐法与汉法同（《蛮书》中常作此种比较），这煮盐法很可能是从四川传去的。四川从战国末李冰在广都穿盐井开始，煮盐业就很盛，乃至于有“家有盐泉之井”[②] 的说法。更重要的是据《汉书·地理志》记载，益州郡连然县已设“有盐官”，这可作为内地传来煮盐法的重要证据。

在纺织技术方面，有一条间接但颇能说明问题的材料，《蛮书》卷七记载云南管内物产时说：

俗不解织绫罗。自大和三年蛮贼寇西川，虏掠巧儿及女工非少，

① 参阅向达：《蛮书校注》卷七，中华书局 1962 年版。

② 左思：《蜀都赋》。

如今悉解织绫罗也。

这是唐代后期的事，唐代尚且靠四川的“巧儿及女工”去传授技术，汉代可想而知了。

由上述这些具体事例，内地（特别是巴、蜀、楚）汉人到云南，是带去了许多“汉法”的。去云南的汉人，大姓又最为突出，因为他们往往是举族而去的，我们知道，这种大姓连同他们的宗族、部曲，往往是一个不小的社会单位，“人上一百，种种色色”，也自然有各种各样的人才，说大姓在一定意义上是先进文化的代表，应该成立。

四、必要的结束语

以上三个方面可以说明，秦汉时期云南地区得到了很大的开发。上述内容着重谈的是秦汉时期汉人和汉文化方面的影响，没有论及秦汉以前的开发情况，也没有记述各少数民族人民的贡献，结束本文时有必要明确指出：秦汉时期的大开发，是以原有的开发为基础的，而且是各族人民共同努力的结果。这一点，前面所引《史记·西南夷列传》的材料已经可以说明，汉武帝时滇王挽留过十几批汉王朝使者，这些使者回朝后，“因盛言滇大国：足事亲附”，这就表明当时昆明地区已经有了相当的开发基础。

“以道不通故，各自以为一州主，不知汉广大”，所以滇王曾问汉使者：“汉孰与我大?”后世不知何时开始，有个“夜郎自大”的贬义词，是根据这句话而说的。殊不知最先说此话的还是滇王，只是因为夜郎侯当时也说了，而且夜郎比滇小，所以会形成“夜郎自大”的说法。其实这话除了“不知汉广大”之外，也可以说明他们“各自以为一州主”，有自己的规模和基础，否则使者也无法“盛言滇大国”，也不会引起“天子注意焉”。汉武帝在长安筑昆明池，或可见其“注意”之程度，使者所言当有一些具体内容。《后汉书·南蛮西南夷列传》的一段综合描述，亦可反映有滇池的“昆明地”之开发基础，其文曰：

河土平敞，多出鹦鹉、孔雀，有盐池田渔之饶，金银畜产之富。人俗豪忲。居官者皆富及累世。

另外，还有一个有待进一步探讨的问题，汉武帝在设益州郡时，同时“赐滇王印，复长其民”。这和汉初的郡、国关系不同，汉初王国所在地是不设郡守的。是否有一种可能，当时设郡主要是军事性质的，不治民，至少开始是如此。实际上很长时间，这一些地区在赋税等方面都是有特殊政策的（见前引《资治通鉴》文），且有夷汉分治的可能①。不过，这与本文第一部分所论并不矛盾，整个汉代的情况是这一地区郡县的发展越来越巩固，仔细查考也还有迹可寻，例如西汉成帝时，临邛人陈立，就曾为连然长、不韦令②，除开初始有太守或郡将之外，县也设有主管官吏，就表明郡县制的日益完善。在这种统一的行政区划内，各族人民的融合是会日益加强的。

是各族人民共同努力，不断地开发着云南地区，并且形成自己的地区特色。例如有特色的“蜡染”，不知可否说汉代已有此工艺，《后汉书·西南夷列传》记载说：

> （哀牢人）知染采文绿，罽毲烧帛叠，兰干细布，绩成文章如绫锦，有梧桐木华，绩以为布③，幅广五尺，洁白不受垢污。

华峤《后汉书》作：

> 哀牢夷知染彩紬布，织成文章如绫绢。④

蜡染、木棉布既有自然条件因素，也有手工制作的特点。再例如，《汉书·食货志》记载：

> 朱提银重八两为一流，直一千五百八十。它银一流直千。是为银货二品。

① 《后汉书·南蛮西南夷列传》在记筰都夷时说：“至天汉四年，（罢沈黎郡）并蜀为西部。置两都尉，一居旄牛，主徼外夷，一居青衣，主汉人。”此虽主要为今四川境内之事，但“徼外”可以是很远的。夷汉分治也许是政策性的措施。王与郡的关系原则上应该如此。

② 班固：《汉书》卷九十五，《西南夷两粤朝鲜传》，中华书局1962年版，第3845页。

③ 注引《广志》：“梧桐有白者，剽国有桐木，其华有白毳，取其毳淹渍，缉织以为布也。”

④ 李昉等：《太平御览》卷八二〇引。

当然是银子好，但这中间亦当有一个加工问题。又例如《后汉书·安帝纪》说：

> （永初）六年春正……诏越嶲置长利、高望、始昌三苑，又令益州郡置万岁苑，犍为置汉平苑。

这记载可否还能找到其他材料，暂且不说。置苑当为养马，东汉一开始有省西北牧师的措施，和帝时还有减凉州苑马的诏令，而在云、贵等地一下增加好几个苑，当然是一重大举措。“滇马”也因而更有名。由此可见，汉王朝对西南地区已有所依赖，西南与内地之联系，显然进一步加强了。

汉代对先秦典籍的全面改造

孔子删《诗》《书》，作《易传》，著《春秋》，被认为是“对经典创造性的改造和诠释”。后世一般所说的先秦经典即所谓“五经”、“六经”，就是指孔子改造过的。但是此后经历了战国的“百家争鸣”、秦代的“焚书”等重要历史事件，孔子时代及其以后的所有先秦典籍（包括“五经”以及“诸子”和其他典籍），到了汉代是如何保留下来，又是如何流传下去的？这是一个不可忽视的问题。当时以口耳相传为主，所传之内容必有各种情况的走样，如晁错从伏生受《尚书》，因听不懂话，就有十分之二三是“以其意属读”的[①]，再加上传授者有意无意地曲解和疏忽，结果必失其真。《诗经》在汉初的情形也是如此，“汉兴，鲁申公为《诗》训故，而齐辕固生、燕韩生，皆为之传。或取《春秋》，采杂说，咸非其本意。与不得已，鲁最为近之。三家皆列于学官。又有毛公之学，自谓子夏所传，而河间献王好之，未得立”[②]。在汉初，这四家《诗》除开训诂、传解不同之外，经文本子是否相同，也是值得讨论的问题，而阜阳双古堆出土的西汉早期的竹简中就有100多支《诗经》简，据研究，既与世传的《毛诗》不同，也与三家《诗》有异，不仅有许多异文，甚至编次也是不同的。（参见《文物》1984年第8期）。除《诗经》外，汉代其他各经的传授也有各种不尽相同的情况，例如《易经》，马王堆帛书中有《周易》，双古堆又有《周易》竹简，它们与传世本不同是肯定的，究竟是怎样的不同，并未完全清楚。但可以证明，汉初的或者说先秦的《周易》，有过与后来不同的本子。其他如《礼》《乐》之类更不消说，后世只能看到汉人编次、传记的一些东西，先秦原籍只有等待出土了。总之，所有经典在传授过程中，必失其真，失去孔子所编的原貌之真，盖因汉代对其进行过不同程度的

---

① 司马迁：《史记》卷一百一，《晁错列传》，中华书局1959年版，第2746页。

② 班固：《汉书》卷三十，《艺文志》，中华书局1962年版，第1708页。

改造。

另一大类典籍就是先秦“诸子”，现在最明显的就是《老子》一书，1972年长沙马王堆出土的帛书《老子》（且有大同小异的甲、乙两种本子），与后世流传的《老子》颇不相同，使人们大开眼界，为《老子》研究开辟了新天地。没有想到1993年湖北荆门出土的郭店竹简中，又发现了更为不同的《老子》版本。这里我们要说的是，以上情况说明《老子》文本不仅从战国到汉初有很大变化，而且在汉代也有不小变化。如果说汉初两个帛书本也是汉人的作品，那是汉代对《老子》的第一次改造，后来严遵的《老子注》《河上公老子章句》，那就是对《老子》的第二次、第三次改造了，还有我们现在无法看到的邻氏、傅氏、徐氏和刘向的传说，所有这些，应该说在一定程度上都是创造性的改造和诠释。相关例子俯拾即是，不妨试举一二：后世流传本的《老子》第一章，在帛书中原在“德经”之后，这个大的改变应有其深刻意义，再就是一连去掉了七八个“也”字。更重要的是诠释，例如释“有名万物之母”，严遵《老子指归》释为：“有名者之为化也，遵道德、贵神明，师太和，则天地，故为万物母。”而《河上公老子章句》释为：“有名谓天地，天地有形位，阴阳有柔刚，是其有名也。万物母者，天地含气生万物，长大成熟，如母之养子。”这些文字和思想，虽然在汉代其他著作中也可以看到，但这里作为《老子》注文，不能不说是对《老子》的创造性诠释。

其他子书被改造的脉络难得有《老子》一书这样明显。但近几十年新出土的简帛资料，足够我们说明问题了，《文子》，《庄子》，《鹖冠子》，《尉缭子》，吴、齐两《孙子》，乃至《墨子》《鬼谷子》等，都有多少不同的文字，可供研究参考。可以武断地说一句，都不会与传世本相同，都能够说明汉人对它们的改造。总之，不同的人以及不同的派别，在传授“六艺”、“诸子”的过程中，肯定有各种各样的改造和诠释，如果我们发现有些记载和新出土资料有不同之处，那正是典籍被改造的证明。

关于改造典籍的事实，我们还可以从另一个十分明显的方面予以说明，那就是众所周知的西汉末年的刘向校书，此次校书是一次大的图书整理，学术界已经注意，但深入探讨还不够。这次图书大整理的情况，此处暂不详说，只想说明一点，这也是一次对先秦典籍的大改造。刘向每校一书之后，“辄条其篇目，撮其旨意，录而奏之”①。从保存的几篇《书录》看，刘向对先秦典籍的改造，包括内容选择、重新编目以及文字校订等许多方面，现举《晏子叙录》一例如下：

> 凡中外书三十篇，为八百三十八章，除复重二十二篇六百三十八章，定著八篇二百一十五章。外书无有三十六章，中书无有七十一章，中外皆有以相定。中书以夭为芳，又为备，先为牛，章为长，如此类者多，谨颇略榆，皆已定，以杀青，书可缮写。……
>
> 晏子盖短，其书六篇，皆忠谏其君，文章可观，义理可法，皆合六经之义。又有重复，文辞颇异，不敢遗失，复列以为一篇。又有颇不合经术，似非晏子之言，疑后世辨士所为者，故亦不管失，复以为一篇，凡八篇。其六篇可常置旁御观。谨第录。（严可均校辑：《全汉文》）

这里引文稍长，但很说明问题，刘向等在整理时，除了重新编次编目、校定文字之外，对内容的选择，更能表明其改造之功：一方面态度似乎很“客观”，感觉到“似非晏子之言”的篇章也“不敢遗失”，予以收录编入（这又使后人能看到一些刘向当时所看到的流传篇章）；另一方面“主观”意识又相当强，注重“忠谏”君、法“义理”、“合六经之义”等，凸现出“独尊儒术”之后的儒家观念. 关于后者，其他“书录”中都有明显的表示，如对非儒家典籍的《管子》《列子》也说他们“晓合经义”、“合于六经”之处。如果我们要谈“改造”、谈“创造性（一般意义上的）改造”，当然与改造者的“主观意识”是分不开的。

刘向等人有组织、有计划的校书，是对先秦典籍一次大规模的、全面的改造，并且是完成了的。最后刘歆“总群书而奏其《七略》”就是完成后的总结。《七略》后来遗失了，《汉书·艺文志》“删其要，以备偏籍”，使我们能知道当时的大概情况，《艺文志》中著录52家儒家诸子，有31家是先秦的；著录37家道家诸子，有29家是先秦的。这些应该都是经过刘

---

① 班固：《汉书》卷三十，《艺文志》，中华书局1962年版，第1701页。

向等人改造过的，只是到班固时又大多亡佚了。当然，亡佚是就班固当时的国家藏书而言，就他个人所见而言，并非从社会上完全消失，后世有人引用、有人辑佚，又可以恢复某些典籍的部分内容。而现代出土资料，如马王堆帛书中有可以被称《黄帝四经》的内容，郭店竹简中有一些儒家和道家思想的内容，均可以从另一角度证明班固记录属实，刘向等人整理过先秦典籍（确有过那些书）。从数量上看，刘向等人对先秦典籍的改造，也可以说是“全面的”。

有组织、有计划的全面改造，除了刘向校书之外，还有许多。在汉代，校书是经常的事，设有“校书郎”之类的专门官职，建有“东观”、“兰台”之类的专门机构。另外，又有一系列官方会议（石渠阁会议、白虎观会议等），讨论“五经异同”，从不同的角度整理、诠释经典，一直到石经的刊刻。所有这些，都必然对典籍的改造产生影响。

以上简要地从民间和官方两个方面分别说明了汉代对先秦典籍的全面改造，说“全面”可以从两方面理解：一是改造典籍的数量较多，后世流传的、能够知道的先秦典籍，几乎都在其中；二是对每一种典籍整个面貌都有不同程度的改变。至于其改造是否可以说是“创造性”的，也许会像评价孔子删《诗》《书》一样，其是非功过那就见仁见智了。

关于本文这个话题，最后还想谈以下几点看法：

第一，先秦典籍的形成本身就是动态的，一种典籍最原始的面貌是什么样子？何时何人编成？六艺情况如何？汉代人都不十分清楚，他们也无法看到一部完整的典籍，而礼、乐方面的散佚更为严重。例如记载说有人向河间献王献《周官》，加上补一个《考工记》，因而有《周官经》六篇，也只是河间献王编的，并不一定是先秦原貌。诸子更是如此，如刘向“书录”所反映出来的，这里有几篇，那里有几篇，都是单篇分散流传的，实难清理出一个完整的原貌来，郭店竹简《老子》的情况，或可提出一种看待问题的思路。

第二，汉人对先秦典籍改造时，必然打上汉人的时代烙印，也就是打上汉人的思想烙印。哲学界的朋友在讨论哲学与哲学史时，提到经学家与经学史家不同，说经学家有自我，经学史家没有自我（其实也不尽然）。有自我就是“六经”为我所用，体现自我。因而改造和诠释是有汉人的

"我"在其中的，这是不可避免的，也是必然的。而且，如果不是如此，那可以说就没有学术文化的发展，改造的"创造性"应该就在这当中了。

第三，汉代的先秦典籍没有也不可能脱离先秦的基础，但又确实有很大变化，而且不断变化（《庄子》文本在魏晋的继续变化就是明显的一例）。汉代生成的文本及汉人对它的诠释，既是我们了解先秦文化、社会的基本材料，也是我们研究中国传统文化源头的主要依据。

最后，与此相关，我们在讨论"疑古"等问题时，注意到汉人改造先秦典籍这一情况，可以重新认识很多问题，这是有方法论意义的。

再谈汉人改造先秦典籍

从2002年12月24日在《光明日报》发表《重新认识古书辨疑》，到2005年7月19日在该报发表《汉代对先秦典籍的全面改造》，前后经历了三到四年，现在又过了四年。在此期间，有一些学者赞同笔者提出的“改造”说，如李振宏同志在此基础上展开了自己的论说①。近日读了日本学者浅野裕一的《新出土文献与思想史的改写》②，觉得有些话还值得谈一谈。我曾对人说，出土先秦文献越多，我的“改造”说越“正确”。下面我想就此再谈几个问题。

如何看待出土文献与传世文献的异同

浅野先生根据新出土文献提出思想史要改写，并批评了许多日本学者的所谓“疑古派与释古派的观点”，从中可以看出，日本学者的“观点”是与上世纪中国“古史辨”派的“观点”有关系的，这些问题本文暂不讨论。其实我恰恰是受“古史辨”汉人伪造说的启发，结合新出土文献提出“改造”说，同时也解决了传世文献与出土文献的矛盾问题。一般来说，两者的相同之处是主要的，这也正说明它们的渊源关系。《诗经》就是《诗经》，《老子》就是《老子》，从出现之日起流传下来。这种典籍的流传必须有典有据，哪怕是“造说”或者“托之于神农黄帝”，也会另有根据。而相异之处，就是传世文献在“传授”、“流传”过程中出现了各种各样的不同。先秦时期因“百家争鸣”的大环境，典籍的传授和流传相对要原始、真实，但也有书写之不便、口耳相传之误等局限。秦统一之后经历“焚书坑儒”，到汉代的“独尊儒术”，典籍传授、流传的情况就发生更大

① 李振宏：《论“先秦学术体系”的汉代生成》，《河南大学学报》2009年第1期。

② ［日］浅野裕一：《新出土文献与思想史的改写》，《文史哲》2009年第1期。

的变化了。汉代的“改造”就是一个最大的变化。今之所谓“传世文献”，主要是在汉代定型的，特别是“群经”和几个大学派的“诸子”。当然，汉以后也还有不同程度的变化，但相对而言要小得多。

许多出土文献与传世文献，有相同之处，但也有很多不同之处，实际上这是极大的好事，可以开阔人们的视野，可以从多方面进行研究，如从文献学的角度进行研究，包括版本、文字音韵等文献学分支，特别是可以从思想史的角度进行研究，乃至改写思想史。对这些文献进行重新认识、重新研究，是当代传统学术研究的新任务。

汉人怎样改造先秦典籍

先秦典籍的传世本，应该都是汉人“改造”过的本子，不过，这个“改造”有大小之分、多少之别。“改造”定型的时间，应该主要是西汉末年的刘向校书，《汉书·艺文志》反映了这个结果。汉人为什么和怎样“改造”呢？这当然又与秦之“焚书”有关，如司马迁在《六国表》中所说：“秦既得意，烧天下之诗书……诗书所以复见者，多藏人家。”书籍大量被毁，私藏甚至是壁藏的终究是少数，汉初“除挟书令”乃至搜求图书，也不那么容易，当时是书少而且不全，伏生壁藏《尚书》，“汉定”，“求其书亡数十篇，独得二十九篇”，就是一个例子。当时主要以竹简写成的书籍，私人很难全有，也很难保存，零零星星、陆陆续续搜集起来的书籍，就必须整理、校定，这个过程就是一个“改造”过程。我们曾经指出，刘向校书是一次大的“改造”，包括为有些书如《战国策》定名，对有些书如《晏子》确定编目，等等，并且这种有计划有组织的校书还不止一次。

这里再谈谈民间流传、传授过程中自觉或不自觉的“改造”。谨以《尚书》为例，据《汉书·儒林传》记载，汉初寻找治《尚书》者，“天下亡有”，好不容易找到一个伏生，“老不能行”，派晁错“往受之”，当时的情况是“伏生老不能正言，言不可晓了，使其女传言教错。齐人语多与颍川异，错所不知者凡十二三，略以其意属读而已。”这样以意“属读”，能够保证晁错所录回的本子百分之百是伏生的吗？当然，还有其他一些本子，“伏生教济南张生及欧阳生……而伏生孙以治《尚书》征，弗能明定。

是后鲁周霸、洛阳贾嘉颇能言《尚书》云”。一传再传，不知有多少传本，如后世辑佚之《欧阳章句》《大小夏侯章句》之类。民间还有一些散篇，如河内女子献《泰誓》一篇。当然更有武帝末鲁共王坏孔子宅所得之《古文尚书》。刘向校书时，一方面整理了《经》二十九卷，另外把《尚书古文经》四十六卷也加以保留，只可惜有关的“书录”没有保留，其所整理的书籍也都亡佚了。现在传世的本子是东晋以后的事了，又当别论。由此看来，先秦的《尚书》究竟是什么样子，至少孔子所删《诗》《书》的原貌究竟如何？是可以进一步思考、讨论的。伏生所壁藏的《尚书》是否仅仅 29 篇，有没有佚书呢？我曾盼望是否会有如郭店简、上博简中那样的“佚诗”现象。听说清华简中可能有《尚书》的消息，我十分高兴。等整理出来了，我们或许可以更好地研究汉人是如何改造《尚书》的。现在学者们出于慎重考虑，对于《保训》是否属于《尚书》类尚未得出定论。但是我想，和“佚诗”现象一样，“佚书”——被汉人编掉了的《尚书》的存在，也不是不可能的。

进一步可作的一些研究

过去所谓“疑古派”，因为发现传世的先秦经典中有些问题是汉以后才有的，所以产生了汉人伪造说。如前面提到的浅野先生所说，这种影响，使得有些日本学者在研究出土先秦文献时把时间也拉到汉代。另外，对上博简、清华简也有人提出伪造说。其中很重要的一点，都是就传世本与出土文献相比较而言的，如果考虑到汉人“改造”说，有些问题其实是可以不必讨论的，这里包括我曾指出的，汉人“改造”典籍时会打上汉人的时代与思想烙印，但是不能反过来，见到与汉代思想相近的东西，就断言是汉代作品。浅野就列举了这方面的例子，思想分析的结论，往往被新的出土材料所否定。

这中间关键是一个方法论的问题。我们可以根据“改造”说，从具体比较中作比较深入的分析。例如，浅野先生认为，战国时期有《老子》、郭店简《太一生水》、上博简《恒先》各自独立的宇宙生成论，三者并立，因此思想史应该改写。这是不错的，但是，我们还可以进一步在具体比较三者的基础上，看它们在汉代发生了怎样的影响？汉人如何选择，如何采纳，并在其基础上又如何进一步形成自己的宇宙观？本来“道”、“太一”、“恒”也可能只是名词的不同，但后二者加进了“水”、“气”、“神明”等内容，和《老子》抽象为一、二、三不同，所以形成了不同的宇宙生成论“太一”、“恒”可以与“道”等同，《老子》中“道”和“一”本来也可以说是一回事。但是，“太一”在汉代变成了天神，《史记·封禅书》中有“天神贵者太一”，更不用说后来道教的太一神了。至于“恒”字，我想到了一点，帛书《老子》中的“常道”、“常名”作“恒道”、“恒名”，有人还就此做过文章，“恒”的演变，是否还可以探寻点什么？

又例如，在清华简《保训》的讨论中，有学者就书写笔法、文句等提出疑问。这里我想说，讨论这一问题时是否也应考虑汉人“改造”这一因素。即便是经过汉人“改造”过的《尚书》，如韩愈《进学解》说：“《周诰》《殷盘》，佶屈聱牙。”文字艰涩，语句拗口。可以这样说，几乎所有的出土文献，在文字、语句方面都比汉人整理过后的《诗》《书》更难读难懂。先秦所有典籍，变成汉以后的传世本，至少经过文字和语句上的改造，使用汉代通行的文字，调整语句以便传授，等等。

再以《诗经》为例作更具体一点的说明。汉有齐、鲁、韩三家《诗》，还有《毛诗》，实际上还不止这些，至少《汉书·艺文志》就说有“六家”。学界对此有分别的、有综合的，也有比较的研究，成果已然不少。我的学生葛立斌就曾试图进一步具体研究汉人对《诗经》的改造，他初步研究认为，传世的《毛诗》与三家诗比较，有一个“版本上的漫长的形成过程，这种版本发展主要体现在文字使用、某些篇目的删改、篇名的改变以及类序的编纂次序等多方面的改变”。他统计了从《墨子》《论语》《荀子》到《吕氏春秋》等先秦文献中引用的佚诗，以及“上博简”提到《诗经》文本中的佚诗，比较其异同，指出：“佚诗的现象到汉代文献中却较少出现了，如四家《诗》尽管存在诸多方面的差异，但在《诗》的篇目上实际是相同的。而汉武帝以后的各种文献引《诗》更是没有佚诗现象。”因此，在这些具体研究的基础上进一步探讨汉人“改造”问题，能够更好、更全面地认识传世文献，对推进相关研究将有很大的参考价值。

论汉代新儒家

探讨秦汉新儒家，比探讨秦汉新道家更困难，因为秦汉时期以黄老面貌出现的道家，与老庄道家相比，有很大的不同，这是非常明显的。在历代鼓吹儒家道统的影响下，人们很容易忽略区分不同历史时期的不同儒家，后世虽有汉儒、宋儒、清儒之类的说法，但对不同时期儒家的不同特点，注意是不够的。汉代以董仲舒为代表的儒家，与先秦儒家有所不同，学者已有所注意。少数学者也提到汉代新儒家问题，但很少充分加以论证，这里想就此做较全面的论述。

一、先秦儒家的演变

儒家以孔子为开山祖这是确定无疑的。我们可以设想，孔子在世时，在学术思想上，一切都是他说了算，他教导学生，谈学论道，褒此贬彼，无一不体现他的政治思想、伦理思想等。学生当然会有不同的思想，但不能表达，很少反映出来。孔子死后，情况就大不一样了。《韩非子·显学》论述说：

> 自孔子之死也，有子张之儒，有子思之儒，有颜氏之儒，有孟氏之儒，有漆雕氏之儒，有仲良氏之儒，有孙氏之儒，有乐正氏之儒。……故孔、墨之流，儒分为八，墨离为三，取舍相反不同，而皆自谓真孔、墨，孔、墨不可复生，谁将定世之学乎？

照韩非的说法，因为“取舍相反不同”（思想主张不同），“儒分为八”，他所说的儒家八派不一定很准确，而且时段很长，其中有的是孔子弟子，有的是再传，有的是隔了几代，如果孟氏是孟轲，孙氏是孙卿的话（不一定），其所指八派是就战国几百年的时期而言的。很少有人对此八派的演变做系统的论述。但先前儒家演变问题，在韩非的论述中已经凸现出来。

子思倡中庸之道，孟子讲仁义之政，还有一些其他的思想、言传的发挥，谁得孔子之真传？确是难以裁“定”。但可以肯定的是，他们发展了孔子的思想，丰富了儒家的理论，发展到汉初，司马谈眼中的儒家是：

> 儒者博而寡要，劳而少功，是以其事难尽从，然其序君臣父子之礼，列夫妇长幼之别，不可易也。
>
> 儒者则不然，以为人主，天下之仪表也。主倡而臣和，主先而臣随。如此，则主劳而臣逸。
>
> 夫儒者以六艺为法，六艺经传以千万数，累世不能通其学，当年不能究其礼。故曰“博而寡要，劳而少功”。若夫列君道、父子之礼，序夫妇长幼之别，虽百家弗能易也①。

什么时候儒家变成了这个样子？当然有一个发展过程，从司马谈关于儒家特点的概述中，我们不难看出：第一，儒家以为人主是天下代表，只能“主倡而臣和，主先而臣随”，政治上是尊君抑臣的；第二，强调父子和君臣一样是主从关系，相应的还要“序夫妇长幼之别”，这是一套伦理关系；第三，“以六艺为法”，强调学习“六经”，并从中究习一套繁文缛礼。简要地说，一是讲政治，二是讲伦理，三是重六经，四是摘繁文缛礼（儒者的老本行）。这些就是儒家的主要特点，是长时间逐渐发展和丰富起来的。

讲政治是诸子百家的共同之点，“百虑而一致，其务为治者也”（司马谈语），而正君臣上下，与法家完全相同；论伦理，则是儒家自己特别突出之点，把父子关系与君臣关系相联，使得伦理政治更显特色。“以六艺为法”也是它与别家不同的一个重要方面，把本来不是儒家专有的古籍，变成了似乎是儒家的专利。繁文缛礼，是为了更好地发挥“教化”作用，虽然难学难通，“劳而少功”，始终无法取消。

和其他一学些派相比，有些重要思想是儒家所欠缺的。从孔子罕言天道鬼神开始，有关自然方面的思想，儒家论述比较少。中国古代一个“道”

① 司马迁：《史记》卷一百三十，《太史公自序》，中华书局 1959 年版，第 3290 页。

字，内容本很丰富，老庄道家给予了充分的发挥，孔孟儒家则更多的是把它局限在伦理道德方面。儒家重礼，礼和法有着密切关系，但法家有些思想儒家最初也是很缺乏的。繁文缛礼带来的奢华，则为墨家所强烈批评。先秦儒家还有一个特点，那就是自以为是、派性十足，这从孟子非杨、墨，破口大骂人家无父无君看得出来。《荀子》“解蔽”、“非十二子”等不无道理，但唯我正确，也是给人的突出印象。不过，受“相反相成”规律的支配，为了生存和发展，儒家也非吸取别家之长不可，势必继续演变。

二、汉初儒家的状况

儒家以从政、为政为主要目标，其学说、其思想理论是在政治实践中不断演变的。司马迁在写《史记·儒林列传》时，对他以前儒家的政治命运做了如下的记述：

> 孔子闵王路废而邪道兴，于是论次《诗》《书》，修起礼乐。……世以混浊莫能用。是以仲尼干七十余君无所遇。曰：“苟有用我者，期月而已矣。”西狩获麟，曰：“吾道穷矣。”故因史记作《春秋》以当王法。……自孔子卒后，七十子之徒，散游诸侯，大者为师、傅、卿、相，小者友教士大夫，或隐而不见。故子路居卫，子张居陈，澹台子羽居楚，子夏居西河，子贡终于齐。如田子方、段干木、吴起、禽滑厘之属，皆受业于子夏之伦。为王者师。是时独魏文侯好学。后陵迟以至于始皇。天下并争于战国，儒术既绌焉。然齐鲁之间，学者独不废也。于威宣之际，孟子、荀卿之列，咸遵夫子之业而润色之，以学显于当世。①

一方面，在春秋战国那种“礼崩乐坏”的政治局面下。孔子及其传人在政治上未成大的气候，孔子“干七十余君无所遇”虽有所疑问，但他在政治上没有大的作为是可以肯定的；另一方面，他在混乱的政局当中，论《诗》《书》，兴礼乐，是做了很多工作的。在后来“儒术既绌”的情况下，

---

① 司马迁：《史记》卷一百二十一，《儒林列传》，中华书局1959年版，第3115～3116页。

他的后学，特别是在齐鲁地区的学者，继续了儒学的工作，包括孟子、荀卿这样“以学显于当世”的大学者，他们“遵夫子之业而润色之”。这个“润色”就是儒学的丰富、儒家的发展，如果从儒学、儒家演变来做文章。是有很多要做的。

众所周知，秦始皇的“焚书坑儒”，对儒家、儒学是一次重创，司马迁也注意到了，并且说“六艺从此缺焉”①，这仅是从儒家经典而言的。而习“六艺”之人并未被斩尽杀绝，秦始皇坑杀的“术士”并非全是儒家，这一点是毋庸置疑的。

秦末汉初，见于记载有名有姓的儒生，是以齐、鲁为中心的一批学者及其弟子。战国时期，齐鲁是文化中心，也是儒学最发达的地区，所以在秦末时，“鲁诸儒持孔氏之礼器，往归陈王，于是孔甲为陈涉博士”②。汉高祖“举兵围鲁”时，“鲁中诸儒，尚讲诵，习礼乐，弦歌之音不绝”③，不是一两个人，而是一群群的人。到了文、景之时，“招方正贤良文学之士”就有：

> 言《诗》，于鲁则申培公，于齐则辕固生。于燕则韩太傅。言《尚书》，自济南伏生。言《礼》，自鲁高堂生。言《易》，自菑川田生。言《春秋》，于齐鲁自胡毋生，于赵自董仲舒④。

在这段记述中，“六艺”各经的传人，主要都在齐鲁。当然也不完全局限在齐鲁之间，齐鲁的学者如申公，汉初也游学长安。汉初的齐、鲁、韩三家诗，韩诗作者韩婴就是燕人，“燕赵间言诗者由韩生”，而且“其语颇与齐鲁间殊”，还“以《易》授人”⑤。应该说，当时其他一些重要文化区，如长安、洛阳，也有不少传经之人。

这里想指出的是，上述传经的儒生之中，有不少人不太识“时务”，如申培公、辕固生都是几次征召，几次罢免。而另一批儒生则不同，能够

---

① 司马迁：《史记》卷一百二十一，《儒林列传》，中华书局1959年版，第3116页。
② 司马迁：《史记》卷一百二十一，《儒林列传》，中华书局1959年版，第3116页。
③ 司马迁：《史记》卷一百二十一，《儒林列传》，中华书局1959年版，第3117页。
④ 司马迁：《史记》卷一百二十一，《儒林列传》，中华书局1959年版，第3118页。
⑤ 班固：《汉书》卷八十八，《儒林列传》，中华书局1962年版，第3613页。

审时度势，并且能够创造性地用其所学，其中最突出的代表应该是叔孙通。司马迁对他的评语是：

> 叔孙通希世度务。制礼进退，与时变化，卒为汉家儒宗。

我认为这是一个比较客观、恰当的评价。叔孙通迎合世俗对不对？这是价值判断的问题，能够“与时变化”应该无可厚非，当然主要看他究竟做了些什么。“卒为汉家儒宗”这句话很有意思，原文是说他的所做所为终于成汉代儒家之祖，汉家儒之宗师。“汉家儒”即指汉代之儒家。这里透露出汉代儒家不同于先秦之儒家。借用这句话，我认为汉代新儒家可以从叔孙通开始，他算是新儒家的开山祖。下面根据司马迁的记述来说说他的事迹：秦时先是以“文学”被征召为待诏博士，后转为博士，文学虽泛指文章博学，其原本为孔门四科之一[①]，应该属于儒家。他有弟子百余人，和那些儒学专经人士教授弟子一样，以何为教？正史无明文，但可推想是以《礼》为教。记载说，在秦末汉初“矢石”之中，叔孙通带着“儒生弟子百余人”无所事事，刘邦为皇帝之后：

> 叔孙通就其仪号高帝悉去秦苛仪法，为简易。群臣饮酒争功，醉或妄呼，拔剑击柱，高帝患之。叔孙通知上益厌之也，说上曰：“夫儒者难与进取，可与守成。臣愿征鲁诸生，与臣弟子共起朝仪。”高帝曰：“得无难乎?”叔孙通曰：“五帝异乐，三王不同礼。礼者，因时世人情为之节文者也。故夏、殷、周之礼，所因损益可知者，谓之不相复也。臣愿率古礼，与秦采杂就之。”上曰：“可试为之……”叔孙通使征鲁诸生三十余人。鲁有两生不肯行，曰：“公所事者且十主，皆面谀以得亲贵。今天下初定……公所为不合古……”叔孙通笑曰：“若真鄙儒也，不知时变。”遂与所征三十人西，及上左右为学者，与其弟子百余人，为绵蕞。……乃拜叔孙通为太常……。[②]

---

① 《论语·述而》。

② 司马迁：《史记》卷九十九，《叔孙通列传》，中华书局1959年版，第2722～2723页。

由此可见，叔孙通是儒家，是通《礼》学的一位专家，熟悉古今礼仪，并且对“礼”有较深刻的认识。叔孙通是汉朝第一个掌礼之官——太常，他继承秦及以前的古礼，创造了汉朝的礼仪，是否为其后的整个古代朝仪所继承，有待详考。从“六艺”之一的礼学看，叔孙通“为汉家儒宗”是名副其实的。他与申培公、辕固生不同的是能够“制礼进退，与时变化”。被后世视为“繁文缛礼”的一套东西，该如何评价？是一个值得深入讨论的问题，在当时一套“礼仪”不可缺少，则是不可否认的。

除叔孙通之外，在汉代新儒家形成过程中，公孙弘、董仲舒等人也是起过很大作用的人。公孙弘是一个颇有争议的人物，司马迁为他立传，对当时的争议写得很具体，粗读很容易给人以圆滑世故的印象，但仔细分析一下，他人品还是很好的，他“养后母孝谨”，在地方上声望很高，一再被地方上推举，“其行敦厚，辩论有余，司文法吏事，而又缘饰以儒术”[①]，为汉武帝所赏识。至于对“有郤者”，是否“虽详与善，阴报其祸”？杀主父偃、徙董仲舒，是否“皆弘之力”？恐怕都是值得讨论的问题。司马迁在公孙弘的本传中，纠缠于争议，没有列举其“贡献”。但在《儒林列传》的序言中有所记录，那就是在公孙弘为丞相期间，为“独尊儒术”所做的影响极大的实际工作，记载的有关文字是：

> 公孙弘以《春秋》，白衣为天子三公，封以平津侯，天下之学士，靡然乡风矣。公孙弘为学官，悼道之郁滞，乃请曰：“……劝学修礼……为博士官置弟子五十人，复其身。太常择民年十八已上，仪状端正者，补博士弟子。郡国县道邑，有好文学、敬长上、肃政教、顺乡里、出入不悖所闻者，令、相、长、丞上属所二千石，二千石谨察可者，常与计偕，诣太常，得受业如弟子。一岁，皆辄试，能通一艺以上，补文学掌故缺，其高第可以为郎中者，太常籍奏，即有秀才异等，辄以名闻。其不事学，若下材，及不能通一艺，辄罢之。而请诸不称者罚。……以文学礼义为官，迁留滞，请选择，其秩比二百石以上，及吏百石，通一艺以上补左右内史、大行卒史，比百石已下，补郡太守卒吏，皆各二人，迁为一人。先用诵多者，若不是，乃择掌故

① 司马迁：《史记》卷一百一十二，《平津侯列传》，中华书局1959年版，第2950页。

中二千石属，文学掌故补郡属，备员。请著功令，它如律令。”制曰：可。自此以来，则公卿大夫士吏，斌斌多文学之士矣。

这是一个相当详细的记述。公孙弘本人因为通《春秋》而为三公封侯，榜样使得“天下之学士，靡然乡风矣”。由他提出并且实行的重要政策是：第一，在已有五经博士的基础上，明确设置正式的弟子五十人，享受一定待遇，并且从各地陆续选定一些品学兼优者“受业如弟子，员额不定”，成为“太学”的一种制度。第二，“通一艺”与否成为选拔、升迁或罢免官吏的重要标准。其结果是：“自此以来，则公卿大夫士吏，斌斌多文学之士矣。”“文学”实际是“儒学”（回到孔门四科的原本意义），具体即指后称为“经学”的“六艺”。“儒学能尊”，公孙弘“功莫大焉”。

汉初的儒家人人士很多，学界、政界都有，公孙弘是最成功的代表之一。

三、董仲舒是汉代新儒家的理论代表

研究董仲舒的文章和专著相当多（包括思想史、哲学史中的专章专节），人们似乎在一些问题上也形成了共识，几乎一致肯定他在儒学发展史上有重要地位。但是，细究起来，有些问题是值得置疑的。

首先，董仲舒在当时的地位及影响，不像后人想象得那么高大。关于董仲舒最早的两个传，是《史记》和《汉书》的“董仲舒传”，《史记》的记载相当简略，当然也肯定他是当时大儒之一、“学士皆师尊之”，教授过不少弟子，政治上并未得到重用，为江都相也未能长久，而且“中废为中大夫”，且曾获死罪被赦免。《汉书·董仲舒传》则不同，篇幅增加近十倍，详细记述了他的“天人三策”（有人说是班固之伪作，且不采纳），而且有不同于《史记》的一些主观论述：

及仲舒对策，推明孔氏，抑黜百家，主学校之官，世郡举茂材、孝廉，皆自仲舒发之。①

① 班固：《汉书》卷五十六，《董仲舒传》，中华书局1962年版，第2525页。

对策是这些内窨，结合上述公孙弘的建言及其实行，再参照当世思想学术界的实际，就很难说“皆自仲舒发之”，这方面辩驳的文章是不少的。班固在传末的“赞曰”中写道：

> 刘向称董仲舒有王佐之材，最伊吕亡以加。管、晏之属，伯者之佐。殆不及也。至向子歆，以为……曰管晏弗及，伊吕不加，过矣。至向曾孙龚笃论君子，也以歆之言为然。

这应该说还比较客观，但班固的态度比较肯定这个“大儒”，也可看得出来。董仲舒的地位从刘向、班固开始就被“炒作”起来，这有儒学已居统治地位的背景，此处就不详论了。

其次，“天人三策”如何评价？从记载情况看，他是在汉武帝一再启发下①，不断揣摩汉武帝的心思和意愿而逐渐明确起来的。当然有他一些基本思想，如“天人相与”的思想（包括“天不变，道亦不变”）、大一统的思想、兴学修礼的思想以及“更化”、“阴阳灾异”等思想。这里要指出以下两点。第一，这些多半是当时的时代思潮，并非董仲舒的单独发明，例如讲天人关系。众所周知，司马迁就公开说要“究天人之际，通古今之变”，公孙弘在奏言中也有：“诏书律令下者，明天人分际，通古今之义……”② 而公孙弘代拟之诏制，也一再说“劝学修礼”③ “大一统”更不消说，不仅是汉武帝的追求和实践，也是当时所有政治家、学者毫无异议的共识。至于“更化”，实即跟上形势的变化，叔孙通、公孙弘都是这样做的，董仲舒的贤良对策本身就是在不断“更化”。第二，董仲舒对上述思想又是有自己的贡献的，结合他所著“数十篇十余万言”，更是“切当世，施朝廷者”④。（下面再说）

从上述情况看，董仲舒当时地位并不是太高，影响远不及公孙弘治《春秋》封侯的榜样力量，在政治上更无大的作为。要说他的贡献，主要

① 诸如“子大夫其精心致思”，“子大夫其尽心靡有所隐”，“各悉对著于篇，毋讳有司，明其指略，切磋究之，以称朕意”，“其悉之、究之、孰之、复之……朕将亲览焉”。

② 司马迁：《史记》卷一百二十一，《儒林列传》，中华书局 1959 年版，第 3119 页。

③ 司马迁：《史记》卷一百二十一，《儒林列传》，中华书局 1959 年版，第 3119 页。

④ 班固：《汉书》卷五十六，《董仲舒传》，中华书局 1962 年版，第 2526 页。

还是在儒学理论上，他留下的《春秋繁露》为我们全面论述他的思想和理论提供了原始的资料。在已有的众多论述基础上，这里着重指出如下几点。

1. 切合汉朝统一的时势，利用其明于《春秋》的专长①，大倡和深化“大一统”的政治理论。

董仲舒认为，孔子作《春秋》是为了讲“大一统”，司马迁写《太史公自序》时引用了他的话：

> 余闻董生曰：周道衰废，孔子为司寇，诸侯害之，大夫壅之。孔子知言之不用，道之不行也。是非二百四十二年之中，以为天下仪表，贬天子，退诸侯，讨大夫，以达王事而已矣。

董仲舒在提出对策时，始终是“谨案《春秋》”，最后说出：“《春秋》大一统者，天地之常经，古今之通谊也。”根据这天经地义的“大一统”理论，进一步提出了“绝”“百家殊方”、“灭”“邪辟之说”的主张（当然可理解为“罢黜百家”）。

2. 论“天人相与”，倡君权神授。

孔子敬天②、畏天③，但讲得不多，而且不认为天会发号施令④。孟子也说“天不言”⑤。孔孟儒家讲天的问题是不多的。董仲舒则和汉初许多讲“天人之际”的学者一样，大讲“天人相与”，创立天人感应学说，明确倡导君权神授。他的贤良对策被称为“天人三策”，就是因为他处处都把“天”抬出来，大讲“天命”、“天意”，或者“上天就之”，或者“天乃先出灾害以谴告之”等。在《春秋繁露》中“天人相与”、天人合一的论述更多、更详。他关于天人感应的思想，研究者已经从各个不同的方面进行了很多论述，这里不想多说了。

但其“君权神授”的思想。要是不算他首创，也是他大力宣扬的，在

---

① 司马迁：《史记》卷一百二十一，《儒林列传》，中华书局 1959 年版，第 3128 页。

② 《论语·泰伯》。

③ 《论语·季氏》。

④ 《论语·阳货》。

⑤ 《孟子·万章上》。

他的思想中，天是有喜怒、司赏罚的神：

> 天者，百神之君也，工者之所最尊也[①]
>
> 天者，百神之君也，事天不备，虽百神犹无益也。[②]

天是至高无上的神，主宰天上诸神。人间帝王当然要尊崇它。

人间帝王被称为天子，虽也是古已有之，但董仲舒做了更多的阐述：

> 受命之君，天意之所予也，故虽为天子者，当视天如父，事天以孝道也。[③]
>
> 传曰：惟天子受命于天，天下受命于天子。一国则受命于君，君命顺则民有顺命……故曰一人有庆，万民赖之，此之谓也。[④]

天子乃天之子，他“受命于天”，天下则“受命于天子”。天子是替天行事，或者如其《天人三策》中所说“王者承天意以从事”。天是至高无上的，天子自然也就神圣而唯我独尊了。这就是君权神授的基本思想，是有利于巩固统治的。当然，君王、天子是承天意行事，替天行道，这样有些问题就好解释了。《春秋繁露》中有《尧舜不擅移，汤武不专杀》一篇，似乎回答了景帝时辕固生与黄生的那场关于“汤武革命”的争论，“有道伐无道此天理也”，“王者天之所予也，其所伐者皆天之所夺也”。一切都归之于天意、天命。被人称引的一句名言，“天不变道亦不变”[⑤]，曾有过一些不同的理解，其实看它的前后文更清楚一些，其前面一句是“道之大原出于天”，其后面说的是“是以禹继舜，舜继尧，三圣相受而守一道，亡救弊之政也”。而且他说这话是针对汉武帝的发问而做的回答，汉武帝之疑问是：“夫三王之教所祖不同皆有失，或谓久而不易者道也，意岂异哉！”似不必往什么“形而上学”之类的话题上引。

---

① 董仲舒：《春秋繁露·郊义》。

② 董仲舒：《春秋繁露·郊祭》。

③ 董仲舒：《春秋繁露·深察名号》。

④ 董仲舒：《春秋繁露·为人者天》。

⑤ 班固：《汉书》卷五十六，《董仲舒传》，中华书局 1962 年版，第 2519 页。

3. 论三纲五常。

儒家所重视的伦理思想，可概括为“三纲五常”，应该是董仲舒明确提出并予以具体论证的。“三纲”的思想在他之前有各种表述，从孔子到荀子，都讲君臣、父子、兄弟、夫妇关系，韩非子甚至是规范了“三纲”，他说：

> 臣事君，子事父。妻事夫。三者顺则天下治，三者逆则天下乱，此天下之常道也。①

“三纲”呼之欲出。而董仲舒则明确把这三种关系称为“王道之三纲”：

> 君臣、父子、夫妇之义，皆取法阴阳之道。君为阳臣为阴，父为阳子为阴，夫为阳妻为阴。阴道无所独行其始也，不得专其终也，不得分功有所兼之义。……王道之三纲可求于天，天出阳为暖以生之，地出阴以成之，不暖不生，不清不成。然计其多少之分，则暖暑居百，而清寒居一。德教之与刑罚犹此也。②

董仲舒的阐述，首先，不忘记的是“天”，“三纲可求于天”，“三纲”是符合天道的，这就天经地义了。而且，天与地、阳与阴是百与一的比分，那当然是天尊地卑、阳尊阴卑了，这在《阳尊阴卑》《顺命》等篇多有论述。其次，他又把阴阳学说纳入，以充实其论证。其顺便谈到的德教与刑罚之比。足见其思想之周密。

“五常”也是如此。孔子、孟子的言论中，仁、义、礼、知、信、忠、孝、仁、悌、恭等有不少论述，最终概括成“五常”的人，似亦为董仲舒：

> 夫仁谊礼知信五常之道，王者所当修饬也。五者修饬，故受天之佑，而享鬼神之灵，德施于方外，延及群生也。③

① 《韩非子·忠孝》。
② 董仲舒：《春秋繁露·基义》。
③ 班固：《汉书》卷五十六，《董仲舒传》，中华书局1962年版，第2505页。

讲这“五常”之道，就会“受天之佑”，同样与神圣的天联系在一起。此外他也用阴阳、五行的学说来论述“五常”，这里就不多说了。

把“三纲”、“五常”明确提出的应该是董仲舒，但后世讲儒家伦理道德，“三纲五常”连用是东汉后期的事。马融注《论语·为政》“殷因于夏礼”、“周因于殷礼”，认为“所因，谓三纲五常”。

4. 兼采各家思想，大量引用阴阳五行学说。

战国时期思想领域的“百家争鸣”，一方面是互为水火，争论得相当激烈；另一方面又相生相灭、相反相成。这就是班固所说的：

> 其言虽殊，辟犹水火，相灭亦相生也。①

还有一个发展趋向，就是相互吸取，为了完善和发展自己的理论，采纳他人甚至论辩对方的思想。越往后，这一趋向越明显。到了汉代，不仅是道家“因阴阳之大顺，采儒墨之善，撮名法之要，与时迁移，应物变化”②，成为秦汉新道家。以董仲舒为理论代表的新儒家同样如此，他兼采道（黄老）、墨、名、法，充分吸取阴阳五行学说。这些问题，又被或多或少地论证。这些年董仲舒的黄老思想是被研讨得最多的，如台湾学者陈丽桂的《董仲舒的黄老思想》“结论”说：

> 一代儒宗在推阐阳尊阴卑的“三纲说”与大一统思想时，吸取了相当分量的黄老帛书一系阴阳大义、《管子·心术》、《内业》乃至法家申韩一系静因无为的刑名技巧与权谋独断之术，或以为推论的理据，或加以诠释与疏解，终于完成了他天道与治道通贯、厚德简刑的思想纲领，与君尊臣卑、君暗臣明、君静臣动，契名考质的君道思想，以为其天人合一、灾异感应说的基础。并为此后刘汉朝廷阳儒阴法、王霸杂治的统治方向与形态提供了重要的理论基础。③

---

① 《艺文志》。

② 司马迁：《史记》卷一百三十，《太史公自序》，中华书局 1959 年版，第 3289 页。

③ 陈鼓应：《道家文化研究》第六辑，上海古籍出版社 1995 年版，第 217～231 页。

这是一个相当全面、准确的结论。从采纳各家思想来看，一目了然，无需多说了。虽言黄老，实际上阴阳、名、法都讲到了。诸子的主要流派，没有提到的只有墨家，但20世纪30年代，顾颉刚先生曾写过《董仲舒思想中的墨教成分》①，笔者一时尚未见到原文，无法多说，也不必在此多说，这里主要说的是董仲舒采纳各家的学说和思想。

还要补充说明的是，阴阳五行是邹衍的学说，但是没有得到流传，董仲舒则大量吸取了阴阳五行思想，甚至有创造性的发明和运用，前面已经提到他用阳尊阴卑来证明“三纲”，用五行来阐释“五常”。所以说他是以阴阳五行为框架建立了汉代新儒学的体系。《汉书·五行志》写道：

董仲舒治《公羊春秋》，始推阴阳，为儒者宗。

就是讲他大量吸取并发挥阴阳五行学说，“推”就是推广、推求之意，《春秋繁露》中有《阳尊阴卑》《阴阳位》《阴阳终始》《阴阳义》《阴阳出入》《天地阴阳》等篇名，而虽无篇名却讲阴阳之处数以百计。阴阳与五行是紧密相连的，专讲五行的篇名有《五行对》《五行之义》《五行相生》《五行相胜》《五行逆顺》《治水五行》《治礼五行》《五行变极》《五行五事》，从各个方面阐释五行。“推阴阳”实际是包含五行，阴阳五行是一个整体，《汉书》也是在《五行志》中讲他“始推阴阳”的。一个“始”字，一个“推”字，还有一个“宗”字，都是值得仔细玩味的，邹衍的阴阳五行学说失传了，董仲舒开始进行推求，而又是他开始把阴阳五行思想推广到儒学之中，阐释“天人之际”，论证“三纲五常”。这里的“为儒者宗”和前述叔孙通“为汉家儒宗”不同，是他的吸收和运用阴阳五行为后来的儒者所尊崇效法。事实也是讲阴阳五行成为汉代新儒家的主要特点。

这里自然会产生另一个问题，董仲舒的这一套体系，与司马谈讲的道家（我认为是新道家）的“因阴阳之大顺”，采、撮各家之善要又有何不同？不同也是显然的，一个重天，一个重道；一个大讲君权神授、“三

① 顾颉刚：《董仲舒思想中的墨教成分》，《文澜学报》1937年第1期。

纲五常”，一个强调君子无为、虚静为要。各有自己的理论重心和体系。

除上述四个主要方面，董仲舒还有一些重要思想，也是有发明意义的。例如他根据五德终始，提出“三统”、“三正”的历史观，也是有一定影响的。

四、汉代新儒家的演变

学派的思想理论是动态的，始终处于发展变化之中。大的阶段有自然的呈现，如先秦儒学、汉儒、宋儒、清儒等，同一大阶段中也有不少演变，不过变化的程度、条件、性质等不同罢了。

如前所述，汉代新儒家从叔孙通算起，到公孙弘、董仲舒前后，适应统治的需要（“务为治者也”），制度上，理论上日益成熟。汉代新儒家的主要特点是，适应形势的潮流，大量吸取和运用阴阳五行学说，兼采各家思想，构造儒家思想的新体系，倡导大一统、君权神授、“三纲五常”等思想，把先秦儒家的思想系统化、理论化、神圣化，有很高的实用价值。当然基本定型之后，小的变化又不断发生。班固在说董仲舒推阴阳为儒者宗之后写道：

> 宣元之后，刘向治《穀梁春秋》，数其祸福，传以《洪范》，与仲舒错（师古曰：错，互不同也）。至向子歆治《左氏传》。其春秋意亦已乖矣，言五行传又颇不同。是以揽（师古曰：谓引取之）仲舒，别向、歆，传载眭孟、夏侯胜、京房、谷永、李寻之徒所陈行事，讫于王莽……①

一个阴阳五行问题，前后就不知有多少不同的阐释，一个《五行志》分写成五大篇，足见这个问题在当时的意义和影响。

在新儒学的发展过程中，人们对经义的理解会产生不同，“五经异同”的问题常常出现，为了更好地符合社会政治的要求，统治者有时会出面组

① 班固：《汉书》卷二十七，《五行志》，中华书局 1962 年版，第 1317 页。

织研讨，诸如西汉的石渠阁会议，东汉白虎观会议，后者甚至形成了“法典化”的《白虎通义》。统一是不可能的，但政治干预，例如立五经博士或者争立某一经博士，设置博士弟子，当然会影响儒学的发展。最为明显的就如《汉书·儒林传》“赞曰”：

> 自武帝立五经博士，开弟子员，设科射策，劝以官禄，讫于元始百有余年，传业浸盛，枝叶繁滋，一经说至百余万言，大师众至千余人。盖利禄之路然也。

学习五经的人多了，学问成了利禄工具，学问本身日趋烦琐，造成儒学本身的衰落。又如《汉书·艺文志》所说：

> 后世经传既已乖离，博学者又不思多闻阙疑之义。而务碎义逃难，便辞巧说，破坏形体。说五字之文，至于二三万言。后进弥以驰逐，故幼童而守一艺，白首而后能言。安其所习，毁所不见，终以自蔽。此学者之大患也。

这简直是对人的摧残，难怪说魏晋士人是求解放。

汉代新儒学演变的另一个重要事项，就是谶纬之学的兴起。据记载，西汉末到东汉，出现了大量谶纬图书，一度影响极大，甚至成为政治斗争的直接工具。它就是受今文经学的影响，特别是受董仲舒《春秋繁露》的影响发展起来的，据研究：

> 不论从《春秋繁露》中天人感应的主导思想，对《春秋》大义微言的阐述，礼制、训诂以及篇目命名都可以看出董仲舒的著作是谶纬的先导，谶纬是董仲舒思想论著的继承和发展，甚至援用董子之文，不改一字。①

① 钟肇鹏：《谶纬论略》，辽宁教育出版社1991年版，第127页。

这里我们不再多做论述，谶纬之学不必简单予以否定，后来的衰微也是事实，作为汉代新儒家演变出来的一种学问，也有一定的历史地位和影响。

从以上演变的主要情况看，汉代新儒家思想理论发展到一定高度之后，加上政治、制度等方面的一些外在影响，它继续前进，又必须有更新的因素注入，必须继续在理论和方法上更新，东汉时期从专经到“通儒”，兼及诸子，到魏晋、隋唐的士人转向佛、老的探求，直至宋代新儒家的出现。

汉代学术的历史地位

20世纪最后一二十年，有学者提出“走出疑古时代”，大约是因为新材料的不断出现，可以重新讨论和解决一些“古史”问题。针对20世纪初的“疑古”之风，20年代前后，确有以钱玄同、顾颉刚为代表的一些学者，在宋清以来“考信”的基础上，提出了疑古问题，对古代史，主要是夏、商、周三代历史提出了疑问，顾颉刚、罗根泽等人还先后编了七大册《古史辨》，被认为是“疑古”的代表作。顾颉刚先生晚年写了一篇《我是怎样编写〈古史辨〉的?》，我们认为，至今对古史研究工作都有启发意义，尤其是文末的两段不会过时，我想先抄录与疑古有关的一段，再展开我们的说明：

> 又有人说：《古史辨》的时代已过去了！这句话我也不以为然。因为《古史辨》本不曾独占一个时代，以考证方式发现新事实，推倒伪史书，自宋到清不断地在工作，《古史辨》只是承接其流而已。至于没有考出结果来的，将来还得考，例如“今古文问题”。这一项工作既是上接千年，下推百世，又哪里说得上“过去”。凡是会过去的只有一时的风气。正似时装可以过去，吃饭便不能过去。所以即使我停笔不写了，到安定的社会里这是会有人继续写的，只有问题得到了合乎事实的令人信服的结论，像《伪古文尚书》一案，才没有人会浪费精神去写，这是我敢作预言的。

顾先生的预言是不错的，例如今古文经学的讨论，不但一直没有间断过，1997年底仍有王葆玹先生《今古文经学新论》的大著出版。

这里我们并非要评论“疑古”、《古史辨》诸问题，而是想从中联想到的一个明显而未被说明得很清楚的问题，简单地说就是汉代学术地位的问题。

所谓“疑古”，20世纪初的当时，主要是疑三代之古，而且“古史辨”又主要“变成”了“古书辨”，对一些古书，包括历来被认为是神圣的《易经》《诗经》等儒家经典进行了怀疑和讨论。许多具体的讨论，也许会和“今古文经”的讨论一样，将继续下去。我们从另一个角度看，其要害如顾颉刚先生所说，是《战国秦汉间人的造伪与辨伪》。在这篇文章中顾先生认为，“战国是一个大时代，什么都须创新，然而‘创新’的事业却掩护在‘复古’的口号之下”，从而“造伪”也甚多，汉代也有造伪，他说：“战国大都是有意的作伪，而汉代则多半是无意成伪。”同时指出，造伪的同时也有辨伪的存在，尤其是汉代，从司马迁开始，已有了不少很好的辨伪工作。这些都不失为精辟之论。“造伪”和“辨伪”，都是古代学术中的一个重要问题，由此具体情况转入汉代学术的讨论，是一条路径，是自然的发展，顾颉刚先生也曾写过《汉代学术史略》（后改为《秦汉方士与儒生》)。当然我们要讨论的问题，与顾先生的角度不同。

中国文化源远流长，作为精英文化的学术发达得很早，这是毫无疑问的，学术的萌芽应在商周之前，商代，特别是周代，成体系的学术也应该初步形成，关系到学术发展的一些大事，如周公制礼、乐，孔子删《诗》《书》，作《春秋》，整理《周易》，虽然可疑之处不少，但绝不会是毫无根据的。战国时代，求贤、养士之风，特别是稷下学宫长达100多年的活动，都是当时学术发展的重要标志。春秋战国的学术，其发展、其内容，仍需继续进行考辨工作，而新资料的不断发现，也有利于更好地进行考辨。我们这里要论述的是，在此前发展基础上，汉代学术的大变化。虽然战国秦汉有很强的连续性，但秦汉，主要是汉代在对原有学术的继承和发展中发生了很大的变化，在长达数百年相对统一的社会、政治条件下，对原有学术的审定、认同、改造和重新整合等，形成了新的学术体系。似应肯定地说，以后延续2000年之久，影响极大的中国传统学术是在汉代形成的。试论其详如下。

一、学术载体的大整理

学术载体，一个是人的头脑，一个是图书，能够流传后世的主要是图书。战国秦汉时期的书籍又主要是竹简和帛书，至今都有出土，就是证明。但流传相对有局限，也是自然的。所以口耳相传、记忆背诵是一条重要途径，如清人阮元所说，“古人简策繁重，以口耳相传者多，以目相传者少，是以有韵有文之言，行之始远”，“古人简策在国有之，私家已少，何况民间。是以一师有竹帛，而百弟子口传之，非如今人印本经书，家家可备也”。汉朝初年，通过伏生背诵《尚书》再加记录以传，就是一个口耳相传转为记载的具体例子。

本来不是很多的载籍，经过秦代的禁止私藏诗、书、百家语，焚书，包括项羽的火烧咸阳，等等，散乱得很厉害，这里无需多加论述。汉代重新收集、整理，这也是很明显的事实。但是如何收集？特别是如何整理？其结果又怎样？这是很值得研讨的问题。西汉对于图书的收集和整理情况，《汉书·艺文志》有一段基本符合事实的简明概述：

> 汉兴，改秦之败，大收篇籍，广开献书之路。迄孝武世，书缺简脱，礼坏乐崩。圣上喟然而称曰：“朕甚闵焉。”于是建藏书之策，置写书之官，下及诸子传说，皆充秘府。成帝时，以书颇散亡，使谒者陈农求遗书于天下。诏光禄大夫刘向校经传诸子诗赋。步兵校尉任宏校兵书，太史令尹咸校数术，侍医李柱国校方技。每一书已，向辄条其篇目，撮其旨意，录而奏之。会向卒，哀帝复使向子侍中奉车都尉歆卒父业。歆于是总群书而奏其七略。

把整个西汉大体上分为三个大段，首先是汉初几十年为一大段，这几十年的具体情况，齐召南《汉书·艺文志考证》又有一个概述：

> 此二句既在孝武之前，则指高祖时萧何收秦图籍，楚元王学《诗》，惠帝时除挟书之令（按：《汉书·惠帝纪》：“四年三月，皇帝冠，赦天下，除挟书律。”当指除秦之禁藏书律），文帝使晁错受《尚书》，使博士作王制（按：《汉书·郊祀志》有记载，在文帝十五年）。又置《论语》《孝经》《尔雅》《孟子》博士即其事也。

第二大段是武帝之时，这方面的具体记述不明显，但班固所述必有所据，王先谦《汉书补注》引何焯曰：

> 《文选》注三十八引刘歆《七略》曰："孝武皇帝，敕丞相公孙弘广开献书之路，百年之间，书积如山。"即此所谓藏书之策也。

这是刘歆的追述，也必有所据，有待详考。第三大段是成帝以后，写得比较明确，材料也比较充分，这些下面还要涉及。

东汉的情况与西汉有所不同，虽经汉末新莽战乱，但未曾禁书，图籍散乱的情况要好得多，而且随着社会、文化、学术的发展，图书也更多一些。《后汉书》没有《艺文志》，其《儒林列传》中略有反映：

> 昔王莽、更始之际，天下散乱，礼乐分崩，典文残落。及光武中兴，爱好经术，未及下车，而先访儒雅，采求阙文，补缀漏逸。先是四方学士多怀协图书，遁逃林薮。自是莫不抱负坟策，云会京师。

看起来民间的"图书"、"坟策"显然是比过去多了。该传又记载说：

> 建初中，大会诸儒于白虎观，考详同异，连月乃罢。肃宗亲临称制……著为通义。……孝和亦数幸东观，览阅书林。……党人既诛，其高名善士多坐流废，后遂至忿争，更相言告，亦有私行金货，定兰台漆书经字，以合其私文。熹平四年，灵帝乃诏诸儒正定《五经》，刊于石碑，为古文、篆、隶三体书法以相参检，树之学门，使天下咸取则焉。

这也是有关书籍的一些情况，一个多月的白虎观会议，不可能全凭背诵，必有图籍为依据，有记录，最后得以著为通义。其次，东观、兰台皆为藏书之所。至于"定兰台漆书经字，以合其私文"，这涉及"造伪"问题，下面还要说到。还有一段关于图书集散的记载是：

> 初，光武迁还洛阳，其经牒秘书载之二千余两（辆）。自此以后，参倍于前。及董卓移都之际，吏民扰乱，自辟雍、东观、兰台、石室、宣明、鸿都诸藏典策文章，竞共剖散，其缣帛图书，大则连为帷盖，小乃制为縢囊。及王允所收而西者，裁（载）七十余乘，道路艰

远，复弃其半矣。后长安之乱，一时焚荡，莫不泯尽焉。

这当然是讲官府藏书，开始就有“二千余两（辆）”，即便是现在的人拉“板车”，也是一个不小的数量。一个洛阳，有六七处藏书之所，或者可说是六七个图书馆，规模也可以了。最后再一次遭劫，乃至“莫不泯尽焉”，当然是学术发展的很大损失。民间的收藏在战乱中自然也会有损失，但不会有如此之大的破坏。

两汉时期，图书的收集和散失情况，以上记述大体上能反映出来。

如果再作具体一点的分析，那就是汉初有些什么样的图书？汉初的图书，当然是秦代留下来的图书，如萧何之“收秦丞相、御史律令图书藏之”[①]。还有当时民间散存、残留的秦代以前的一些图书。

下面我们首先就汉代图书分类整理的具体情况作一综合性的分析。

班固的《汉书·艺文志》可说是西汉图书总目，其分类根据刘向、刘歆父子的《七略》编成，所谓除《辑略》之外六略的划分有什么原则现在很难说清。从实际情况看，当时图书不过是后世四部中的经、子两大类，《艺文志》[②]序文中所谓“诏光禄大夫刘向校经传、诸子、诗赋”，“五经”、“六艺”等词，都在文中提及，但“经传”并不只是“五经”或者“六经”本身，还包括了“论语”、“孝经”、“小学”三种，所谓“序六艺为九种”。虽然实际上分类不是很精确（《尔雅》《古今字》又放在“孝经”一类），但以“经传”为一大类这是很明确的，王先谦《汉书补注》写道：

> 序六艺兼及《论语》以下诸书者，别《论语》于儒家、遵孔子也。侪《孝经》于六艺，尊其书也。《弟子职》缘《孝经》而入者也。《尔雅》《古今字》，所以通知经义、经字，故以《五经杂义》并附于此。

这个解释大体上是可以的。

经传是最重要的一类书，其中“春秋”一类，除了《春秋古经》以及

① 司马迁：《史记》卷五十三，《萧相国世家》，中华书局1959年版，第2014页。
② 以下引文不注出处者皆见此篇。

后来所称“三传”之外，《新国语》《战国策》直至《太史公》（《史记》）、《汉大年纪》等，后来“史部”的书都收在其中，这主要因为《春秋》属于“五经”或者“六经”之一。

另一大类就是“诸子”，这是次于“经传”的一类，序文中有“下及诸子传说”之言。“诸子略”虽然只列了“诸子十家，其可观者九家而已。”（大约“小说家”属于“传说”之类，不能与其他九家相提并论。）其所强调的是“合其要归，亦六经之支与流裔”，“若能修六艺之术，而观此九家之言，舍短取长，则可以通万方之略矣”。

其“诸子略”虽只列了九家、十家，实际上“兵书略”、“数术略”、“方技略”，均应归于“诸子”，所谓“诸子百家”，实际上这几略的图书，后世都收在四部的“子部”之中，这是无需多论的。

至于“诗赋略”的独立，有一定的特殊性，一方面诗赋这种后世称为文学的东西，有言志、讽谕之类的作用，古代诗歌集《诗经》已被列为“六艺”之一了，另一方面从屈原以后的诗歌和赋（“不歌而诵谓之赋”）日益增多，并且如同扬雄所谓“诗人之赋丽以则，辞人之赋丽以淫”（师古曰：辞人，言后代之为文辞）。所以如同《后汉书》之于“儒学列传”之外增列“文苑列传”一样，诗赋又单列一略了。

总之，以经传为主体的这种图书分类，应该是汉代经学地位日益提高的反映。

其次，我们要谈汉代各种书籍形成和流传的情况。也先从经传讲起，《书》经的例子是比较突出，也是比较典型的。《汉书·艺文志》写道：

> 秦燔书禁学，济南伏生独壁藏之。汉兴亡失，求得二十九篇，以教齐鲁之间。讫孝宣世，有欧阳、大小夏侯氏，立于学官。古文尚书者，出孔子壁中。

类似的记载不少，大同小异。我们要说的是初始情况，《史记正义·晁错列传》写道：

> 卫宏《诏定古文尚书序》云：征之，老不能行，遣太常掌故晁错往读之，年九十余，不能正言，言不可晓，使其女传言教错。齐人语

多与颍川异，错所不知者凡十二三，略以其意属读而已也。

伏生的《尚书》从哪里来？其本有无问题？战国时期必有一些变化，这些且不说它。晁错所读或者所笔录下来的，可以肯定不会是伏生壁藏书的原貌，有十分之二三是晁错弄不清楚，而是“以其意属读”的，其中晁错的理解就不可能与原文完全符合。因此，所谓伏生的《尚书》，只不过是晁错审定、记录的《尚书》。以后欧阳、大小夏侯的一传再传，那都是汉人理解的《尚书》了。至于今古文《尚书》及其真伪等问题，都是发生在汉代的。先秦的《尚书》究竟是什么样子？现在还很难说，但也并非毫无希望，新出土的郭店楚简，其中就有一些有关《尚书》的文字，显然是与传世本有所不同的。或者什么时候出一个较完整的真正古文《尚书》，那当然是大好事。不过，即便如此，也不能否定自汉以来传世的《尚书》，甚至可以作更好的比较，作更有意义的学术思想史发展的研究。

其他经传诸子书籍，基本情况莫不与《尚书》相同，当然也有具体的不同。例如《周易》，因为被认为是占筮书，不在秦王朝禁、焚范围之内，与其他经子的流传要顺利一些，但流传中自然也有变化。20 世纪 70 年代出土长沙马王堆汉墓中的《易经》残本，虽卦名和今本相同，但次第颇不一样，字形也有不同。汉代流传的本子，早期的《杨氏》《蔡公》等，以及施、孟、梁丘等人的章句，大都亡佚了。但是易学在整个汉代学术和思想文化中是有着重要地位的。汉人关于《周易》的解释离不开“象”、“数”，随着时势的变化，也不断变化。

再例如《诗经》，也和《尚书》不同，《汉书·艺文志》说：

遭秦而全者，以其讽诵，不独在竹帛故也。汉兴，鲁申公为《诗》训故，而齐辕固生、燕韩生，皆为之传。或取《春秋》，采杂说，咸非其本义。与不得已，鲁最为近之。三家皆列于学官。又有毛公之学，自谓子夏所传，而河间献王好之，未得立。

这关于《诗经》的概述最为简明。首先是“遭秦而全”，这“全”是相对其他经而言的，原因是“以其讽诵”，本来经传诸子大多是口耳相传的，大约因为诗歌可以吟唱，有韵，易上口，易背诵，所以能够比较保存得

“全”。但是汉初就有所谓齐、鲁、韩三家相传，也是有几个不同传本，至于其解释，班固已认为“咸非其本意”。毛公之学当时虽未提立于学官，但后来传世的却是毛公的传本，所谓《毛诗》，是汉代的本子。

至于《礼》《乐》二经，绝对只有汉人纂辑之书，虽有周公制礼作乐之说，但最多也只会有战国时形成的作品，到汉代重新纂辑，甚至有汉人创作的东西。后世见到的是汉代成书的《礼记》《乐记》之类。

春秋一类本是史书，按照秦王朝的“史官非秦纪皆烧之”① 的说法，史书是会有些保留的。但是和其他书籍一样，民间口耳相传的书，乃至冒险私藏的书，是无法禁绝的。《左传》可能有战国古本，有汉初张苍献《左传》一说，《汉书·儒林传》也说张苍、贾谊等人“修春秋左氏传”。张苍作为秦朝掌管图书的御史，手中有《左传》是可能的，至于“（贾）谊为《左氏传训故》”，是否受之于张苍有待再考。此外还有“瑕丘江公受《穀梁春秋》及《诗》于鲁申公”这类的记载，都表明以传《诗经》为主的申公也兼及他书的传授。然后，《春秋》及三传之所以得传，除了一般的书皆有口耳相传者外，恐怕因为《春秋》被认为是孔子所作有更大的作用，三传赖《春秋》经以传，但均为汉人写定，也是确定无疑的。

综观以上所述，重要的儒家经典，都是在汉代逐渐定型的。当然不是无中生有，但几乎全都经过了汉人的审读、整理，与战国时期的图书相比，有或多或少的差异，甚至也有为汉儒所创作的，这种情况随着时代、随着汉儒思想的发展，越来越明显（下面还要涉及）。这是应该注意而又注意得不够的一个问题。

诸子书的情况又是如何呢？先秦诸子书在汉代又是如何流传的？这里也简单谈谈。

秦始皇时李斯的建议中，“有敢藏诗书百家语者刑”② 一句，说明诸子百家书是禁挟的内容之一，但东汉王充又有一个说法：

> 秦虽无道，不燔诸子。诸子尺书，文篇俱在，可观读以正说，可采掇以示后人。③

---

① 司马迁：《史记》卷六，《秦始皇本纪》，中华书局 1959 年版，第 255 页。
② 司马迁：《史记》卷六，《秦始皇本纪》，中华书局 1959 年版，第 255 页。
③ 王充：《论衡·书解》。

王充的话有多大可靠程度？很难说，王充时能看到诸子书是不必怀疑的。问题是诸子书是怎样在汉代流传的？我想，应该和经书的流传一样，首先是口耳相传，然后才记录下来。有点不同的是，诸子百家兴起于战国，有些离秦汉很近，他们的一传、再传弟子，在秦代甚至汉初还活着，吕不韦集合的门人，大多是诸家学派的门人弟子。诸子文篇传下来是毫无问题的。有些子书在编成之时，就会有弟子们所增删的内容，这是不足为怪的。到了汉代，传授和记录会不会有变化？回答应该是肯定的。近三十年出土战国秦汉的简帛，提供了可靠的实证，使我们能很好、很有力地说明问题。

谨以《老子》为例，马王堆汉墓出土有两种帛书《老子》（甲、乙两本），与后世流通本相比，与汉代河上公的本子相比，一是德经在前，道经在后，而道经在前、德经在后的变化，是在汉代发生的；二是字句的不同，包括衍文、夺文、错字以及如何句读等问题，有些字句关系思想认识很大，例如通行本《老子》第37章所说："道常无为而无不为"，在帛书的两本子中都作"道恒无名"而且下面没有"而无不为"四字。严遵的《老子指归》中此章亡佚，无法对比，但河上本的字句与今本是相同的。说明此类改变也是在汉代。

另外，帛书本是汉初改定的呢，还是战国时期已形成的定本呢？从新出土的郭店竹简《老子》看，这是又一个值得再探讨的问题。汉代的《老子》，司马迁说有"五千余言"①，帛书本是5467个字。后人看到的主要是汉《老子》。

先秦古籍的许多变化都发生在汉代，再举一例，那就是兵书，后世所传兵书，主要只有一种《孙子兵法》，是孙武所作，还是孙膑所作，曾为千余年的疑案。实际上西汉初年两种兵法都是存在的，司马迁讲得很清楚：

> 孙子武者齐人也，以《兵法》见于吴王阖庐，阖庐曰："子之十三篇，吾尽观之矣。"……孙武既死，后百余岁有孙膑……膑亦孙武

---

① 司马迁：《史记》卷六十三，《老子韩非列传》，中华书局1959年版，第2141页。

之后世子孙也……世传其《兵法》。①

但到《汉书·艺文志》著录时，就只有残存的“《吴孙子兵法》八十二篇”了，“《齐孙子》八十九篇”已经亡佚，所以才有对传世本的疑案。然而1972年山东临沂银雀山出土的汉简中，就既有与世传本相同的《孙子兵法》，也有《孙膑兵法》，从而一举解决了千年疑案。《孙膑兵法》从有到亡是发生在汉代的，很明显汉代人有一个整理兵书的过程，这一点《汉书·艺文志》也写得很清楚，著录各类兵书有“五十二家七百九十篇，图四十三卷”（按：实为五十六家八百零六篇，图五十卷）。但大多数亡佚了，残存的只两三家，这是因为汉初经过很大的整理，整理的大致情况是：

汉兴，张良、韩信序次兵法，凡百八十二家。删取要用，定著三十五家。诸吕用事而盗取之。武帝时，军政杨仆捃摭遗逸，纪奏兵录，犹未能备。至于孝成，命任宏论次兵书为四种。

汉初有近200家的兵法，这反映战国时讲兵法的人很多，汉统一之后，战争相对减少，讲兵法者自然减少，朝廷集中保存的又遭“诸吕”、“盗取”之类的变故，所以大多数兵法书都亡佚了。银雀山出土的兵书，是属于地方的、私藏的，除了《孙子兵法》和《孙膑兵法》之外，还有《尉缭子》《六韬》和一批其他属于兵家的遗简，如《吴问》《地形二》《黄帝伐赤帝》《孙武传》《四变》（后者为整理者所加篇名）等。

《汉书·艺文志》的“诸略”还有一个值得注意的现象，著录的图书数目不少，其最后总结说：

大凡书，六略三十八种，五百九十六家，万三千二百六十九卷。

但是著录之时，大多注明了“亡”、“残”，实际存在的不过五六分之一。也许这只是刘向、刘歆或者班固等人见到的情况，或者政府藏书的情况，

① 司马迁：《史记》卷六十五，《孙子吴起列传》，中华书局1959年版，第2161～2165页。

分散的、民间的肯定会多一些，所以后来有人引用的“佚书”，以后会有类书的某些征引，再然后才有可能辑佚。由《艺文志》所反映的这种图书变化情况，足见汉代是先秦古籍整理的一个重要时期，其整理也可说是研究，严格地说真正的学术史及其研究是从汉代开始的。这个结论不是故意标新立异，而是很有点道理，下面我们再从另一些角度来说明这一问题。

二、影响学术发展的重大举措

秦始皇本来想传至万世，但二世而亡，人们对秦亡原因探讨了两千多年，不外乎统治思想不对、政策不当、“举措暴众”等。汉朝建立，当然希望长治久安，在总结秦亡教训的基础上，统治者逐渐认识了一些根本性的问题，采取了相应的巩固统治的措施，例如政治上清静无为，经济上“与民休息”，等等。然而“长治久安”的一个不可忽视的问题是思想统治，这是一个需要从长计议、不断摸索的问题。刘邦从讨厌儒生、“谓读书无益”到检讨自己“多不是”①，文、景从不好儒到增设博士、建立各种礼仪制度等，都与统治思想建立有关。统治思想会体现在政策、法令之中，最后还会集中到学术思想上面。统一思想就必定落脚到统一学术。汉代学术或被称为经学，经学或者儒学是经过一系列重要举措形成其主导地位的。重要的有如下一些：

（一）博士制度的形成及其影响

《汉书·百官公卿表》所说：

> 博士，秦官，掌通古今，秩比六百石，员多至数十人。

大致上说，博士在秦朝已成为一种官职，地位不是太高，但比较特殊，是对“博学”的知识分子的一种特殊任用，他们“博通古今”，“辨于然否”，“国有疑事，掌承问对”②。可以直接向帝王出谋献策，也可以只是一个摆

① 刘邦：《敕太子书》，《全汉文》卷一。
② 范晔：《后汉书》志二十五，《百官志本注》，中华书局1965年版，第3572页。

设，如秦始皇时卢生所说："博士虽七十人，特备员弗用。"①

博士作为官职，秦代已有是可以肯定的，有名姓可考者至少也有十来个。汉朝继承了这种制度，汉朝初年设立博士的情况现在还不太清楚，但至少文帝时就正式设立了，有诸子的专书博士和儒家的专经博士（二者有联系），主要记载依据有《汉书·楚元王传》记刘歆移让太常博士书中云：

> （至孝文皇帝），天下众书往往颇出，皆诸子传说，犹广立于学官，为置博士。

东汉人赵岐曾说：

> 孝文皇帝欲广游学之路，《论语》《孝经》《孟子》《尔雅》皆置博士。后置传记博士，独立五经而已。②

还有"孝文帝始置一经博士"③ 等说法，这些当然还需要具体考辨，但文帝时已设立博士官是可以肯定的，而且数目还不少，《汉旧仪补遗》说：

> 孝文帝时，博士七十余人，朝服玄端，章甫冠。

这些博士是否"具官待问"这里且不详说. 至少可以说，汉初对有学问的知识分子已经关注并作了安排，他们稍后又有不少弟子。

博士制度到了汉武帝时有一重要变化，那就是"置五经博士"：

> 武帝建元年五年，初置五经博士。宣帝黄龙元年，稍增员十二人。④

武帝以后的变化更多更大，包括弟子员的增加等。总之，博士制度成为知

---

① 司马迁：《史记》卷六，《秦始皇本纪》，中华书局 1959 年版，第 258 页。
② 赵岐：《孟子题辞》，《全后汉文卷》六二。
③ 范晔：《后汉书》卷四十八，《翟酺传》，中华书局 1959 年版，第 1606 页。
④ 班固：《汉书》卷十九，《百官公卿表》，中华书局 1962 年版，第 726 页。

识分子的重要出路，在一定意义上与后来的科举制度相同。因此，班固在《汉书·儒林传》的最后赞曰：

> 自武帝立五经博士，开弟子员，设科射策，劝以官禄，讫于元始，百有余年，传业者浸盛，支叶蕃滋。一经说至百余万言，大师众至千余人，盖利禄之路然也。（师古曰：言为经学者，则受爵禄而获其利，所以益劝。）

本来从秦开始，博士中儒生是占主要地位的，数量最多，五经博士设立之后，博士就完全为儒家垄断了。这种情况的影响，自然是儒学、经学占主要地位。因此，从学术发展看，博士制度是一个极重要的举措。

（二）贤良对策及其影响和意义

大家都说汉武帝接受董仲舒建议，罢黜百家独尊儒术。这实在是一个过于笼统的论断，大大小小的疑问不少。半个世纪以前，吕思勉先生著《秦汉史》时就已指出，“罢黜百家、表章六经之事，其为风气使然”。甚至说“汉武帝非真知儒学之人也”，武帝即位不过十六七岁，“罢黜百家之事，虽谓太后可其奏可也，立五经博士时太后亦尚未崩，未闻其争立《老子》，此太后不疾儒术之证”，等等。另外，我们也可指出，董仲舒一开始也并未得到重用。但是汉武帝的“贤良对策”是有意义的，对儒术之兴、对学术的发展，是有影响的一个重大举措。

《汉书·董仲舒传》记载董仲舒的对策很详细，但对策的时间很笼统：

> 武帝即位，举贤良文学之士，前后数百，而仲舒以贤良对策焉。

《资治通鉴》记董仲舒之对策于建元元年，是否有别的根据，不得而知。但于情理言，《汉书·武帝纪》记于元光元年是比较可靠的，此时的汉武帝已二十三岁，亲自策问并能发挥自己的思想更有可能。

举贤良文学之士有多次，所以前后有数百人。贤良对策具体有几次不可得知，仅从董仲舒对策的情况看，恐怕一天半日是难以完成的，也许一连几日。从《汉书·董仲舒传》记载对策的内容看，颇有几点值得注意：

第一，汉武帝是垂问长治久安之策（“朕获承至尊休德，传之亡穷，而施之罔极”）以及当时政治之得失。董仲舒对于后者是绝口不谈，他明确表示：

> 若乃论政事之得失，察天下之息耗，此大臣辅佐之职，三公九卿之任，非臣仲舒所能及也。

对于汉武帝所“欲闻大道之要，至论之极”，可以说他是一再揣摩武帝的意图，作试探性的回答，所以武帝也一再提出问题，要他“悉之究之，孰之复之”。

第二，董仲舒的对策大量征引“孔子曰”为依据（包括引《论语》曰、曾子曰以及《春秋》等），史书中说他“推明孔氏”这话是很不错的。究竟从“三代之治”中吸取什么？治理天下哪些内容是最根本最重要的？董仲舒回答“天命与情理”，提到了“观天人相与之际”的问题，汉武帝也说：

> 盖闻：善言天下者，必有征于人；善言古者，必有验于今。故朕垂问乎天人之应……

故其对策又被称为“天人三策”。董仲舒的回答中，虽然有“道之大原出于天，天不变道亦不变”这样的名言，但泛泛的议论似乎并不称意。不过有两个重要的具体问题，倒是符合当时所行举措，也为武帝所认同的。一个是强调“教化”的重要，主张兴学：

> 是故南面而治天下，莫不以教化为大务，立太学以教于国，设庠序以化于邑，渐民以仁，摩民以谊，节民以礼，故其刑罚甚轻，而禁不犯者，教化行而习俗美也。

教化的内容，他提到了“仁、谊、礼、知、信五常之道”。

另一个就是“抑黜百家”：

> 今师异道，人异论，百家殊方，指意不同，是以上亡以持一统，法治数变，下不知所守。臣愚以为，诸不在六艺之科，孔子之术者，皆绝其道，勿使并进。邪辟之说灭息，然后统纪可一，而法度可明，民知所从矣。

和建元元年卫绾相比，只不过加了一些议论，《武帝纪》记曰：

> 承相绾奏，所举贤良，或治申、商、韩非、苏秦、张仪之言，乱国政，请皆罢。奏，可。

所谓“抑黜百家”，看来在董仲舒对策之前已经实行，甚至可说是窦太后认可的。可见董仲舒之对策，不过是顺应了时势。

第三，从对策内容看，很难说董仲舒有多少崭新的内容，大多是当时已存在的一些看法，只不过“推明孔氏”比较突出罢了，当然这在当时也是要有点勇气的。如此明确、大力地“推明孔氏”，得到汉武帝的认可和表彰，这对知识分子中的影响是很大的，在场的就有一百多人，因为汉武帝“复册之”时，“制曰”中有如下几句：

> 今子大夫待诏有百余人，或道世务而未济，稽诸上古而不同，考之于今而难行，毋乃牵于文系而不得骋与？将所繇异术，所闻殊方与？各悉对著于篇，毋讳有司，明其指略，切磋究之，以称朕意。

要这些人不要怕“有司”，不要怕“文系”（“惧于文吏之法”），也不要讲“异术”、“殊方”，“切磋究之，以称朕意”，合他的什么意呢？如董仲舒那样，讲“天意”、讲“大一统”、讲立太学、重教化、推明孔氏。这些思想自然影响那在场的百余人，影响朝野内外。因此，汉武帝的贤良对策，直接关系到“独尊儒术”这一问题。《武帝纪》在记对策诏令之后，写上一句“于是董仲舒、公孙弘等出焉”。董仲舒对策之后虽只为“江都相”，但后来的影响越来越大。公孙弘虽“希世用事，位至公卿”，但打的却是“治春秋”的招牌。

班固写董仲舒传时作了一个概述：

> 及仲舒对策，推明孔氏，抑黜百家，立学校之官，州举茂材孝廉，皆自仲舒发之。

这未免太抬高他了。实际上汉武帝时“独尊儒术”的许多举措是在贤良对策的前后实行的，初置五经博士是建元五年；“丞相弘，请为博士置弟子员”，是在元朔五年；“元光元年冬十一月”“初令郡国举孝廉各一人”，似在对策之前，而“其令州郡察吏民有茂材异等”,①，又是元封五年之事；汉代立太学的问题，有待详考。总之，董仲舒在当时作用不可估计过高。但是汉武帝时的“对策”举措，对学术发展的影响是重大的、深远的。

（三）石渠阁“会议”的意义

宣帝甘露三年的石渠阁“会议”，在汉代学术史上有一定的代表性，也是一个重大举措，但未引起足够的注意。《汉书·宣帝纪》只有一个简略的记述（其实很多事在本纪中的记载都很简略）：

> （甘露三年三月）诏诸儒讲五经异同，太子太傅萧望之等平奏其议，上亲称制临决焉。乃立梁丘《易》，大、小夏侯《尚书》《穀梁春秋》博士。

此事萧望之本传无记载，其他参加者散见各处，《西汉会要》卷二十六大体集中子一些资料可以参考（其所记文字与各传小异）：

> 韦元成拜淮阳中尉，受诏与萧望之及五经诸儒，杂论同异于石渠阁，条类其对。(《韦元成传》)
>
> 施雠授王孙易为博士，甘露中与五经博士诸儒，杂论同异于石渠阁。(《本传》)
>
> 梁邱临传货易，甘露中，奉使问诸儒于石渠。(《梁邱货传》，按：临乃货之子。)

① 班固：《汉书》卷六，《武帝纪》，中华书局1962年版，第197页。

欧阳地馀传《尚书》，为博士，论石渠。(《欧阳生传》)

林尊为博士，论石渠。(《本传》)

周堪与孔霸俱事大夏侯胜，论于石梁，经为最高。(《本传》)

张山拊事小夏侯建为博士，论石渠。(《本传》)

张生、薛广德，以鲁诗论石渠。(《王式传》)

戴德号大戴，圣号小戴，以博士论石渠。(《孟卿传》)

闻人通汉以太子舍人论石渠。(《孟卿传》)

刘向受《穀梁》，讲论五经于石渠。(《本传》)

又《汉书·艺文志》中有：《五经杂议》十八篇，《书议奏》四十二篇，《礼议奏》三十八篇，《春秋议奏》三十九篇，《论语议奏》十八篇。本注皆注有“石渠论”字样。

所有讲论内容集中起来，如果是一次的话，那是要多少天时间才能完成的！也许宣帝甘露三年确有一次集中的较大规模的讲论经义的活动，这是很可能的，因为“是时宣帝，循武帝故事，招选名儒俊才置左右”。但是讲论义经之事，小规模的常有，这从《儒林传》等记载中可以看到，不必多说。

那么石渠阁这次讲论经义的意义何在呢？宣帝之时，经学主导的地位基本确立了，经学发展得很成熟了，师法家法发展得很厉害，各家各派的经学都要争自己的地位，争立博士，《汉书·百官公卿表》说：

武帝建元五年，初置五经博士。宣帝黄龙元年，稍增员十二人。

黄龙元年是宣帝的最后一年，未见具体记载，也许就是指宣帝时期。具体的只见上述甘露三年的记载。增立梁丘《易》、大小夏侯《尚书》和《穀梁春秋》几个博士。实际上与梁丘《易》同时的施、孟《易》也是立了博士的（见《儒林传》）。又如上述大、小戴是“以博士论石渠”的。总之宣帝时增设了一些五经的博士。《穀梁春秋》增立博士的具体情况，《瑕丘江公传》有所记述：

乃征周庆、丁姓待诏保宫，使卒授十人。自元康中始讲，至甘露元年，积十余岁，皆明习。乃召五经名儒、太子傅萧望之等，大议殿中（此处似又非石渠?），平《公羊》《穀梁》同异，各以经处是非。时公羊博士严彭祖、侍郎申輓伊推宋显、穀梁议郎尹更始、待诏刘向、周庆、丁姓并论，公羊家多不见从，愿请内侍郎许广，使者亦并内穀梁家中郎王亥各五人，议三十余事，望之等十一人，各以经谊对，多从《穀梁》，由是《穀梁》之学大盛，庆、姓皆为博士。

就不知此“殿中”议与“石渠”议是否一回事。至少是前后相连之事，这说明新的经学派别博士之立，是要经过认真讨论和评议的。

总之，石渠阁会议是一系列讲论经义的代表，除了涉及博士增设的问题之外，经书的同异、是非是要具体讨论的，这就直接关系到学术的具体内容。

（四）刘向、刘歆父子校阅群书

这种意义、影响深远的大事，史书记载比较简略，成帝时诏刘向校经传诸子，其子刘歆卒其业，《汉书·艺文志》有一个概括的记述，已如前引。实际上这件重大举措，持续时间长，工作量大，其结果影响甚大。

根据分散的资料，我们看看刘向、刘歆父子及许多专门家做了一些什么整理工作。首先，他们就中、外藏书进行了一番分类清理。所谓“中”，应该是国家所藏图书，但是国家所藏之书不少，石渠阁、天禄阁、兰台、石室乃至太常、太史等处都有藏书，就不知刘向他们是否全都参考到了。“外”，应该就是一些私人藏书。曾搜集过中、外之书是可以肯定的，这可以从刘向当时所写的一些书录中看出，例如《晏子叙录》说：

臣向言：所校中书《晏子》十一篇，臣向谨与长社尉臣参校雠，太史书五篇，臣向书一篇，臣参书十三篇，凡中外书三十篇，为八百三十八章。

又如《管子书录》说：

臣向言：所校雠中《管子》书三百八十九篇，太中大夫卜圭书二十七篇，臣富参书四十一篇，射声校尉立书十一篇，太史书九十六篇，凡中外书五百六十四篇以校。

现在可见的七八篇书录都是如此。

这里又透露出另一个很普通而未被重视的现象，在书写条件比较困难的情况下，书籍大多是单篇流传的，很少有如后世完整的某一部书，而刘向等人的工作，倒是做了“整部”书的工作。他们搜集、参校之后，就除去重复，各种本子互相补充，整理编次，如上引《晏子书录》又接着写道：

凡中外书三十篇，为八百三十八章，除复重二十二篇六百三十八章，定著八篇二百一十五章，外书无有三十六章，中书无有七十一章，中外皆有以相定。

他们的整理是有一定的依据和标准的，这篇《书录》最后又写道：

晏子盖短，其书六篇，皆忠谏其君。文章可观，义理可法，皆合六经之义。又复重文辞颇异，不敢遗失，复列为一篇。又有颇不合经术，似非晏子言，疑后世辩士所为者，故亦不敢失，复以为一篇，凡八篇。其六篇可常置旁御观，谨第录。

整理的指导思想、具体原则方法及其慎重的态度，都能够反映出来。其他书录详略不一，整理的基本原则和方法是相同的。

有些书错乱得比较厉害，他们予以了重新整理，甚至新定书名，例如《战国策书录》云：

臣向言：所校中《战国策》书，中书余卷，错乱相糅莒。又有国别者八篇，少不足。臣向因国别者，略以时次之，分别不以序者以相补，除重复，得三十三篇。本字多误脱为半字，以赵为肖，以齐为立，如此字者多。中书本号或曰《国策》，或曰《国事》，或曰《短长》，或曰《事语》，或曰《长书》，或曰《修书》。臣向以为，战国时游士辅所用之国，为之策谋，宜为《战国策》。

后来所见到的《战国策》是刘向等人整理的、定名的。还有其他一些当时杂乱无章的书，也是这样整理的，如《说苑书录》云：

臣向言：所校中书《说苑杂事》及臣向书，民间书误。校雠其事类众多，章句相溷，或上下谬乱，难分别次序。除去与《新序》重复者。其余者，浅薄不中义理，别集以为《百家》。后（复?）令以类相从，一一条别篇目，更以造新事十万言。以上凡二十篇，七百八十四章，号曰《新说苑》，皆可观。

这是他对自己的书重新整理编次。校书工作量是很大的，除上述收集、整理、分类之外，还包括认真的“校雠”等，都是费时费力的细致工作。虽集中了当时一些专门人才如任宏、尹咸、李柱国、杜参、班斿、王龚等人，分工合作，刘向是主持者，辛勤工作了近二十年（从成帝河平三年“校中秘书”开始，直至去世）。

究竟整理了多少图书？当时整理的《别录》和《七略》均已失传，从根据《七略》编撰的《汉书·艺文志》来看：

大凡书，六略三十八种，五百九十六家，万三千二百六十九卷。

据后来的其他记载，《七略》所记家数还多一点。这里就不必细考了。

总之，刘向校书时是有依据的，但别择选裁却是他们作的。后来看到和流传的图书，文字、篇章甚至有些书名都是他们定的，几乎所有的图书都经过了他们的认定乃至改造。这是很大的工程，也是很大的贡献。但是，后世看到的群经诸子各类图书，包括汉代也包括汉代以前的，都是刘向他们认可的。他们的思想、水平、原则、方法，我们不能不注意，唐宋以后产生许多辨疑，在一定意义上也正是由于这种整理而产生的。在儒家、经学已占主导地位的当时，他们的指导思想是很明确的，如上引《晏子叙录》所云：“皆忠谏其君，文章可观，义理可法，皆合六经之义。”

我们研究学术史，一定得重视这一情况。

（五）东汉诸举措及其意义

从西汉经过王莽到东汉的政治变化，虽有国家图书的散失“泯尽”（如前所引述），但从朝廷对学术的政策和措施看，没有根本性的变化，开始或者可以说是“拨乱反正”，内容多半是作为统治者非做不可的，而且多效仿西汉，其结果或者可以说是“物极必反”。

整个东汉时期的各重大举措，如《后汉书·儒林列传》所说：光武帝之“爱好经术，未及下车，而先访儒雅，采求阙文”，“立五经博士，各以家法教授……凡十四博士”，以及“修起太学，稽式古典”等；明帝之“建三雍”“亲行其礼”，“飨射礼毕，帝正坐自讲，诸儒执经问难于前，冠带缙绅之人，圜桥门而观听者，盖亿万计”，还有：

> 其后复为功臣子孙、四姓末属别立校舍，搜选高能以受其业，自期门羽林之士，悉令通《孝经》章句，匈奴亦遣子入学。济济乎，洋洋乎，盛于永平矣！

再就是前已引的章帝之“大会诸儒于白虎观”“如石渠故事”；和帝之“数幸东观，览阅书林”等；“顺帝感翟酺之言，乃更修黉宇”；本初元年在梁太后的提倡下“游学增盛，至三万余生”；一直到灵帝时立熹平石经。

以上情况说明，东汉一朝自始至终都有关注和影响学术发展的各种举措。这些举措我们可以综合作些说明：

首先，与西汉不同，面对“天下散乱，礼乐分崩，典文残落”，一开始就重视了学术的发展，有“拨乱反正”的意义。这说明封建统治阶级已经比较成熟，当然与光武帝之“爱好经术”的个人素质有关，这方面刘邦是不可相比的。

刘秀与东汉学术发展应该多说几句，由于他的学识修养，一方面他在政治上施行“柔道”，参考了黄老之治。另一方面大力倡导已经发展得很成熟的、有利于统治的儒学，包括网罗儒生参政，增设博士官、迅速兴建太学、发展郡县之学乃至放任私学发展（私学也以经学为主，是有利于统治的），身体力行带动群臣“讲经听诵”，如史书说：

旦听朝，至日晏，夜讲经听诵。坐则功臣特进在侧，论时政毕，道古行事。次说在家所识乡里能吏，次第比类。又道忠臣孝子义夫节士，坐者莫不激扬凄怆，欣然和悦。群臣争论上前，常连日。①

他的所作所为，自然对人们读经论学、对学术的发展有很大影响，然而《儒林列传》未记，对学术发展影响也不小的还有一件大事，那就是他对谶纬的提倡。

史书记载光武帝信谶或善谶，今有学者称之迷信谶纬，恐不确。刘秀既懂经书也懂图谶是肯定的，《后汉纪·光武帝纪》写道：

初军旅间，贼檄日以百数，上犹以余暇讲诵经书，自河图、洛书、谶记之文，无不毕览。

这也并不是迷信。我以为，刘秀是善于利用图谶，帮助了他政治上的成功。事实比较清楚，西汉末年以来，许多人利用图谶为自己的政治活动服务，刘秀只是其中之一，只不过用得巧妙，并且取得了成功（具体就不在此详论了），所以“善谶”之说很恰当。问题是他成功之后，在他的最后（去世前两个月）来了一个“宣布图谶于天下”②。其意义何在？那就是把已有的图谶——《河图》《洛书》等“秘经”作一次正式的公布，以此为准，再不许造作，不许再增益、私改，否则严办。楚王英、阜陵质王延与人造作图谶，都被判为“大逆不道”，株连很多人③。刘秀之举的用意，主要在政治上，也是为了巩固统治。但是，在客观上却给学术的发展带来了影响。如《后汉书·张衡列传》所言：

初，光武善谶（按：此“善”字恰当），及显宗、肃宗因祖述焉。自中兴之后，儒者争学图纬，兼复附以妖言。

① 《东观汉记·世祖光武皇帝纪》。
② 范晔：《后汉书》卷一，《光武帝纪》，中华书局1965年版，第84页。
③ 范晔：《后汉书》卷四十二，《光武十五王列传》，中华书局1965年版，第1429，1444～1445页。

东汉时期谶纬之学是学术史上的大事、要事。

其次，东汉时期各朝之举措，多习武帝故事、石渠故事，沿着一条成熟的也是日益僵化的路子走下去，创新性不大，不好的因素日益突出。这方面，白虎观会议或者可以作为一个典型的例子，记载较多，而且有一本较完整的《白虎通义》留下来供我们参考，《后汉书·章帝纪》建初四年十一月：

> 诏曰："盖三代导人，教学为本。汉承暴秦，褒显儒术；建立《五经》，为置博士。其后学者精进，虽曰承师，亦别名家。孝宣皇帝以为去圣久远，学不厌博，故遂立《大、小夏侯尚书》，后又立《京氏易》。至建武中，复置《颜氏》《严氏春秋》《大、小戴礼》博士。此皆所以扶进微学，尊广道艺也。中元元年诏书，《五经》章句烦多，议欲减省。至永平元年，长水校尉儵奏言，先帝大业，当以时施行。欲使诸儒共正经义，颇令学者得以自助。孔子曰：'学之不讲，是吾忧也。'又曰：'博学而笃志，切问而近思，仁在其中矣。'于戏，其勉之哉！"
>
> 于是下太常，将、大夫、博士、议郎、郎官及诸生，诸儒会白虎观，讲议《五经》同异，使五官中郎将魏应承制问，侍中淳于恭奏，帝亲称制临决，如孝宣甘露石渠故事，作《白虎议奏》。

诏书列举西汉以来，特别是宣帝以来的一些重大举措，沿袭"甘露石渠故事"，决定召开白虎观讲论会议，可说是"按既定方针办"。会议结果形成了《白虎议奏》，即今存之《白虎通义》。过去的记载虽稍有出入，但大体上是当时诸儒的议奏和章帝的裁决，最后章帝"令固撰集其事"而成书。

关于《白虎通义》，有的学者认为："白虎观所钦定奏议，也就是赋予这样的'国宪'以神学的理论根据的谶纬国教化的法典。"① 有的学者称之为"皇帝钦定的经学教科书，在汉代具有很高的权威性"②。前者特别强调其庸俗性和反动性，主要问题是大量援据和运用谶纬，甚至认为《白虎通义》"百分之九十的内容出于谶纬"③。这里无需具体引述，该书"稽合图

① 侯外庐等：《中国思想通史》第二卷，人民出版社 1957 年版，第 225 页。
② 侯外庐等：《中国思想通史》第二卷，人民出版社 1957 年版，第 141 页。
③ 侯外庐等：《中国思想通史》第二卷，人民出版社 1957 年版，第 229 页。

谶”，以谶纬解经，是非常明显的。

之所以要讲论经义，是因为经学的大发展，而《五经》经义在发展过程中由于师法家法的许多不同，又产生不少歧异之义。从统一学术的角度看，通过讲论统一经义，是有先例可循的。不同的是大量采用谶纬解经。纬书的产生，除了统治者的爱好，提倡之外，经学本身僵化发展也是原因之一。因而庸俗性、反动性就突出了。这是“物极必反”，是经学由盛而衰的转变。

不过，这里也该说明一下，纬书、谶纬之学，在学术史上也是有一定地位的，不能简单地打倒！其中也有不少内容值得研究，谶纬不但对政治有影响，对哲学、历史都有影响的，其中有不少哲学思想，有不少历史资料，甚至还有一些自然科学知识。

最后一点，以经学儒学为主体的汉代学术，经统治者的提倡，在西汉后期日益成熟，到东汉又由盛而衰。事实表明，学术方面的发展变化，有时候会因统治者的举措，起导向、影响作用；但学术本身的因素，特别是学术思想的日趋成熟，其发展统治者也无法控制。学术，特别是学术思想的许多变化，在东汉时期，特别是东汉后期就已经开始了。这是学者们已注意到的，如对汉末荆州学派的研究、对荀悦的研究、对汉代艺术精神嬗变的研究等，都能说明这种变化。

三、学术思想的趋同与整合

从前两部分汉代载籍整理和经义讲论的记述看，后世流传至今的群经诸子，都是汉代的东西，是汉人传授、整理过，甚至重新编定的东西。如果充分认识这一点，今日的新发现，发现战国或者汉初许多程度不同、差异颇大的某些经书或子书（包括早已失传或者不知其名的经和子），那就并不奇怪。例如，历来只看到一本并非原本的《孙子兵法》，乃至孙膑、孙武争论不休，银雀山竹简中两种都出来了，疑问因此而解决。这不正是汉代整理产生的结果之一吗！如前所引《汉书·艺文志》中关于兵书整理的情况，先是张良、韩信等人从当时流存的一百八十二家中“定著”三十五家，后为诸吕所窃取，汉武帝时军政杨仆作过一翻搜集，已经很难完备了。到西汉末成帝时，命任宏整理兵书，只有四种。这后者当即与刘向一起所做的工作，到班固作《艺文志》时，虽著录“兵书五十三家（实五十六家），七百九十篇（实八百零六篇），图四十三卷（实五十卷）”，但几乎全部亡佚，只剩下孙子、吴起、尉缭等三个残本。关于兵书的整理，可以作一篇不小的文章，这里就不详说了。但是，这很典型地说明了我们所强调指出的载籍流传中的亡佚问题。

从学术来说，比书籍版本不同问题更重要的是学术思想问题。

经学在汉代学术中占主导地位，也可以说占统治地位。如上所述，也众所周知，这是在汉代形成的。经学成为儒学的代名词，或者如有的学者所说，儒学是以经学的形式存在的，它“成为官方的御用之学”①。本来是“百家之学”之一的儒学、儒家取得了“独尊”的地位；本来是各家共用的六艺、五经，似乎为儒家所独占。一切变化都发生在汉代。所谓“罢黜百家，独尊儒术”，这实际上是一个似是而非的问题，史学家吕思勉先生就曾提出过②。这一问题确有深究之必要。至少有两点要明确指出：

第一，记载中有关“抑黜百家”的言论主要有两处，一是汉武帝建元元年丞相卫绾“奏：所举贤良，或治申、商、韩非、苏秦、张仪之言，乱国政，请皆罢。奏可”③。看来是实行了的，不过主要是法家和纵横家之言，而且当时还是崇奉老子的窦太后当权。另一个就是董仲舒贤良对策之言，“诸不在六艺之科、孔子之术者，皆绝其道，勿使并进。”④ 有何“绝其道”之措施？有待进一步考索。在汉代百家之学是否“微不足道”（吕思勉先生说），实在是一个大可研究的问题。且不说汉初的道家之学大行其事。整个秦汉之世的“百家之学”，吕思勉先生作了较多的搜集，然后下结论说：

> 秦汉之世，百家之学，见于《史》《汉》《三国志》纪、传者。如此合《汉志》所载之书观之，诸学之未尝废绝，弥可见矣。安得谓一经汉武之表章罢黜，而百家之学，遂微不足道邪？⑤

---

① 赵吉惠等：《中国儒学史》，中州古籍出版社1991年版，第328～330页。

② 吕思勉：《秦汉史·百家之学》，上海古籍出版社1983年版。

③ 班固：《汉书》卷六，《武帝纪》，中华书局1962年版，第156页。

④ 班固：《汉书》卷五十六，《董仲舒传》，中华书局1962年版，第2523页。

⑤ 吕思勉：《秦汉史》，上海古籍出版社1983年版，第766页。

沿着此思路作文章，内容也会是很丰富的。当然材料中比较明显的是汉初和东汉末，“百家之学”更活跃、更突出一点。

第二，也是更重要的一点，汉代的儒家和其他各家一样，应该称为新儒家。他们虽然高举孔子的旗号，垄断五经、六艺，以儒者自居，实际上是兼综阴阳、名法、道德之学，成为新的儒学①。证明这种兼综各家的新儒学的最好的例子，就是被称为“群儒之首”的董仲舒。董仲舒也被认为是“纯儒”，其实他的学术思想不“纯”得很。“天人三策”、《春秋繁露》等论著中，可以很清晰地看出，他的思想体系是兼综了各家学说的，他受阴阳五行思想的影响最为明显，如《汉书·五行志》所说：

> 董仲舒治《公羊春秋》，始推阴阳，为儒者宗。

历来在这方面多有论述，近一二十年，人们注意到他的兼综各家。在他所处的时代，汉初以来的“儒道之争”尚未完结，所以黄老道家思想对他的影响甚大，20世纪90年代以来出版的《道家文化研究》，先后四五篇文章探讨董仲舒与黄老思想的关系，陈丽桂先生的题目更明确为《董仲舒的黄老思想》。概述董仲舒兼综思想的著作很多，这里且引陈丽桂之文的结论作一代表性的说明：

> 一代儒宗董仲舒在推阐阳尊阴卑的“三纲说”与大一统思想时，吸取了相当分量的黄老帛书一系阴阳大义、《管子·心术》、《内业》乃至法家申韩一系静因无为的形名技巧与权谋独断之术，或以为推论的理据，或加以诠释与疏解，终于完成了他天道与治道通贯、厚德简刑的思想纲领，与君尊臣卑、君暗臣明、君静臣动，挈名考质的君道思想，以为其天人合一、灾异感应说的基础，并为此后刘汉朝廷阳儒阴法、王霸杂治的统治方向与形态提供了重要的理论基础。②

---

① 汉代新儒学之说早有学者提出，我记得好像最早是从杨向奎先生的著作中看到，但很少有人注意，近年来也有学者注意到了，例如赵吉惠等主编的《中国儒学史》中就明确地说了：“儒学成为兼综各家的新儒学。”

② 陈丽桂：《董仲舒的黄老思想》，《道家道教文化研究》第6辑，上海古籍出版社1995年版。

这个概述比较晚近，陈先生虽着眼于黄老，实际上也论到了“兼综”，而且与汉王朝的政治联系起来。

董仲舒的政治思想，其地位和影响，确实是值得注意的。东汉的王充早已说过：

> 仲舒之言，道德政治，可嘉美也。①

这位被称为“战斗唯物主义者”的思想家，“嘉美”其“道德政治”，也无非有利于统治，这一点我们不可苛求。但是我们要注意其政治思想的意义和影响，它不仅为汉朝“王霸杂治”提供了“重要的理论基础”，也为后世整个封建统治提供了重要的理论基础，董仲舒不仅在汉代“为儒者宗”，也为后代儒者所宗奉、效法。这也是其历史地位。

董仲舒的一些主要思想及其影响应如何评价，是需要作一些具体分析的。他的“天人感应”学说、“历史循环论”之类，现在看来问题很大，从当时开始就有人提出问题，例如王充就说：

> 仲舒之言雩祭可以应天，土龙可以致雨，颇难晓了。②

这些确有不少问题。但它们既是其整个思想体系的前提，其在后世的影响也始终存在。而他的“大一统”主张和三纲五常论的影响就更大更深远，这是确定董仲舒历史地位，确定汉代儒学地位的主要方面。

从以董仲舒为代表的汉代新儒学，我们看到了汉代学术思想的整合。我们需要进一步认识的是，这种整合也是历史发展的自然结果。这里且稍稍从头说起。

和汉以后的经学相比，人们称先秦（主要指春秋战国）为“子学时代”，诸子百家“争鸣”十分突出，甚至出现水火不容的状况，这也是事实。儒道各异、儒墨相非，互相指短，甚至破口大骂，说对方禽兽不如。但人们不难看到，诸子的言论、思想，又你中有我，我中有你。本人曾就

---

① 王充：《论衡·案书》。
② 王充：《论衡·案书》。

“百家争鸣”作过几点概括：一、殊途同归；二、相生相灭；三、同源异流；四、求同存异与“齐万不同”①。这里就有一个学术思想的趋同与整合的问题。战国后期的诸子思想，你中有我、我中有你的情况是比较普遍的；只是各人强调的方面有所不同。因此，今天的研究中，会发现法家与道家有密切关系，也会对荀子到底属于儒家还是法家产生疑问。这些中间就有一个学术思想的趋同问题。

另一方面，又普遍存在“辟犹水火”的情况，各主要派别都坚持自己的主张，都指责别的派别为邪说、杂学，都企图以自己的思想（当然也是吸取了他人思想的）实行统一。法家就是主张禁绝百家的，它对于儒、墨这两派“显学”攻击批评得尤为厉害，说它们是“愚诬之学，杂反之行”，例如在《韩非子·显学》中就说：

> 故明据先王，必定尧、舜者，非愚则诬。愚诬之学，杂反之行，明主弗受也。

在其《五蠹》中更明确要求：

> 境内之民，其言说者必轨于法。

这种统一的主张，由韩非的同学李斯在秦始皇时付诸实行过。但其结果是“此路不通”，学术思想的统一是不可能用坑、焚之法来解决的。

儒家学者荀子也有过这样十分偏激的主张，他在《非十二子》中说：

> 上则法舜、禹之制，下则法仲尼、子弓之义，以务息十二子之说。如是则天下之害除，仁人之事毕，圣王之迹著矣。

其所“非十二子”是它嚣、魏牟、陈仲、史鳍、墨翟、宋钘、慎到、田骈、惠施、邓析、子思、孟轲，其所非包括儒、墨、名、法、道德诸家之说，就是儒家内部他也主张“清洗”，在其他篇中就指责一些“腐儒”、

① 熊铁基等：《中国老学史》，福建人民出版社 1995 年版，第 83～84 页。

"陋儒"、"贱儒"。不过他没有明确提出什么统一思想的具体主张。

从原则上看，也许黄老道家统一思想的主张要合理一些，他们虽主张统一，但能具体分析各家之长、短，主张取长补短，发挥各家所长，"齐万不同"。例如我认为黄老道家成熟的代表作《吕氏春秋》就是如此，其《不二》篇写道：

> 有金鼓所以一耳也；同法令所以一心也，智者不得巧，愚者不得拙，所以一众也；勇者不得先，惧者不得后，所以一力也。故一则治，异则乱；一则安，异则危。夫能齐万不同，愚智工拙，皆尽力竭能，如出乎一穴，其为圣人矣乎！

这是其主张，是一种思想。不过也似无"齐万不同"并使之"如出乎一穴"的具体办法。至于更客观而且"择善而从"的主张，那还是司马谈的《论六家要旨》。他明确地指出各家之殊途同归：

> 夫阴阳、儒、墨、名、法、道德，此务为治者也，其所以言之异路，有省不省耳。①

虽然他对道家情有独钟，主张实行道家，但对各家之长、短反复地进行了论述，态度是比较客观的。当然其所论之长、短，有他自己的取舍标准，人们也可以作不同分析，例如他虽批评"儒者博而寡要，劳而少功"，"其事难尽从"，但是儒家的根本主张"不可易"：

> 然其序君臣父子之礼，列夫妇长幼之别，不可易也。②

其"治"的主张，"异"都没有，只有"省不省"的区别，如他说：

> 夫儒者以六艺为法，六艺经传以千万数，累世不能通其学，当年

① 司马迁：《史记》卷一百三十，《太史公自序》，中华书局 1959 年版，第 3288～3289 页。
② 司马迁：《史记》卷一百三十，《太史公自序》，中华书局 1959 年版，第 3289 页。

不能究其礼。①

除此之外，司马谈是站在道家立场的，也反对儒者的“主劳而臣逸”，因为这与道家“无为”主张是不合的。

司马谈的主张，也就是他所说道家（我认为就是以黄老为特征的秦汉新道家）“治”法：

> 其为术也，因阴阳之大顺，采儒、墨之善，撮名、法之要，与时迁移，应物变化，立俗施事，无所不宜，指约而易操，事少而功多。②

在“治”术上，在统一思想的方法上，不再是“党同伐异”，对于其他各家思想采取吸收其长的“整合”办法。

新道家的主张在西汉初曾实行过一段时间，但好景不长，思想统一也未能做到。是何原因？还没有人讲得很清楚，恐怕也较难讲清楚。从大方面看，有历史、社会原因，甚至一些重要的个人因素（主要统治者）。阶级社会，不同的阶级、不同的人群，有不同的各自利益。社会经济政治方面暂不说它，学术方面也是如此，不同派别也斗争得十分激烈，所谓“道不同不相为谋”，不但“世之学老子者则绌儒学，儒学亦绌老子”③，后来儒学内部的争立博士之类的事，处处都能看到学术思想战线的不平静。另一方面，那就是道家思想特别是其政治理论本身的问题，或者说不成熟、有缺陷，甚至自相矛盾之处，例如说主张“无为而治”、“主逸臣劳”，除了“与民休息”之类的大原则外，究竟如何“无为而治”，缺乏更具体的原则和方法。承认儒家的君臣、夫妇之礼不可易，又反对繁文缛节，到底如何维护尊卑之序，也缺少理论的阐述和相应的措施。诸如此类，值得商讨之处不少。汉初黄老之治的典型代表曹参，无任何理论建树，只是“日饮无所请事”，还美其名曰“陛下垂拱，参等守职”。如此为治，岂能长久！

相比之下，汉代的新儒家就成熟多了，它的新思想体系的形成，几乎

---

① 司马迁：《史记》卷一百三十，《太史公自序》，中华书局1959年版，第3290页。
② 司马迁：《史记》卷一百三十，《太史公自序》，中华书局1959年版，第3289页。
③ 司马迁：《史记》卷六十三，《老子韩非列传》，中华书局1959年版，第2143页。

是走新道家相同的道路，“兼儒、墨，合名、法”（用班固之言）。司马谈描述道家之术的语言，我们可以换一个说法来说明董仲舒的儒术，那就是：

> 其为术也，因阴阳之大顺，采道、墨之善，撮名、法之要，与时迁移，应物变化，立俗施事，无所不宜。

只有最后两句“指约而易操，事少而功多”不好引用。“因阴阳之大顺”的基础是相同的，当然具体阐述并不相同。兼综各家的思想也是相同的，当然采、撮的具体内容又有所不同。时移事异的认识，在董仲舒的“天人三策”中是有反映的，提出“更化则可善治”①，他的“改正朔，易服色”主张，实际上是“与时迁移”、“立俗施事”，不过打的是“顺天命”旗号。他是说过一句“道之大原出于天，天不变，道亦不变”，这是一句维护统治的抽象的话，重点是“天不变”，统治的“道也不变”，其所说的“道”也比较抽象，但是维护统治之道的思想又是明确的，如他所说：“道者所由适于治道也，仁、义、礼、乐皆其具也。”

黄老新道家是“为治”，董仲舒为代表的新儒家也是“为治”，一个“治”的好景不长，一个逐步发展成影响两千年的统治术。结果不同，从学术思想、理论本身看，后者有较多的理论阐述，有较切实可行而且影响很大的有力措施。这种措施即董仲舒反复强调的礼乐教化：

> 南面而治天下，莫不以教化为大务。立大学以教于国，设庠序以化于邑。渐民以仁，摩民以谊，节民以礼。故其刑罚甚轻而禁不犯者，教化行而习俗美也。圣王之继乱世也，埽除其迹而悉去之，复修教化而崇起之，教化已明，习俗已成，子孙循之，行五六百岁尚未败也。

教化是长治久安之策。也可以毫不夸张地说，以儒学为主的中国学术、文化传统，是历代统治者反复实施教化所促成的，教化对于人的浸润（渐）、

① 以下不注之引文均见《汉书·董仲舒传》。

砥砺（摩）之功效是不可估量的。

儒家与道家关于思想统一之主张不同，其结果不一。关于主张的不同，我想重复一下我曾引用过的一个鲜明对比。《淮南子·原道训》和《礼记·乐记》有两段几乎完全相同的文字，讲天理与人欲的对立，如何解决这种对立引起之大乱，《礼记》的结论是：

> 是故先王之制礼乐，人为之节……礼节民心，乐和民声，政以行之，刑以防之，礼乐刑政四达而不悖，则王道备矣。

而《淮南子》却大谈心性修养，结论是：

> 圣人不以身役物，不以欲滑和（高诱注：不以身为物役，不以情欲乱中和之道也）。……是故有以自得之也（高注：自得其天性也）。

一般的人都不是圣人，"人欲横流"无世不有，后世一些高谈心性修养的人也禁不住"人欲"，只有礼、乐、刑、政并用是行之有效的办法。儒家的这些主张和思想，取代黄老的统治地位，就是必然的了。

据上所述，学术思想的发展，有较明显的趋同和整合趋向，并且有内、外两方面的因素。外因，那就是前述种种客观的条件和原因，特别是统治者的有关举措与重大活动和事件的影响，统治阶级有意识的统一。内因，那就是学术各派自动的调整，这方面在汉代比较突出，有必要稍微多说几句。

学术上有不同派别是客观存在的，同一大派别中也有"儒分为八，墨离为三"之现象，更不消说汉代经学中的众多师法家法了。不同派别争鸣，似水火不相容。矛盾尖锐的时候有，但从长远发展看，趋同性更是根本性的，乃至于你中有我，我中有你，很难分出什么真正纯粹的哪一家思想，所以有人怀疑分家是否必要，不过派别之分在汉人甚至在先秦人的思想中就已存在，不必从否认其是否存在方面去做文章。至于不同派别的趋同性，在汉人那里是越来越有明确的认识，知道其同源异流，知道其目的和作用都是相同的，"皆务为治"。这方面，司马谈的论述已在前面说了，还有班固的论述也值得再强调一下的，他对于诸子百家的总看法是：

> 诸子十家其可观者九家而已①。皆起于王道既微，诸侯力政，时君世主，好恶殊方，是以九家之术蜂出并作，各引一端，崇其所善，以此驰说，取合诸侯。其言虽殊，辟犹水火，相灭亦相生也。仁之与义，敬之与和，相反而皆相成也。《易》曰："天下同归而殊途，一致而百虑。"今异家者各推所长，穷知究虑，以明其指，虽有蔽短，或其要归，亦《六经》之支与流裔。使其人遭明王圣主，得其所折中，皆股肱之材已。仲尼有言："礼失而求诸野。"方今去圣久远，道术缺废，无所更索，彼九家者，不犹愈于野乎（师古曰：愈与愈同，愈，胜也。）若能修六艺之一术，而观此九家之言，舍短取长，则可以通万方之略矣。

这大段的征引我想并不多余，比较集中地反映了汉人对"群经诸子"学术发展的看法。班固是一个儒者，生活在"经学时代"，还参加过白虎观会议，整理过《白虎通义》，他以《六经》为根本，这是不足为奇的。难能可贵的是，他对诸子也有一个比较客观公正的看法。这些看法也可说是汉代学者长时间形成的共识，例如"一致而百虑"，首先是司马谈论述的。而关于百家学说思想"相灭亦相生"、"相反而皆相成"的论述，应该说是一个很有创造性的认识。学术的趋同性正是由这种"相反相成"、"相生相灭"的规律而产生的。并且明确认识到各家各派应该"舍短取长"，这是肯定趋同的方法，即他所说的"兼儒、墨，合名、法"，或者司马谈所说的"采儒、墨之善，撮名、法之要"。学术上之所以能趋同，因为它们"同源"、"同工"，在保持自己特点的同时，取它之长补己之短，创造出新的理论和思想，面貌可以一新。汉代先后出现过以黄老为特色的新道家，以董仲舒为代表的新儒家，有的学者认为还有以贾谊为代表的新法家②。这些明显是学术思想整合的突出表现和结果。

学术思想整合是一个不断进行的过程，只不过有时极为明显，有时暗中渗透。到了东汉，经学的今古文之争逐渐趋向统一，群经诸子又有新的兼综和整合，而且人们是有明确认识的，东汉时期出现了不少"通儒"，

① 这是他《艺文志》分录的十家，还未包括兵家，而在这话前面，他也有"凡诸子百八十九家的说法"。"众多"意味着"百家"之说是客观存在的，《庄子》等书中也有。

② 参阅萧萐父先生为熊铁基《秦汉新道家略论稿》所写序，上海人民出版社 1982 年版。

都是“博览经籍”，遍注群经诸子之人。贾、马、许、郑等大儒辈出。他们在思想上是自觉的，郑玄“念述先圣之元意，思整百家之不齐”，自觉地想整合学术思想，他“括囊大典，网罗众家”，他的论著后世影响很大，其所注经典为后世所重视，至今也有很大参考价值，他留下的成果，《后汉书·郑玄列传》写道：

> 门人相与撰玄答诸弟子问《五经》，依《论语》作《郑志》八篇。凡玄注《周易》《尚书》《毛诗》《仪礼》《礼记》《论语》《孝经》《尚书大传》《中候》《乾象历》，又著《天下七政论》《鲁礼禘祫义》《六艺论》《毛诗谱》《驳许慎五经异义》《答临孝存周礼难》，凡百余万言。

郑玄的著作当不只这些，据《晋书·刑法志》记载，曾有秦汉律令诸儒章句十有余家，魏明帝时曾下令“但用郑氏章句，不得杂用余家”，连法律也注解过。郑学（与之并称的有“许郑之学”）内容极为丰富[①]，可称之为汉代学术整合的又一重要表现。

四、不完整的结论

本文第一部分论述先秦古籍图书（学术主要载体）之被汉人整理，包括著录、认定，甚至重新改编等，后世乃至现今我们看到的先秦典籍，主要是汉代的，可以说是“汉诗经”、“汉尚书”、“汉老子”[②]、“汉庄子”……现在可以肯定，先秦的群经诸子，绝不是我们今天所看到的这个样子。越来越多的出土资料，在这方面提供了越来越多、越来越有力的证据。

本文第二部分论述汉代关于统一思想、统一学术的诸重大举措，说明其对汉代学术及其思想形成和发展的影响。可以说明，“经学时代”是怎样在统治阶级的倡导、规范下日益形成的。

---

① 参阅先师张舜徽先生的《郑学丛著》，齐鲁书社 1984 年版。

② 宋元之际的杜道坚说：“道与世降，时有不同，注者多随代所尚，各自其成心而师之。故汉人注者为‘汉老子’，晋人注者为‘晋老子’……‘唐老子’、‘宋老子。”我们这里还不只是讲注，而是讲本子。

本文第三部分讲新儒家（也兼及新道家）的形成有内、外之因，外因的整合与内因的趋同，形成了新的学术思想体系。新体系的学术和思想，也始终在发展变化着。

行文至此，似可初见汉代学术在整个中国传统学术发展史上的历史地位。应该如何表达呢？是否可以这样说：汉代学术是中国传统学术的实际源头。冯友兰先生早年的《中国哲学史》把整个中国古代哲学分为“子学时代”和“经学时代”，或可作为我这种说法的参考，他写道：

> 自孔子至淮南王为子学时代。自董仲舒至康有为为经学时代。在经学时代中，诸哲学家无论有无新见，皆须依傍古代即子学时代哲学家之名，大部分依傍经学之名，以发布其所见。其所见亦多以古代即子学时代之哲学中之术语表达之。此时诸哲学家所酿之酒，无论新旧，皆装于古代哲学，大部分为经学，之旧瓶内。直至最近始破焉……①

这可以说冯先生认为，清代以前诸流的源头是在汉代，只不过他讲得更细，具体从董仲舒开始。我认为说整个汉代是中国传统学术的源头更合适一些。

但是，中国传统学术究竟是什么样的学术？除开一个笼统的“经学”之外，还应如何表述？它有何特点？有哪些具体的内容？汉代学术、思想的内容是否具备了基本相同的特点？这后一点，应该是可以肯定的，但需要专门论述。所以本文只能作一个不完整的结论。

① 冯友兰：《中国哲学史》上册，商务印书馆1934年版，第492页。

我的三十年秦汉史研究报告

《史学月刊》组织“三十年秦汉史研究的理论反思”笔谈，我有话可说。从1979年发表《重评〈吕氏春秋〉》开始，刚好三十来年，回顾一下自己的研究历程，或者也是一种“反思”。

20世纪50年代以后，我学习研究中国古代史，编教材，写文章，各个朝代都涉及过。1975年，湖北云梦秦简出土，当时学校正在“斗、批、改”，和工农兵学员一起写文章，既写过大批判的文章（“反复辟”之类），也写过《啬夫考》（署名郑实——“政史”之谐音）这样有一定研究性的小文。十年动乱结束了，想读点书，搞点研究，就从秦开始。首先读《吕氏春秋》，原本是想从中寻找一些有关秦史的资料，可读下来的结果，感到这部书除了一些具体的历史资料之外，更重要的是一部思想史方面的著作，整个书是有思想体系的，其整体的和局部的一些思想都是有时代背景的。因此，我写了《重评〈吕氏春秋〉》，应该说这已经涉及理论和方法的问题了。接着阅读和研究《淮南子》，写《从〈吕氏春秋〉到〈淮南子〉》。一直到1984年出版《秦汉新道家略论稿》，引起了史学、哲学界一些学者的注意。这也应该是有理论和观点的，所以这才会有一些影响。

其间，我还编写过《秦代官制史》《秦统一六国》等资料，为秦汉史的进一步研究做了一些准备和基础工作。与此同时，因为1979、1980年一些秦汉史文章的发表，引起了同行的关注，我被邀为中国秦汉史研究会筹备组成员，尔后三十年所举行的12次年会中“全程”参加的很可能只有我一个人。因而对三十年秦汉史研究我有比较特殊的感受，包括眼看着一批批新人的成长和发展，也包括秦汉史研究的诸多变化。

80年代的研究成果，主要是安作璋先生和我合作的《秦汉官制史稿》以及我独自撰写的《秦汉军事制度史》。写这两本书时，可以说我们是自觉地、努力地想以马克思列宁主义理论作为指导，这不单是从两本书的绪论中可以看得出来，在后一本书中，还在一些具体问题上引用和参考了一些马列经典著作。应该说还是发现了一些发人深省的思想内容，可以做进一步的研究。所以，关于“兵役”、“基层编制”以及“步兵”、“骑兵”等部分，都具体引证过恩格斯关于西方古代军队的论述。

90年代，我转向了秦汉文化史、学术史的研究。首先，当然要搞清楚什么是文化？什么是学术？当时，这方面的讨论已经不少，论著也有一些。我总得选择一种自己认可的定义、说法。坦率地说，至今我也没有很明确的定义，但是在我研究的实践中，或者可以反映出一些观点和看法。例如先写的《汉唐文化史》分“综论”和“分论”两篇，“综论”中有“秦汉以后中国古代文化发展的轨迹”、“从制度文化的建设到精神文化的发展”、“汉唐文化发展的特点”、“南北与中西”（讲文化交流与创新），共四章；“分论”有“家庭”、“经学”、“社会思潮”、“文学艺术”、“风俗习惯”，共五章。现在看来，这本书应该叫做《汉唐文化史论》。后来又写百卷本《中国文化通志》中的《秦汉文化志》（2007年上海东方出版中心纳入“断代文化史系列”，改名为《秦汉文化史》），除“导言”之外有十章：“社会概况”、“政治制度和政治思想”、“文化政策与教育制度”、“社会思潮的发展”、“综合性的学术”、“文学与艺术”、“礼仪与风俗”、“衣食住行与工艺”、“文化的地域性与中外交流”和“文献与考古”。列举以上二书的目录，可反映我在撰写时对“文化史”的一些思考，如有的书评所指出的：“体例和结构表面上看也是一个外在形式问题，其实这和内容有非常密切的联系”，“体例的变化，结构更新，其实质乃在于内容的丰富与疆域的拓展，还有文化方面局部的内在勾连”。在和其他文化史相比较来看，显然不难发现其异同，略加思考，即可看出其中“运以别识心裁”，求其“义意所归”，“而自为经纬”之意。关于社会、政治的内容是对文化背景的思考，“社会思潮的发展”、“综合性的学术”等是对文化内容的认识，每一章的具体内容和写法也是有反复考虑、斟酌的。

2000年前后我又开始研究学术史，首先是与人合作撰写了《中国老学史》《中国庄学史》等著作。写作时的一个主要思想是：不同的时代、不同的历史时期有不同的文化、不同的学术，文化、学术有继承性，也有不同时代的时代性，既有继承也有创新，大小程度不同的创新。中国传统学术多数是以诠释各种经典的形式存在的，对“五经”、“六经”的注释就形成为“经学”，对《老子》《庄子》等诸子的注释就形成了“老学”、“庄学”等。其重要特点如宋元之际的道士杜道坚所说：“道与世降，时有不同，注者多随时代所尚，各自其成心而师之。故汉人注者为《汉老子》，晋人注者为《晋老子》，唐人、宋人注者为《唐老子》《宋老子》。”① 以后自然也就是“明老子”、“清老子”、“近代老子”、“当代老子”了。这是《中国老学史》的特点，也是整个中国学术史的一个重要特点。这个思想观点对于研究文化史、学术史应该是有很重要的意义的。

再回到我的“本行”秦汉史研究。在原来十四万字的《秦汉新道家略论稿》基础上，2001 年出版了四十万字的《秦汉新道家》。对于原来的书稿写作，我的老师张舜徽先生在《题辞》中写道：“（熊君铁基）始治本国古代史实，多所辨证，后乃廓其封域，以及周秦两汉诸子。于《吕览》《淮南》，治之三反。持以上衡先秦百家言，时有不合，比其异同，校其趣向，始悟秦汉道家之论与先秦道家之论，相因而实不同。因揭橥‘新道家’之义，扬摧古今，论证益广。”原来不过是十余篇论文，“都为一集”。到《秦汉新道家》分《历史》《思想》两篇，共 19 章，外加几篇附录，分别论述秦汉新道家的形成和发展以及秦汉新道家主要代表人物的思想。秦汉史同行都注意到了，朱绍侯先生说我这本书已经自成体系。或者在某种意义上，也可以说“自为经纬，成一家之言”了。当然，我清楚地知道，这“一家之言”是有人并不认可的，但深入讨论下去，对学术发展肯定是有益的。

关于秦汉学术史的一些主要研究，将集结为《汉代学术史论》出版。对于汉代学术史的历史地位及其辉煌成就，我反复思考，做过一些探讨。关于汉代全面改造先秦典籍的看法，李振宏同志曾一再表扬。关于秦汉新道家、新儒家的说法引起了较广泛的注意。关于经学垄断地位的确立、传统学术特点的形成等一些问题，都做出了自己的阐述，并提出了一些值得进一步研讨的大、小问题。

以上叙述我三十多年的秦汉史研究，目的是想回顾研究中的理论和方法。这也是响应李振宏同志的“号召”，振宏在新出版的《历史学的理论和方法》一书中写了“改善史学方法论研究的几点思考”，其中之一是：

① 《玄经原旨发挥》卷下，《道藏》第十二册，北京文物出版社、上海书店、天津古籍出版社 1988 年版，第 773 页。

"要培养自觉的方法论意识，从较为成熟的研究中总结、概括、抽象和升华出一些具有普遍指导意义的方法论思想。"我的研究也许并不"成熟"。不过，前面的叙述中应该多少有一点"方法论思想"。但我又不会"总结"、"概括"。因为我对什么是"理论"还讲不太清楚。有的同志解说过"什么是历史理论"、"什么是史学理论"等，都讲得有些道理，但具体用起来，好像还是有点困难。什么是理论？英文的"theory"有学理、原理、学说、论证、意见、推测、分析等多种意思，比较抽象。中文"理论"二字除了"据理辩论"之外，主要是"说理立论"，源于"理"字之"治理"、"道理"、"法则"等本意。《简明不列颠百科全书》解释"理"字说，"指事物的条理、法则"。看来，理论除包含原理、原则、观点之外，方法、法则是主要的内容。因此，有些学者和振宏一样把史学理论问题最后落脚到"史学方法论问题"。亡友赵吉惠教授在著《历史学概论》之外，又专门撰写过一本《历史学方法论》。他有一个简单的叙说："史学方法是研究历史的认识工具，具体地说，它是采集、整理、运用、分析史料，发现其因果联系与历史本质，探索历史发展规律的方法。"具体的研究方法已有不少的总结和概括，既有传统的，也有现代的，包括历史的、阶级的、逻辑的，乃至心理的诸多分析方法，也包括比较的、系统的、计量的、宏观与微观的研究方法等等。社会史、经济史、文化史乃至历史人物评价等等均有各自的理论和方法。在研究的实践过程中，需要多种方法的结合，这是大家所知道的。如当前许多研究生在硕士、博士论文中常说的那样，自己运用多学科的研究方法。然而，运用之妙存乎一心，多种方法的自然运用，有一个较长时间锻炼的过程。如前所述，我在研究过程中，从谋篇布局到具体问题的撰述，从理论构思到资料的选取、运用，都会分别涉及方法论的各个问题。早年的两本书出版，正是系统论等所谓"新三论"流行之时，有人就说我们运用了"系统论"。我暗自思想，至少是没有自觉的。

多年以来，我读书、研究，都会有自己的一些想法和看法，而且越来越多。随着年岁的增长，视野不断开阔，新的看法和意见也不断产生。

有一种说法，那就是有不少人说秦汉史是一块"熟地"，资料不是太多，几乎所有问题都曾研究过，没有什么新问题可做了。对此，我一直持不同意见，认为不是这样。是不是任何新问题都提不出来了？不是的！在我个人的研究中，提出的秦汉新道家问题、汉人改造先秦典籍问题等，虽然前人也有相关内容涉及，并非“全新”的，但应该多少有点新意，而且会对许多研究有不同程度的影响。是不是所有的问题都研究得很充分了？不是的！甚至还有研究得很不够的问题。比如就东汉和西汉相比，以往对西汉的问题研究得更多一些，对东汉的研究就相对弱一些。是不是材料被充分解读、运用了？不是的！我写过“官制史”、“军事制度史”，但对于汉代各种武装力量的关系及其发展演变还想进一步弄清楚。我常常找人问：我们现在的公安、武警、军区、野战军……是什么关系？乡、亭关系讨论得不少，我也写过文章，但好些年来，我一直在考察和询问近代以来的乡与镇的关系。再加上，近些年来新出土的简帛材料不少，更让研究者有做不完的事。总而言之，秦汉史仍然可以，而且需要继续做下去。可以发现新问题，对已研究的，甚至研究得比较多的问题，也可以重新梳理，重新发现，重新总结、分析。

这次回顾是想从方法论上做些总结，以便推动秦汉史的研究。我想不如组织（集众人之力，分工协作）编写一本关于 20 世纪秦汉史研究的书，给今后的秦汉史研究借鉴、参考，以继续前进。

总后记

本人文集的编辑出版，花了他人不少时间和精力，虽不得已，但是应该铭感在心。

酝酿出版文集前后也有两三个年头了，范军、吴琦、赵国华、刘固盛等几位教授反复谋划、合计促成了此事。文集的编选、整理阶段，刘固盛教授做了大量具体的组织工作。另外还邀请了叶秋菊、肖海燕、王闯几位老师参加，博士生则有聂新、杨志昆、张盼盼、张亚伟、杜文君、魏淑贤、张艳鸽等，他们都花了许多时间和精力，仅仅规范注释，按出版的要求，就是一个很费时间的细致工作。

这里我要说明一下，实际上有些注释的格式难以完全按照出版规范统一起来。例如过去写文章，如果引用《史记·五帝本纪》《汉书·礼乐志》的内容，注释只需注明书名就可以了，但现在的规范一般要求标明出版社、出版时间和引文的页码等。是为了读者，为了编辑，还是为了“统一”、“好看”？类似的要求似乎存在某些不合理之处。如果读书、写书的人，连基本的史料例如二十四史之类都不知道，那还谈什么学问？何况有些史料没有标点本，或者有而不准确，注明出来又有何用？所以本文集在注释规范方面虽然尽了很大的力，但仍然会有那么一些并不规范之处，也是不得已，特此说明。

参考已出的一些文集，本文集也选用了一些照片，是新来的硕士生杨帆帮忙完成的，想反映一下人生经历和师友关系。师友很多，学生更是不少，也只能选用有代表性的几张合影，由于选用的数量有限，遗漏恐怕还是有的。

华中师范大学出版社从过去到现在的领导和许多成员都是我的朋友，文集的出版，有他们的关注和支持。负责本文集具体实施的冯会平同志前后也交往多年了，她工作热情积极，此次也费力不少。还有梅杰、张怀东、张建英、曾艳、庞丹、卢格蕙、陈良军编辑的辛劳，都是应该衷心感谢的。

本文集的出版得到华中师范大学中国史一流学科建设的经费支持和历史文化学院的关心，在此一并致谢。